Deborah Copaken Kogan
Das Abenteuer leben

W0184100

SERIE PIPER

Zu diesem Buch

Das Propellerflugzeug, das sie irgendwo im Dschungel von Simbabwe abgesetzt hat, ist verschwunden, bevor sie den Piloten nach dem Weg fragen kann. Mutterseelenallein, ohne Kompaß und Landkarte, kein Haus, keine Straße weit und breit ... Deborah Kogan begibt sich allen Warnungen zum Trotz in den rücksichtslosen und nicht ungefährlichen Kampf um das perfekte Foto, das es auf die Cover der internationalen Magazine schafft. Selbstironisch und erfrischend direkt erzählt sie von ihren einschlägigen Erfahrungen mit Männern, von Kriegsverletzungen und Waisenkindern, von Liebe und Enttäuschung. Pascal zum Beispiel soll ihr helfen, an den Kriegsschauplatz zu kommen, doch der teilt zwar gerne sein Bett mit ihr, nicht aber seine Story. Mit Leidenschaft kämpft Deborah gegen das Image der schwachen Frau, das ihr die Kollegen so gerne verleihen. Bis sie Paul kennenlernt und plötzlich ganz neue Träume in ihr wach werden.

Deborah Copaken Kogan, geboren 1966 an der amerikanischen Ostküste, zog mit zweiundzwanzig Jahren nach Paris und wurde Fotojournalistin. Mit ihren eindringlichen Bildern von Kriegsschauplätzen und Krisenherden in aller Welt gelangte sie auch auf die Titelseite von »Time«. Heute lebt sie mit ihrem Mann Paul und ihren beiden Kindern in New York.

Inhalt

Für Sasha

Vorbemerkung der Autorin

Man stelle zehn Fotojournalisten vor ein brennendes Haus, und ich garantiere Ihnen zehn völlig unterschiedliche Bilder. Einer der Fotografen wird das ganze Durcheinander im Weitwinkel aufnehmen, ein anderer vielleicht ein einzelnes Fenster fokussieren, einen angesengten Teddybär, der auf dem Fensterbrett vor sich hin schwelt, und ein dritter wird möglicherweise von einem Paar abgelenkt, das unter einer Straßenlaterne in der Ferne herumknutscht, ohne das Feuer überhaupt wahrzunehmen.

Mein Buch ist nicht fiktiv. Aber es ist meine Geschichte, meine Dia-Show, mein brennendes Haus. Treten Sie ein in dem Bewußtsein, daß abgesehen von ein paar Namensänderungen jeder Funken wahr ist.

Erster Teil ▸ Entwickeln

Pascal

Es ist Krieg, und ich blute.

Eine unangenehme Situation, sicher, aber in Anbetracht der Tatsache, daß es zwei Uhr nachts ist, Schnee fällt und ich mit einer Gruppe afghanischer Freiheitskämpfer auf der Ladefläche eines alten Armeelasters sitze, der ohne Licht – damit wir nicht von den über uns kreisenden sowjetischen Flugzeugen bombardiert werden – über die unbefestigten, vereisten und mit Landminen gespickten Straßen des Hindukusch fährt, wird sich daran so schnell nichts ändern lassen. Ich meine, was soll ich denn machen? Den Fahrer bitten, mal kurz anzuhalten, damit ich mich hinter die nächste Schneewehe hocken kann, um meinen Tampon zu wechseln?

Wohl kaum.

Es ist Februar, und wir schreiben das Jahr 1989. Ich bin zweiundzwanzig Jahre alt. Meine Zehen sind so kalt, daß sie mir kaum noch wie ein Teil von mir vorkommen, sondern eher wie kleine Rebellen in meinen Wanderstiefeln, die sich weigern, meinen Befehlen zu gehorchen. Von dem ruckelnden Lkw und meinem zitternden Körper geschüttelt, hüpft auf meinem Schoß die strapazierfähige Domke-Tasche mit meinen Nikon-Kameras und den Kodachrome-Filmen, die ich beim Abzug der sowjetischen Truppen aus Afghanistan zu verschießen hoffe.

Ehrlich gesagt, weiß ich gar nicht, wie man einen sowjetischen Truppenabzug fotografiert. Obschon dies meine zweite Reportage als freiberufliche Fotografin ist, habe ich immer

noch keine klare Vorstellung davon, was Bildreporter in einem richtigen Krieg eigentlich tun.

Das Thema meiner ersten Reportage, die Intifada, war viel unkomplizierter. Fast schon eine durchorganisierte Sache. Jeden Morgen nahm ich den Bus von meiner Jugendherberge in Jerusalem zu dem nahe gelegenen American Colony Hotel, wo all die anderen Journalisten wohnten (und wo ich schließlich auch landete, nachdem mir in der Jugendherberge die Klamotten gestohlen worden waren), und ging direkt in das Restaurant neben der Eingangshalle. Dort schmeichelte ich mich dann bei irgendeinem Fotografen ein, der Informationen über die für den jeweiligen Tag geplanten Demonstrationen, einen Mietwagen und noch etwas Blätterteiggebäck in seinem Frühstückskorb hatte.

Nach dem Frühstück fuhren wir in die West Bank und warteten, bis die Palästinenserkinder mit Steinen auf die israelischen Soldaten warfen, was sie erfahrungsgemäß erst dann taten, wenn sich eine kritische Menge von Journalisten versammelt hatte.

Dann hielten wir die darauf folgenden Scharmützel auf Farbdiafilm fest, wobei wir uns bemühten, einer Verhaftung und/

oder der Beschlagnahmung unserer belichteten Filme durch die Soldaten zu entgehen. Anschließend eilten wir geschlossen zurück nach Jerusalem zum Beit Agron, dem israelischen Pressebüro, und machten falsche Angaben über die gerade fotografierten Motive (»religiöse Juden« oder »Landschaften«, behaupteten wir), damit die von der Regierung ausgegebenen Formulare für die Ausfuhr von Filmen vorschriftsmäßig gestempelt und abgezeichnet wurden. Schließlich fuhren wir zu dem komischen kleinen Frachtbüro am Flughafen von Tel Aviv und schickten die Filme mit dem Flugzeug zu unseren Agenturen in Paris. So einfach war das.

Aber hier in Afghanistan ist die Situation um einiges vertrackter. Ich bin allein, was unter anderem bedeutet, daß mir keiner dabei hilft, grundlegende Fragen zu beantworten, zum Beispiel wie ich meine belichteten Filme aus den Bergen herausbekommen soll. Oder wie ich Bildunterschriften verfassen soll, wenn niemand in meiner Nähe Englisch spricht und ich nicht die geringste Ahnung habe, wo genau ich meine Fotos schieße und was ich eigentlich zu sehen bekomme. Ich gehe einfach davon aus, daß ich irgendwann und irgendwo einen toten oder verletzten Mudschahed, einen toten oder verletzten russischen Soldaten, einen Mudschahed, der seine Kalaschnikow abfeuert, oder einen von diesen riesigen sowjetischen Panzern sehen werde, deren Name ich mir einfach nicht merken kann, oder irgend etwas anderes, das wenigstens ein bißchen nach Krieg aussieht.

Ich blicke zu Haschim hinüber, der Decken, Rucksäcke und Kisten mit Munition zurechtrückt, um auf der vollen Ladefläche mehr Platz für unsere Beine zu schaffen. Er hievt meinen braunen Nylon-Backpack aus der Mitte und räumt eine grüne Metallkiste an die frei gewordene Stelle. Dann gestikuliert er: »Kann ich mich da draufsetzen?« und zeigt auf meinen Backpack, und als ich nicke, klemmt er ihn in eine Ecke und läßt seine neunzig Kilo darauf fallen. Ein leises Knirschen ist zu vernehmen, und unmittelbar darauf erfüllt der Geruch von Isopropylalkohol die Luft. Scheiße. Schnell gehe ich im

Kopf alles durch, was ich außer der Flasche mit Alkohol noch alles in die Außentasche gepackt habe.

Dann fällt es mir ein: die Tampax-Schachtel. Meine einzige Tampax-Schachtel.

Tja, jetzt sitze ich in der Scheiße.

In seliger Unwissenheit inhaliert Haschim langsam eine Winston und läßt seine bernsteinfarbenen Gebetsperlen durch die plumpen Finger gleiten. Als gelernter Journalist ist er der einzige afghanische Soldat unter meinen siebenundvierzig Begleitern, der ein paar elementare englische Wendungen beherrscht, im Sinne von »Gleich essen«, »Gefahr, bleib in Höhle« und »Toilette, Miss Deborah?«. Ich gehe zwar davon aus, daß er mich verstehen würde, wenn ich sagen würde: »Steh bitte von meiner Tasche auf«, aber die Begründung würde er mit Sicherheit nicht begreifen: »weil meine Tampons gleich platzen.« Und weil »Steh bitte von meiner Tasche auf« irgendwie unhöflich klingt und weil der zerdrückte Rucksack ein ganz gemütlicher Sitzplatz zu sein scheint, während wir anderen eingequetscht hinten auf diesem klapprigen alten Lkw hocken, der Gott weiß wohin fährt, und weil meine Probleme mit der Monatshygiene mit dem Elend des Dschihad nicht zu vergleichen sind, halte ich den Mund. Außerdem bin ich vom Scheitel bis zur Sohle in eine stahlblaue Burka gehüllt – ein islamischer Schleier, der wie ein Gespenstkostüm zu Halloween getragen wird und der der Kommunikation eher abträglich ist. Er dämpft nicht nur meine Stimme, sondern verbirgt beispielsweise auch vor allen anderen, daß ich unter dieser Kunstseide, unter meinem glänzend blauen Gespensterkostüm, unaufhörlich weinen muß.

Was ist nur in mich gefahren, daß ich hierhergekommen bin?

Um es mit einem Wort zu sagen: Pascal. Es ist Pascals Schuld, daß ich hier bin und allein, und wenn ich es jemals zurück nach Pakistan schaffe, dann bringe ich ihn um.

Das erste Mal sah ich Pascal von weitem in einem Café in der Rue Lauriston in der Nähe der Bildagentur Sygma. Es muß Ende September 1988 gewesen sein, ungefähr zwei Wochen nachdem ich in Paris eingetroffen war, um mein neues Leben zu beginnen. Jeden Tag ging ich in dieses Café und spionierte meine Berufskollegen aus, die dort zu Mittag aßen. An den meisten Nachmittagen bestellte ich mir einen Croque Monsieur und legte meine Fotomappe ganz beiläufig auf den Stuhl neben mir, in der Hoffnung, der Anblick meines Werkes zusammen mit der Leica um meinen Hals würden früher oder später einen Fotografen an meinen Tisch locken. Ich stellte mir vor, der Fotograf würde mich fragen, ob er einen Blick auf die Bilder werfen dürfe, und mich dann, gebührend beeindruckt, zu einer *île flottante* und einer Runde Espresso mit dem Rest seiner Truppe einladen. Ich würde zuerst bescheiden ablehnen, mich schließlich jedoch zu ihnen setzen, und die anderen Männer – Frauen waren keine dabei – würden mich überreden, meine Mappe herumzuzeigen. Einer von ihnen würde ein wichtiger Bildredakteur sein, der mich noch am selben Nachmittag in ein Kriegsgebiet schicken würde. Welcher Krieg, war mir eigentlich egal, ich wußte, ich durfte nicht wählerisch sein. Hauptsache Krieg.

Aber so glatt lief das nur in meiner Phantasie. In Wirklichkeit mußte ich mich damit begnügen, meine Sandwiches still und alleine vor mich hin zu mümmeln.

Als ich Pascal zum ersten Mal sah, marschierte er wie ein Bulldozer in das Café und schob mit seinem kantigen Körper die kalte Herbstluft herein. Mit einer einzigen fließenden Bewegung nahm er die Kameratasche von seiner Schulter, stellte sie zu den anderen Taschen auf die Sitzbank, grüßte seine Kollegen mit einem ironischen *»Salut, les pots!«*, zog seinen blauen Kaschmirpullover aus, legte ihn sich um die Schultern, zündete sich eine Zigarette an und nahm Platz, um die Speisekarte zu studieren. Er hatte ein markantes, feingeschnittenes Gesicht, in seinen Augen funkelte eine Spur von Irrsinn, und wenn er lachte, zog er die Mundwinkel hoch wie der Joker in *Batman*. Als sein Pfeffersteak kam, zerteilte er es mit der Eleganz eines Aristokraten. Die Zinken der Gabel zeigten abwechselnd nach unten und nach oben, während sie einen Fleischhappen nach dem anderen in seinen Mund beförderten, und sein lässiges Kauen untermalte den Rhythmus seines kameradschaftlichen Geplauders. Was für ein Mann, dachte ich.

Pascal war ein aufstrebender Kriegsfotograf, dessen Arbeit ich bewunderte. Seine Fotos bildeten das Leben nicht einfach nur ab, sie schrien es heraus: explodierende Bomben, weinende Kinder, Soldaten, die sich duckten, mit schmerzverzerrtem Gesicht, Soldaten, die starben. Genau die Art von Bildern, die ich unbedingt schießen wollte, wenn ich nur gewußt hätte, wie.

Nachdem meine Masche, mit der Fotomappe auf dem Stuhl dazusitzen, zwei Wochen lang zu gar nichts führte und ich schon viel zu viele Francs für Croque Monsieurs ausgegeben hatte, wurde mir klar, daß ich es falsch angegangen war. Mit meinem unsicheren Französisch rief ich die Zentrale von Sygma an und verlangte Claude, den Redakteur für Nachrichtenfotos. Aus irgendeinem Grund, vielleicht weil er mich am Telefon nicht richtig verstand oder weil an dem Tag nicht viel zu tun war, vereinbarte er einen Termin mit mir. Als ich am nächsten Nachmittag in sein Büro trat, mußte er lachen. »Ach, die Kleine aus dem Café«, sagte er. Ein paar der Fotografen, denen ich in den letzten Wochen aufgelauert hatte, darunter auch Pascal, spähten durch die Glasscheibe des Fotografenraumes und lachten.

Als Claude in meiner Mappe blätterte, die in erster Linie Fotos von Striplokalen und deren Kunden enthielt, gingen ihm fast die Augen über, und er schüttelte den Kopf. Dann flüsterte er: *»Putain!«* Ich wußte, daß *putain* das Wort für »Hure« war, aber damals war mir noch nicht bekannt, daß es auch eine idiomatische, harmlosere Bedeutung hatte und dann soviel wie »wow« oder »alle Achtung« hieß. Doch noch bevor ich mir Gedanken machen konnte, wen er mit dieser Bezeichnung gemeint hatte, die Stripperinnen oder mich, blickte Claude hoch und fragte: *»Tu voudrais aller où?«* – »Wo möchtest du gerne hin?«

Ich legte den Kopf schräg. Ich kreuzte die Arme vor der Brust. »Israel«, erwiderte ich. Eher ein kühner Versuch als eine Antwort.

Claude grinste mich an und erwiderte zu meinem Erstaunen: »Gut.« Wir machten einen Deal: Ich bezahlte die Reise, Sygma würde die Kosten für die Filme und die Entwicklung tragen und die Bilder anschließend vermarkten. Der Durchbruch. Endlich.

Als ich mich zum Gehen wandte, blinzelte mir Pascal zu. Wann immer ich später an dieses Blinzeln dachte, lief mir ein Schauer den Rücken herunter.

Zwei Monate später sah ich Pascal wieder. Ich war gerade aus Jerusalem nach Paris zurückgekehrt. Mein Kollege und gelegentlicher Liebhaber Chip, ein seit seiner Jugend fast ausschließlich in Paris lebender Amerikaner, nahm mich als Begleitung mit zu einer Dinnerparty bei Pascal und seiner Freundin. Die Sache mit der Freundin, die mit ihm zusammenlebte, hätte mich warnen sollen, aber dann verstellte mir Pascal im Wohnzimmer den Weg und forderte mich mit seinem durchtriebenen Grinsen zu einem Wettbewerb heraus, wer wem länger in die Augen blicken konnte. Kein Problem, dachte ich. Den schlage ich doch mit links. Aber nach weniger als sechzig Sekunden, die ich in die Augen dieses Mannes blickte, hatte ich nicht einfach nur verloren. Ich war hypnotisiert und zu keinem höheren Gedanken mehr fähig. Nicht mal mehr zu normalen Gedanken wie: »Finger weg! Teilt das Bett mit Freundin!«

Kurz nachdem ich die Wette verloren hatte und gegen den übermächtigen Drang ankämpfte, mich an Pascals Schulter auszuweinen, legte ich mir einen Plan zurecht. Eigentlich kein besonders raffinierter. Ein Plan, der ein sich schon jetzt abzeichnendes ständiges Dilemma lösen sollte: wie Arbeit und Liebe unter einen Hut zu bringen wären. Wir würden uns unsere Kameras schnappen und Paris, unsere weltlichen Besitztümer, die Freundin und meine weniger attraktiven Liebhaber hinter uns lassen. In den nächsten Jahren würden wir kreuz und quer um den Globus jetten, von Staatsstreich zu Aufstand, von Krieg zu Revolution, tagsüber Fotos schießen und nachts unter den Sternen liegen und uns zum sanften Gedonner von Mörserfeuer lieben.

Was danach käme, wußte ich nicht so genau. Darüber machte ich mir keine Gedanken.

Sicher, ich hatte eine blühende Phantasie, aber diesmal war das Ganze zum Greifen nah, ja ich konnte das Mörserfeuer fast riechen. Vielleicht kam der Geruch auch nur von den großen Steaks, die Pascals Freundin Élodie in der Küche briet. Doch wie dem auch sei, während Élodie in der Küche das Fleisch bearbeitete und Chip mit jemand anderem in ein Gespräch verstrickt war, drehte sich Pascal plötzlich zu mir um, blies mir den Qualm seiner Zigarette ins Gesicht und sagte: »Ich fahre nächste Woche nach Afghanistan. Wieso kommst du nicht mit?«

Ich zog an meiner Zigarette, erstickte, ehrlich gesagt, fast daran und blies ihm ebenfalls Rauch ins Gesicht. Dann riß ich mich zusammen und warf ihm ein verschwörerisches Lächeln zu. »Klar«, sagte ich. »Das machen wir.«

So einfach (oder so kompliziert) war das.

Am nächsten Morgen schlüpfte ich leise aus Chips Bett und ging direkt zur Bank, um dreitausend Dollar für die Reise abzuheben – fast meine gesamten Ersparnisse. Ich war nach dem Studium mit siebentausend Dollar nach Paris gekommen. Dieses Geld hatte ich durch einen Sommerjob, bei dem ich Bilder für eine Parodie auf den *Harvard Lampoon* aufnahm, und durch ein Semester Kellnern zusammenbekommen, durch eine akademische Auszeichnung und den ersten Preis bei einem Fotowettbewerb des *Washingtonian Magazine*, durch den Abdruck meiner Abschlußarbeit im *Boston Magazine* und einen Gnadenauftrag meiner Eltern, Schwarzweißporträts von meinen Großeltern anzufertigen. Doch Miete, Essen und die Reise nach Jerusalem hatten mein Guthaben dezimiert. Außerdem ließ Sygma sich mit der Vermarktung meiner Bilder sehr viel Zeit – es war noch kein einziges Foto verkauft. Zwar hatte ich gerade ein paar meiner alten Schwarzweißaufnahmen an *Photomagazine* verhökert, doch würde das Geld – etwas mehr als tausend Dollar für acht Druckseiten – erst in einem Monat eintreffen.

Nachdem ich mein Konto geplündert hatte, fuhr ich mit der Metro zum Reisebüro, wo ich einen Flug nach Peshawar, Pakistan, buchte und bezahlte. In jener Nacht lag ich auf dem Boden der kleinen Wohnung, die ich mir mit drei Mitbewohnern teilte, und blätterte hektisch alte Zeitungen und Zeitschriften durch, um herauszubekommen, wer in Afghanistan überhaupt gegen wen kämpfte. Was war eigentlich ein Mudschahed, fragte ich mich. Wo lag Peshawar? Was war eine Stinger-Rakete? Warum schickten die Amerikaner den islamischen Fundamentalisten Stinger-Raketen? Was war Gulbuddin Hekmatyar überhaupt für ein Name?

Ich hatte damals bedauerlich, ja erschreckend wenig Ahnung, was auf der Welt vor sich ging. Während ich auf dem College viel Zeit damit verbracht hatte, obskure geschichtliche Themen zu studieren oder mich mühsam auf den Wissensstand der Privatschulabsolventen zu bringen – ich kämpfte mich durch Shakespeare, *Beowulf*, Kant und die gesamte Evolution, studierte die russische Revolution bis ins kleinste Detail und lernte mehr über die Denkmäler des alten Japan, als ich je hatte wissen wollen –, hatte ich mich mit den Ereignissen der Gegenwart so gut wie gar nicht beschäftigt.

1966 geboren, hatte ich von der geopolitischen Landschaft nach 1968 nur eine sehr vage Vorstellung. Sie bestand aus einem Meer von verschwommenen persönlichen Erinnerungen, von denen viele aus dem Fernsehen stammten: ein schwarzweißer Mann auf einem schwarzweißen Mond, ein Hubschrauber, der vom Dach der amerikanischen Botschaft in Saigon abhebt, die Boat people, deren Kinder meine Klassenkameraden in der Grundschule wurden, Nixon, der auf unserem neuen Sony-Farbfernseher zurücktrat, blutige Alpträume von der Befreiungsaktion in Entebbe, Walter Cronkite mit einem Erdnußfarmer aus Georgia, aufgedunsene Leichen neben Eimern mit zyanidversetztem Koolaid, Autoschlangen an den Tankstellen, wenn ich vom Ballettunterricht kam, der Ayatollah Khomeini, die 444 Tage von Teheran, Reagans Amtseinführung.

Was Afghanistan betraf, so hatte ich nur mitbekommen, daß Amerika über den Einmarsch der Sowjetunion so wütend war, daß wir 1980 die Olympiade in Moskau boykottierten, was bedeutete, daß ich nicht sehen konnte, wie sich meine Lieblingsturner zu menschlichen Brezeln verbogen. Da ich damals selbst Turnerin werden wollte, regte mich das ziemlich auf.

Bis zu meinem Abflug nach Peshawar blieb mir nur noch eine knappe Woche, daher brauchte ich dringend Hilfe. Viel Hilfe, viele Informationen, und zwar schnell. Außerdem brauchte ich eine Bildagentur, die mich vertrat, eine Agentur, die, anders als Sygma, noch nicht so jemanden wie Pascal hatte, den sie nach Afghanistan schicken konnte. Auch wenn Sygma meine Fotos aus Israel vertrieb, hatte ich ihnen gegenüber doch keine Verpflichtungen. Ich gehörte nicht zu ihrem »Mitarbeiterstab«, was in der Sprache der französischen Bildagenturen bedeutete, daß ich nicht zu denen gehörte, die monatlich einen kleinen verrechenbaren Vorschuß erhielten, daß Sygma daher keinen so dringenden Anlaß sah, meine Arbeiten zu verkaufen, und daß es mir theoretisch freistand, meine Bilder über jede mir genehme Agentur zu vertreiben. Natürlich ist in diesen Dingen Loyalität angesagt, und die Agentur zu wechseln gilt allgemein als anstößig, aber ich sah keinen Grund zu solcher Treue, denn ich hatte durch Sygma noch keinen einzigen Franc eingenommen.

Als ich Chip fragte, was ich tun solle, riet er mir, mit seiner Agentur Gamma zu sprechen. Bei Gamma wolle niemand nach Afghanistan, sagte er. Obwohl schon viele Gamma-Fotografen dort gewesen seien, manche sogar mehrmals, wolle jetzt niemand zum Truppenabzug der Sowjets dahin zurück. »Zu kalt und zu gefährlich, finanziell und auch sonst«, sagte Chip. Da hätten bei mir eigentlich ein paar rote Lampen angehen müssen. Doch statt roter Lampen sah ich nur ein schimmerndes violettes Samtfähnchen mit goldenen Troddeln, auf das mit Goldfaden gestickt war: »DEINE CHANCE!«

Ich vereinbarte einen Termin mit Michel, dem Nachrichtenredakteur von Gamma, einem kahlen, fröhlichen kleinen Mann, der zu Beginn des Krieges aus Afghanistan berichtet hatte und nun offenbar erfreut war, in mir eine reisebereite Gesinnungsgenossin gefunden zu haben.

»So, Kleine«, sagte er, »du willst also nach Afghanistan fahren?«

»Ja. Und nenn mich nicht ›Kleine‹.«

Kleine. Was dachten sich diese Bildredakteure eigentlich? Ich hatte Virginia Woolf und *Der Weiblichkeitswahn* gelesen. Am College war ich auf feministischen Kundgebungen mitmarschiert und hatte mit meinen Kommilitoninnen an improvisierten Sitzungen zur Erweckung des weiblichen Bewußtseins teilgenommen. (Bei einer dieser Veranstaltungen hatten wir aus Knetgummi die Penisse unserer Freunde nachgeformt, um ihre Macht zu brechen.) Als stolze, ultraorthodoxe Fackelträgerin des Feminismus spürte ich noch die kleinste sexistische

Bemerkung auf. Leider waren in Paris, besonders in der Machobranche der Bildjournalisten, sexistische Sprüche praktisch an der Tagesordnung.

»Warum trägst du nicht öfter einen Minirock?« fragte mich einmal ein Kollege.

»Ein bißchen Make-up hat noch keiner geschadet«, bemerkte ein anderer, starrte auf meine Doc Martens und fügte hinzu: »Und warum läufst du in diesen klobigen Lesbenschuhen herum?«

Und als ich mich einmal in einem locker sitzenden Trägerhemd – die Heizung lief an jenem Tag auf Hochtouren – über einen Leuchttisch beugte, um meine Bilder von der Intifada in Israel zu redigieren, rief ein dritter Kollege: »Deborah, du hast so einen netten kleinen Busen. Du solltest engere Sachen tragen, damit wir ihn auch sehen können.«

Klar doch, ich zieh mich sofort um.

Damit mich keiner falsch versteht: Ich trage einen Minirock und sogar Lippenstift, wenn es der Situation angemessen ist. Aber wenn man knipsend durch die Gegend läuft, um sich seinen Lebensunterhalt zu verdienen, verlangt die Situation nur selten etwas anderes als Jeans, stabiles Schuhwerk mit Gummisohlen und temperatursensible Oberbekleidung mit vielen Taschen. Meine Kollegen wußten das, aber sie waren argwöhnisch, mißtrauten der »Kleinen«, die zu ihrem Männerbund gehören wollte. Daher die Schikanen. Als ich einem von ihnen erzählte, ich hätte mir ein Flugticket nach Peshawar gekauft, entgegnete er, leider noch nicht einmal augenzwinkernd: »Afghanistan? Solltest du nicht zu Hause sein und Kinder kriegen?«

»Nein«, erwiderte ich ungehalten, »sollte ich nicht.«

Da war ich mir sicher. Als ich nach dem College nach Paris ging, lag mir nichts ferner, als Babys auszubrüten. All meine Helden in der Welt der Bildreporter waren kinderlose Männer: Fotografen wie Robert Capa, Gilles Peress, Jim Nachtwey. Ich wußte, daß eine Familie nicht in Frage kam, wenn ich wie sie für den Rest meines Lebens auf der Suche nach Auseinandersetzungen in der Welt herumfahren wollte. Ich wußte, daß Kinder Liebe, Geduld, Selbstlosigkeit, Muttergefühle und Reife verlangen, und von alldem besaß ich nicht viel. Wie sollte ich ein Kind ernähren? Ich hatte noch nicht mal damit angefangen, mich selbst zu ernähren. Ich mußte leben, lernen, beobachten, schöpferisch tätig sein – und insofern das Fotografieren mir tatsächlich diese vier Dinge bieten konnte, war ich vollkommen glücklich und zufrieden.

Ich liebte es, loszuziehen und an ungewöhnlichen Orten Aufnahmen zu machen, mit Menschen zu sprechen, die ich ohne meine Kamera niemals kennenlernen würde. Ich liebte das Gewicht des schwarzen Metalls in meinen Händen, das sich wie eine Waffe anfühlte. Ich liebte es, auf den Auslöser zu drücken, die Zeit einzufrieren, kleine Ausschnitte der Wirklichkeit in bedeutungsschwangere Rechtecke zu verwandeln. Ich liebte es, diese Rechtecke wie Souvenirs zu sammeln, sie zu betrachten und zu studieren und das eine Bild zu finden, das einen bestimmten erlebten Moment am treffendsten wiedergab. Ich liebte den Geruch der Schwarzweißchemikalien. Ein leeres, weißes Blatt Fotopapier in das Entwicklungsbad zu tauchen und die wundersame Entstehung des Bildes zu verfolgen, die Wiedergeburt des Lebens, eines bestimmten Augenblicks. Ich liebte es, das immer dunkler werdende Bild zu retten, es mit meiner Zange vor der Schwärze zu bewahren, es zuerst in das Stoppbad und dann in den Fixierer zu tauchen und mir dabei vorzustellen, wie all die kleinen Silberionen in ihrer Entwicklung innehielten und fixiert wurden, um meinem kleinen Rechteck ewiges Leben zu schenken.

Das Allmachtsgefühl dabei war überwältigend: Mitten im Chaos nahm man eine Kamera, einen Film, eine Dunkelkammer, und – voilà – schon herrschte Ordnung. Es war wie Gott spielen. Wenn ein Bild zu dunkel erschien, konnte man die Blende am Vergrößerungsgerät einfach um einen oder zwei Schritte schließen. Wenn der Himmel auf einem Bild zu hell war, konnte man ihn verdunkeln, indem man die Hände darüberwölbte und nur ein kleines Loch offenließ, wo immer man noch etwas Licht brauchte. Wenn man der Meinung war, auf dem Foto sei zuviel leerer Raum, konnte man ihn einfach wegschneiden.

Mit einem Kind kann man so was nicht machen.

Außerdem kannte ich meine Grenzen. Ich wußte, daß ich ebenso gerne Männer sammelte wie Fotos. Ich konnte mich nie entscheiden, eine der von mir gemachten Aufnahmen auf Kosten all der anderen an die Wand zu hängen. Wieso hätte ich mich also für einen Mann entscheiden sollen, der bis in alle Ewigkeit das Bett mit mir teilte?

Leider ließ ich bei meiner Phantasievorstellung eines erstrebenswerten Lebens – diesem kinderlosen, abenteuerlichen, aufregenden Fotografenepos – einen winzigen Haken außer acht: nämlich mein zweites X-Chromosom. Auch wenn ich in den Anfängen einer Revolution aufgewachsen war, auch wenn den Mädchen meiner Generation von ihren BH-verbrennenden weiblichen Ahnen erzählt wurde, wir könnten jeden Beruf erlernen, jede Lebensweise wählen, die uns gefiel, hatten sich die traditionellen männlichen Verhaltensweisen doch nur wenig geändert. Besonders an einem Ort wie Paris. Besonders in einem Mikrokosmos wie dem Bildjournalismus. Ganz im Gegenteil: Trotz der großen Fortschritte des Feminismus im zwanzigsten Jahrhundert war ich in den Augen der meisten Kollegen, selbst in den Augen einiger Freundinnen, schlichtweg durchgeknallt. Ein kleines Mädchen, das auf Abwege geraten ist und denkt, es könne leben wie ein Mann.

Michel entschuldigte sich für seinen Fauxpas. »Tut mir leid«, sagte er, »daß ich dich ›Kleine‹ genannt habe. Ich wollte nur sagen, daß Afghanistan ein gefährlicher Ort ist und dort ein gefährlicher Krieg läuft und daß diese Mudschahedin bestimmt nicht erpicht darauf sind, eine Frau rumzukutschieren. Schon gar keine Frau, die wie ein Kind aussieht.«

Da hatte er recht. An guten Tagen bringe ich es auf ein Meter fünfundfünfzig, und da ich mein langes Haar immer zu einem Zopf flechte, könnte ich als vierzehn durchgehen. In meiner Phantasie war ich eine einsachtzig große Amazone, von Kopf bis Fuß in schwarzes Leder gekleidet. Doch mein zierlicher Lausbubenkörper in Kinder-Levi's und T-Shirt machte mir einen Strich durch die Rechnung.

Überraschenderweise sicherte Michel mir trotz meiner Statur und meiner schlechten Chancen zu, daß Gamma mich vertreten würde. Er war ebenfalls kleingewachsen. Und da seine übrigen Kriegsfotografen alle gekniffen hatten, war er auf mich angewiesen. In den nächsten vier Stunden hielt er mir einen stark gerafften Geschichtsvortrag und klärte mich über die Topographie des Landes auf.

Peshawar, erzählte er mir, das im äußersten Westen von Pakistan liegt, sei der Sitz der vertriebenen afghanischen Regierung. Diese Ehre sei der Stadt ohne ihr eigenes Zutun zuteil geworden. Sie lag unweit der afghanischen Grenze am Ende des staubigen Khaiber-Passes, der die direkteste Route in die Berge um Kabul, die Hauptstadt Afghanistans, darstellte. Dort hatten die Sowjets nach der Invasion vor zehn Jahren, 1979, eine Marionettenregierung eingesetzt. Seitdem waren die Mudschahedin – Freischärler in einem heiligen Krieg, die sich in fünfzehn Splittergruppen, acht sunnitische und sieben schiitische, aufteilten – diese Verbindungsstraße hoch- und runtermarschiert, waren in die Berge hinaufgestiegen und hatten Bomben auf Kabul geworfen. Und manchmal zur Abwechslung auch aufeinander. Das beste war, daß die Amerikaner, die sich bei den Afghanen noch nicht einmal sonderlich großer Beliebtheit erfreuten, diesen Kerlen in den Bergen ein äußerst aufregendes Spielzeug geschenkt hatten: Stinger-Raketen. Eine Stinger, erklärte Michel, sei eine tragbare Todesmaschine von der Größe eines Koffers. Man trage sie auf der Schulter und könne damit sowjetische Flugzeuge vom Himmel herunterholen wie Tontauben. »Peng!« sagte er und feuerte eine unsichtbare Stinger ab. »Einfach so.«

Michel riet mir, ich solle mich in Peshawar einer Gruppe anschließen, die mich mit nach Afghanistan nehmen würde und für mich dort den Fremdenführer machte. Er sagte tatsächlich »Fremdenführer«, so als ob es dort einen großen Reisebus mit blau gepolsterten Sitzen, Schonbezügen über den Kopfstützen und einen Mann im Synthetikanzug gebe, der in sein Mikrofon rief: »Und zu Ihrer Linken sehen Sie die Überreste eines ehemals blühenden Bergdorfes! Zu Ihrer Rechten einige Leichen!«

»Ach, und vergiß auf keinen Fall, gute Wanderschuhe mitzunehmen«, warnte mich Michel. »Du wirst viel laufen müssen, vielleicht tagelang. Nimm einen Daunenschlafsack mit, in den Höhlen dort kann es nachts ganz schön kalt werden. Und ein Mittel gegen die Ruhr, die du wahrscheinlich bekommst, außerdem so viele Snickers, wie du tragen kannst, Toilettenpapier, eine Feldflasche, die du jeden Morgen vor dem Losgehen mit Schnee füllst ...« (Tampons, dachte ich, bloß die Tampons nicht vergessen) »... nimm ein Zippo und eine kleine Taschenlampe mit, laß dich vorher impfen, nimm eine große Flasche Isopropylalkohol mit, damit du keine Entzündung bekommst, wenn du dich verletzt, und reise *um Himmels willen unter gar keinen Umständen allein*.«

Unser Lkw hält an, um ein Kamel vorbeiziehen zu lassen. Komisch, denke ich. Leben Kamele nicht in der Wüste? Es ist um die null Grad, und es schneit. Dieses kurze Fell hält es doch nie und nimmer warm. Was macht es hier ganz allein? Es sieht so verloren aus. *He, Kamel*, rufe ich ihm per Gedankenübertragung zu, *ich verstehe dich*. Es pflanzt sich vor unseren Lkw und rührt sich nicht mehr von der Stelle. Der Fahrer schaltet den Motor aus und wartet.

Inzwischen schnuppert fast jeder Mudschahed herum und versucht herauszubekommen, woher der Alkoholgeruch stammt. »Meine Tasche. Alkohol. Alkohol kaputt. Sorry«, sage ich, aber die zerlumpten Männer sehen mich an, als sei ich verrückt. »Alkohol, ihr wißt schon, knack, krach. Stinkt!« Ich halte mir die Nase zu, versuche mich verständlich zu machen. Plötzlich erkennt Haschim, was er getan hat.

»Oh, Miss Deborah. Sorry. Sorry.« Er erhebt sich von meinem zerdrückten Rucksack, öffnet die Seitentasche und wirft die anstößige Flasche weg. Dann reicht er mir betreten die nasse, zerquetschte Tamponschachtel. Ich nehme sie unter meine Burka und beleuchte sie zur genaueren Inspektion mit meiner brandneuen Mag-Light. Die Schachtel sieht aus wie eine wild gewordene Hydrokultur; die Watte ist auf mindestens das Vierfache ihrer ursprünglichen Größe angeschwollen. Die Einführhülsen und die Verpackung sind aufgeplatzt, und die Tampons hängen schlaff aus der Schachtel wie alte Schnittblumen. Nicht einer davon ist noch zu gebrauchen. Niedergeschlagen schalte ich die Taschenlampe aus und gebe Haschim die Schachtel zurück. »Sorry«, sagt er noch einmal und wirft die vollgesogene Packung zusammen mit einigen alkoholgetränkten Rollen Toilettenpapier über seine Schulter auf die Straße. Nur eine Rolle ist verschont geblieben. Ich werde sparsam damit umgehen müssen.

Wir sind vor zwei Tagen mit diesem Lkw aus Peshawar abgefahren und haben die Kontrollpunkte an der afghanischen Grenze relativ problemlos passiert. Ich habe davon jedoch so gut wie nichts mitbekommen, da ich wie immer unter der dämlichen Burka steckte, unter der ich die Welt nur durch ein winziges blaues Fliegennetz betrachten kann. So etwas wie periphere Wahrnehmung existiert in diesem Ding nicht; außerdem rutscht das obere Teil immer herunter und macht mich vollkommen blind. Nicht gerade ideale Bedingungen, schon gar nicht für eine Fotografin.

Wie immer haben es meine männlichen Kollegen sehr viel einfacher. Wenn sie in Peshawar eintreffen, lassen sie sich einen Bart wachsen, kaufen sich ein Schalwar (diese Hemden, die aussehen wie Schlafanzüge und die alle Afghanen tragen), ein Pakul (Wollmütze mit Aufschlag), eine Decke und eine Army-Jacke. Mit ihrer neuen Kleidung und dem Bart fallen sie unter den Mudschahedin nicht mehr weiter auf. Ich dachte, ich könnte mich genauso anziehen und wie Rosalind in *Wie es euch gefällt* als Mann durchgehen, doch leider hatte ich die Sache mit der Gesichtsbehaarung vergessen. Und die Tatsache, daß es keinen Mudschahedin gibt, der zweiundfünfzig Kilo schwer und ein Meter fünfundfünfzig groß ist.

Seit der Abfahrt aus Peshawar habe ich meine Burka nur einmal ablegen dürfen, in dem sicheren Haus, in dem wir die erste Nacht verbrachten. Vorher war ich, noch unter der Burka, am Arm durch ein Labyrinth aus engen Gassen und dann eine Treppe hochgeführt worden. Der Raum, in dem wir alle – das heißt achtundvierzig Leute – zusammengepfercht auf dem nackten, schmutzigen Boden übernachteten, war kalt und muffig, in der Ecke stand ein kleiner Heizlüfter, und von der apfelgrünen Wand starrten uns drei Bilder des Ayatollah Khomeini an *(die 444 Tage von Teheran, Reagans Amtseinführung ...).*

Aber immerhin war es ein Zimmer mit vier Wänden, einer Decke und einem Boden. Erleichtert, daß ich die Burka acht Stunden zur Seite legen konnte, war ich schon froh, das Zimmer ohne ein Gitter vor den Augen betrachten zu dürfen.

Ich habe nicht die geringste Ahnung, wo (oder auch wann) wir heute nacht schlafen werden, aber ich wette, daß es nicht halb so komfortabel sein wird.

Das Kamel rührt sich noch immer nicht von der Stelle, sondern spuckt erst einmal auf die Windschutzscheibe des Lkws, dann auf uns. Der Fahrer ist nun sauer und dreht den Zündschlüssel, vielleicht will er das Tier einschüchtern oder an ihm vorbeifahren, aber der Motor springt nicht an. Er versucht es erneut. Und noch einmal. Der Motor gibt keinen Ton von sich. Die Batterie kann es nicht sein, denn ich höre noch immer die manische Kakophonie islamischer Fundamentalistenmusik aus dem Führerhaus dringen. Ich wende mich an Haschim. »Was ist das für Musik?« frage ich, um ein wenig zu plaudern.

»Hä?«

»Musik, Musik!« rufe ich. Ich gestikuliere wie eine Bekloppte, spiele Luftgitarre. »La la la la, du weißt schon, Musik!«

»Ach, Musik. Ja. Berühmte amerikanische Mann. Jetzt ist Muslim, jetzt bei Dschihad. Cat Stevens. Kennst du?«

Ich muß lachen. »Ja, den kenne ich«, antworte ich.

Das paßt ja. Mr. Peace Train. In einem Armeelaster, der nicht mehr anspringt.

Pascals Flug war bereits ausgebucht gewesen, daher flog ich allein und kam einen Tag nach ihm im Pearl Continental Hotel an. Ich hatte in Karachi qualvolle vierzehn Stunden Aufenthalt gehabt, und als ich meine Taschen durch die Drehtür des Hotels schleppte, war ich erschöpft, verschwitzt und litt unter dem Jet-lag. Pascal war nirgends zu finden, deshalb suchte ich mir einen Sitzplatz in der Eingangshalle, die mit ihrem Linoleumboden und den Kunststoffsesseln genauso aussah wie in jedem anderen Hotel der Dritten Welt, und wartete. Der Plan, den wir in Paris am Telefon geschmiedet hatten, war ziemlich simpel: Da seine Reisekosten fast vollständig durch Aufträge von verschiedenen französischen und deutschen Zeitschriften gedeckt wurden und ich als unschuldige Anfängerin keinen einzigen Auftrag hatte, würde ich gratis in den Genuß seines Hotelzimmers kommen (und seines warmen Körpers, das verstand sich von selbst), bis wir eine Gruppe Mudschahedin fanden, die uns mit ins Land nahmen. Nach einem kurzen Honeymoon, nachdem wir dem allmächtigen Eros unser Opfer dargebracht hatten, wollten wir uns dann gemeinsam, Hand in Hand, in das Herz von Afghanistan aufmachen, um die Grausamkeiten des Krieges zu bezeugen. Oder so ungefähr.

Ich mußte wohl in der Eingangshalle eingeschlafen sein, denn auf einmal beugte Pascal sich über mich, küßte mich in den Nacken, hielt mir eine dampfende Tasse Tee hin und begrüßte mich schnurrend: *»Bienvenue à Peshawar. Bienvenue à la guerre.«* – »Willkommen in Peshawar. Willkommen im Krieg.« Nachdem wir ein paar Nettigkeiten ausgetauscht hatten (wie war die Reise, danke etwas lang, du siehst müde aus, nein mir geht's gut, ja wirklich, ja mir geht's wirklich gut, ist nur der Jet-lag, dann ist es ja gut, ja), kamen wir zu Sache. Pascal setzte sich neben mich, Notizblock und Stift in der

Hand, kreiste auf einem Blatt liniertem Papier den Namen Abdul Haq ein und flüsterte: »Wir haben Glück. Ich habe gerade für heute nachmittag ein Treffen mit Haqs Leuten vereinbart. Wenn alles gutgeht, müßten wir in ein paar Tagen losfahren können.« Er sah sich um und vergewisserte sich, daß ihm keiner der anderen Journalisten zuhörte. Sie trugen alle die gleiche Banana-Republic-Weste, rannten geschäftig herum, machten auf wichtig, flüsterten miteinander und trugen ein Gesicht zur Schau, das bedeuten sollte: *Ich hab den Knüller*, auch wenn das gar nicht stimmte. Ich war schon froh, daß ich überhaupt wußte, wer Abdul Haq war.

Abdul Haq war der Oberkommandierende einer Gruppe von Mudschahedin namens Hesb-e-islami-Khalis, die auf dem Höhepunkt des Krieges Mitte der Achtziger Berühmtheit erlangte, weil sie Dan Rather und sein CBS-Team durch Afghanistan kutschierte. Rather, von Kopf bis Fuß in die neueste Rebellenmode gewandet, schien damals voll auf die Abenteurertour abzufahren. Das konnte man natürlich von so gut wie jedem Journalisten in der Lobby des Pearl Continental behaupten, mich eingeschlossen. Jedenfalls wußte jeder, der über Afghanistan berichtete, daß Haq ein gerissener, medienerfahrener Kämpfer war und Soldaten befehligte, denen man den millionenschweren Arsch von Dan Rather anvertrauen konnte und damit auch den billigeren eigenen. Außerdem hatten die Vereinigten Staaten der Khalis-Gruppe wegen der positiven CBS-Berichterstattung viele Stinger geschenkt. Pascal, der innerlich noch ein kleiner Junge war, wollte bei den Kindern mit dem besten Spielzeug mitspielen.

»Haq, aha«, sagte ich. »Gut gemacht.« Ich sagte ihm, ich müsse dringend duschen. Mit einem durchtriebenen Augenzwinkern antwortete Pascal, er würde mich gerne einseifen. Ich hievte meinen schweren Rucksack hoch, doch bevor ich ihn mir über die rechte Schulter werfen konnte, machte Pascal »tz, tz« und schulterte ihn selbst ohne ersichtliche Mühe. Dann griff er mit der freien Hand nach meiner Kameratasche, nahm sie sich über dieselbe Schulter wie den Rucksack und schlang den freien Arm dann langsam um meine Taille, wobei seine Finger hinter den Bund meiner Jeans glitten. Mir stellten sich sämtliche Nackenhaare auf. *»Après toi«*, sagte er. Nach dir.

Kaum hatten wir das Hotelzimmer betreten, lagen unsere Klamotten auch schon auf dem Boden. Gegen Ende, als sich seine Hüftbewegungen dem Höhepunkt näherten, stieß er den Namen seiner Freundin aus. »Élodie!« rief er, was ihn kurz stutzen ließ, jedoch nur kurz, dann ließ er sich erschöpft auf mich fallen. »'tschuldigung«, sagte er, streichelte mein Haar und griff zur Wiedergutmachung nach unten.

»Kein Problem«, erwiderte ich, ganz aufrichtig. Ich hatte nichts dagegen, die zweite Geige zu spielen. Eigentlich war es mir sogar lieber. In Israel hatte ich zwei Liebhaber gehabt: Die Freundin des einen wartete einmal auf ihn im Hof des American Colony Hotel und nippte dort an ihrem Kaffee, während wir uns oben in meinem Zimmer schnell noch liebten; die Freundin des anderen hockte in der gemeinsamen Wohnung in Paris, während wir in seiner Hotelbadewanne saßen und uns gegenseitig mit Duftöl massierten. In Paris verführte ich ein Opfer im Treppenschacht meines Appartmenthauses und ein anderes auf der Tanzfläche im Les Bains Douches, wonach beide zu ihren Lebensgefährtinnen nach Hause gingen. Auf dem College machte ich das Abschleppen von Männern praktisch zu meiner Hauptbeschäftigung.

Doch hatte ich eine ganz willkürliche moralische Grenze gezogen: keine verheirateten Männer, auf keinen Fall. Das war mir zu kompliziert und zu gefährlich – um nicht zu sagen allzu dumm: all diese bindenden Verträge. Doch die nur locker gebundenen Männer waren in meiner kleinen Welt mit ihren willkürlichen Grenzen Freiwild, besonders die, deren Augen ruhelos umherwanderten. Warum? Weil das System zu funktionieren schien. Ich hielt den Mund, die Freundinnen bekamen es nie heraus. Das Verbotene und Abenteuerliche der Situation turnte die Männer an, und mich reizte die Garantie, daß ich damit keine Verpflichtungen einging, daß keine der beteiligten Parteien vorgab, etwas anderes miteinander zu tun, als Sex um der Lust willen zu haben. Sobald es ein Mann wagte, das Wort mit dem großen »L« auszusprechen oder das Thema auch nur zu streifen, indem er laut über eine mögliche gemeinsame Zukunft nachdachte, verlor ich das Interesse. Ich hatte nicht die Absicht, mich zu binden; den Schmerz und die quälende Not zuerst des Verliebens und dann des Entliebens hatte ich kennengelernt, und es war kein Zustand, den ich so schnell wieder erleben wollte. Schon gar nicht mit so einem lüsternen, umherstolzierenden Pfau wie Pascal.

Pascal besorgte es mir fingerfertig und elegant. Unmittelbar danach erklärte er: »Ich fühle mich irgendwie schuldig.«

»Ja, klar«, erwiderte ich. *Konntest du mich nicht wenigstens fünf Minuten lang die Nachbeben genießen lassen?*

»Nein, wirklich«, sagte er und setzte sich auf. Er prüfte seine Frisur in dem Spiegel an der gegenüberliegenden Wand, schob eine lose Strähne zurück und zündete sich eine Zigarette an. »Ich meine es ernst. Ich glaube, ich liebe meine kleine Élodie.«

O nein. »Glaubst du wirklich?« fragte ich. Pascal reichte mir eine Zigarette und gab mir, galant wie immer, Feuer.

»Ja, ich meine, vielleicht. Ich meine, vielleicht ist das falsch, was wir hier machen.«

Erspar mir die postejakulatorische Selbstkasteiung. »Na ja, es ist nur falsch, wenn du das meinst.« *Es macht nur so lange Spaß, bis einer ein Auge verliert.* »Das hängt alles von deinem inneren moralischen Kompaß ab.«

Pascal tätschelte geistesabwesend meine Brüste. »Mein moralischer Kompaß? Was ist denn das?«

Wichser. »Egal«, sagte ich. »Können wir nicht später drüber reden, wenn wir angezogen sind?«

»Klar.«

Liebe? Was glaubte Pascal eigentlich, wem er hier seine Lügen erzählte? Er war genau wie ich, wie jeder vom Krieg berauschte Journalist. Ein hemmungsloser Hedonist. Ein Adrenalinjunkie, süchtig nach frischem Blut und dem Kick des

Überlebens, nach den Headlines, den Deadlines, den heißen Nächten nach Abgabeschluß. Er befand sich – wie wir alle – in einem Zustand künstlich verlängerter Jugend und rechtfertigte sein kindisches Benehmen mit dem Argument, für eine ehrenwerte Sache zu arbeiten.

Wir waren Medienhuren. Journalisten. Heilig und rechtschaffen. Bewahrer des Wortes, Verbreiter des Bildes, unfähig, etwas oder jemanden mehr zu lieben als die Story, als uns selbst.

»Warum willst du über Kriege berichten?« fragte mich Pascal, der nun auf dem Rücken lag und Rauchkringel zur Decke blies.

»Ich möchte die Öffentlichkeit aufklären«, erwiderte ich, »ich möchte der Welt zeigen, wie schrecklich der Krieg ist, daß er nicht notwendig ist, daß es bessere Mittel geben muß, um politische Ziele zu erreichen.«

Ich erstickte beinahe an dem Blödsinn. Es stimmte schon, daß ich die Öffentlichkeit aufklären wollte und Krieg für etwas Schreckliches hielt. Aber damit sagte ich zuerst B und dann A. Der wahre Grund, daß ich über Kriege berichten wollte, war völlig egoistisch. Krieg war einfach aufregend, und ich haßte nichts mehr, als mich zu langweilen.

Ich wuchs als älteste von vier Schwestern in Potomac, Maryland, auf, einem grünen Vorort von Washington, D.C., in den wir gezogen waren, als ich vier Jahre alt war. In dem Neubauviertel, in dem wir wohnten, gab es sieben verschiedene Haustypen, allesamt Variationen desselben Themas im modernen Stil. Wände und Türen waren in verschiedenen Farben gestrichen, um die Häuser voneinander abzusetzen. Unser Halbgeschoßhaus mit den drei Schlafzimmern (dunkelbraune Wände, rote Tür) war weder das größte noch das kleinste. Von außen hatte es ziemlich viel Ähnlichkeit mit dem Haus in der Fernsehserie *Drei Mädchen und drei Jungen*.

Meine liebevollen und immer wohlmeinenden Eltern waren beide in Großstädten aufgewachsen – meine Mutter in der

Bronx, mein Vater in Kansas City – und waren daher der Überzeugung, daß Kinder zum Wachsen und Gedeihen Gras, Platz und saubere Luft brauchten. Ich konnte es ihnen nachempfinden, ja fand diese Einstellung sogar durchaus plausibel, und doch konnte ich sie niemals teilen. Ich wollte Asphalt. Öffentliche Verkehrsmittel. Die Möglichkeit haben, schnell wegzukommen. Menschen und Sachen zum Ansehen. Statt dessen hatte ich Gras, Unmengen von frisch geschnittenem Gras, das für mich eher nach Langeweile roch als nach Verheißung.

Die öffentliche Grundschule in unserer Nähe war, ganz zeitgemäß, in Form einer Blume gebaut, jedes Blütenblatt beherbergte eine Unterrichtsstufe. Es gab dort keine Innenwände, keine Tischreihen, und jeden Morgen setzten sich die einzelnen »Schwärme« gemeinsam auf den Boden und sangen *Joy to the World* und andere Lieder über Frieden und Liebe von Peter, Paul and Mary.

Anschließend ließen uns die Lehrer in die sechseckigen Räume laufen, in denen bunte Tafeln mit jeweils einer Aufgabe standen, die bis zum Ende der Woche erledigt sein mußte, zum Beispiel »Male deine Familie« oder »Schreibe deine Lebensgeschichte« oder »Welche von diesen Gegenständen können schwimmen?«. Ich nahm mir ein paar Buntstifte, malte meinen Vater, meine Mutter, die drei jüngeren Schwestern und mich, dahinter einen Regenbogen und eine Sonne. Dann brachte ich schnell meine Lebensgeschichte zu Papier mitsamt dem Detail, das mein Dad so gerne erwähnte: daß ich mit einem opponierbaren Daumen geboren worden sei. (»Ein opponierbarer Daumen?« fragte die Assistentin des Lehrers. »So etwas gibt es nicht.«) Dann kreuzte ich Gummiente, Holzspäne und Ball an, ließ die Kästchen von Metalldichtung, Geldstück und Stein leer, ohne einen von den Gegenständen in die bereitgestellte Wanne zu setzen, beantwortete ein paar Fragen über die Pioniere oder Quallen, oder was wir sonst gerade lernten, und war schon am Montagnachmittag fertig.

In den unteren Klassen hatte ich sehr nette Lehrer, die mit mir und meiner Freundin Ellen Mitleid hatten. Sie schickten uns für ein oder zwei Stunden in die Schwärme der fünften oder sechsten Klasse, wo wir alles über Pi oder ungekürzte Division lernten und unsere Schrift perfektionierten, während unsere Klassenkameraden drei Äpfel zu zwei Birnen mit dicken Stiften addierten und die gepunkteten Umrisse eines überdimensionalen Buchstabens nachzogen. An einem Tag im zweiten Schuljahr beschlossen Ellen und ich, die ersten fünfzig Ziffern nach dem Komma der Zahl Pi auswendig zu lernen. Nur zum Spaß.

Als ich älter wurde und meine Lehrer nichts mehr für mich zu tun fanden, mußte ich lernen, mich selbst zu beschäftigen. Meistens lief ich in die Bibliothek, die in einem offenen Rundbau in der Mitte der Blume untergebracht war, doch nachdem ich alles von Roald Dahl, alle Bände von *Unsere kleine Farm* und *Pippi Langstrumpf*, alle Bücher mit *Harriet*, *Nancy Drew* und den *Hardy-Boys, Betty und ihren Schwestern, Black Beauty, Weckerhund, Wedermann und Schlafittchen* und Judy Blume und einen großen Teil der *Encyclopaedia Britannica* verschlungen hatte, besonders den Artikel über den Weltraum und den über meinen Helden John Glenn, war diese Quelle der Unterhaltung für mich ebenfalls erschöpft.

Nach der Schule, wenn meine Mutter oben Fernsehen guckte oder sich mit dem Abendessen abmühte und eine Packung gefrorener Erbsen gegen den Resopaltresen schlug und mein Vater wie alle anderen Daddys in Potomac, die Ärzte oder Anwälte waren, von seiner Kanzlei in Washington, D.C., zurückkehrte, hörte ich im Wohnzimmer mein Album *Free to Be You and Me* und stellte mir ein Leben vor, in dem ich wie Prinzessin Atlanta »ausriß, um die Welt zu entdecken« oder vielleicht wie Laura Ingalls Wilder mit meinem Planwagen durch die Prärie in unberührte, gefährliche Regionen fuhr. Ein Leben, in dem ich riesige Pfirsiche fand und auf einem Pferd in den Sonnenuntergang ritt, in dem ich fliegende Zöpfe trug und schelmisch, aufsässig und witzig war, in dem ich die Erde in meinem Raumschiff umkreiste, Geheimnisse aufdeckte, unglückselige Menschen vor dem Untergang bewahrte und in dunklen Ecken jede Menge Jungen befummelte. Ein Leben, in dem ich nie erwachsen werden, Fahrgemeinschaften bilden, Morgenröcke tragen, Hackbraten zubereiten und mir jede Folge von *Zeit der Sehnsucht* ansehen mußte, um nur ja nichts zu verpassen.

In den siebziger Jahren als Mädchen in einem Vorort aufzuwachsen war eine verzwickte Angelegenheit. Alles war voller widersprüchlicher Signale. Einerseits waren die Mütter, die ich kannte, also meine potentiellen Vorbilder, alle nicht berufstätig. Andererseits gab es die *Mary Tyler Moore Show*. Von meiner jugendlichen Warte aus lag die Entscheidung auf der Hand: Marys Leben schlug das meiner Mutter um Längen.

Meine Mutter, die im Alter von sechzehn Jahren in der Carnegie Hall dirigiert und auf der High School auf dem Cello *und* auf dem Klavier brilliert hatte, wollte ursprünglich Ärztin werden. Aber ihr Vater hatte ihr gesagt, er könne das bißchen Geld, das er besäße, nicht dafür ausgeben, eine Tochter zur Medizinerin auszubilden. Also studierte sie Pädagogik, unterrichtete ein Jahr an einer Grundschule, wurde mit mir schwanger, und damit war ihr Berufsleben beendet. Sie behauptet, sie würde es nicht bedauern, aber ich habe es selber miterlebt, und ich kaufe ihr das nicht ab.

Und wenn schon die Signale an der Heimatfront verwirrend waren, so waren es die in der Schule noch mehr. In meiner großen staatlichen High School hätte es ebensogut 1955 statt Anfang der achtziger Jahre sein können. Um dazuzugehören, um beliebt zu sein, Freunde zu haben, zu den Saufgelagen eingeladen zu werden und damit in das Machtzentrum vorstädtischer Teenagerkreise vorzustoßen, mußte ein Mädchen ein hübscher, dünner, kurvenreicher, blonder Cheerleader sein. Sie brauchte nicht unbedingt beschränkt zu sein, aber schlau sein durfte sie auf keinen Fall. Sie mußte Make-up tragen, und zwar richtig dick, und ständig über ihre Diät reden. Sie konnte ein Leben als Aerobiclehrerin anstreben, Ernährungsberaterin ging vielleicht auch noch, aber nur so lange, bis sie Kinder bekam und sich mit ihrem Ehemann, der Arzt oder

Anwalt war, und einer Nerzstola im begehbaren Kleiderschrank in ihrem neuen Haus in Potomac niederließ.

Von den Nöten der Jugend gepeinigt, wollte ich einfach nur dazugehören. Ich wollte nicht jedes Wochenende gelangweilt als Babysitter allein verbringen. Ich wollte nicht mit den komischen, verpickelten Kindern in den Begabtenklassen Fantasyspiele spielen. Ich wollte zu den Saufgelagen eingeladen werden und Jungen küssen, ich wollte normal sein. Schon bald wurde mir klar, daß ich ein Doppelleben würde führen müssen, daß ich meine innere Pippi Langstrumpf unter einer gelackten Barbie-Maske würde verstecken müssen. Mit einem kurvenreichen, schlanken Körper und blonden Haaren konnte ich nicht dienen, und so wurde ich zum Ausgleich Cheerleader. Ich kaufte Lidschatten, Eyeliner, Maskara, Lippenstift und Rouge und lernte, sie jeden Morgen vor der Schule aufzutragen. Wenn die Zeugnisse ausgegeben wurden, verschwieg ich meine guten Noten und gestand nur die mittelmäßigen ein.

Ich paßte mich so erfolgreich an, daß ich sogar zur Königin des Abschlußballs gewählt wurde. Doch forderte das ganze Schauspielern, Verstecken und Maskieren seinen Tribut. Ich war ständig besoffen und schrieb schlechte Teenie-Gedichte über oberflächliche Menschen, die ihre Seelen an verschiedene Teufel verkauften, versteckte sie jedoch hinter meinem Bücherschrank, damit sie keiner finden konnte. Ich las Sylvia Plath, spielte mit dem Gedanken, mich umzubringen. Ich versuchte herauszufinden, ob ich selbst verrückt war oder alle anderen um mich herum, wie Jack Nicholson in *Einer flog übers Kuckucksnest*. Ich hatte entsetzliche Wutausbrüche – einmal trat ich ein riesiges Loch in die Wand meines Zimmers. Ich fing an, meine supersportlichen Freunde zu betrügen, traf mich mitten in der Nacht in meinem Zimmer heimlich mit einem Jungen, der in derselben Straße wohnte, einem dünnen Kerlchen mit zarten Gesichtszügen, der kaum größer war als ich, ein intelligenter, nervöser, zärtlicher Junge, der in mir ungeahnte Gefühle weckte, in der sozialen Hierarchie jedoch so weit unten stand, daß wir uns am nächsten Tag in der Schule ignorierten.

Gegen Ende meines vorletzten Schuljahres setzte ich mich mit meinen Eltern zusammen und sagte ihnen, ich müsse raus aus Potomac. Genaugenommen wolle ich so weit fort von Potomac wie möglich. Mein Vater hatte mich einmal auf eine Geschäftsreise nach Japan mitgenommen, und so fragte ich ihn, ob er dort jemanden kenne, einen Mandanten oder auch nur den Bekannten eines Mandanten, der eventuell ein freies Zimmer für mich hätte. Innerhalb einer Woche fand er jemanden.

Dieser Sommer in Japan, als ich siebzehn war, der veränderte mein ganzes Leben. Da meine Gastgeberin Mrs. Nakamura immer zwischen ihrem Hotel in Utsunomiya und ihrer Wohnung in Tokio hin und her pendelte und da ihre Tochter, die in meinem Alter war, den gesamten Sommer in ihrem Zimmer saß und für die Zulassung zur Universität büffelte, hatte ich glücklicherweise sehr viel Zeit für mich. Ich lebte von dem Geld, das ich damit verdiente, daß ich japanischen Schülern Tanzunterricht gab und japanischen Geschäftsleuten Englisch beibrachte. Tagsüber erforschte ich, allein und glücklich, die belebten Straßen Tokios mit ihren Neonreklamen, und nachts traf ich mich mit neuen Freunden, trank, tanzte zu Duran Duran und knutschte in den Bars von Roppongi herum. Dort in Japan blühte ich auf, genoß die Mühen des Alltags und war unheimlich stolz darauf, ganz allein zurechtzukommen. Es dauerte nicht lange, und ich spürte, daß mein Inneres und mein Äußeres wieder verschmolzen, daß ich wieder ein Mensch wurde.

Auf einmal schien alles möglich zu sein.

Und das war es auch. Auf der Rückreise nach Potomac hatte ich am Strand von Hawaii ein Techtelmechtel mit einem jungen Filmschauspieler, der mich für den Herbst nach New York einlud, wo er auf einer Tournee seinen neuen Film vorstellte. Ich schickte der Zeitschrift *Seventeen* unaufgefordert einen Artikel über meine Japanreise, den sie tatsächlich druckten, und danach rezensierte ich Bücher für sie. Ich bewarb mich in Harvard und wurde angenommen. Ich sprach für einen Film vor und bekam eine kleine Rolle. Ich schnitt mir die Haare ab und verliebte mich – verliebte mich wirklich unsterblich – in Gabe, einen belesenen Außenseiter und Punkrock-Schlagzeuger. Stolz hielt ich seine Hand, wenn ich zusammen mit ihm durch die Gänge unserer spießigen High School lief. Nachdem ich mich siebzehn Jahre lang wie ein Fisch auf dem Trockenen gefühlt hatte, schwamm ich nun endlich im Meer.

Warum mich der Krieg interessierte? Also, bitte. Warum denn *nicht*?

Ich beschrieb mit dem Finger kleine Kreise auf Pascals unbehaarter Brust. »Und du? Warum willst du den Krieg fotografieren?« fragte ich ihn.

»Aus dem gleichen Grund wie du«, antwortete er, »du weißt schon, die Öffentlichkeit aufklären …« Er ließ drei Rauchkringel in die Luft steigen – drei Sprechblasen, die er später vielleicht ausfüllen würde. Oder auch nicht.

Dann kamen die üblichen Fragen. Wo bist du aufgewachsen? Hast du Geschwister? Welche Fächer hast du in der Schule gehabt? Fragen, die sich Menschen normalerweise in bekleidetem Zustand stellen, doch ich hatte inzwischen lang genug unter den Franzosen gelebt, um einen Grundsatz verinnerlicht zu haben: Erst wird gevögelt, dann wird gefragt. »Was ist deine Mutter von Beruf?« fragte ich, denn die Mütter interessierten mich immer sehr.

Pascal lächelte stolz und schaute in die Ferne. »Sie war Bergsteigerin. Ich bin ständig mit ihr herumgeklettert.« Er griff zu dem Glasaschenbecher neben dem Bett und drückte seine Zigarette aus.

Na klar, eine Bergsteigerin. Jetzt verstand ich. Ich war zwar keine Wuchtbrumme mit vollen Lippen, langen Beinen und Minirock, so wie seine Freundin, aber ich erinnerte ihn an seine abenteuerliche *mère*. Hallo, Ödipus. »Und was macht sie jetzt?« Ich reichte ihm meine Zigarette, damit er sie ebenfalls ausdrückte.

»Nichts. Sie ist tot. Vom Berg gefallen.« Er stieß einen langgezogenen Pfiff aus und ahmte den Sturz mit der Hand nach, ließ sie mit Nachdruck auf das Bett klatschen. »Einfach runtergefallen.« Er versuchte, sich cool und abgebrüht zu geben, aber sein umwölkter Blick strafte ihn Lügen.

»Oh. Tut mir leid. Das wußte ich nicht«, sagte ich. Dann fügte ich nach einer peinlichen Pause hinzu: »Wahrscheinlich gehst du jetzt nicht mehr oft in die Berge.«

»Au contraire!« – »Ganz im Gegenteil!« rief er ein bißchen zu laut und zu forsch. Seine Augen wurden wieder klar, und ein teuflisches Grinsen breitete sich in seinem Gesicht aus. »Ständig! Warum auch nicht? Man kann nicht nur in der Vergangenheit leben, verstehst du? Vor zwei Wochen war ich noch bergsteigen.« Ich wollte gerade so was wie »Hä?« sagen, da begann Pascal zu kichern. Wie eine Hyäne. »Das ist komisch, Deborah, was? Daß ich immer noch klettern geh?« Er schüttelte mich an den Schultern, versuchte mich zum Lachen zu bringen. Mein Kopf schlug vor und zurück. »Wirklich komisch. Hahaha. Findest du das nicht witzig?« Sein Blick hatte etwas Verrücktes, Besessenes. Das Gekicher wurde immer irrer. Kreischend sprang er aus dem Bett und suchte auf dem Boden seine Klamotten zusammen. Er beugte sich vornüber und schlüpfte mit einem Bein in seine Jeans, dann mit dem anderen, für die Unterhose hatte er keine Zeit.

»Hör auf, Pascal!« rief ich. »Du machst mir angst. Das ist nicht lustig.«

Als ich Chip einen Tag vor meiner Abreise gestand, ich würde mit Pascal nach Afghanistan fahren, lachte er und sagte: »Viel Glück dabei. Der ist verrückt.« Da die meisten Kriegsfotografen etwas neben der Spur sind, beunruhigte mich seine Bemerkung nicht. Ich dachte mir, da spricht die Eifersucht, kein Grund, sich Sorgen zu machen. Außerdem war ich schon immer der Ansicht gewesen, sollte ich einmal mit einem Menschen auf einer einsamen Insel landen – oder in einem umkämpften Gebirge –, dann wäre mir ein Verrückter allemal lieber als ein Langweiler.

Aber jetzt kamen mir langsam Zweifel.

Pascal sah mich über die Schulter an – sein Blick war eisig und leer. Das Gewitter war vorüber. Er zog sich die Jeans über die Hüften und drehte sich zu mir um. Langsam und bedächtig und voller Selbstsicherheit schloß er den Reißverschluß. Damit ich ihm dabei zusah. Damit ich mich von der symmetrischen Perfektion seines Leonardo-da-Vinci-Körpers hinreißen lassen konnte. *»S'il te plaît, Deborah«,* sagte er, und seine Muskeln entspannten sich, *»je plaisantais.«* – »Bitte, Deborah, ich hab nur Spaß gemacht.« Wieder begann er zu lachen, diesmal vergnügt, ja zärtlich. Er kam zu mir herüber und küßte mich aufs Haar. Dann holte er ein Handtuch aus dem Badezimmer, legte es mir um und führte mich ins Bad. »Dusch erst mal«, sagte er. »Und dann schlaf ein bißchen. Ich bin in ungefähr zwei Stunden zurück.«

»Wo gehst du hin?« fragte ich. Das Handtuch löste sich und fiel zu Boden. Ich bückte mich, um es aufzuheben – auf einmal schämte ich mich meiner Nacktheit. Schnell wickelte ich es mir wieder um.

Pascal erklärte, er würde Abdul Haq treffen, um mit ihm über unsere Reise zu sprechen. Er meinte, es sei besser, wenn er allein gehe, ohne mich. Als ich widersprechen wollte und sagte, ich würde mich doch lieber selbst vertreten, lächelte er, nahm mein Gesicht in die Hände und antwortete mir: »Deborah, du mußt wirklich noch eine Menge lernen.« Er erklärte mir, die Moslems hätten eigenartige Ansichten über Frauen. Wir hätten größere Chancen, mitgenommen zu werden, wenn er Haq einfach sagte, er würde noch einen »Freund« mitbringen, und mein Geschlecht nicht erwähnte. »Vertrau mir«, sagte er. »So wird das hier gemacht.«

Vertrau mir. Wenn es einen Satz gibt, der mich aufhorchen und das genaue Gegenteil argwöhnen läßt, dann ist es dieser. Warum sollte man das vorausschicken, wenn nicht als Hinweis darauf, wie gefährlich es ist, das danach Folgende zu glauben?

Aber andererseits, was konnte ich schon sagen? Es war Pascals dritte Reise nach Afghanistan. Und ich war noch nie in einem echten Krieg gewesen.

Es hat aufgehört zu schneien, und der Himmel hat sich aufgehellt, als die Mudschahedin endlich beschließen, den liegengebliebenen Wagen zurückzulassen. Seit vierundzwanzig Stunden haben wir weder etwas gegessen noch geschlafen. Durch das Fliegennetz vor meinen Augen kann ich in der Ferne die gezackte Silhouette eines gewaltigen Bergmassivs ausmachen, die den blauen Himmel von der Erde trennt. Nur die Spitzen der verschneiten Gipfel leuchten in dem ersten Sonnenlicht, wie elektrisierte Schlagsahne. Zwischen uns und den Bergen erstreckt sich eine weite, von noch unberührtem Schnee bedeckte Ebene. »Wir gehen«, sagt Haschim, tritt auf der Stelle und zeigt über das wilde Tal auf die Berge. Ich bin nicht in der Lage einzuschätzen, wie nah oder fern das Gebirge ist, ob der Marsch dorthin eine Stunde oder einen Tag dauert. In den Bergen, die ich kenne, gibt es Sessellifte. Und Busse, die einen hinbringen. »Gehen dahin«, sagt er, »zu den Bergen. Achtung, Minen ...« Er weist auf die Ebene und ahmt mit den Händen eine Explosion nach. »Bumm«, macht er. Dann zeigt er nach oben und sagt: »Flugzeuge ...« Wie ein Kind läßt er die Hand durch die Luft fliegen und gibt brummende Geräusche von sich. »Flugzeuge von Russen. Gefahr.«

Die Soldaten fangen an, das Gepäck untereinander zu verteilen, schnallen sich wahllos Säcke auf den Rücken, verstecken ihre Waffen unter dünnen braunen Wolldecken, die sie sich zum Schutz vor der Kälte und als handliche Gebetsteppiche über die Schultern gelegt haben. Haschim hebt meinen Rucksack von der Ladefläche und hievt ihn sich auf den Rücken. Ich danke ihm, bin froh, daß ich ihn die nächsten Stunden (Tage? Monate?) nicht zu schleppen brauche. Dann lupft Haschim meine Burka und greift auch noch nach meiner Kameratasche. »Nein, nein, schon gut«, sage ich und ziehe die Tasche an mich. »Die ist nicht schwer.« Vielleicht kenne ich mich in den Gepflogenheiten des Krieges nicht gut aus, aber ich bin klug genug, um zu wissen, daß ein Fotograf, wie ein Soldat, sich nie von seiner Waffe trennen darf.

Haschim will nichts davon hören. »Keine Fotos«, sagt er. »Gefahr. Flugzuge.« Er zeigt wieder zum Himmel hoch und tut so, als blicke er durch ein Fernglas. Ich deute seine Geste so, daß ein sowjetischer Pilot mich eventuell dabei beobachten könnte, wie ich Aufnahmen mache, und uns dann nicht mehr für eine Karawane zerlumpter Flüchtlinge hält, sondern für das, was wir wirklich sind: eine Gruppe Mudschahedin mit einem liegengebliebenen Lkw und einer Fotografin unter einer Burka. Es kommt mir ein bißchen übervorsichtig vor, aber ich tröste mich mit dem Gedanken, daß die Batterien für den Belichtungsmesser an meinen manuell einzustellenden Kameras, dank dessen ich so wichtige Dinge wie Blendenstops und Belichtungszeiten regulieren kann, sowieso zu lange in der Kälte waren, um noch zu funktionieren. »Hier«, sagt Haschim und reicht mir im Austausch für die Kameratasche seine Kalaschnikow, »nehmen Gewehr. Verstecken.«

Na toll. Ich breche gerade bestimmt eines der höchsten Gebote des Journalisten – *Du sollst nicht tragen deines Untertanen geladene Waffe* –, gehorche jedoch. Ich hebe die Burka an einer Seite hoch und werfe mir die Kalaschnikow über die Schulter, so daß sie den Stoff wie ein kleines blaues Zelt emporragen läßt. Einige Mudschahedin zeigen mit dem Finger auf mich und lachen, und ich weiß nicht, ob sie wegen des Zeltes lachen oder weil sie den Anblick einer Frau mit einer Waffe lustig finden.

»Ich muß mal pinkeln«, sage ich zu Haschim. Jetzt oder nie muß ich mich um mein kleines Problem kümmern. Wie immer bestimmt Haschim einen Mudschahed, der mir als Minensucher vorangehen muß. Ich nehme die letzte mir verbliebene Rolle Toilettenpapier aus der Seitentasche des Rucksacks und folge dem Soldaten, trete vorsichtig genau in seine Fußspuren im Schnee. Nach zirka zwanzig Metern wendet sich der Mudschahed ab, geht noch wenige Schritte weiter und läßt mich meinen Bedürfnissen nachkommen. Noch bevor ich die Jeans aufknöpfe, fühle ich das warme, dickflüssige Blut an meinem Bein herunterlaufen. Die zwei Lagen weißer Thermounterwäsche sind vollkommen durchgeweicht. Ich hocke mich hin, vergesse aber die Kalaschnikow über meiner Schulter. Der Kolben des Gewehrs stößt hinter mir auf den Boden, so daß mir der kalte Metallauf gegen den Hinterkopf schlägt.

Ich weiß, jetzt sollte ich eigentlich lachen. Ich sollte versuchen, das Komische der Situation zu sehen, die Ironie darin, aber mit meinen eisigen Knochen, den blutigen Hosen, dem liegengebliebenen Lkw, meinen aufgequollenen Tampons, dem Gewehrlauf an meinem Kopf, der Burka und den sowjetischen Flugzeugen, die auf unser Ableben erpicht sind, will mit das irgendwie nicht gelingen.

Nach dem Urinieren bemühe ich mich, das Blut von der Innenseite meiner Oberschenkel abzuwischen, aber unter der Burka ist das nicht so leicht. Unter den dicken Falten des Stoffes kann ich kaum etwas sehen. Ich ziehe den alten Tampon heraus und vergrabe ihn in Ermangelung einer besseren Entsorgungsmethode mit den Händen im Schnee. Dann forme ich aus dem Toilettenpapier einen großen Ballen und stopfe ihn in meine blutgetränkte Unterwäsche, in der Hoffnung, daß es so lange hält, bis mir etwas Besseres einfällt.

Ich knöpfe die Jeans wieder zu, rücke die Kalaschnikow zurecht und will gerade zur Gruppe zurückkehren, als ich bemerke, daß der Schnee zu meinen Füßen mit hochroten Tröpfchen befleckt ist. Peinlich berührt schiebe ich mit den Füßen frischen Pulverschnee darüber, als wäre damit das Problem aus der Welt zu schaffen.

Die nächsten acht Stunden trotten wir hintereinander durch den kniehohen Schnee, wie vorwärts trippelnde Ameisen, während über uns sowjetische Flugzeuge kreisen. Die Berge scheinen uns zu foppen, sie kommen einfach nicht näher. Ich bin erschöpft, hungrig und stehe kurz vor einer Unterkühlung. Doch mein größtes Problem ist diese Burka.

Nicht nur, daß der Stoff zu dünn ist, um meinen Kopf warm zu halten, das dumme Ding rutscht auch immer wieder herunter. Läßt mich stolpern. Macht mich blind. Wie in Gottes oder Allahs Namen kommen die afghanischen Frauen mit diesem bescheuerten Teil zurecht?

Wir Frauen sind doch verflucht. Ich meine nicht das Blut und die Sauerei, damit kann ich leben. Nein, ich meine diese Angst vor der weiblichen Sexualität, diese nackte und doch komplizierte Angst. Was an unseren Körpern macht den Männern solche Angst und läßt sie zu derart extremen Maßnahmen greifen, um die Kontrolle über uns zu behalten? Wenn sie uns nicht hinterherpfeifen, sich in den Schritt fassen, mit den Fingern einen Kreis bilden und mit der Zunge hindurchfahren, uns Obszönitäten nachrufen oder uns mit erigierten Bananen brüskieren, wie in den angeblich aufgeklärten Teilen der Welt – wie die meisten Frauen spreche ich aus einem schier unerschöpflichen Fundus an Erfahrungen –, dann verstecken sie uns, wie in den anderen Teilen der Welt, unter Burkas oder Schleiern, damit wir sie nicht zu einem solchen Verhalten verführen.

Ich reiße mir die Burka vom Kopf und werfe sie auf den Boden. »Schluß jetzt!« rufe ich Haschim zu, und alle Männer bleiben stehen und starren mich an. Ich sehe mich um. Ich weiß, daß es gefährlich ist, nicht verkleidet zu sein, aber unter den gegebenen Umständen ist mir das piepegal. Wow, denke ich. Was für ein herrliches Gefühl, die Welt wieder sehen zu können! Diesen wunderbaren, zerklüfteten, gigantischen, beeindruckenden, emporstrebenden, eisbedeckten Bergzug in der Ferne!

»Anziehen«, sagt Haschim.

»Nein«, entgegne ich. »Das werd ich nicht tun.«

»Anziehen«, wiederholt er, diesmal langsamer.

Ich gebe nicht nach. »Nein.«

»Ist gefährlich«, sagt er.

»Ich weiß«, antworte ich, »also mach mich zu einem Mann.«

Einen Moment lang ist die Situation angespannt. Haschim

starrt mich an, findet keine Worte. Einige der Mudschahedin flüstern miteinander, zeigen auf mich, gestikulieren. In Peshawar hatten mir unzählige Kämpfergruppen gesagt, als Frau könne ich ihre Soldaten nicht ins Land begleiten. »Frauen«, sagte mir einer, »sind von Natur aus verdammte Hexen, die auf nichts anderes aus sind, als den Willen der Soldaten Allahs zu brechen und ihre Kraft auszusaugen.« Worauf mir Pascal ein wenig zu selbstgefällig zuflüsterte: »Siehst du? Hab ich dir doch gesagt.«

Aber jetzt bin ich hier und Pascal nicht, jetzt ist unser Lkw liegengeblieben, uns ist kalt und elend zumute, und wir laufen durch ein endloses, zugeschneites Minenfeld, und ich gehe keinen Schritt weiter mit diesem idiotischen Kunstseidentuch über dem Kopf – was sollen sie da machen? Mich zurück nach Peshawar bringen? Mich bestrafen, weil ich es nicht trage?

Und dann geschieht etwas Erstaunliches: Einer der Soldaten tritt vor und reicht mir sein Pakul für meinen Kopf. Ein anderer gibt mir eine seiner braunen Decken, damit ich die Kalaschnikow darunter verstecken kann. Dann nimmt Haschim mit einem resignierten Gesichtsausdruck einen dicken Baumwollschal und bindet ihn mir um Hals und Mund, so daß man nicht mehr sieht, ob ich einen Bart habe oder nicht. Ich habe gewonnen. Nur ein kleiner Sieg, aber immerhin.

Für einen Moment bin ich ein Mann. Ein kleiner, glücklicher, blutender Mann.

Wir stapfen immer weiter durch den Schnee. Ich weiß nur, daß wir irgendwo im Hindukusch sind, sonst nichts. Ich versuche, von Haschim mehr zu erfahren, aber immer wenn ich ihn frage, wo wir sind, lächelt er höflich und antwortet: »Afghanistan.«

Bei Sonnenuntergang erreichen wir endlich die Ausläufer der Berge. Die Sonne taucht die verschneiten Gipfel der kleineren Erhebungen hinter uns in ein dunkles Orange und überzieht den Himmel über den verdunkelten Bergen vor uns mit zart- bis blutroten Streifen. So etwas atemberaubend Schönes habe ich noch nie gesehen, und ich bleibe einen Augenblick stehen, um die feurigen Farben in mich aufzunehmen. Vor diesen riesigen Bergen werde ich, werden wir alle, winzig klein. Wie schnell könnte man sich hier verirren. Für immer verschwinden.

Einige der Mudschahedin halten ebenfalls an, aber offensichtlich nicht, um über die Bedeutung des Universums und ihren Platz darin zu sinnieren. Sie reichen eine runde Metalldose mit einer grünen, pulvrigen Paste herum: eine leichte, zahnzerstörende Droge namens Naswar, die sie sich wie Kautabak in den Mund schieben. Ich habe nicht die Absicht, ihr Naswar zu probieren, aber ich muß sagen, daß mich die großen Tüten Opium reizen, das ich einige von ihnen in der ersten Nacht in dem sicheren Haus rauchen sah. Wie schön wäre das jetzt, hier einfach anzuhalten, ein Feuer zu machen, Opium zu rauchen und zuzusehen, wie der rote Himmel langsam schwarz wird, sich vielleicht im Rausch vorzustellen, eine Zelle auf dem Daumennagel eines Riesen oder ein Quark im riesigen Staubwirbel der Milchstraße zu sein.

Nach einer weiteren Pinkelpause füllen wir unsere Feldflaschen mit Schnee und marschieren weiter. Seit über einer Stunde haben wir nun schon kein Flugzeug mehr gehört. Die Stille ist tief, wird nur vom Wind und dem gleichmäßigen Rhythmus unserer knirschenden Schritte unterbrochen. »Bald da«, sagt Haschim. »Sehr bald.«

Bei Anbruch der Nacht erreichen wir unser Lager. Es ist eine voll eingerichtete Höhle, in der es eine Art dickbäuchigen Ofen gibt, außerdem ein paar gerahmte Porträts heroisch aussehender islamischer Männer, die irgendwie an den Steinwänden befestigt sind, ein paar Kerosinlampen, einen schwarzen Topf, ein Blechtablett mit Teegläsern, mehrere Stapel Blechschüsseln, eine Holzkiste mit Blechlöffeln und einen großen Gewehrständer für die Kalaschnikows. Die Mudschahedin gehen hinein, legen ihre braunen Decken auf die kalte Erde, richten sich nach Mekka und fangen zum vierten Mal an diesem Tag an zu beten. *»Bismillah ir-rahman ir-rahim«* – »Im Namen Gottes, des Mildtätigen, des Barmherzigen ...« Mit gebeugten Knien, aneinandergelegten Handflächen und herabbaumelnden Gebetsperlen, den Oberkörper aufgerichtet und gesenkt, sich niederwerfend vor Allah, gelobt sei er.

Vor der Abfahrt aus Peshawar fragte mich Haschim, ob ich Christin sei. Als ich erwiderte, ich sei Jüdin, verhärteten sich seine Gesichtszüge, und er riet mir, das den anderen Mudschahedin gegenüber nicht zu erwähnen. »Sie mögen keine Juden«, sagte er.

»Ja, gut, reg dich ab«, antwortete ich, aber als er mich fragend ansah, sagte ich: »Kein Problem. Unser Geheimnis.«

Dann wollte er mir als zusätzliche Vorsichtsmaßnahme unbedingt die erste Zeile des Korans und die *kalima* – das Glaubensbekenntnis – beibringen, das ich mitsprechen sollte, wenn die Mudschahedin beteten. *»La ilaha illa llah wa Muhammadun rasulu llah ...«* – »Es gibt keinen Gott außer Allah, und Mohammed ist sein Prophet ...«, beten die Männer, und ich bewege pflichtschuldig die Lippen dazu. Wenn man diese eine Zeile aus der *kalima* beherrscht, wird man offensichtlich schon als Moslem angesehen. Schwupp, schon ist man konvertiert. Unglücklicherweise muß ich feststellen, daß mir jedesmal, wenn die Mudschahedin beten, das hebräische Lied *He Nay Ma Tov* in den Sinn kommt und es meinem Mund erschwert, die islamischen Gebete aufzusagen. Wahrscheinlich ein uralter jüdischer Abwehrmechanismus, der in meinen Genen verankert ist.

Noch eine andere Gruppe Mudschahedin, ebenfalls Schiiten, die Harakat-e-islami, ist hier für die Nacht eingekehrt. Sie haben unter dem Topf ein Feuer gemacht, um das nun vier von ihnen sitzen und den klebrigen, öligen Inhalt mit behelfsmäßigen Löffeln umrühren. Zwischendurch nehmen sie einen Zug von ihrer Winston. »Was ist das?« frage ich Haschim.

»Fett«, antwortet er. »Vom Hammel.«

Ich heuchle Freude. »Oh«, sage ich, »toll.«

Von dem Kessel oder dem Teewasser hole ich mir eine Amöbenruhr, die mich noch Monate quälen wird. Von der Existenz dieser Einzeller in meinem Essen genausowenig ahnend wie sie von meiner, schlürfe ich in unserem neuen Heim, zwischen den Männern eingequetscht, das dampfende Fett, tunke frisch gebackenes Nan hinein und trinke ein Glas gezuckerten Tee nach dem anderen. Ich spüre, wie die warme Flüssigkeit meine Speiseröhre hinunterrinnt in den kalten, leeren Magen. Das Leben ist gut, denke ich. Mir ist nicht mehr kalt, ich habe ein Dach über dem Kopf, Brot und eine Schüssel voll warmem Fett. Es ist alles halb so schlimm.

Nach dem Essen breiten die Männer ihre braunen Decken aus, und ich entrolle meinen superteuren hellblauen französischen Daunenschlafsack, getestet in der Kälte der Alpen, und warte auf den Schlaf. Einige Männer rücken näher zusammen, um sich zu wärmen. Aus ihren Mündern steigen kleine Dampfwolken auf. Wenn ich mir ein bißchen Sorgen mache, weil ich die einzige Frau in einer kleinen Höhle voller Männer bin, so versuche ich, es nicht zu zeigen. Außerdem sind das alles islamische Krieger, die meisten haben in Peshawar Frau und Familie. Würden sie mit mir Ehebruch begehen, würden sie mit dem Tode bestraft. Ein beruhigender Gedanke.

Einer der Mudschahedin stellt sein Radio auf den Paschtu-Sender der BBC ein, und obwohl ich von den Abendnachrichten kein Wort verstehe, haben die vertrauten königlichen Hornsignale, die die stündlichen Nachrichten ankündigen, etwas unerwartet Beruhigendes, wie ein Schlaflied.

Die Stimme beginnt zu sprechen. Plötzlich setzt sich ein Mann aufrecht hin. Dann weitere. Einige fangen aufgebracht an zu reden, gestikulieren wild herum. Zwei lachen. Innerhalb kurzer Zeit sitzen alle Mudschahedin in der Höhle aufrecht da. He, Leute, was ist hier los? Ich versuche zu verstehen, was sie reden, und erkenne plötzlich zwei wiederkehrende Wörter. »Bla, bla, bla, Salman Rushdie, bla, bla, bla, bla, bla, bla, Salman Rushdie, bla, bla, Rushdie, bla, bla, bla.« Ich weiß, daß Salman Rushdie ein Schriftsteller ist, aber warum fangen die Nachrichten der BBC mit einer Buchkritik an?

Ich zupfe Haschim am Ärmel, aber er schiebt mich fort. »Pst«, sagt er, »ich muß zuhören.« Nach ungefähr einer Minute erklärt er: »Ah, Miss Deborah. Es ist Buch. Buch. Salman Rushie, er schreibt sehr schlechtes Buch.«

Dann kauft es halt keiner, denke ich. Was soll die Aufregung?

Eine lebhafte Diskussion bricht los. Die Männer greifen zu ihren Kalaschnikows. Was zum Teufel geht hier vor sich?

»Tut mir leid«, sage ich. »Ich versteh kein Wort.«

»Ah, Miss Deborah. Salman Rushdie schreibt schlechtes Buch. Schlecht für Allah. Nicht schön für Allah. Schlecht, schlecht, schlecht für Allah. Wir sind Moslems. Müssen ihn töten.« Mit diesen Worten rennt Haschim mit seiner Schar verrückt gewordener islamischer Krieger aus der Höhle in die kalte Dunkelheit, wo sie Hunderte von Schüssen in den sternenübersäten Nachthimmel abfeuern und rufen: *»Allahu akbar! Allahu akbar!«* – »Gott ist groß! Gott ist groß!« Jeder schwört, Salman Rushdie zu töten, wenn der Unglückliche zufällig an unserer Höhle in diesem namenlosen Gebirge irgendwo in Afghanistan vorbeikommen sollte. Ich folge ihnen nach draußen, aber als Haschim mir sagt, sie riefen gerade: »Nieder mit Amerika! Nieder mit Amerika!«, frage ich mich, ob das richtig war.

Inmitten des frenetischen Geschreis versuche ich Haschim zu erklären, daß Salman Rushdie entweder Brite oder Inder ist, das hänge von der eigenen politischen Einstellung ab, aber auf keinen Fall Amerikaner, und finanzierten wir Amerikaner nicht ihren ganzen Krieg hier? Wir schenken euch Stinger für euren Heiligen Krieg, und dann beleidigt ein Schriftsteller – und zwar ein anglo-indischer – Allah, und jetzt wollt ihr die Amerikaner töten? Habe ich da was verpaßt? Der Lärm der Schüsse ist ohrenbetäubend. Mir ist ein wenig schlecht. Ich gehe zurück in die Höhle, und plötzlich hocke ich da und erbreche halbverdautes Hammelfett über meinen schönen blauen Schlafsack.

Die Woche nach unserer Ankunft in Peshawar verbrachten Pascal und ich in einem Zustand banger Vorfreude auf die

Reise. Um auf Nummer Sicher zu gehen, ließen wir uns von einem Chauffeur durch die Stadt fahren, auf der Suche nach weiteren Kontakten zu den Rebellen, für den Fall, daß aus der Tour mit der Khalis-Gruppe nichts wurde.

Es gehörte schon einiges dazu, sich in Peshawar nicht zu verfahren, und die verstreuten Wohnhäuser zu finden, die den Mudschahedin als Kommandozentrale dienten, war erst recht kein Kinderspiel. Peshawar, wo das Klima selbst im Winter mild und warm war, schien nicht so sehr eine Stadt als vielmehr eine Wucherung zu sein, ein wirres, übervölkertes, müllübersätes Durcheinander, ein planlos gewachsener Grenzort, wie er im Buche steht. Die engen, staubigen Straßen, die von pastellfarbenen Gebäuden mit winzigen Balkonen gesäumt und zu einem Großteil unbefestigt und unbeschildert waren, waren mit Autos, bunten Rikschas und von Pferden gezogenen Tongas verstopft. Im Erdgeschoß der Häuser befanden sich kleine offene Läden und Lokale mit nicht mehr als vier Tischen, die immer zum Bersten gefüllt waren. Fußgänger, eine bunte Mischung aus glattrasierten Pakistani, bärtigen Afghanen in Shalwar-Hemden – von denen viele ein Bein verloren hatten und auf Krücken gingen – und gelegentlich auch Gruppen afghanischer Frauen, die in ihren farbenfrohen, engen Burkas aussahen wie menschgewordene Malkästen, teilten sich die überfüllten Bürgersteige mit Straßenverkäufern, die warmes Nan und verschiedene Sorten Kebab anpriesen, deren würziger Geruch, vermischt mit dem Rauch verbrennenden Mülls und den Auspuffgasen, Peshawar sein unverwechselbares Aroma verlieh: ein Duft wie von abgasverschmutztem Büffelgras.

Sobald wir in die flachen, ausgedörrten Vororte kamen, wo sich die meisten Kommandozentralen befanden, wurde die Luft viel klarer, aber auch stechender, was kein Wunder war, wenn man bedenkt, daß sich in einigen Teilen der Stadt ganze afghanische Familienverbände bei Tagesanbruch versammeln, um sich gemeinsam über den nächsten Graben zu hocken und ihre morgendliche Notdurft zu verrichten.

Für gewöhnlich klopfte unser Fahrer an mehr als ein halbes Dutzend Türen, bis er das Haus fand, in dem unsere Kontaktleute saßen, und dann mußten wir noch die gelangweilten Wachen überzeugen, uns durch das Tor zu lassen.

Mit Rücksicht auf die Soldaten ging ich, wie mir angeraten worden war, zu diesen Besuchen verschleiert, doch trotzdem bestanden die Mudschahedin oft darauf, daß ich auf einem Innenhof oder auf einem gefliesten Gang wartete, während sich Pascal mit den Gruppenführern unterhielt, mit ihnen Tee trank und sie umschmeichelte.

»*Ça va?*« – »Alles in Ordnung?« fragte er dann mit einem Lächeln, wenn er aus dem verrauchten Raum kam.

»*Oui*«, log ich. »*Ça va.*«

In Wahrheit war nichts in Ordnung. Während ich in Höfen und Gängen wartete, einsam vor mich hin rauchte und Tee trank, hatte ich viel zuviel Zeit zum Nachdenken. Es gefiel mir nicht, daß ich in so vielerlei Hinsicht auf einen einzigen Menschen angewiesen war: im Hinblick auf die Kontakte zu den Rebellengruppen, auf meine Unterkunft, auf Sex, Trost und Kameradschaft.

In den letzten Tagen hatte sich Pascal sehr widersprüchlich verhalten. Erst spielte er mitten auf einer vielbefahrenen Kreuzung den liebenswerten Clown, tat so, als lenke er den Verkehr, ulkte herum, blies Küsse zu mir herüber und brachte alle zum Lachen, und dann verlor er die Geduld, weil ich einen von meinen Schuhen auf dem Bett liegengelassen hatte. Erst schlenderte er Hand in Hand mit mir über den farbenprächtigen Bazar von Peshawar, kaufte mir eine Armeejacke und die blaue Burka und wurde rot, als er mir beides in einer zerknüllten rosa Plastiktüte überreichte, und im nächsten Moment bekam er einen Wutanfall, weil er einen wichtigen Anruf verpaßt hatte.

Dann kam der Tag, als er mit mir zu dem trostlosen Flüchtlingslager Kachagari fuhr, damit ich die Kriegswitwen dort fotografieren konnte. Das sei der einzige Ort, sagte er mir, wo eine Fotografin willkommener sei als ein Fotograf. »Ich weiß, daß du es in letzter Zeit schwer gehabt hast«, sagte er. »Es

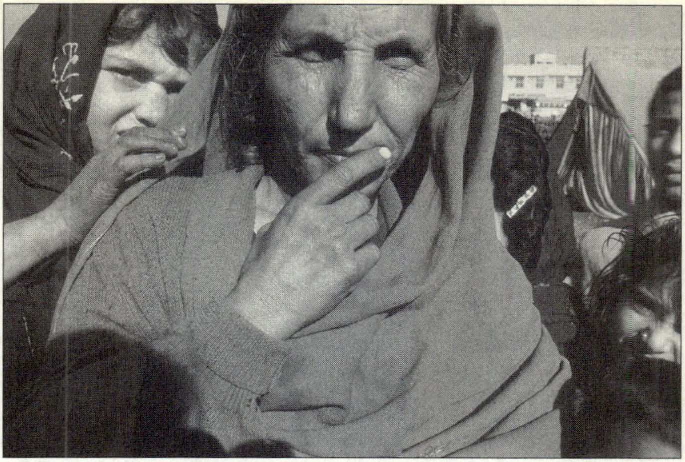

wird dir guttun.« Als wir dort ankamen, war er mir behilflich, indem er die Horden neugieriger Kinder ablenkte, denn ihm war es nach islamischem Recht verboten, die Gesichter der Frauen zu fotografieren. Er schenkte den Kindern Kugelschreiber und Erdnüsse. Er beugte sich hinab und wischte einem kleinen Jungen zärtlich einen Fleck aus dem Gesicht. Er tanzte mit den Kindern Ringelreihen, sang Lieder und hielt sie inmitten provisorischer Zelte und offener Gräben voll menschlicher Fäkalien an den Händen, brachte sie so weit, daß sie lachten und jauchzten, wie es sich für Kinder gehört.

Auf dem Heimweg im Auto bemerkte er jedoch, daß ihm eines seiner Notizbücher fehlte. Er fing an herumzuschreien und beschuldigte mich, es irgendwo liegengelassen zu haben. »Wo hast du es verdammt noch mal hingelegt?« brüllte er.

»Ich hab dein Notizbuch nicht angefaßt«, erwiderte ich und versuchte, ruhig zu bleiben. Ich hatte schon gemerkt, daß es bei Pascal am besten war, die Fassung zu bewahren.

Im Hotel stellte er auf der Suche nach dem Notizbuch das ganze Zimmer auf den Kopf und stieß mich in seiner hektischen Wut so heftig zur Seite, daß ich hinfiel und mir den Kopf am Nachttisch anschlug.

Nachdem er sich dann überschwenglich entschuldigt und mich mit solch reuiger Zärtlichkeit geliebt hatte, daß ich dachte, er weine gleich los, erzählte er mir wieder, daß er Schuldgefühle habe, weil er mit mir schlafe, daß er Élodie liebe, daß ich mir schleunigst ein eigenes Hotelzimmer nehmen solle.

Es wurde zu unserer allabendlichen Nummer.

»Das kann ich nicht«, antwortete ich dann. »Und das wußtest du von Anfang an.«

»Ich weiß, aber jetzt fühle ich mich eingeengt«, rief er.

»Ach, ja?« schrie ich zurück. »Daran hättest du ja denken können, bevor du mich eingeladen hast, mit dir zu kommen, denn mir geht es kein bißchen besser!«

Ich saß wirklich in der Klemme. Nicht nur wurde mir bei jedem Besuch bei den Mudschahedin klarer, wie sehr ich auf Pascal angewiesen war, um ins Land zu kommen. Nicht nur vertraute ich ihm nach jedem Stimmungsumschwung weniger und mochte ihn kaum mehr aus den Augen lassen, aus Angst, er könnte Vorkehrungen treffen, ohne mich einzureisen. Mein Hauptdilemma war, daß ich mir von meinem Geld nur zwei oder drei Übernachtungen im Pearl Continental leisten konnte (alle billigen Motelzimmer in Peshawar waren ausgebucht), wonach mir nichts mehr für Essen, Fahrten oder Notfälle in der Zeit des tage-, vielleicht wochenlangen Wartens übrigblieb. Und meine Eltern um eine telegraphische Geldüberweisung zu bitten war wirklich das letzte, was ich tun wollte. Meine Unabhängigkeit, meine Freiheit, meine Ungestörtheit und mein neues Selbstwertgefühl als freiberufliche Fotografin waren mir einfach zu teuer.

Der American Club war der einzige Ort in Peshawar, an dem Alkohol ausgeschenkt werden durfte. Man konnte somit davon ausgehen, daß jeder Mitarbeiter des CIA, jeder Journalist und jedes Mitglied einer Hilfsorganisation, mit dem man sprechen mußte, abends dort zu finden war. Im American Club schloß ich Freundschaft mit einer der wenigen anderen Frauen, die aus Afghanistan berichteten, einer Auslandsredakteurin der *New York Times* namens Donatella, die mich unter ihre Fittiche nahm, mir ein ganzes Notizbuch voll Kontaktadressen und Telefonnummern gab und mir riet, niemandem zu trauen. Niemandem. Nicht den Geheimagenten, nicht den Mudschahedin, nicht diesem Kurt da drüben, nicht den Barkeepern, nicht diesen humanitären Helfern da in der Ecke und um Himmels willen auf gar keinen Fall den französischen Journalisten.

»Du meinst Pascal?« fragte ich Donatella, obwohl ich ganz genau wußte, wen sie meinte.

»Behalt ihn im Auge«, sagte sie.

»Ach, der ist in Ordnung.« Ich tat zuversichtlich. »Ich vertraue ihm. Ich meine, er hat mich ja schließlich hierher eingeladen. Wir fahren zusammen rüber.« Da wir schon eine Woche in Peshawar vertrödelt hatten, kamen mir natürlich langsam Zweifel, ob wir den Krieg jemals sehen, ob wir jemals nach Afghanistan kommen würden. Deshalb waren nämlich die ganzen Journalisten um uns herum so betrunken. Das Warten forderte seinen Tribut.

Als ich Donatella erzählte, Pascal sei ziemlich sicher, daß Abdul Haq uns jetzt bald mitnehmen würde, reagierte sie skeptisch. »Haq mag keine Frauen«, sagte sie. Donatella war die erste Frau, die Abdul Haq auf seinem jüngsten Streifzug nach Afghanistan hatte begleiten dürfen, denn er wußte, daß Donatellas Worte in der *New York Times* von Präsidenten und politischen Machthabern gelesen wurden. Trotzdem hatte sie sich lange einschmeicheln müssen, um sich einen Platz in der Khalis-Brigade zu sichern. Je mehr sie mir davon erzählte, desto absurder schien mir die Vorstellung, mit der Khalis-Gruppe nach Kabul fahren zu können, mit oder ohne Pascals Hilfe. Denn anders als Donatellas Artikel, die unentwegt in der Zeitung erschienen, hatten meine noch gar nicht geschossenen Fotos wenig Chancen, jemals das Licht der Welt zu erblicken.

Die meisten Fotografen hier hatten mindestens fünf oder sechs Aufträge von verschiedenen internationalen Zeitschriften, von *Paris Match* oder vom *Spiegel*, vom *Venerdì* oder vom *Independent*, auch wenn sie den Krieg noch nicht einen Tag lang erlebt hatten. Sie bekamen Tagessätze bezahlt, die Kosten für die Filme wurden ihnen erstattet. Mindestens sieben Magazine warteten auf jedes Bild, das Pascal von kriegführenden afghanischen Soldaten schießen würde. Mein popeliger unverbindlicher Auftrag von *U.S. News and World Report*, den ich nur bekommen hatte, weil ich einmal mit ihrer Korrespondentin Emily MacFarquhar im American Club zu Mittag gegessen und ihr Mitleid erregt hatte – ich war mit ihrer Tochter Larissa auf dem College gewesen –, war im Grunde ein Witz.

Dieser unverbindliche Auftrag war mir durch die Agentur Contact vermittelt worden. Den Direktor von Contact, Bob Pledge, hatte ich in meinem letzten Jahr auf dem College kennengelernt; meine Schwarzweiß-Abschlußarbeit war für den Eugene Smith Humanitarian Photography Award nominiert worden, und Bob saß in der Jury.

Die Verträge der Bildjournalisten mit den Agenturen waren meist nicht gleichermaßen vorteilhaft für beide Seiten: Anfangs profitierte die Agentur weitaus stärker als der Fotograf. Der mußte das Geld für seine Reise vorstrecken. Hatte man sich einmal entschieden, ins nächste Flugzeug zu steigen und sich einer Geschichte anzunehmen, war die Agentur eigentlich verpflichtet, Aufträge von Zeitschriften wie *Time* oder *Newsweek* an Land zu ziehen, die zu meiner Zeit in Afghanistan lumpige Tagessätze von 350 Dollar zahlten, von denen die Hälfte an die Agentur ging; auch die Einnahmen für die abgedruckten Bilder wurden zu gleichen Teilen gesplittet. Das bißchen Geld, das im Bildjournalismus zu verdienen war, stammte aus späteren Archivverkäufen.

Gamma war eine größere Agentur mit einer Niederlassung in Paris, was für mich günstig war, und da sie über ein breit gefächertes, internationales Vertriebsnetz verfügte, verdiente ich mit Sicherheit mehr Geld, wenn meine Fotos in ihren Archiven lagen. Contact jedoch war angesehener, elitärer. Annie Leibowitz war bei Contact, und auch David Burnett.

Der Grund, für Contact zu arbeiten, war nicht das Prestige oder Bob, sondern Pascal, der sich, als er erfuhr, daß ich bei Gamma unterschrieben hatte, so sehr aufregte, daß er eine Lampe umstieß. Als er sich wieder beruhigt hatte, sagte er mir klipp und klar, daß wir sicher nicht gemeinsam nach Afghanistan fahren würden, wenn ich für den direkten Konkurrenten seiner Agentur Sygma arbeitete.

Als ich Michel bei Gamma anrief, um ihm meine Entscheidung mitzuteilen, wurde er fuchsteufelswild. Doch als ich ihm erklärte, daß es wegen Pascal sei, beruhigte er sich. Wurde sogar väterlich. »Pascal? Von Sygma?« fragte er. »*Putain*, Deborah ...« (Da war es schon wieder, das Wort, dachte ich. Hure.) »... sei vorsichtig.«

»Sei bitte vorsichtig«, sagte Donatella zu mir. »Ich möchte nicht mit ansehen müssen, wie dir jemand weh tut.« Sie kippte den Rest ihres Bieres herunter und fragte mich, ob sie mir etwas von der Theke mitbringen solle.

»Noch ein Bier«, erwiderte ich und wollte ihr Geld geben.

Sie schob meine Hand fort. »Das geht auf mich.«

Als sie aufstand, blickte ich zu Pascal hinüber. Er saß am anderen Ende des Raums in dem warmen, gelben Lichtschein einer Lampe und unterhielt sich mit leuchtendem Gesicht mit dem höchsten CIA-Agenten. Er rauchte eine Zigarette, deren rote Glut bei jeder seiner fuchtelnden Bewegungen durch die Luft flog. Wie Bomben. Er macht mit den Händen die Bomben nach und scherzt mit dem Agenten, dachte ich. Schließlich hatte ich diese explosionsartigen Handbewegungen schon des öfteren gesehen, hatte ihn schon mehrfach von Beirut erzählen hören. »*Mon Dieu*«, sagte er immer lachend. »Ihr hättet diese Bomben sehen sollen!«

Mon Dieu, wirklich, dachte ich und beobachtete ihn weiter. Gegen alle Vernunft begann mein Herz zu rasen. So schöne Menschen sollten verboten werden. Sie können sich einfach zu viel erlauben. *Schönheit ist Wahrheit*? Diese Zeile von Keats hatte mir schon immer zu denken gegeben. Vielleicht traf sie in der Kunst oder in bezug auf eine griechische Urne zu, bei Menschen aber bestimmt nicht. Manchmal glaube ich sogar, daß äußerliche Schönheit die größte Falle ist, die der Menschheit je gestellt wurde.

Pascal hatte seine Geschichten zu Ende erzählt und kam zu meinem Tisch herübergeschlendert. Er trug seine übliche Tracht: Levi's, Paraboots, Fotografenweste. Und unter der Weste ein sauberes, gebügeltes blaues Button-Down-Hemd mit offenem Kragen, damit sein rotes Bandana-Halstuch zu sehen war. In unserem Hotelzimmer hatte er einen ganzen Stapel dieser blauen Hemden, die alle nahezu identisch waren. Und sechs weitere rote Bandanas. Man sollte meinen, das hätte mir die Augen geöffnet. Ich meine, wer packt sieben Halstücher ein, wenn er in ein Kriegsgebiet fährt? Pascal reichte mir einen Kahlúa mit Sahne. Im gleichen Moment kam Donatella mit dem Bier zurück. »Kein Problem«, sagte ich und nahm in jede Hand ein Glas. »Ich trink beides.«

»Hello, Miss Donatella, how are you?« schnurrte er. Wenn Pascal Englisch sprach, klang er wie Inspektor Clouseau. Er ließ das H weg, und so hörte das Ganze sich so an: »Eh-lo, mies Donatella, au ah ju?«

»Wunderbar, Pascal, und ›au ah ju‹?« Sie grinste. »Deborah hat mir erzählt, daß Sie sie mit reinnehmen. Und dann noch mit Haq! Beeindruckend.«

»Ja«, sagte er und zündete sich wieder eine Zigarette an, um ihrem skeptischen Blick auszuweichen.

Schon bald war unser großer Holztisch von einem wilden Haufen abenteuerlustiger Journalisten umringt, die eine Zigarette nach der anderen rauchten und sich langsam zuschütteten. Obwohl ich noch eine Anfängerin war, wurde mir allmählich klar, daß genau so der Alltag von Kriegsberichterstattern aussah. Sie zogen morgens los, knüpften Kontakte oder auch nicht, versuchten zu arbeiten oder auch nicht, wichen der einen oder anderen Kugel aus oder auch nicht. Dann liefen sie zurück in die Bar und gesellten sich zu den anderen, um sich zu besaufen und wie Pascal mit den Bomben in Beirut zu prahlen oder wie der grauhaarige italienische

Kameramann mit dem Angehörigen der Tonton Macoute auf Haiti, der seine Hütte gern mit abgeschnittenen Köpfen schmückte, oder wie der Dokumentarfilmproduzent der BBC mit der Geschichte, wie er in der letzten Monsunzeit in Bangladesch eine ganze Familie eigenhändig vor dem Ertrinken gerettet habe. Währenddessen drückten sie mit dramatischer Geste im gemeinschaftlichen Aschenbecher eine Kippe nach der anderen aus, so als riefen sie Gott zum Zeugen an. Und wenn man lange genug mit denselben Journalisten in denselben gottverlassenen Städten herumhing, hörte man dieselben Kriegsgeschichten immer wieder, nur wurden die Bomben jedesmal größer und tödlicher, und der schwarze Humor wurde schwärzer und zynischer, bis jedes einzelne Wort seines Inhalts beraubt war.

Irgendwann gegen Mitternacht sah ich gelangweilt zu einigen Dartspielern hinten in der Bar hinüber, als ich auf einmal merkte, daß ich einen von ihnen kannte. Sein Gesicht kam mir irgendwie vertraut vor, doch trug er einen Bart und hatte einen ausgemergelten Körper, und mir wollte einfach nicht einfallen, wo ich das Gesicht oder den dürren Giacometti-Körper schon einmal gesehen hatte. Er merkte jedoch, daß ich ihn anstarrte, legte die Darts zur Seite und kam auf mich zugestürzt. »Deborah!« rief er und umarmte mich. »Was um alles in der Welt machst du denn hier?«

An der Stimme erkannte ich ihn. »Mein Gott, Robert, bist du das?« Robert war zwar schon immer dünn gewesen, schien in der Zwischenzeit aber noch fünfzehn Kilo abgenommen zu haben, so daß er jetzt mit seinem ungepflegten Bart ein bißchen so aussah, wie ich mir Jesus vorstellte, wäre er in einem abgetragenen Brooks-Brothers-Hemd und alten Khakis ans Kreuz genagelt worden. Auf dem College waren Robert und ich gute Freunde gewesen – hatten sogar einmal an einem wilden alkoholisierten Wochenende im Haus von Bekannten an einem See in New Hampshire miteinander geschlafen. Es war so verrückt, ihn hier, in dieser seltsamen Bar in dieser seltsamen Stadt so weit weg von Cambridge, Massachusetts, zu treffen, daß ich dachte, ich litte an vom Alkohol hervorgerufenen Halluzinationen.

Robert erzählte mir, er habe nach dem College beschlossen, nach Peshawar zu gehen; jetzt schreibe er als freier Mitarbeiter der Londoner *Times* über den Krieg und unterrichte neun- und zehnjährige afghanische Jungen, die nächste Generation der Gotteskrieger, in Englisch und Mathe. »Zum Beispiel: ›Wenn ich Ali drei Stinger gebe und Mustafa nimmt ihm zwei weg, wie viele Stinger hat Ali dann übrig?‹« Er lachte – er hatte schon immer einen Sinn für die Absurditäten des Lebens gehabt. Als er merkte, daß ich auf seinen eingefallenen Bauch blickte, erklärte er, er habe mehrere Male Amöbenruhr gehabt. »Fiese kleine Dinger, diese Amöben«, sagte er. Fragend blickte er zu Pascal hinüber. »Und wer ist das?«

Pascal ergriff mit einer dramatischen Geste Roberts Hand. *»Pascal. Agence Sygma. Bonjour.«* Ich zuckte immer zusammen, wenn Pascal sich so vorstellte. Dann wandte er sich mir zu. *»C'est ton ancien petit copain, n'est-ce pas?«* – »Dein Ex-Freund, oder?« fragte er mit gehässigem Unterton.

Robert antwortete in perfektem Französisch: *»Pas exactement.«* – »Nicht so ganz.« Die beiden Männer starrten sich an wie zwei Löwen vor dem Kampf. Nach einer Pause fügte Robert auf französisch hinzu: »Geh nie davon aus, daß wir dummen Amerikaner alle nur Englisch können.« Er lächelte. *»N'est-ce pas?«* Pascal warf mir einen besitzergreifenden Blick zu, entschuldigte sich und setzte sich zu einer weiteren Runde von betrunkenen Journalisten, die ihre nie endenden Kriegsgeschichten zum besten gaben. Durch den Lärm in der Bar hindurch hörte ich den Typ von der BBC rufen: »Liberia? Na, da geht's ordentlich ab, das kann ich euch sagen!«

Robert setzte sich auf Pascals verlassenen Stuhl.

»Tja, richtig nettes Arschloch, was?« stellte er fest. Eine gute halbe Stunde lang tratschten wir über Bekannte, dann brachten Robert und sein Mitbewohner Steve, einer der vielen in Peshawar versammelten konservativen Aktivisten, die dabeisein wollten, wenn die Mudschahedin den Kommunisten so richtig in den Arsch traten, mit ihrer Version von Chuck Berrys Klassiker *Maybelline* auf Gitarre und Mundharmonika die Bar zum Brummen. Nur wurde in ihrem Lied der Name der Titelheldin durch Gulbuddin ersetzt, so daß der Anfang folgendermaßen lautete: *»Oh, Gulbuddin, why can't you be true? Oh, Gulbuddin, why can't you be true? ...«* Es ging das Gerücht um, daß Gulbuddin Hekmatyar, der Anführer der Hesb-e-islami-Hekmatyar-Gruppe, gerne Journalisten umbrachte. Da die meisten Menschen, die an jenem Abend im American Club waren, nachts dementsprechende Alpträume hatten, lachten sie und grölten betrunken im Chor mit. Jahre später, als die Sowjets abgezogen und Roberts Lied längst verklungen war, sollte Gulbuddin Hekmatyar Präsident von Afghanistan werden.

Irgendwann zwischen eins und zwei verlagerte sich die Party dann in Roberts Haus, eine willkommene Alternative zum tristen Pearl Continental. Da Robert in Peshawar ansässig war, machte das große Haus, das er sich mit Steve, einigen anderen Mitbewohnern aus dem Westen und dem zahmen Falken Zia ul-Haq (benannt nach dem ehemaligen Präsidenten von Pakistan, der im Sommer bei einem Flugzeugabsturz ums Leben gekommen war) teilte, einen heimeligen Eindruck. Und als ein Teil von uns dann noch anfing, auf den Teppichen mit dem komplizierten afghanischen Webmuster im Wohnzimmer Opium zu rauchen, kam mir das Gebäude wie ein großer, warmer Bauch vor.

Als Pascal zugedröhnt auf dem Boden schlief, kroch Robert, die Augen auf Halbmast, zu mir herüber und sagte, er denke oft an unsere gemeinsame Nacht in New Hampshire, daran, wie schön sie gewesen sei. Und wie gut und wahr. Und daß er niemals verstehen würde, was ich – er zeigte auf Pascal – an diesem unverschämten Arschloch mit dem Bandana-Halstuch fände.

»Er nimmt mich mit rein«, sagte ich, mein Mantra wiederholend. »Wir fahren zusammen rüber.«

Robert legte den Kopf in meinen Schoß. »Ach, jetzt verstehe ich«, sagte er. »Ihr nutzt euch gegenseitig aus.«

Ich ließ seine Worte auf mich wirken. »Wenn man so will, ja.« Ich hätte es ihm erklären können. Ich hätte Robert erzählen können, daß Sex mit Pascal wie das d-moll-Konzert von Bach war, nur besser. Oder ihm darlegen können, daß mir nichts wichtiger war, als diesen Krieg aus der Nähe zu erleben. Oder ihn warnen, daß ich kein dringendes Bedürfnis nach schönen, guten und wahren Dingen verspürte. Wie zum Beispiel nach Liebe. Oder nach ihm. Oder ich hätte ihm gestehen können, daß ich einen Abend nach unserem zärtlichen Geplänkel in New Hampshire, an das er sich mit solcher Wehmut erinnerte, mit einem seiner besten Freunde ins Bett stieg, während er selbst betrunken im Nebenzimmer lag. Doch Robert schloß die Augen und schlief ein, so daß die Gelegenheit zum Glück ungenutzt vorüberging.

Ich blickte mich im Zimmer um und stellte fest, daß ich als einzige wach war. Dann nahm ich Roberts Kopf in die Hände, hob ihn von meinem Schoß und bettete ihn sanft auf den Teppich. Er rührte sich nicht. Ich weckte meinen verrückten französischen Liebhaber mit einem Kuß und einem Stoß in die Rippen, und wir schlichen uns aus dem Raum, in dem die menschlichen Überreste des Abends kreuz und quer auf dem Boden verteilt lagen, hinaus in die kühle Nacht.

Am nächsten Tag kam endlich die erlösende Nachricht. Pascal und ich lagen im Bett und pflegten unseren Kater, als das Telefon klingelte. Wie immer hob Pascal ab. Ich durfte nicht ans Telefon gehen, falls Élodie anrief. Es waren die Leute von Abdul Haq. Sie sagten, sie seien bereit, uns am nächsten Tag mit nach Afghanistan zu nehmen. Pascal sprang aus dem Bett und tanzte nackt durch das Zimmer. »Siehst du, Deborah, ich hab dir doch gesagt, daß es klappt.« Er zog mich hoch und schob mich im Tangoschritt über den Teppich.

Zur Feier des Tages nutzten wir die Sauna des Pearl Continental und genossen zum letzten Mal Zivilisation und Reinlichkeit. Dort saßen wir zusammen, still und leise, und ließen unsere Körper vom Dampf einhüllen. Ich atmete die schwere Feuchtigkeit ein, um meine Lungen nach der Orgie der letzten Nacht zu reinigen, und betrachtete dabei Pascals geschmeidigen, muskulösen Oberkörper, weidete mich an seiner Kraft und seiner Vollkommenheit und verfluchte sie zugleich.

Morgen sehe ich einen Krieg, dachte ich. Was das wohl bedeutet?

Nach der Sauna gingen Pascal und ich zurück auf unser Zimmer, liebten uns und schliefen ein. Kurz vor dem Abendessen wollte er sich noch einmal kurz abduschen, und damit fing der ganze Schlamassel an. Als er sich im Bad schrubbte, klingelte das Telefon. Ich wußte, daß ich nicht drangehen durfte, hatte aber Angst, es könne jemand von Haqs Leuten sein, der uns nun weitere Instruktionen für die Reise geben wollte. Das Telefon klingelte zum zweiten Mal. Ich wußte nicht, was ich tun sollte. Ich rief Pascal, doch er hörte mich nicht, und beim dritten Klingeln entschloß ich mich, den Hörer abzunehmen. »Hallo?« meldete ich mich.

»Ah, bonjour.« Eine melodiöse weibliche Stimme. *»Qui êtes-vous?«* – »Wer sind Sie?« fragte sie. Es war die Stimme, die ich von der Party in Pascals Wohnung in Paris noch gut im Ohr hatte.

»Oh, ich bin, äh, eine Freundin von Pascal. Äh, eine Journalistin. Wir vergleichen gerade unsere Aufzeichnungen, Namen von Kontaktleuten und so weiter ...« Ich verhaspelte mich und geriet ins Stottern. Ich kann einfach nicht gut lügen.

Pascal kam aus dem Bad. Er hatte sich ein Handtuch um die Hüfte gebunden und trocknete sich mit einem zweiten das nasse schwarze Haar. Dann sah er mich am Telefon. Sein Gesicht wurde knallrot.

»Wer ist das?« brüllte er. »Wer ist am Telefon?«

Meine Hände begannen zu zittern. Ich bekam kaum Luft. »Äh, das ist Élodie.« Ich hielt die Hand über den Hörer, damit sie nichts mitbekam, und flüsterte Pascal zu: »Ich habe ihr gesagt, wir würden nur unsere Notizen vergleichen. Daß ich nur eine befreundete Journalistin bin ...«

Er riß mir das Telefon aus der Hand, knipste seinen unwiderstehlichen Charme an und log da weiter, wo ich aufgehört hatte. »*Salut, mein Engel!* Nein, nur eine Kollegin. Ja, ja, du kennst sie. Genau, auf unserer Party. Ja, die Freundin von Chip. Die Amerikanerin. Klar, richte ich ihr aus. Du fehlst mir auch, mein Schatz.« Er erzählte ihr, er würde am nächsten Tag ins Land fahren, daß sie in den nächsten Wochen, vielleicht sogar im nächsten Monat keinen Anruf von ihm erwarten solle. Während seine Stimme ganz ruhig, ja sogar entspannt klang, erdolchte er mich, die neben dem Bett stand, mit seinen Augen. »Ja, gut. Klar, ich rufe sofort an, wenn ich wieder draußen bin, versprochen. Ja, ich paß auf mich auf. Ja, ich liebe dich auch. Tschüß.«

Pascal legte auf. Dann nahm er den Hörer noch einmal auf und knallte ihn auf die Gabel. Klang! »Was hast du dir eigentlich dabei gedacht?« Klang! »Hab ich dir nicht gesagt, daß du nie, nie, nie abheben sollst?« Klang! Klang! »*Putain!* Was hast du dir dabei gedacht!« Klang! Klang! Klang! Plötzlich knallte er den Hörer nicht mehr auf die Gabel, sondern gegen meinen Kopf. Zong! Zong! Zong! Zong! »*Idiot! Qu'est-ce que tu pensais?*« Ich fing an zu weinen, aber nicht nur, weil es weh tat. Pascal warf das Telefon auf den Boden, überlegte es sich dann anders, hob es hoch und schleuderte es mir in den Bauch. Die Wucht warf mich aufs Bett. Ich bekam keine Luft. Dann lag ich da, er riß mir die Jeans herunter, schrie wie ein Verrückter, und plötzlich war ich unter ihm, von der Hüfte abwärts nackt, und rang nach Luft.

Nicht noch einmal, dachte ich. Bitte, lieber Gott, nicht noch einmal.

»Das willst du doch nicht wirklich tun«, sagte ich, und vielleicht weckten ihn diese Worte aus seiner Rage, vielleicht hatte er eine zu hohe Meinung von sich, um weiterzumachen – den wahren Grund werde ich nie erfahren –, jedenfalls flaute der Orkan Pascal plötzlich ab, und ich lag übel zugerichtet, aber unberührt auf dem Bett.

Bei einer anderen Gelegenheit hatte ich nicht soviel Glück gehabt.

Aidan sprach mich am Vorabend meiner Abschlußfeier in Harvard an. Wir waren auf einer Party, beide ein wenig betrunken, und flirteten ein bißchen. Er machte einen netten Eindruck, vielleicht ein wenig aufgeblasen, wie es Harvard-Studenten manchmal sind, aber ich war schon so erschöpft durch die ganzen Vorfeiern, daß ich sowieso nicht in der Stimmung für weitere Annäherungen war. Aber er hatte ein Auto, mein Zimmer war weit weg, und ich lief auf Krücken. Tagsüber hatte ich mit ein paar Mitbewohnern Pilze gegessen und gedacht, ich könne fliegen, wenn ich nur schnell genug lief und die Arme richtig ausstreckte – mitten auf dem Boston Common. Hatte natürlich nicht geklappt.

Aidan bot mir an, mich mit meinem verstauchten Fuß nach Hause zu fahren. Meine Wohnung läge auf seinem Weg, sagte er, außerdem habe er von meiner Foto-Abschlußarbeit gehört und würde gerne einen Blick drauf werfen.

Die Abschlußarbeit trug den Titel »Shooting Back«. Es war eine Serie über Männer, die mich in verschiedenen Rotlichtbezirken an der Ostküste angequatscht hatten: auf der 42nd Street in New York, in der Combat Zone in Boston, in South Philly. Das Projekt war als eine Art radikale Selbsttherapie entstanden, nachdem ich Opfer von mehreren bewaffneten Überfällen (zwei) und körperlichen Angriffen (vier) geworden war. Es war dasselbe, wie wenn ein Mensch mit Höhenangst auf den Mount Everest kraxeln würde oder ein Mensch mit Klaustrophobie einen Tag vor Weihnachten ins Einkaufszentrum geht: Ich litt an einer Böse-Männer-Phobie und trieb mich in der Höhle des Löwen herum.

Ich bummelte durch die schäbigen Straßen mit den Striplokalen und den Pornoshops und wartete auf den unvermeidlichen Spruch, der auf einer Skala von »He, Baby, willst du's

dir machen lassen?« bis »Lutsch meinen Schwanz, du Hure« rangierte. Auf solche Einladungen antwortete ich jedesmal schnell und selbstsicher: »Nein, vielen Dank, aber ich würde gerne ein Foto von Ihnen machen.« Durch diesen Spruch und die Tatsache, daß ich eine Kamera dabeihatte, gewann die Situation eine ganz andere Dynamik.

Meine klobige alte Nikkormat wurde zu meiner Waffe, machte den Jäger zur Beute, und wenn ich diesen Männern mein 28-mm-Weitwinkelobjektiv dicht vors Gesicht hielt, so daß es ihre Züge verzerrte, neigte sich das Universum für einen Moment in meine Richtung.

Aidan parkte das Auto und half mir die Treppe zu meiner Kellerwohnung hinunter. Er folgte mir ins Schlafzimmer, aus dem ich die Abschlußarbeit holen wollte. Die Fotos lagen in einem schweren, schwarzen, vierzig mal fünfzig Zentimeter großen Pappkarton, den ich wegen meiner Krücken nicht ins Wohnzimmer tragen konnte. Ich reichte Aidan die unhandliche Schachtel. »Komm, wir nehmen sie mit ins andere Zimmer«, sagte ich, aber er ging nicht darauf ein. Statt dessen legte er die Abzüge auf mein Bett, blätterte die dreißig Bilder schnell durch und stieß in regelmäßigen Abständen ein

»Wow!« oder »Cool!« aus, während ich unmißverständlich laut gähnte.

Als er schließlich zum letzten Foto der Serie kam – ein Exhibitionist, der seinen Penis erfreut in die Kamera hält –, drehte sich Aidan zu mir um und sagte: »Das hat dich doch bestimmt angetörnt, als der Kerl das gemacht hat.« Ich war mir nicht sicher, ihn richtig verstanden zu haben, aber als ich »Was?« sagte und er seinen Satz lauter und in laszivem Ton wiederholte, mit einem wissenden Grinsen und zuckenden Augenbrauen, hatte ich nicht einmal mehr Zeit, ihn zu fragen, ob das ein Witz sein solle oder er nicht mehr ganz bei Trost sei, bevor er mich einfach aufs Bett warf.

Er fing an, mich zu küssen. Ich küßte zurück, eher aus Trägheit und Resignation, in meiner Trunkenheit. Er schmeckte nach Gin. Ich wollte unbedingt schlafen und meine Ruhe haben. Die Küsse wurden aggressiver, nasser, wurden zu Bissen, und als ich merkte, daß er seinen harten Unterleib drängend, fast wütend, an meinem Oberschenkel rieb, machte ich mich los, sagte ihm, daß ich müde sei, dankte ihm fürs Nachhausebringen und forderte ihn auf zu gehen. In dem Moment fing das Ganze an, komisch zu werden. Verärgert über meinen Sinneswandel und ein paar unnachgiebige Knöpfe, riß er meine Bluse entzwei. Er hielt mir die Arme über dem Kopf fest und starrte auf meine nackte Brust. »Bitte«, sagte ich, »ich will das nicht. Ich will das nicht machen. Ich bin echt müde.« Er lachte. Mein verstauchter Fuß pochte, und ich weiß noch genau, daß meine Krücken in der hinteren Ecke des Zimmers an der Wand lehnten, neben meiner Kamera, und mich in ihrer Unerreichbarkeit zu verhöhnen schienen. Ein irrationaler Gedanke schoß mir durch den Kopf: *Die Mutter von meiner Freundin schläft hinter der Wand, vielleicht kann ich sie wecken, wenn ich laut schreie.* Ich überlegte, ihm in die Eier zu treten, wußte aber nicht, wie ich das mit dem kaputten Fuß machen sollte, da das gesunde Bein unter ihm eingequetscht war.

Im Augenblick des Eindringens wurde mein Körper völlig

taub und kalt. Während Aidan immer wieder zustieß, versuchte ich mir vorzustellen, daß mein Körper jemand anderem gehörte. Ich versuchte, neben mich zu treten und aus der Entfernung ungerührt zuzusehen. Das ist es also, dachte ich. Das ist das häßliche Reich hinter dem Land des gegenseitigen Einvernehmens, darum also geht es bei der Frauenbewegung, bei »Ein Nein ist ein Nein«, bei der Campus-Anlaufstelle für Vergewaltigungsopfer. Ein Tag vor meiner Examensfeier, und ich hatte nichts Besseres zu tun, als mich zu einer statistischen Durchschnittsgröße machen zu lassen.

Vergewaltigung. Schon das Wort klingt brutal. Ver-ge-walti-gung, Ver-ge-wal-ti-gung. Ich hielt die Tränen zurück, ließ sie sich hinter meinen Augen sammeln, bis ich dachte, sie würden platzen. Ich gönnte Aidan die Genugtuung nicht, auch nur eine von ihnen zu sehen.

Ich versuchte mir vorzustellen, wie schön sich das Wasser anfühlen würde, wenn ich schließlich würde duschen können. Ich versuchte mir etwas Schönes vorzustellen, nur nicht an das zu denken, was sich zwischen meinen Beinen abspielte. Eiscreme, Bäume, Strand. Aber meine Gedanken stürzten immer wieder in meinen Körper zurück.

Ich begann, mir Vorwürfe zu machen. Du bist selber schuld, dachte ich. Du hättest nichts trinken dürfen. Du hättest nicht flirten sollen. Du hättest dich nicht von ihm nach Hause bringen lassen dürfen, ihm nicht die Fotos zeigen dürfen, du hättest die verfluchten Bilder überhaupt nie machen dürfen. Du hättest ihn nicht küssen dürfen, du blöde Kuh. Du hättest nicht als Mädchen geboren werden dürfen. Scheiße, *Aidan, das ist nicht fair*.

»Bitte«, sagte ich noch einmal. »Hör bitte auf.«

Aidan machte weiter, stieß immer härter und schneller zu. Ver-ge-wal-ti-gung. Ver-ge-wal-ti-gung. Ver-ge-wal. . .ti. . . ein letztes Wimmern . . . gung.

Es war vorbei. Erschöpft fiel Aidan aufs Bett in eine kleine Pfütze aus seinem Sperma.

Ich stellte mir vor, wie meine Eltern in ihrem Hotelzim-

mer schliefen, wie sie gespannt auf die ersten Noten von *Pomp and Circumstance* warteten, mit dem ihre älteste Tochter auf den Hof von Harvard geleitet wurde, wo sie das Diplom und mehrere akademische Auszeichnungen in Empfang nehmen würde. Wie sollte ich ihnen erzählen, was mir gerade passiert war?

Zum ersten Mal in meinem Leben fühlte ich, daß sich die Rollen vertauschten, daß ich meine Mutter und meinen Vater vor etwas Unaussprechlichem schützen mußte. Ich versuchte mir vorzustellen, wie ich mit Hut und Talar, das Diplom unter dem Arm, zu ihnen sagte: *Mom, Dad, ich bin vergewaltigt worden*. Nein, dachte ich. Das erzähle ich ihnen später, nach der Feier. In ein paar Wochen. Vielleicht in ein paar Jahren. Oder nie.

Gerade war etwas gegen den Willen meines Körpers in ihn eingedrungen. Es erschien mir nicht fair, daß der Mann, der dafür verantwortlich war, die Macht haben sollte, noch mehr Schaden in meinem Leben anzurichten. Wie zum Beispiel meine Examensfeier zu ruinieren. Oder für immer die Seelen der beiden Menschen zu beflecken, die ich am meisten liebte, der beiden Menschen, die mich immer gelehrt hatten, die

Schönheit einer sexuellen Begegnung wertzuschätzen, der beiden Menschen, die mich durch eben einen solchen Akt der Penetration, jedoch erfüllt von Zärtlichkeit und dem Willen zur Fortpflanzung, geschaffen hatten.

»Steh auf!« schrie ich Aidan ins Ohr. »Steh jetzt verdammt noch mal auf, du Arschloch!« Aidan lag wie betäubt da, einen Arm um mich gelegt, und rührte sich nicht. Nachdem ich mich befreit hatte, duschte ich lange und verbrachte den Rest der Nacht auf dem Fußboden meines Zimmers, blickte aus dem Fenster, ließ mich vom Mond bescheinen, schlang die Arme um die Beine und wiegte mich wie ein autistisches Kind vor und zurück. Sah die Sonne aufgehen. Sah den Himmel grau werden. Weinte, als Regentropfen die Fensterscheibe überzogen.

Als Aidan schließlich aufwachte, quälte er sich aus dem Bett, sagte: »Scheiße, es regnet«, zog sich an und schrieb seinen Namen und seine Telefonnummer auf einen gelben Haftzettel, den er an den Bildschirm meines Computers pappte. »Ruf mal an«, sagte er mit einem Augenzwinkern und schlenderte hinaus, als sei nichts Ungewöhnliches passiert. Als hätte er nicht gerade einen winzigen, irreparablen Riß in der Linse verursacht, durch die ich das Leben sah.

»Raus!« sagte Pascal jetzt ruhig und gefaßt. Er zog das Handtuch um seine Hüften zurecht. »Raus, und zwar sofort.« Er sagte, er würde mich persönlich dafür verantwortlich machen, wenn Élodie ihn verließe.

Ich dachte, *du Arschloch, sind doch immer zwei beteiligt*, ließ mich aber nicht dazu herab, seine Drohung einer Erwiderung zu würdigen. Statt dessen zog ich meine Jeans wieder an, packte schweigend in Eile meine Sachen, warf Socken, Unterwäsche, Hosen, Zahnpasta, Batterien, Schuhe, T-Shirts, Pullover und Filme einfach zusammen in den großen Rucksack. Da die Packung mit den Tampons nicht mehr hineinpaßte, stopfte ich sie in die Seitentasche neben die Flasche mit dem Isopropylalkohol. Pascal lehnte mit gekreuzten Armen an der Wand, sah mir zu und schnaufte durch aufgeblähte Nasenlöcher. »Wo willst du hin?« frage er.

»Ich schlafe bei Robert«, antwortete ich. Welche Erleichterung, endlich eine Ausweichmöglichkeit zu haben!

»Ja, bums zur Abwechslung mal mit ihm«, sagte Pascal. »Sieht aus, als hätte er's nötig.«

Ich hielt inne und glotzte ihn ungläubig an. »Du Arschloch«, brachte ich heraus.

Im Hinausgehen drehte ich mich noch einmal zu Pascal um und sagte, daß ich nicht die Absicht hätte, auf meine einzige Chance, den Krieg zu fotografieren, zu verzichten, nur weil er mich mit dem Telefonhörer verprügelt habe, nur weil ich stinksauer auf ihn sei, nur weil er ein Lügner und Betrüger, ein arrogantes Arschloch ohne Herz, aber mit einer Schublade voller gebügelter Halstücher sei. Wir hätten zehn anstrengende Tage gebraucht, um die Fahrt mit der angesehensten Mudschahedingruppe zu arrangieren, sagte ich, und ich wollte nicht noch einmal bei Null anfangen. Außerdem brauchte ich ihn, um ins Land zu kommen, das wisse er genau. »Das ist eine rein logistische Angelegenheit«, sagte ich, »Business.«

»Okay. Business«, erwiderte er. »Sei morgen früh um neun Uhr da. Und komm nicht zu spät.« Bevor ich die Tür schließen konnte, blickte Pascal plötzlich reumütig drein, legte mir die Hände auf die Wangen, beugte sich vor und küßte mich auf den Kopf, genau auf die Stelle, die er zuvor mit dem Telefonhörer getroffen hatte.

»Autsch«, machte ich und zuckte zurück. »Das tut weh.« Ich versuchte, nicht zu weinen.

»Ach, Deborah«, sagte er und nahm mich in den Arm, als sei nichts passiert, wischte mir die Träne von der Wange, die ich trotz heftigster Bemühungen nicht hatte zurückhalten können. »Tut mir leid, daß es so gekommen ist. Tut uns bestimmt gut, mal eine Nacht getrennt zu verbringen.«

Er wartete auf eine Antwort, doch ich entgegnete nichts.

»Tu sais que je t'aime« – »Du weißt, daß ich dich liebe«, sagte er. »Auf meine Weise.«

Liebe? dachte ich. Verfluchte Scheiße. Das ist das Problem mit den Franzosen. Selbst ihre Sprache gaukelt einem etwas vor. *Je t'aime* kann beides heißen: »Ich mag dich« und »Ich liebe dich«. Ganz schöner Spagat, den der kleine Satz da hinlegen muß. »Klar«, sagte ich auf englisch, erwiderte seine Umarmung jedoch nicht.

»Neun Uhr«, wiederholte er, während ich schon den Gang entlangging. »Sei pünktlich.«

Über die Schulter rief ich zurück: »Ja, klar!«

Um Geld zu sparen, ließ ich mich mit einer Tonga zu Robert bringen, doch das Hufgeklapper und das Rütteln des Pferdewagens, die ich normalerweise beruhigend fand, verstärkten jetzt nur meine Kopfschmerzen. Als ich bei Robert ankam, war ich mit einer Staubschicht bedeckt, und in den beiden größten Beulen an meinem Kopf pochte das Blut.

»Alles in Ordnung?« fragte Robert, als er mir die Tür öffnete. Sein mitleidiger Blick sagte mir, daß er das Gegenteil annahm. Ich hatte ihn von der Hotellobby aus angerufen und ihm gesagt, daß ich kommen würde, weil Pascal und ich uns gestritten hätten. Er war höflich genug, keine weiteren Fragen zu stellen.

Ich sah mich im Wohnzimmer um, erblickte die Teppiche in den warmen Farben, die Sofas, die abgewetzten, gemütlichen Sessel, den glühenden elektrischen Ofen. »Jetzt ja«, antwortete ich. Dann fiel mein Blick auf die Gitarre, die in der Ecke stand. »Ach, Robert, spielst du mir etwas Schönes vor?«

»Etwas Schönes, hm?« fragte er. Er nahm die Gitarre und stimmte sie. »Mal sehen, was mir da einfällt.«

Auf der Gitarre war Robert schon immer ein Genie gewesen, und an jenem Abend spielte er ein bißchen Dylan, ein bißchen Grateful Dead, und die wohlklingenden Töne und Akkorde breiteten sich in mir aus und trösteten mich. Schönheit ist vielleicht nicht Wahrheit, dachte ich, aber immerhin ein Balsam für die Seele. Besonders, wenn Robert da war, um ihn aufzutragen.

Da ich in einem Haus voller Mädchen aufgewachsen war,

hatte ich schon immer davon geträumt, einen älteren Bruder wie Robert zu haben. Jemand, der mich beschützte, mich vergötterte, mir alles über diese fremdartige Spezies mit den stinkenden Socken und dem seltsamen Anhängsel beibrachte. Meine Freundin Sandy hatte zwei ältere Brüder, und ich ging immer zu ihr hinüber, um die beiden zu beobachten, um wie eine Anthropologin ihre Verhaltensweisen zu studieren. Die wichtigen Dinge merkte ich mir: Sie sammelten Bierdosen und die Zeitschrift *Mad*. Sie quälten uns gern, indem sie uns in den Schwitzkasten nahmen und Kopfnüsse verteilten. Sie warfen mit Tennisbällen nach unserem Po und jagten uns unerbittlich durch das ganze Viertel. Sie spielten Musik von The Who in einer ohrenbetäubenden Lautstärke – *Pinball Wizard, Tommy Can You Hear Me* –, flitzten ständig wie Flipperkugeln durch die Gegend und rannten die Möbel um, die dreckigen Socken auf Halbmast und immer mit aufgeschürften Knien, waren unablässig in Bewegung, selbst wenn sie saßen. Sie faszinierten mich und machten mir zugleich angst – ich verstand sie einfach nicht. Aber ich wußte immer, daß Sandys Brüder uns verteidigen würden, wenn einer der Rüpel aus unserer Gegend es wagen sollte, uns Frösche in die Hose zu stecken, uns mit dem Fahrrad umzufahren, uns zu beschimpfen oder sich über unsere knospenden Brüste lustig zu machen.

Als Robert mir an jenem Abend zeigte, wie man die Akkorde von *The House of the Rising Sun* auf der Gitarre spielt, als er mir geduldig beibrachte, wann man über alle Saiten strich und wann man nur eine einzige zupfte, bekam ich eine Vorstellung davon, wie mein ersehnter Bruder sich vielleicht verhalten hätte, wenn ich mit zwei Beulen am Kopf und mit zornigem, verstörtem Herzen zu ihm gekommen wäre. *»Oh, mother, tell your children«*, sangen wir inbrünstig, so als hänge unser Leben davon ab, *»not to doooooooo what I have done ...«*

Um nichts zu verkomplizieren, schlief ich in jener Nacht in meinem Schlafsack auf dem Boden. »Du kannst so lange hierbleiben, wie du willst«, sagte Robert.

Ich erwiderte, das sei nicht nötig. »Ich fahre morgen rüber nach Afghanistan«, erklärte ich. »Aber trotzdem danke.«

Am nächsten Morgen rief ich um sieben Uhr bei Pascal im Hotel an, um mich zu vergewissern, daß es bei unserer Verabredung blieb. Die Empfangsdame suchte seine Zimmernummer heraus. »Zimmer 801? Ja, der ist vor über einer Stunde abgereist. Tut mir leid.« Ich fragte sie, ob sie ganz sicher sei. Sie fragte mich, ob er schwarzes Haar habe, einen grünen Parka, ein rotes Halstuch und sehr schöne Zähne. Ich bejahte. Dann sei sie sicher.

Das Schwein war ohne mich losgefahren. Ich knallte den Hörer auf die Gabel. »Dieses Arschloch!« rief ich. »Dieses verdammte Arschloch!« fluchte ich und knallte den Hörer noch ein paarmal auf die Gabel.

Dann dachte ich, scheiß drauf. Wenn's denn sein muß, fahr ich eben allein.

Ich fing noch einmal von vorne an, suchte eine Gruppe Mudschahedin nach der anderen auf, trank ein Glas gezuckerten Tee nach dem anderen. Ich wurde kurz abgefertigt, beschimpft, draußen stehen gelassen, des Grundstücks verwiesen, wurde von Pontius zu Pilatus geschickt, mußte betteln und wurde belogen, bis mir die Harakat-e-islami-Gruppe fast eine ganze Woche nach Pascals Abreise ausrichten ließ, ich solle am nächsten Morgen um sechs Uhr in die Kommandozentrale kommen, dann könne ich mit ihnen fahren.

»Bist du verrückt?« schrie Robert, als ich ihm von meinen Plänen berichtete. »Das sind Schiiten, die vom Iran bezahlt werden! Die gehen mit dem Ayatollah ins Bett!« *(die 444 Tage von Teheran, Reagans Amtseinführung ...)* Wir standen am Rand eines Buzkaschi-Spielfelds und sahen zu, wie eine kopflose Ziege von einer Horde aufgeregter Afghanen auf Pferden über ein verstaubtes Feld gezogen wurde. Buzkaschi – wörtlich: »Greif die Ziege!« – wird so ähnlich gespielt wie Polo, nur daß das Ziel des Spieles nicht darin besteht, mit Schlägern und Bällen Tore zu schießen, sondern darin, eine tote Ziege mit bloßen Händen von einem Ende des Feldes zum anderen zu schleifen. Ein Punkt wird erzielt, wenn die Ziege in der Mitte eines Kreises fallen gelassen wird, der *halal* genannt wird, der koschere, reine Kreis, im Gegensatz zum *haram*, dem unkoscheren, unreinen Kreis auf der anderen Seite des Platzes.

Buzkaschi ist eigentlich ein Mannschaftssport, bei dem sich zwei Teams gegenüberstehen und jeweils das gleiche Ziel haben. Aber da jedem Spieler, der einen Punkt macht, Bargeld lacht, verwandelt sich das Spiel ziemlich schnell in ein hinterhältiges, wildes Gerangel, bei dem jeder versucht, die Ziege in die Hand zu bekommen. Jeder Journalist, der aus Afghanistan berichtet, zieht früher oder später Buzkaschi zum Vergleich heran, als perfektes Bild für die vernichtenden Konflikte zwischen den einzelnen Gruppen der Freiheitskämpfer, die sich eigentlich hätten zusammentun müssen, um die Sowjets zu vertreiben, statt dessen aber einen Großteil ihrer Energie darauf verwendeten, sich gegenseitig umzubringen und einander daran zu hindern, die begehrte »Ziege«, die Herrschaft über Afghanistan, an sich zu reißen.

»Das ist mir scheißegal, und wenn sie dem Ayatollah jeden Abend einen blasen«, sagte ich. »Das ist die einzige Gruppe, die mich mitnehmen will, der Krieg ist bald zu Ende, und ich habe die Witze satt: *›Wo ist dein Freund? Wollte er dich nicht mitnehmen?‹* Scheiß auf Pascal. Ich fahre allein.«

Robert sah mich an und schüttelte den Kopf. »Debs, vergiß mal eine Sekunde lang deine gekränkte Eitelkeit und denk nach! Das ist keine gute Idee. Die Gruppe ist eine unbekannte Größe. Das sind Schiiten. Wenn dir irgendwas zustößt, kann die Botschaft nicht eingreifen. Sie kann dir nicht helfen.«

»Dann sag eben keinem, daß ich fahre«, erwiderte ich.

Das Publikum brach in begeisterten Applaus aus, als die Ziege ohne Kopf in den »reinen« Kreis geworfen wurde. Der siegreiche Spieler stand in den Steigbügeln und hielt triumphierend die verschränkten Arme hoch. Die übrigen Spieler zockelten auf ihren Pferden umher und sahen etwas verstimmt aus. »Männer«, sagte ich leicht angeekelt. »Halal-

Kreis, Haram-Kreis, gut, schlecht, Heilige, Hure, Ziege, Penis, ist doch alles das gleiche.«

Robert mußte lachen. »Ich glaube, jetzt fängst du an zu spinnen.« Den ganzen Tag lang bemühte er sich, mich von meinem Vorhaben abzubringen; er versuchte sogar, seinen Unterricht zu verlegen, damit er mich begleiten konnte. Aber ich blieb stur wie ein Esel, machte mich auf nach Afghanistan und kam auf einem anderen Esel reitend zurück.

Endlich habe ich herausbekommen, daß diese neue, eisige Höhle, in der wir jetzt seit Tagen nächtigen, irgendwo nördlich des Sanglakh-Tals in einer Bergkette südlich der Hauptstadt Kabul liegt. Die Sowjets sollen sich jetzt angeblich jeden Tag zurückziehen, werfen jedoch zum Abschied noch einmal ordentlich Bomben ab. Wir hören sie nachts fallen und explodieren. Tagsüber gehe ich mit dem Spähtrupp auf Patrouille, um die riesigen Krater zu begutachten, aber es gibt nur wenig zu fotografieren. Ein Loch ist ein Loch ist ein Loch.

Das einzige Loch, das mich gleichzeitig anzieht und abstößt, ist der tiefe, schmale Graben vor der Höhle, über den ich mich hinter einem schmierigen, dünnen Vorhang hocken muß, wann immer die Amöben es von mir verlangen. Es hat etwas unvergleichlich Demütigendes, täglich bis zu zehn Mal mit einem riesigen, gefrorenen Haufen menschlicher Exkremente konfrontiert zu werden – und noch einen draufzusetzen. Als die Ruhr schlimmer wird, kommt es mir langsam vor, als wäre ich dort, und nur dort, zu Hause.

Den Großteil der Zeit verbringen die Mudschahedin damit, ihre Kalaschnikows zu reinigen. Damit habe ich schon sechs Filme gefüllt. Mohammed reinigt sein Gewehr. Mustafa reinigt sein Gewehr. Ali reinigt sein Gewehr. Mohammed und Mustafa reinigen zusammen Alis Gewehr.

Auch ich bin im Umgang mit der Kalaschnikow inzwischen ziemlich geübt. An manchen Tagen, wenn es nichts Besseres zu tun gibt, stellen die Mudschahedin ein paar Dosen auf einen Felsen und fordern einander zu einem Wettschießen

heraus. Die Regeln des Spiels sind denkbar einfach. Zwei treten gegeneinander an, und wer zuerst die meisten Dosen trifft, hat gewonnen. Ich spiele oft mit. Und obwohl meine Schulter langsam grün und blau wird vom Rückschlag des Gewehrs, verliere ich fast nie. Zuerst fanden es die Mudschahedin lustig, wie gekonnt ich mit der Waffe umging, aber je häufiger ich gewann, desto seltener ließen sie mich mitspielen. Aber vielleicht ist das auch besser so, denn ich habe schon geträumt, daß die Dosen zu Menschen wurden, nachdem ich abgedrückt hatte, so daß ich sie nicht mehr warnen konnte, von dem verdammten Felsen zu springen. Außerdem darf man den männlichen Stolz nicht vergessen. Männer werden sauer, wenn sie gegen eine Frau verlieren.

Und dann zahlen sie es mir heim.

Eines Tages, als ich während der morgendlichen Übungen Bilder von einigen Soldaten mache, die auf einem Hindernisparcours aus Stacheldraht auf dem Bauch durch den Schnee robben, zieht mich ein Mudschahedin, den ich am Tag zuvor beim Schießen geschlagen habe, am Arm und zerrt mich von den anderen fort. Er deutet mir, ich solle ein Foto machen.

Ich zucke mit den Schultern und hebe fragend die Arme. *Wozu denn*? Wir sind mitten in einem schmalen Tal, zu beiden Seiten ragen die Berge empor. Vor mir, wo er hinzeigt, ist nichts als Schnee und ein wolkenloser Horizont.

Er streckt die Hand aus. *Bleib stehen*. Dann tut er wieder so, als würde er ein Bild machen. Er klopft sich fünfmal auf die Handfläche. *Warte. Gleich kommt es*. Dann geht er weg.

Ich kauere mich in den Schnee, die Kamera vor dem Auge, und warte auf das, was ich für den Mudschahed fotografieren soll. Er rennt zurück, ruft seinen Kumpeln etwas auf paschtu zu, und dann explodiert plötzlich nur wenige Meter vor mir mit einem ohrenbetäubenden Knall der Boden, und Schnee und Asche fliegen durch die Luft. Ich werfe mich hin, halte die Hände über den Kopf und fange, während die Explosion in meiner Brust widerhallt, an zu schreien. Ich ersticke an Asche. Mein Herz rast. Ich zittere am ganzen Körper. »Was war das, verdammt noch mal?« will ich schreien, doch ich bringe nur schrilles Geschnatter heraus.

Alle Mudschahedin hören mit dem Training auf und kommen herübergelaufen. Sie lachen hysterisch und zeigen auf mich. Dann entdecke ich die grüne Kiste mit dem T-Griff: die Schweine haben eine Mine ausgelöst! Diese Arschlöcher! Der Mudschahed, der mich an diese Stelle geführt hat, holt einen kleinen, zersprungenen Taschenspiegel hervor und hält ihn mir vor die Nase. Das haben die vorher geübt. Mit der anderen Hand reibt er sich über das Gesicht und blickt böse drein. Dann lacht er wieder und sagt: »Schmutzig«, das erste und einzige englische Wort, das ich je aus seinem Mund gehört habe. Ich spähe in den Spiegel. Mein Gesicht ist schwarz vor Ruß, nur zwei schmale Streifen Haut sind von den Tränen weiß gewaschen. Einige der Männer machen sich fast in die Hose, können sich kaum noch halten vor Lachen.

»Ja, sehr witzig!« schreie ich. Jetzt läuft mir die Nase, die Tränen fließen, mein Körper zittert unkontrolliert von dem Schock. »Toller Witz! Hahaha!« Aber die Wut in meiner Stimme läßt sie nur noch lauter johlen.

Abends in der Höhle sagt Haschim, es sei wohl besser, wenn ich nicht mehr am Wettschießen teilnähme. Ich danke ihm für den Rat. Dann breite ich meine braune Decke aus und lege sie auf den dreckigen Boden in eine Ecke, die so weit wie möglich von den anderen entfernt ist. Ich rolle meinen inzwischen schmuddeligen Schlafsack auseinander, schlüpfe hinein, ziehe die rußbedeckte, blutverschmierte Jeans aus und lege sie mir als Kissen unter den Kopf. Bald schnarchen die Männer. Ich bin hellwach, der Geruch von Weichspüler geht mir nicht aus dem Sinn. Ich versuche, mich zum Schlafen zu zwingen. Ich bin so einsam, denke ich. So scheißeinsam. Und ich weiß nicht, wie lange ich das alles noch aushalten kann: den Durchfall und die Kälte, den Schmutz, den Gestank, den Schnee, die Langeweile, die Bomben, die Schikanen und den ständig anwachsenden Scheißhaufen in dem Graben vor der Höhle – mein einziger verläßlicher Zeitmesser. Irgendwann wird dieser riesige Berg menschlicher Exkremente so gewaltig sein, daß er aus dem Boden hervorbricht. Und was dann? *Was dann?*

Eine weitere Woche ist verstrichen. Wir marschieren seit zwei Stunden durch den Schnee, um ein nahe gelegenes Dorf zu besichtigen, das vor kurzem bombardiert wurde. Von wem, ist unklar. Haschim sagt, er glaube, Gulbuddin Hekmatyars Leute hätten es getan, zur Vergeltung für irgendein angebliches Unrecht. Auf dem Weg zum Dorf stecken bunte Fahnen im Schnee, sie markieren Gräber. Das Dorf besteht nur noch aus ein paar wahllos angeordneten erdfarbenen Mauern, deren zerklüftete Umrisse nutzlos in den Himmel ragen. Die rund fünfzig Dorfbewohner, hauptsächlich Frauen und Kinder, haben sich in zwei Räume geflüchtet, deren Wände wie durch ein Wunder unversehrt geblieben sind. Doch das Dach ist offenbar zerstört und mit Wellblech und durchsichtiger grüner Plane hastig repariert worden. In einem Zimmer, das wohl einmal eine Küche war, sitzen einige Männer auf dem Erdboden um eine Kochstelle herum und trinken Tee. Der Frauenbereich befindet sich in einem größeren Raum, der wahrscheinlich einmal das Wohnzimmer war. Dort sitzen die älteren Frauen dicht nebeneinander unter Decken auf dem Boden, den Rücken gegen die Wand gelehnt. Die jüngeren huschen umher, kümmern sich so gut es geht um die Kinder, von denen viele trotz der Kälte barfuß laufen.

Da die Mudschahedin überzeugt sind, daß in jedem Dorf für die Sowjets arbeitende Spitzel lauern, und da sie glauben, als amerikanische (sprich: nicht-kommunistische) Journalistin würde ich hier mein Leben riskieren, lügt Haschim die Dorfbewohner an. Er erzählt ihnen, ich sei eine Ärztin von Médecins Sans Frontières, einer Gruppe von todesmutigen Medizinern, die in Krisengebiete reisen und dort ihre dringend benötigten Dienste zur Verfügung stellen.

»Das kannst du nicht machen!« ist meine Reaktion, als Haschim mir von seiner List berichtet.

Haschim sieht belustigt drein. »Kann ich doch.« In Haschims Welt gibt es keine Diskussion.

Ich habe zwei Probleme mit dieser Lüge. Zuerst einmal bin ich keine Ärztin. Ich kann also dem Jungen mit der klaffenden Wunde, den Frauen, die auf die kotverschmierten Pos ihrer Babys zeigen, oder dem jungen Mädchen, das dringend einen Ersatz für seinen schmutzigen Augenverband braucht, nicht helfen. Doch sie schwirren um mich herum wie Fliegen um ein Zuckerstück und bedrängen mich mit ihren Bitten. »Ich bin eine Lügnerin!« will ich schreien. Ich werde übermannt von einer Mischung aus Schuldgefühlen und Mitleid für die, die unsere Lüge bereitwillig glauben, und schüttele den Kopf. »Ehrlich, eine Lügnerin!« Aber Haschim wirft mir einen Blick zu, der besagt: *Wag es bloß nicht*. Dann nimmt er mir die Kameratasche ab.

»He, gib sie mir zurück!« rufe ich. Jetzt reicht mir Haschims Paranoia langsam.

»Nein, Miss Deborah, keine Fotos. Viele Spione. Du Doktor. Du sein Doktor.«

Somit wären wir bei Problem Nummer zwei mit dem Doktorspiel. Um ganz ehrlich zu sein: Was die Dokumentarfotografie angeht, bin ich hier endlich auf eine Goldmine gestoßen. Aus allen Ecken springen mich Bilder des Leids und des Elends an und fordern mich auf, sie auf Film festzuhalten. Dies ist das wahre Gesicht des Krieges. Ein paarmal flink auf den Auslöser gedrückt, und diese Menschen würden das Titelblatt von *U.S. News & World Report* zieren. Na ja, zumindest würden sie den Leser von einem viertelseitigen 250-Dollar-Bild irgendwo in der Mitte des Heftes ansehen, was ihnen nicht unbedingt das Leben retten und mir nicht meine Reisekosten einbringen würde, aber zumindest würde es den Amerikanern zeigen, daß in Afghanistan trotz des sowjetischen Rückzugs noch immer ein mörderischer Krieg wütet; daß die ganze Sache nicht so einfach ist, wie Reagan uns immer glauben machen will. Aber weil ich angeblich eine Ärztin bin, weil Haschim sich keine Situation vorstellen kann, in der eine Ärztin ein paar Erinnerungsfotos schießt, weil Haschim stärker ist als ich und mir meine Kameratasche nicht zurückgeben will, kann ich nicht eine einzige Aufnahme machen. Ich komme mir vor wie in einem schlechten Stück von O. Henry.

Die Frauen mit den kotverschmierten Kindern machen jetzt wilde Gesten, führen die Finger zum Mund, als äßen sie kleine Bissen. Ich frage Haschim: »Wollen sie etwas zu essen?« Ich rechne im Kopf meine Vorräte durch. Von den Snickers, die ich inzwischen streng rationiert habe, besitze ich noch zehn. Ich esse jeweils ein Drittel zum Frühstück, eins zu Mittag, das letzte Drittel am Abend. Außerdem habe ich noch eine halbe Packung Tic-Tacs, aber die machen nicht sehr satt. Ich habe ständig Hunger, was zusammen mit der Ruhr seine Wirkung zeigt. Ich schwinde buchstäblich dahin; meine stinkende Levi's schlackert um meine Knochen und scheint geradezu in der Luft zu stehen. Obwohl mir die Dorfbewohner schrecklich leid tun und ich normalerweise die erste bin, die anderen von ihrem Essen abgibt, werde ich meine Snickers auf gar keinen Fall mit den Leuten hier teilen. Der Hunger hat mich verändert, das gebe ich offen zu.

»Nein«, lacht Haschim. »Sie wollen Medizin. Für Babys. Kacka nicht gut. Böses Kacka.«

»Das heißt Durchfall, Haschim. Durch-fall.« Ich spreche das Wort langsam aus, damit er es sich merkt. »Ich habe keine Medizin für Kinderdurchfall. Ich habe Flagyl dabei, aber das ist für Erwachsene, das kann ich den Babys nicht geben. Zu stark. Ich weiß nicht, wie man das dosiert.« Haschim schaut mich an, als verstünde er nur die Hälfte von dem, was ich erzähle. Mein Gott. Ich gebe diesen Kindern doch keine Medizin, die sie möglicherweise umbringt. Aber die Frauen lassen nicht locker. Jetzt haben sie endlich eine Ärztin da, und sie werden sie nicht eher wieder gehen lassen, als bis sie ihren kranken Kindern eine Medizin gegen den Durchfall gegeben hat. Ich tue das einzige, was ich tun kann: Ich gebe jeder Frau zwei Tic-Tacs. Sie sollen sie in Wasser auflösen und den Kindern verabreichen. Und dann um ein Wunder beten.

Wir verlassen das Dorf einige Stunden vor Einbruch der Nacht und machen uns auf den Weg zur Höhle. Nach ungefähr einer Stunde Marsch im Schnee legen wir eine Pinkelpause ein. Wie immer warten die Männer, bis ich von einem Mudschahedin fortgeführt werde, und erleichtern sich erst dann am Straßenrand. Wenn es nach mir ginge, würde ich mit ihnen urinieren, als gehörten wir alle zusammen. Meinetwegen bin ich verrückt, aber ich habe keine Lust, zwanzig, dreißig Meter durch ein schneebedecktes Minenfeld zu stapfen, wann immer sich die Natur meldet. Das erscheint mir viel zu riskant und ziemlich dumm, außerdem komme ich mir dadurch vor, als wäre ich für die anderen ein Klotz am Bein. Doch ich kenne die Gesetze des Islam. Diese Männer regen sich schon auf, wenn ich nur vergesse, meinen Schoß mit einer Decke zu verhüllen, wenn ich im Schneidersitz in der Höhle sitze, als würde der Anblick der Jeans am Schritt, der kleinste Hinweis auf eine Vagina, sie bereits zu Krüppeln machen.

Während ich meinem Begleiter folge, achte ich wie immer darauf, genau in die Spuren zu treten, die er im Schnee hinterlassen hat. Wir haben es so vereinbart: Ich gehe zum allerletzten Fußabdruck, darauf dreht er sich um, läuft einige Schritte seiner Spur zurück und wartet mit mir zugewandtem Rücken, bis ich fertig bin. Aber an diesem Tag kommt keiner von uns so weit. Wie in Zeitlupe sehe ich, daß der Boden direkt unter dem Mudschahed explodiert; eine Schallwelle erschüttert meinen Körper. Die Wucht der Explosion wirft mich zu Boden, wo ich schreiend und wie gelähmt liegen bleibe. Ich blicke zu der Stelle hinüber, wo der Mudschahed liegt. Dunkles Blut versickert langsam im Schnee. Sein rechter Unterschenkel ist abgerissen. Als der Verletzte leise zu weinen beginnt, kann ich das Wasser nicht länger halten. Die warme Flüssigkeit strömt aus meinem Körper.

In der rechten Hand verspüre ich einen geringfügigen Schmerz. Ein Granatsplitter von der Größe und Form eines kleinen Plektrons hat sich in die dünne Haut zwischen Daumen und Zeigefinger gebohrt. Ich ziehe ihn heraus, und die Wunde beginnt zu bluten. Ich taste nach meinen Beinen, nur um sicherzugehen, daß sie heil sind. Ich setze mich im Schnee auf, zittere. Meine uringetränkte Jeans beginnt zu gefrieren und klebt an meinen Oberschenkeln fest, doch ich bin so glücklich, am Leben zu sein, daß ich das kaum wahrnehme. Ich stehe auf und gehe vorsichtig zu dem verletzten Soldaten hinüber. Das Knirschen des blutroten Schnees unter meinen Stiefeln wird von der klagenden Stimme des Mannes übertönt. *»Allahu akbar, Allahu akbar...«,* weint er und krümmt sich vor Schmerzen. Ich streiche ihm sanft übers Haar. Es tut mir so leid, sage ich immer und immer wieder zu ihm.

Die anderen Mudschahedin eilen ihm jetzt vorsichtig zu Hilfe, treten in die von ihm ausgetretene Spur, bilden einen Kreis um ihn, rufen sich etwas auf paschtu zu. Aber das Chaos ist geordnet. Ihr Verhalten hat etwas Mechanisches. Mir wird klar, daß diese Männer, die Soldaten Allahs, an so viel Blut, an so viel fehlendes Fleisch und Knochen gewöhnt sind. Ich mache ihnen Platz, damit sie besser arbeiten können.

Ich weiß, daß ich eigentlich auch arbeiten müßte. Fotos schießen. Aber ich fühle mich so schuldig, daß ich es nicht fertigbringe, es mir nicht einmal vorstellen kann. Einem Mann wird das Bein weggebombt, weil er mich zum Pinkeln bringt, und ich soll ihm das Objektiv vors Gesicht halten und abdrücken? Ganz bestimmt nicht. Vielleicht bin ich für diesen Job nicht geschaffen.

Die Männer bauen eine notdürftige Trage aus zwei Ästen und einem Stück Stoff. Dann kommt ebenjener Soldat mit einem Stoffetzen auf mich zu, der mir noch eine Woche zuvor den Streich gespielt hat. Er reißt ihn entzwei, bindet den einen Fetzen eng um meine verwundete Hand. Den anderen befeuchtet er mit Schnee und wischt mir vorsichtig die Asche aus dem Gesicht. »Schmutzig«, sagt er wieder. Diesmal lacht er nicht.

Die Männer wechseln sich mit dem Tragen des Verletzten ab; zu viert schleppen sie ihn durch das enge, verschneite Tal zurück zur Höhle. Wir brauchen etwas mehr als eine Stunde für den Weg, und die Schreie des Mannes gehen zuerst in Wimmern über, dann gibt er keinen Laut mehr von sich. Er lebt noch, hat jedoch einen Schock, und Haschim sagt mir, sie würden ihn mit einem Esel zum nächsten medizinischen Vorposten transportieren.

»Ein Esel?« frage ich. Plötzlich habe ich das Gefühl, mir ebenfalls einen Esel suchen zu müssen. Ich muß einen Esel haben. Ein Esel! Ein Esel, denke ich, meine Kameras für einen Esel! Schluß mit diesem Krieg, ich will nach Hause. Ich sitze jetzt seit fast einem Monat in den Bergen fest, habe eine Menge mittelmäßiger Bilder von nichts gemacht, nicht ein einziges Mal geduscht und bin mittlerweile mit Urin, Menstruationsblut und etlichen Schichten von Schweiß und Dreck bedeckt. Meine Snickers sind fast alle, ich habe bestimmt an die zehn Kilo abgenommen, die Durchfallschübe werden immer schlimmer, und Haschim antwortet nur sehr ausweichend auf die Frage, wann seine Truppe nach Peshawar zurückkehren wolle.

Sofort nach unserer Ankunft – ja, auf einem Esel – in einer notdürftigen medizinischen Station in Paghmon, einer Provinz im östlichen Afghanistan, amputiert ein holländisches Ärztepaar von Médecins Sans Frontières dem Mudschahed genau über dem Knie das Bein und rettet ihm dadurch das Leben. Ich warte draußen mit den übrigen Mudschahedin, und als die Ärzte herauskommen, um uns zu beruhigen, werfen sie einen Blick auf mich und fangen an zu lachen. »Mein Gott, was machen Sie denn hier ganz allein?« fragt der Mann.

»Das ist eine lange Geschichte«, antworte ich und belasse es dabei. Die Ärzte säubern und verbinden mir die Hand und geben mir ein Mittel gegen die Amöben. Und dann erzählen diese beiden Engel, sie würden in ein paar Stunden mit dem Lkw nach Peshawar aufbrechen, ob ich nicht mitkommen wolle? »Ja«, antworte ich. »O ja.«

Drei Tage sind vergangen, und ich habe eine weite Reise hinter mir. Die Ärzte setzen mich bei Robert ab; wir sind mit ihrem Auto gekommen, das sie an der Grenze abgestellt hatten. Als ich eintrete, sitzt Steve im Wohnzimmer und plaudert bei einem Bier mit einem Mann, der unheimliche Ähnlichkeit mit dem konservativen Satiriker P. J. O'Rourke hat. »Hi, Deborah!« ruft Steve. »Herzlich willkommen. Kennst du P. J. O'Rourke?« Er stellt uns einander vor, doch ich halte Abstand, damit die beiden nicht von meinem Duft überwältigt werden. Wir tauschen Freundlichkeiten aus, aber es kommt mir alles völlig surreal vor, wie eine Halluzination. »Was ist denn mit deiner Hand passiert?« fragt Steve mit Blick auf den Verband.

»Ach, nichts«, erwidere ich, »nur ein Schnitt.« Ich fühle mich nicht stark genug, diese Geschichte jetzt zu erzählen – *Das war so, ein Mann ist mitgegangen, weil ich mich erleichtern mußte, und dem wurde das Bein weggebombt* ... Ich kann mir nicht vorstellen, daß ich das jemals werde erzählen können. Kurz davor durchzudrehen, wende ich mich P. J. zu und frage: »Und, worüber wollen Sie hier schreiben?«

»Weiß noch nicht. Vielleicht über den Verkehr«, antwortet er mit einem schelmischen Lächeln.

»Oh«, sage ich. »Den Verkehr. Wie nett.« Plötzlich werde

ich von einem Gefühl überwältigt, das ich sonst immer auf LSD-Trips bekam, wenn ich versuchte, mich mit nüchternen Menschen zu unterhalten. Ich merke, daß ich verschwinden muß. Ich entschuldige mich und gehe duschen.

Oben in meinem Zimmer liegt ein Zettel mit einer Nachricht in Roberts Handschrift auf dem Bett. Ich hebe sie auf und lese sie. *Pascal anrufen*, steht darauf. *Er ist wieder da. Pearl Continental Hotel, Zimmer 509. Und Deb, vergiß nicht, er ist der Teufel!*

Ich renne nach unten und wähle seine Nummer. Pascal meldet sich. »O Deborah, mein Schatz. Wie geht's dir? Wie war deine Reise?«

Klasse, Liebling, und deine? Hab ich schon erwähnt, daß in diesen eisigen Bergen kein Tag vergangen ist, an dem ich mich nicht dafür verflucht habe, dir jemals vertraut zu haben? »Da hast du mir ja schön was vorgespielt«, sage ich und übergehe seine Frage. »Abdul Haq hat nie gesagt, daß ich mitkommen kann, oder? Ich sollte von Anfang an nicht mit dabeisein, stimmt's?« Mein Blick fällt auf mein Spiegelbild. Die Wangenknochen treten deutlich hervor.

Pascal macht lahme Ausflüchte, er sei sicher, sechs Uhr gesagt zu haben und nicht neun, vielleicht hätte ich ihn nur falsch verstanden oder die Zahlen durcheinandergebracht. »*Fuck you*«, sage ich. Mehr bringe ich im Moment nicht heraus. Aber als ich anstandshalber nicht gleich auflege, beginnt Pascal, mich über meine Reise auszufragen.

»Ich hab gehört, daß du es geschafft hast. Daß die Schiiten dich mitgenommen haben. Wo warst du? Was hast du fotografiert? Hast du Kämpfe gesehen? Tote? Erzähl mal, was hast du gesehen?«

»Was? Hast du Angst, daß ich besseres Material hab als du?« frage ich, überzeugt, daß er mich aus ebendiesem Grund verhört. »Reg dich ab. Einen Scheiß hab ich gesehen.« Ich erzähle ihm vom nächtlichen Mörserfeuer, von unseren endlosen Patrouillen, von dem zerstörten Dorf, das ich nicht fotografieren durfte. Ich berichte ihm von den Granaten mit Raketenantrieb, mit denen die Mudschahedin eine unbewohnte Hügellandschaft bombardierten, erzähle, daß ich nur ein paar Bilder von dem Spektakel aufnahm, um ihnen eine Freude zu machen, aber dann vorgeben mußte, einen ganzen Film zu verschießen, sonst hätten sie überhaupt nicht mehr aufgehört. Ich erzähle ihm von meinem Eselsritt, von den Ärzten, die mich mit zurück nahmen.

Von der Explosion der Mine und dem verkrüppelten Soldaten sage ich kein Wort. Ich will Pascal keinen Grund geben, mich eine schlechte Fotografin zu schimpfen, will ihm keine nachträgliche Rechtfertigung dafür liefern, mich nicht mitgenommen zu haben. Ich schäme mich der Art meiner Verletzung und dafür, daß ich nicht den Mut hatte, im richtigen Moment auf den Auslöser zu drücken. Meine Scham ist so groß, daß ich, als *Photomagazine* darum bittet, zu den Fotos mein afghanisches Tagebuch abdrucken zu dürfen, zwei Einträge umschreibe. In der neuen Version stammt der Granatsplitter in meiner Hand von der ersten Explosion, bei der die Mudschahedin über mein rußverschmiertes Gesicht lachten.

»Und du?« frage ich. »Was Gutes gefunden?«

»O Deborah, ich habe den Krieg gesehen. Den wahren Krieg!« Diese Worte werden mir von da immer in den Ohren klingen, wenn ich an Pascal denke. *»J'ai vu la guerre, la vrai guerre!«*

Seine Stimme wird immer lauter. Es macht ihm richtig Spaß. Er erzählt mir, er sei in Dschalalabad gewesen. Dort habe es ein heftiges Feuergefecht gegeben, als die sowjetischen Truppen ihre Stellung aufgaben. Es sei furchtbar gewesen. *Furcht*bar. Er habe phantastische Bilder gemacht. Unglaubliche Bilder. Die Bilder seien so gut, daß er den Film sofort zum Flughafen von Islamabad gebracht habe, damit ihn noch am selben Tag ein Passagier nach Paris mitnahm. Der *Stern* wolle ihm zehn Doppelseiten geben. *Paris Match* habe sechs für ihn reserviert. Er habe ordentlich verdient, sagt er, ob ich nicht Lust hätte, im American Club mit einer Flasche Veuve Cliquot mit ihm zu feiern?

Nein, vielen Dank. Da gieße ich mir lieber Säure in die Augen. »Lieb, daß du fragst«, erwidere ich, »aber heute abend geht es wirklich nicht.« Ich erzähle ihm, ich sei gerade zurückgekommen, sei unglaublich müde, und frage, ob wir nicht morgen zusammen zu Mittag essen könnten. In Wirklichkeit habe ich nicht die geringste Absicht, Pascal jemals wiederzusehen.

»C'est dommage«, erwidert er. »Wie schade. Ich fliege morgen früh mit dem ersten Flugzeug von Karachi ab ...« *Und da wolltest du noch schnell eine letzte Nummer schieben, bevor du nach Hause düst? Das tut mir aber wirklich leid, Cowboy ...* »... dann sehen wir uns wohl erst in Paris wieder.«

Nur über meine Leiche. »Ja, klar, bis dann«, antworte ich. Ich habe Angst, daß ich ihn auf Medienveranstaltungen, Fotoausstellungen oder Dinnerpartys wiedertreffen werde. Aber meine Sorgen sind unbegründet. Weniger als ein Jahr nach unserer Reise wird Pascal den Bildjournalismus an den Nagel hängen, Élodie heiraten und eine Familie gründen. Unsere Wege werden sich nie wieder kreuzen.

Ich lege auf und suche Seife und Shampoo, dann fällt mir ein, daß ich den Rucksack vor dem Wohnzimmer in der Eingangshalle habe stehenlassen. Ich winke P. J. und Steve noch einmal zu, aber als ich an der Küche vorbeigehe, sehe ich dort Martin sitzen, einen britischen Journalisten, der ebenfalls mit Abdul Haqs Leuten nach Afghanistan gefahren ist. Er hockt an unserem großen Gemeinschaftstisch, dem Schauplatz manch lebhafter Diskussion, trinkt ein Bier und liest, die Beine auf einen Stuhl gelegt, in einem *Time*-Heft, das schon einen Monat alt ist. Er wirft einen kurzen Blick auf mich, hält sich die Nase zu und kichert. »Bist wohl gerade zurückgekommen, was?« fragt er und rülpst. »Wir sind schon seit ein paar Tagen wieder da.«

»Ich weiß«, sage ich. »Ich hab gerade mit Pascal telefoniert. Hab gehört, ihr habt ein paar ziemlich unappetitliche Sachen gesehen.« Er sieht mich an, als wisse er nicht, wovon ich spreche, deshalb fahre ich fort: »Du weiß schon, Dschalalabad.

Die Feuergefechte, die heftigen Kämpfe ... Pascal meinte, es sei ganz schön schlimm gewesen.«

»Dieser Spinner!« Martin lacht. »Der ist wirklich unbelehrbar. Wir haben nichts gesehen, Baby, *nada*.« Er erzählt mir, der Mangel an Ereignissen habe Pascal so frustriert, daß er die Mudschahedin angestiftet habe, einige Raketen abzufeuern, damit er ein paar Bilder schießen konnte. Einer der Soldaten legte sich ihm zuliebe auf den Boden und hielt sich die Ohren zu, als so ein Ding explodierte. »Sieht wirklich klasse aus, ist eben nur nicht der verfluchte wahre Krieg, wenn du weißt, was ich meine. Ich konnte noch nicht mal einen ordentlichen Artikel schreiben.«

Ja, klar. Plötzlich ergibt alles einen Sinn. Pascal hat Élodie angelogen. Und mich auch, wiederholt. Wahrscheinlich log er auch, was die Bomben in Beirut anging. *Mon Dieu*, sagte er immer lachend, die Bomben hättest du sehen sollen. Und jetzt belügt er mit seinen Aufnahmen aus Afghanistan, die als wunderschöne doppelseitige Hochglanzfotos in Zeitschriften an jedem Kiosk in jeder Stadt zu haben sind, die ganze Welt.

Ich finde die Seife und das Shampoo, gehe ins Bad und streife eine Schicht stinkender, schmutziger Kleidung nach der anderen ab. Später werde ich sie auf einen Haufen werfen und verbrennen, aber im Moment stehe ich unter der heißen Dusche, seife mich immer und immer wieder ein, schrubbe Blut, Urin, Schlamm, Ruß, die Schande, den Schmutz und den Krieg von meinem Körper. Das stehende Wasser zu meinen Füßen ist schwarz. Ich lasse es ablaufen und fange noch einmal von vorne an.

Pierre

Der Fotograf läuft auf und ab, schüttelt den Kopf, blickt auf zu dem ausgebombten Haus und dann wieder auf seine Kameras. Er hält inne, verschränkt die Arme vor der Brust und tritt mit der Stahlkappe seiner Stiefel zweimal gegen den Bürgersteig. Dann fährt er sich mit den Fingern durchs kinnlange schwarze Haar und lacht. *»C'est de la merde!«* – »So eine Scheiße«, flucht er vor sich hin. Kurze Zeit später seufzt er, fischt einen Film aus seiner schwarzen Lederjacke, einer von diesen Motorradjacken mit Unmengen schräger Reißverschlüsse, Geheimtaschen und spitzem Revers, und macht trotzdem ein paar Aufnahmen.

Auch ich bin vor diesem Haus in dieser malerischen holländischen Straße auf und ab gelaufen, habe hier und dort planlos ein paar Bilder geschossen, finde die Sache mittlerweile aber nicht mehr komisch. Als ich hier vor einer halben Stunde, keuchend und nach Luft schnappend, ankam, weil ich praktisch den ganzen Weg vom Arnheimer Bahnhof gerannt war, hoffte ich, das zu sehen, was am Morgen über den Ticker hereingekommen war: militante Bürger, die eine drogenfreie Nachbarschaft fordern, die schwelenden Überreste einer Heroinhöhle, die sie mit Dynamit in die Luft gejagt haben, Menschenmassen mit Anti-Drogen-Plakaten, orientierungslos herumlaufende Fixer auf Entzug, Polizisten, die sich um Wiederherstellung der Ordnung bemühen. Die unvorhersehbaren Momente eines reinen Chaos, auf die jeder Fotograf hofft.

Statt dessen erblicke ich das, was meinen verwegen aussehenden Kollegen jetzt zum Lachen bringt: ein leicht angesengtes Reihenhaus mit vernagelten Fenstern. Ein ziemlich kleines, jämmerlich wirkendes, handgeschriebenes Schild zwischen zwei Laternenmasten, auf dem steht: *KLARENDAL DRUGS VRIJ!* Eine ruhige Wohngegend mit bescheidenen Häuschen, bis auf uns Presseleute vollkommen ausgestorben. Zwei Fernsehteams machen Standaufnahmen, einige Journalisten befragen ein Kind auf einem Fahrrad und schreiben halbherzig mit, und ich stehe dumm herum, trete meine Zigarette aus, sehe zu, wie die Kollegen vom Fernsehen und von den Printmedien aus dem Nichts Storys zaubern, und zerbreche mir den Kopf, wie ich meine Auslagen wieder hereinbekommen soll, wenn ich ohne dazugehörige Geschichte ein vernageltes Haus in Holland fotografiere, einem Land, das sowieso niemanden interessiert.

Ich gehe zu dem Fotografen hinüber. »*Tu as raison*« – »Du hast recht«, sage ich. »*C'est vraiment de la merde.*«

Er beäugt mich von oben bis unten. Sein Blick wandert von meiner Kamera hoch zum Gesicht, verweilt auf beidem gleich lang. Ich mustere ihn ebenfalls und stelle fest: eine Nikon F2 (gute Substanz) mit einem 20-mm-Objektiv (unglaubliche Bildtiefe und -weite, wirkt jedoch verzerrend), breite Schultern (gute Substanz), einen Motorantrieb an der F2 (geräuschvoll und überflüssig), lachende Augen (braun), eine Nikon FM2 (annehmbar) mit einem 180-mm-Objektiv (nettes Teil, lang, aber leicht zu bedienen), schwarze Jeans (sitzen gut). Außerdem hat er eine Leica (komisch, ich hätte ihn nicht zu den seriösen Typen gezählt), eine schwarze Kameratasche von Domke (praktisch, gut gepolstert) und volle Lippen (rot, ebenfalls gut gepolstert).

»Pierre«, stellt er sich mit starkem Pariser Akzent vor und schüttelt mir die Hand. Er hat sympathische, tiefe Grübchen, die, wie sein jungenhaftes Grinsen, so gar nicht zum Rest seiner Aufmachung passen wollen.

Ich nenne ebenfalls meinen Namen und sehe an Pierres

Gesicht, daß mein Name ihm etwas sagt. Seit meinem Ausflug nach Afghanistan ist fast ein Jahr vergangen, ein Jahr, in dem ich eingeladen wurde, meine Bilder auf einem Fotojournalismus-Festival auszustellen. Ein Jahr mit Dutzenden von Aufträgen für Zeitungen und Zeitschriften, ausgedehnten feuchtfröhlichen Mittagessen mit freundlichen Bildredakteuren, die bereit waren, einem Grünschnabel eine Chance zu geben. Ein Jahr, in dem in zwei Hochglanzmagazinen, die von allen französischen Fotografen gelesen werden, *Photomagazine* und *PHOTO*, schmeichelhafte Berichte über mich mit Bildern von mir erschienen. Ein Jahr, in dem ich dreiundzwanzig wurde und plötzlich merkte, daß sich die harte Arbeit langsam bezahlt machte, wenn auch nicht unbedingt in wirtschaftlicher, so doch zumindest in psychologischer Hinsicht. Ich war kein Sebastiao Salgado oder Joseph Koudelka – davon war ich weit entfernt –, aber in der überschaubaren, inzestuösen Welt des Bildjournalismus löste mein Name immerhin ein kleines »Ah!« aus. Und, ja, das fühlte sich toll an.

»Von Gamma?« fragt Pierre.

»Ja«, bestätige ich und bemühe mich, ganz gelassen zu tun. »Von Gamma.«

Obwohl ich Gamma hatte sitzenlassen, als ich in Afghanistan zu Contact überlief, boten sie mir bei meiner Rückkehr nach Paris eine Stelle als feste Mitarbeiterin an. Sie versprachen, die Hälfte meiner Kosten zu tragen, meine Filme zu entwickeln, auszuwählen, zu archivieren, zu vermarkten und zu verkaufen, mir einen Vorschuß auf zukünftige Verkäufe zu zahlen und mir so viele angemessene Aufträge zu vermitteln, wie sie für gut hielten. Als Gegenleistung mußte ich an der *permanence* teilnehmen, dem Wochenenddienst (was manchmal auch bedeutete, Paparazzi-Aufnahmen zu machen – was ich nicht ausstehen konnte), durfte meine Bilder nur über Gamma verkaufen, selbst wenn ich einmal durch eigene Kontakte einen Auftrag bekam, und mußte mich bereithalten, mich innerhalb einer zumutbaren Frist per Flugzeug, Zug, Auto, Bus, Schiff, Motorrad oder Roller dorthin aufzumachen, wohin die Agentur mich schickte.

Als Henri – mit Spitznamen *l'ours,* »der Bär« – mein neuer Chef bei Gamma wurde, verfügte er als erstes, daß meine Tätigkeit sich ab sofort nicht mehr auf Kriege und spektakuläre Ereignisse beschränkte, um die sich die meisten Fotografen von Gamma reißen, sondern sich auch auf den Bereich Drogenabhängige und Obdachlose erstreckte – den wollte nämlich niemand übernehmen. Es war Henri, der mich an diesem Morgen auf seine unnachahmliche, bärenhafte Art zur Tür hinausschob und mir sagte, ich solle mir eine Bahnfahrkarte nach Holland besorgen, in Arnheim nach Junkies, der Bürgerwehr und der gesprengten Drogenhöhle suchen, aber *vite vite vite,* obwohl ich protestierte, die Sache komme mir zweifelhaft und ziemlich albern vor und würde bestimmt schon gelaufen sein, wenn ich dort ankäme.

Pierres Grinsen wird breiter. »Hab schon 'ne Menge über dich gehört«, sagt er. »Die verrückte kleine Amerikanerin. Die in Perpignan ausgestellt hat. Und deine Bilder sieht man echt überall – den Heroinpark in der Schweiz, das afghanische Kriegstagebuch im *Photomagazine.* Du machst hauptsächlich Krieg und Drogen, oder?«

»Stimmt, ja«, erwidere ich. Meine kleine Nische. Ach, bitte, kraul mir doch noch etwas länger den Bauch.

»Cool«, sagt er auf englisch mit französischem Akzent. Die Franzosen, besonders die Coolen in den Perfecto-Jacken, lieben dieses Wort. Pierre blickt auf die Leica vor meiner Brust, ein Geschenk meiner Eltern zum Studienabschluß, und nimmt sie zärtlich in die Hand. »Eine M6. Cool.«

»Die coolste«, verbessere ich ihn.

Er holt einen länglichen Papierumschlag aus seiner Kameratasche, auf dem in riesigen Buchstaben SIPA steht, schiebt seine Filmrolle hinein und befeuchtet die Gummierung errötend mit einem spielerischen Zungenschlag.

»Sipa, hm?« frage ich.

»Ja, da bin ich jetzt seit einer Weile.« Er schiebt den Umschlag zurück in die Kameratasche wie etwas Lästiges, um das er sich später kümmern wird. »Und?« fragt Pierre. »Hast du Lust, mit in einen Coffeeshop zu gehen und ein bißchen Hasch zu rauchen?«

Ich grinse. »Klar«, antworte ich. »Gerne.«

Fotografen schnüffeln einander immer aus. Normalerweise sind es jedoch alles Männer, so daß niemand so etwas wie volle Lippen bemerkt. Doch die Ausstattung des Gegenübers – von der Kameraausrüstung über die Kleidung bis hin zu solch unwichtigen Details wie Briefumschlägen zum Verschicken der Negative – registrieren die meisten genau, wie erfahrene Anthropologen, denn sie gibt ihnen Auskunft über den Rang des anderen in der beruflich-sozialen Hackordnung.

Ich begann meine Laufbahn Ende der achtziger Jahre, als die Tage der manuell einzustellenden Kamera gezählt waren. Bevor 1991 die Canon EOS auf den Markt kam, gab es keine Autofokuskamera, die sich tatsächlich selbst scharf stellte. Außerdem war Autofokus etwas für Schlappschwänze. Eine Nikon F2, F3 oder FM2 zu besitzen signalisierte zweierlei: daß man mit mechanischen Fotoapparaten umzugehen verstand und daß man ein ernsthafter Bildjournalist war. Noch cooler war eine schwarze Nikon mit ein paar wohlplazierten Kratzern und Macken. Das sagte den anderen: Ich bin hart im Nehmen, und wenn diese zerkratzte Kamera sprechen könnte, ach, was könnte sie euch für Geschichten erzählen! Besitzer einer Olympus oder eine Minolta hingegen waren durch die Bank zweitklassige Fotografen – Mitarbeiter von Lokalzeitungen, Anfänger, möglicherweise sogar Amateure.

Verfügte die Kamera über einen Motor, konnte das Verschiedenes bedeuten: 1) Der Besitzer war ständig auf Pressekonferenzen; 2) er machte nebenbei Sport- oder Modestrecken; 3) ihm gefiel das authentisch klingende Geräusch des Motors; oder 4) er war nicht selbstsicher genug, ihn zu Hause zu lassen. Für mich war das kein Thema. So ein Motor ist sehr schwer. Ich habe nie einen besessen, weil meine Ausrüstung so leicht wie möglich sein muß, damit ich mir nicht das Kreuz breche.

Doch besaß ich eine Leica. Es war eine M6, die mit dem eingebauten Lichtmesser. Wenn man eine Leica aus der M-Serie besaß, spielte man sofort in einer ganz anderen Liga. Die Leica war der Porsche unter den Kameras; sie war klein, leicht, von erstklassiger Qualität, von der Mechanik her perfekt und sehr, sehr teuer. Sie galt als *die* Kamera für den »engagierten« Fotografen – so bezeichnete man einen Profi, der sich ernsthaft für seine Motive interessierte und der mehrere Jahre brauchte, um eine Story über ein bestimmtes Thema wie zum Beispiel Gefängnisse, Ausbeutungsbetriebe oder alles, was entfernt mit Äthiopien zu tun hatte, fertigzustellen. Mit einer lässig über der Schulter getragenen Leica – immer mit dem Objektiv zum Körper, damit es geschützt ist, daran erkennt man den Profi – galt man als engagierter Fotograf, egal, ob man schon mal äthiopische Luft gerochen hatte oder nicht.

In der Leica war normalerweise ein hochempfindlicher Schwarzweißfilm, ein Tri-X 400 ASA. Der war für die hochwichtige »eigene Arbeit« reserviert. Gegen Ende des Vietnamkrieges war der Farbfilm in der Welt der Magazinfotografie unerläßlich geworden. Zwar nahm *Life* noch schwarzweiße Bildgeschichten an und wird es auch weiterhin tun, aber ansonsten mußte man eigentlich ausnahmslos in Farbe schießen, wenn man seine Bilder in *Time* oder *Newsweek* oder einem anderen weltweiten Nachrichtenmagazin veröffentlichen wollte. Aber Farbfotos waren nicht sehr subtil. Um ihren inneren Cartier-Bresson auszuleben, gewöhnten sich die Künstler unter den Bildreportern daher an, immer und überall mindestens eine Kamera (vorzugsweise eine Leica) mit einem Schwarzweißfilm dabeizuhaben. Auf diese Weise konnten sie ihre elitären, nicht kommerziellen Bilder machen, während sie für ihre vulgären Farbfotos von den Magazinen bezahlt wurden. Einige der sehr von sich überzeugten Fotografen arbeiteten ausschließlich in Schwarzweiß, aber denen machte ein Leben in Armut entweder keine Angst, oder sie kamen wie Cartier-Bresson aus einem reichen Elternhaus.

Wichtig war auch, was für Schuhe und Jacken jemand trug, daran erkannte man, woher er kam. Die meisten in Paris ansässigen Fotografen trugen Lederschuhe einer französischen Marke namens Paraboots, die robust waren und trotzdem schick aussahen. Ich selbst kaufte mir ein stabiles Paar in Schwarz, und ich liebte die Treter, obwohl sie an mir einfach nur schwer und klobig wirkten. An Oberbekleidung galt alles als akzeptabel, was braun oder schwarz war und große Taschen hatte. Die englischen Fotografen trugen Schuhe und Jacken, an denen sich, ganz nach britischer Art, ablesen ließ, aus welcher Schicht sie stammten: Die Jungs aus der Arbeiterklasse neigten zu Doc Martens oder Clarks, während ihre in Oxford oder Cambridge ausgebildeten Kollegen die teureren, aus Amerika importierten Timberlands favorisierten und für weniger mühsames Terrain wie 10 Downing Street ein abgelaufenes Paar von Church's. Die Jungs mit den Doc Martens konnten irgendeine coole Jacke tragen, aber für die Herren aus Oxbridge kam nur eine einzige Jacke in Frage: eine grüne Barbour, wie man sie daheim in England zusammen mit grünen Gummistiefeln während der Entenjagdsaison trug. Die Amerikaner – und die Japaner, die die Amerikaner immer in allem kopieren – mochten ausschließlich Jacken und/oder Westen von Banana Republic, wozu sie entweder Timberlands oder Turnschuhe trugen (wegen der letzteren wurden sie von den Franzosen gnadenlos gehänselt). Die Deutschen hatten häßliche Jacken mit komischen Aufdrucken sowie kastenförmige, zweckdienliche Schuhe von Firmen wie Birkenstock, und wenn die Sowjets überhaupt aus ihrem Land herauskamen, trugen sie Windjacken aus Nylon und gräßliche Straßenschuhe aus Kunstleder aus der zentralen sowjetischen Schuhfabrik.

Die Hosen eines Fotografen sagten hingegen nichts über ihn aus. Alle Fotografen trugen Levi's, ausnahmslos.

Aber die wichtigsten anthropologischen Attribute waren

die Filmtüten, die man in der hinteren Tasche der Domke-Bag verstaute. Diese braunen Umschläge waren ziemlich stabil, lang und schmal – ungefähr 25 cm lang und 10 cm breit –, und die Lasche saß an der kürzeren Seite. Die Profis mit den zerkratzten Nikons hatten meistens Filmtaschen, auf denen in fetten schwarzen Lettern der Name einer der drei großen Agenturen stand (Gamma, Sipa oder Sygma), oder sie hatten die begehrten mit den roten Buchstaben von *Time, Life* oder *Newsweek*. Über solche Tüten verfügten nur Fotografen mit Auftrag und, was wichtiger war, mit Spesenkonto. Sie hatten die ungeschriebene Pflicht, ihren weniger glücklichen Kollegen, die auf eigene Kosten unterwegs waren, großzügig ein paar Runden auszugeben. Doch die Mutter aller Filmtaschen war die mit dem Aufdruck der Bildagentur Magnum. Eine Tüte von Magnum in der Kameratasche – das war unter Bildreportern praktisch das Gegenstück zu den Epauletten eines Feldmarschalls. Dabei machte es nichts, daß die finanzielle Situation dieser Genossenschaft verheerend war – die meisten »engagierten« Fotografen sind sowieso zu beschäftigt, als daß sie sich ums Geldverdienen kümmern könnten – und daß jeder Fotograf, der zu Magnum stieß, sich bald als einen modernen Spinoza mit Kamera um den Hals betrachtete. (»Ich bin kein Journalist«, sagte mal einer von ihnen zu mir, wobei er das Wort »Journalist« genauso angeekelt aussprach wie andere Leute »Stuhlgang«. »Ich bin ein visueller Philosoph.«) Magnum war der Heilige Gral.

Magnum wurde 1947 von vier Fotografen gegründet: Robert Capa, George Roger, David Seymour (genannt »Chim«) und Henri Cartier-Bresson. Sie war die erste und lange Zeit die einzige Genossenschaft und setzte auf dem Markt des Bildjournalismus etwas bis dahin nie Dagewesenes durch: Die Fotografen erhielten das alleinige Copyright für ihre Aufnahmen. Zuvor lag das Copyright entweder bei den Zeitschriften oder bei der Agentur selbst; wenn ein Bild mehr als einmal abgedruckt wurde, sah der Fotograf keinen Penny von den Erlösen. Bald entstanden weitere Agenturen nach dem Magnumschen Modell, aber bei keiner von ihnen mußte man ein dermaßen einschüchterndes Initiationsritual durchlaufen. Man kann Magnum nicht einfach beitreten, indem man sich mit einem der Redakteure trifft und ihm seine Fotomappe zeigt. Wie ein Anwärter auf die Mitgliedschaft in einem Geheimbund muß ein Fotograf von einem Magnum-Mitglied vorgeschlagen werden, um überhaupt für die Auswahl in Frage zu kommen. Daraufhin wird die Arbeit des Aspiranten bei mehreren Treffen unter die Lupe genommen, die Mitglieder geben ihr Votum ab, und selbst den glücklichen Auserwählten wird dann der Titel »Mitglied« erst nach Jahren der lockeren Assoziation verliehen.

Der Magnum-Fotograf Gilles Peress lehrte als Gastprofessor in Harvard, als ich gerade mit dem Studium begann. Ich gehörte nicht zu seinen Studenten, besuchte jedoch eine seiner Vorlesungen und war auf der Stelle hingerissen von der Intensität seines Vortrags und seiner direkten Art zu fotografieren. Gilles ist ein Schwarzweiß-Purist, seine Bilder sind kleine zweidimensionale Gefängnisse; haben sie einen einmal gefangengenommen, gibt es kein Entrinnen. Auf seinen Bildern von der iranischen Revolution – meine absoluten Favoriten – tauchen unten am Bildrand Gesichter auf, Arme ragen aus dem Bild heraus und Hände ins Bild hinein, und Augen starren einen mit der Intensität von Bomben an, die gleich explodieren. »Ein guter Fotograf hat keine Angst vorm Tod«, sagte er zu den versammelten Studenten. »Er sucht ihn, er kommt ihm so nah, daß er ihn riechen kann. Sonst sind seine Bilder Scheiße.« Ich weiß noch, daß ich mir in Großbuchstaben notierte: »TOD SUCHEN / SONST SCHEISSE« und den Satz unterstrich.

Obwohl ich zu dem Zeitpunkt nur Schnappschüsse mit meiner Instamatic machte, hatte ich gute Fotos schon immer zu schätzen gewußt. Als ich klein war, lag im Wartezimmer meiner Klavierlehrerin ein Buch mit alten Aufnahmen aus *Life*, in das ich mich jeden Montag nach der Schule vertiefte, wenn ich auf das Ende der Klavierstunde meiner Schwester wartete. Dort saß ich, gepeinigt vom schlechten Gewissen, weil ich meine Tonleitern oder *Für Elise* nicht geübt hatte, und sah mir die Contergankinder an, Ribouds Blumenkind oder die hungernden Kinder in Afrika mit den aufgeblähten Bäuchen. Dann ging's mir wieder besser. Ich haßte die Klavierstunden, aber das Buch liebte ich.

Mein Lieblingsbild, das ich immer als erstes aufschlug, war das Napalmbombenbild von Pulitzerpreisträger Nick Ut mit dem vor Schmerzen schreienden nackten vietnamesischen Mädchen, das auf einer Straße auf die Kamera zuläuft. Dieses Bild konnte ich stundenlang betrachten: Mein Blick bewegte sich von der Mitte – dem nackten Mädchen mit den kraftlos zu beiden Seiten ausgestreckten Armen – zu dem bekleideten, weinenden Jungen im Vordergrund, dann zu den anderen Kindern neben dem Mädchen, zu den Soldaten, die lässig hinter ihnen herschlenderten (als sei diese Feuersbrunst vollkommen alltäglich), zu der unheilvollen Rauchwolke hinter ihnen allen und dann wieder zurück zu dem nackten weinenden Mädchen. Ich staunte über die absolute Perfektion des Bildes. Ich weiß noch, daß ich damals dachte, die meisten Fotografen würden wahrscheinlich ihr ganzes Leben lang arbeiten und dennoch niemals so ein Bild zustande bringen – ein Bild, das mehr sagte als tausend Worte.

Ein weiser Gedanke, der mich nicht davon abhielt, es dennoch zu versuchen.

Als ich nach Harvard kam und selbst anfing zu fotografieren, war ich unersättlich. Ich verknipste täglich mindestens acht, manchmal fünfzehn Filme. Ich ging in die Bibliothek und in Buchhandlungen und brütete stundenlang über den Fotografiebüchern. Ich prägte mir jedes Bild aus Robert Franks *Die Amerikaner* ein und war beeindruckt, wie klar sie die Stimmung meines damaligen Lieblingsbuchs, *Unterwegs* von Jack Kerouac, wiedergaben. Ich verschlang Walter Benjamins *Das Kunstwerk im Zeitalter seiner technischen Reproduzierbarkeit*, Roland Barthes' *Die helle Kammer*, Cartier-Bressons *Der entscheidende Augenblick*, Susan Sontags Buch

Über Fotografie, alte Ausgaben des Magazins *Aperture*, alles von Vicki Goldberg und alles, was ich finden konnte, über Leben und Werk von Diane Arbus. »Fordert euch selbst heraus«, predigte mein Professor Christopher James seinen Studenten. »Macht Fotos, die euch an eure Grenzen bringen, die eure Sichtweise auf die Welt und die Sichtweise der Welt auf euch in Frage stellen.« Da wir in Harvard waren, also in einem Raum voller exzentrischer Streber mit Kameras saßen, interpretierte die Hälfte der Klasse Christophers Ratschlag als Aufruf, ein Aktfoto von sich selbst zu schießen. Ich benutzte ihn als Entschuldigung dafür, Stripperinnen zu fotografieren.

Ich konnte es nicht fassen, wie einfach es war. Ich konnte es nicht fassen, daß ich mir nur eine Kamera um den Hals hängen mußte, um alle Abartigkeiten zu sehen, die ich sehen wollte. Wie Diane Arbus hatte ich mich schon immer durch den schmutzigen Unterleib des Lebens kämpfen wollen, hatte Striplokale, Sexclubs, Heroinhöhlen sehen wollen, Orte, an denen das Leben so pur und so extrem wie nur möglich war, doch bevor ich Fotografie studierte, hatte ich mir nie vorstellen können, wie ich das schaffen sollte, ohne selbst Stripperin, pervers oder drogenabhängig zu werden. Und dann spazierte ich mit der alten Nikkormat meines Dads um den Hals in die Pussycat Lounge, sagte: »Ich bin Fotografin«, und schon standen mir alle Türen offen.

Na ja, gut, nicht ganz. Zuerst mußte ich mir den Inhaber von Pussycat vom Leib halten, der mit mir ins Bett wollte und dann meinte: »Mit deinem knackigen kleinen Arsch solltest du mit den anderen Mädchen auf der Bühne stehen.« Höflich lehnte ich beide Angebote ab und schlug ihm ein Geschäft vor: Ich würde ihm und seinen Mädels jede Woche ein paar größere Abzüge schenken, wenn er seine Pfoten von mir ließe und ich in Ruhe fotografieren könne. »Meinetwegen«, sagte er, »aber ich bin nicht der einzige, den du überzeugen mußt.«

Da lag er richtig. Die Stripperinnen selbst – und wer wollte es ihnen verübeln? – waren mehr als mißtrauisch. An meinem ersten Tag nahmen sie mich ordentlich in die Mangel. Zuerst mußte ich mit ihnen einen Joint rauchen. Dann reichten sie mir einen aufgerollten Hundertdollarschein und einen Spiegel mit drei Linien Koks und zwangen mich, alle drei an Ort und Stelle schnell nacheinander zu sniefen. Ich konsumierte beide Drogen hin und wieder, so daß mich die Wirkung nicht weiter störte, aber dann, als der Flash kam, drückten sie mich in einen Sessel vor dem Spiegel und sahen zu, wie eine von ihnen mein normalerweise ungeschminktes Gesicht von oben bis unten mit Make-up vollschmierte. »So«, sagte die Stripperin und bemalte meine Oberlippe ziemlich unsanft mit knallrotem Lippenstift, »hast du jetzt Lust zum Ficken?« Also, das machte mir wirklich angst.

Boom-Boom hatte riesige Hängetitten und zog eine Sadomaso-Nummer mit Handschellen ab. Sie ließ sich gerade zur Buchhalterin ausbilden. Sally tat so, als würde sie auf der Bühne masturbieren. Angeblich war sie eine reiche Erbin, was angesichts ihrer Körperhaltung, ihres hochnäsigen Akzents und ihres Nerzmantels durchaus stimmen konnte. Venus war eine kokssüchtige, abgebrühte Nutte. Sie war noch sehr jung, hatte kleine Grübchen und war voll durch den Wind – Shirley Temple nach einer Massenvergewaltigung. Auf der Bühne strippte sie zu *I Know What Boys Like* und lutschte dabei einen riesigen Lolli. Außerdem gab es noch Steve mit der Aerosmith-Frisur und dem hautengen schwarzen T-Shirt – ich habe nie genau erfahren, worin sein Job bestand. Allem Anschein nach wurde er dafür bezahlt, hinter der Bühne herumzuhängen, die Mädels anzuglotzen, ihnen Drogen zu beschaffen und sich von Zeit zu Zeit, wenn ihn die Lust dazu überkam, mit bis zu den Knien heruntergelassenen Jeans vor den Spiegel zu stellen und sich vor unseren Augen einen runterzuholen. Davon machte ich einmal ein nicht besonders gutes Foto – es wurde nie gedruckt und ist ein briefmarkengroßes Bild auf meinen Kontaktabzügen geblieben.

Nicht, daß ich grundsätzlich etwas gegen öffentliche Masturbation oder Bilder davon hätte. Mein Lieblingsfoto von

meinen Expeditionen in den Pussycat-Keller zeigt Sally, die an sich selbst herumfingert, nur ist ihr Kopf abgeschnitten. Professor Christopher sagte zu mir, das Bild sei wesentlich ausdrucksstärker dadurch, daß der Kopf fehle, so zeige es die Stripperin als Prototyp, nicht als Einzelperson. Ich war heilfroh, diesen theoretischen Überbau als Ausrede heranziehen zu können, denn die Wahrheit lautete, daß ich mich, als Sally sich vielleicht zum dritten Mal an dem Tag die Finger in die Vagina steckte, so ungeschickt anstellte, daß ich nach dem Scharfstellen und Einstellen der Blende auf den Ausschnitt zu achten vergaß und ihr einfach den Kopf abschnitt.

Als ich eines Tages einen Abzug von diesem Bild machte, sprach mich Gilles, der Gastdozent von Magnum, auf dem langen Flur vor der Dunkelkammer an. »Ihre nackten Mädchen sind sehr gut«, sagte er. »Natürlich nicht ohne Vorbild, Arbus hat es ja zuerst gemacht, und auch besser, und danach noch Susan Meiselas, aber Ihre sind auch gut.« Er hatte einen starken französischen Akzent und tat sehr verschwörerisch. Immer wieder sah er sich um, ob auch niemand zuhörte, obwohl es spätabends war und auf dem Flur hinter ihm niemand zu sehen war.

»Danke«, erwiderte ich. »Arbus ist seit neuestem mein großes Vorbild. Neben Sylvia Plath und Virginia Woolf.« Das waren damals meine Heldinnen, und mit diesem Spruch wollte ich einerseits eine philosophische Debatte eröffnen – Thema: Warum verübten alle meine Vorbilder Selbstmord? – und andererseits einen morbiden Witz machen, aber Gilles lachte nicht.

Er lud mich zu einem Gespräch in sein Büro ein. Wir unterhielten uns, wie mir schien, sehr lange – mir kam es wie eine Stunde vor, aber es können eigentlich nur fünf Minuten gewesen sein. Bei Gilles war das immer schwer zu sagen. Er war so ein leidenschaftlicher Mensch, so sehr von Begeisterung für seine Kunst durchdrungen, daß schon seine bloße Gegenwart erschöpfte. Er erzählte mir alles über Magnum, über seine Arbeit. Ich konzentrierte mich auf die grauen Strähnen in seinem Haar, um seinem glühenden Blick auszuweichen, als er mir plötzlich ohne jede Vorwarnung ein Sommerpraktikum im New Yorker Büro von Magnum anbot. Ich war überrascht. Ich gehörte nicht zu seinen Studenten, und da er sich vorher nie zu einem Gespräch mit mir herabgelassen hatte, war mir nicht bewußt geworden, wieviel Aufmerksamkeit er meinen Bildern geschenkt hatte. Ich bedankte mich und sagte, ich werde versuchen, eine Unterkunft in Manhattan zu finden, und mich dann wieder bei ihm melden. Als ich wieder in die Dunkelkammer gehen wollte, hielt er mich zurück. »Arbus hat sich umgebracht«, sagte er, als würde er mir ein großes Geheimnis mitteilen. »Man sagt, sie hat zu viel gesehen. Ist einfach durchgedreht.«

Deshalb ja mein Witz mit Plath und Woolf, dachte ich, aber egal. »Ich weiß«, antwortete ich. »Und?«

»Also passen Sie auf sich auf«, sagte Gilles. »Ich will hinterher nicht den Dreck wegputzen müssen.«

Für das Sommerpraktikum bei Magnum bekam ich kein Geld, deshalb mußte ich vier Abende pro Woche als Kellnerin im New Fuji Sushi and Steak House arbeiten. Aber ich hätte Gilles sogar dafür bezahlt, daß ich dort im Büro von Magnum sitzen und diese Bilder durchsehen durfte. Da waren sie alle – ich hielt sie in Händen –, meine Lieblingsbilder aus der gesamten Geschichte der Fotografie. Der über eine Pfütze springende Mann von Cartier-Bresson, der sterbende spanische Soldat von Robert Capa, das Bild vom Prager Frühling von Joseph Koudelka, die ameisengleichen Goldminenarbeiter von Sebastiao Salgado, Gilles' eigene meisterhafte Bilder von der iranischen Revolution.

Meine Arbeit bei Magnum war intellektuell nicht besonders anspruchsvoll. Ich mußte alle eingehenden Sendungen mit Dias und Abzügen öffnen, auf ihre Vollständigkeit überprüfen und die Bilder dann an Doug weiterreichen, dessen Aufgabe es war, sie wieder in die Archive einzuordnen. Doug hatte mehrere Tattoos, ein Kreuz als Ohrring, einen Stoppelschnitt, eine zerkratzte Nikon und trug Lederhosen und kam jeden Morgen mit einem Motorradhelm unterm Arm hereinstolziert. Er saß rechts neben mir, so dicht, daß ich ihn hätte berühren können, was sowohl das Sortieren erleichterte als auch den Austausch von sexuellen Lockstoffen zwischen uns begünstigte. Stundenlang saßen wir so nebeneinander, starrten auf die Massen berühmter Bilder, die verstreut auf unserem gemeinsamen Schreibtisch lagen, und versuchten zu erkennen, was ein normales von einem herausragenden Bild unterschied, und dabei nicht in das magnetische Feld zu geraten, das sich zwischen uns aufgebaut hatte. Eines Tages dann, kurz nachdem wir übereingekommen waren, daß Cartier-Bresson jeden anderen Fotografen in die Tasche steckte, kam er mit zwei Helmen unterm Arm zur Arbeit: »Wir könnten doch nach Coney Island fahren, die ausgeflippten Leute da knipsen und Hot Dogs essen. Was meinste?«

Ich habe selten in meinem Leben ein Angebot bekommen, das verführerischer war. Während der High-School-Zeit hatte mich mein Freund auf dem Motorrad seines älteren Bruders herumgefahren, und nichts, was ich bis dahin erlebt hatte, war auch nur annähernd an dieses Gefühl herangekommen. Es war einfach herrlich: durch den Wind pflügen, sich in scharfe Kurven legen, so daß Körper und Maschine eins werden – mit den Armen umschließt man Leder, mit den Beinen Metall –, und das alles mit dem köstlichen Geruch von Diesel und Aftershave in der Nase.

»Klar«, antwortete ich. »Gerne.«

Doug und ich fuhren nach Coney Island, knipsten die ausgeflippten Leute dort und aßen Hot Dogs. Wir wischten einander das Sauerkraut von den Wangen und küßten uns. Dann brachte er mich auf dem Motorrad zurück nach Manhattan, wo wir, high nur von dem herrlichen Ausflug, weiterknutschten.

»Hast du ein Motorrad in Paris?« frage ich Pierre und ziehe an dem Joint, den er gerade gebaut hat. Wir sitzen schon seit über einer Stunde in einem Coffeeshop in Arnheim, einige Straßen von dem ausgebombten Haus entfernt. Das haben wir den Holländern mit ihrer lockeren Gesetzgebung zu verdanken: Marihuana ist zwar nicht erlaubt; verboten aber auch nicht. Deshalb kann man in vielen Cafés neben der Speisekarte für Gebäck und Kaffee auch noch die Karte mit dem Haschangebot verlangen. Ist doch schön, wenn man sagen kann: Hm, mal sehen ... ich nehme ein Croissant, einen Espresso und zehn Gramm Jamaican Gold. Und wenn Sie nichts dagegen haben, bleib ich den ganzen Tag lang hier sitzen und kiff mich zu.

»Woher weißt du, daß ich ein Motorrad hab?« fragt Pierre zurück.

Ich werfe einen Blick auf seine Lederjacke. »Nur so eine Ahnung«, erwidere ich.

»Aha«, sagt er. Dann beugt er sich vor, als wolle er mir ein Geheimnis verraten, und lächelt verführerisch: »Aber ich muß dir was beichten. Ist keine Harley, nur 'ne Honda.«

»Eine Honda? Na, wenn das so ist, dann tschüs.« Ich stehe auf und tue so, als wolle ich gehen.

»Nein, warte, Deborah«, sagt Pierre lachend und rennt mir durch den halben Laden hinterher. Wie Pascal spricht er meinen Namen mit drei Silben aus und das E geschlossen wie mit *accent aigu: Dé-bo-rah*. Hört sich viel schöner an als das blöde alte Deb-ra. Er hebt dabei aber nicht die eine Braue, so wie Pascal das immer tat. Und sein Lachen ist echt.

»Wo willst du hin? Kann ich mitkommen?« fragt Pierre und greift unvermittelt nach meiner Hand, läßt sie dann aber verlegen wieder los.

»Ich geh ein paar Junkies suchen«, sage ich, bezahle die Rechnung für uns beide und strebe auf die Tür zu. Pierre will mir die Hälfte geben, aber ich schiebe seine Hand fort. »Ich will nicht, daß diese Reise reine Zeit- und Geldverschwendung wird.« Wenn die Bilder von dem vernagelten Haus nicht zu verkaufen sind, und davon bin ich fest überzeugt, kann ich doch wenigstens ein paar brauchbare Archivbilder schießen. Aus den Aufnahmen, die ich ein paar Monate zuvor von Heroinabhängigen in der Schweiz gemacht habe, erhalte ich regelmäßig Tantiemen, so daß ich jeden Monat meine Miete zahlen und weiter meinen Träumen nachhängen kann.

Aber fast noch mehr wert als das Geld, das mir diese Fotos eingebracht haben, ist der Ruf, den mir die Junkiebilder in den Augen einiger meiner Kollegen verschafft haben: Plötzlich bin ich eine »engagierte« Fotografin. Als Patrick Zachmann, ein Fotograf von Magnum, diese Bilder in meiner Ausstellung auf dem alljährlichen Fotojournalismus-Festival in Perpignan sah, kam er in mein Hotelzimmer und schlug mir vor, seiner Agentur beizutreten. Als er den Satz aussprach: »Hast du schon mal darüber nachgedacht, zu Magnum zu gehen?«, verschlug es mir fast den Atem. Ob ich schon mal drüber nachgedacht hatte? Seit ich zum ersten Mal eine Kamera in die Hand genommen hatte, hatte ich kein anderes Ziel.

»Klar hab ich schon drüber nachgedacht«, entgegnete ich.

Patrick erklärte mir, ich hätte noch genau ein Jahr bis zur nächsten Vorschlagsrunde bei Magnum. Er riet mir, meine Mappe noch weiter zu füllen, mehr Drogen-Storys, mehr Kriege, mehr sonstwas zu fotografieren. Er sagte mir, ich hätte ein Auge dafür, eine Vision, und er sei sich ziemlich sicher, daß ich die Voraussetzungen zu einer »engagierten« Fotografin besäße.

Ich errötete, war aber nicht überzeugt. Engagierte Fotografin? Was bedeutete das genau? Ich hab mal gelesen, daß Nick Ut das nackte, mit Napalm verseuchte vietnamesische Mädchen, nachdem er sein berühmtes Foto schoß, ins Krankenhaus brachte und ihr so das Leben rettete. Ich stelle mir gerne vor, daß ich in so einer Situation das gleiche täte, aber ganz sicher bin ich mir nicht.

Während des einwöchigen Festivals in Perpignan wurde ich von einigen französischen Journalisten für Funk, Fernsehen und Zeitungen interviewt. Sie alle wollten von mir wissen, warum ich mich an diese Orte und in diese Situationen begab und sie fotografierte. Leider war mein Französisch damals noch nicht sonderlich ausgereift, so daß es mir einfacher schien, auf ihre komplizierten Fragen mit *»Oui«* zu antworten. »Ist es, weil Sie in der Drogenabhängigkeit eine Geißel unserer Städte sehen, trotzdem aber mit den Abhängigen sympathisieren?«

»Oui.«

»Sind Sie entsetzt über das Unheil, das die Sowjetunion über das afghanische Volk bringt?«

»Oui.«

»Machen Sie ganz bewußt Bilder von abstoßenden Orten und Situationen, damit sich der Betrachter unwohl fühlt, damit er auf die Mißstände in dieser Welt aufmerksam wird?«

»Oui.«

Das war ja nicht gelogen. Ich sah in der Drogenabhängigkeit wirklich eine Geißel, ich sympathisierte tatsächlich mit den Abhängigen, ich fand schrecklich, was ich in Afghanistan gesehen hatte, und ich wollte in der Tat, daß meine Bilder die Menschen beunruhigten. Aber das war nicht der Hauptgrund gewesen, warum ich sie machte. Der Grund war, daß es diese Dinge (Drogen, Krieg usw.) gab. Ich machte die Fotos, weil ich neugierig war, weil ich jung und voller Hoffnung war, weil es aufregend war, weil es mir Spaß machte, weil ich es wollte, weil ich manchmal das Gefühl hatte, ich müsse es tun, weil ich der Meinung war, daß ich, da jedem von uns nur ein Leben zur Verfügung steht, meines wenigstens mit interessanten Dingen füllen konnte. Mit Abenteuern.

Ich machte diese Fotos, weil ich mitten im Chaos nach mir selbst suchte.

Die Fotografie beamte mich in eine andere Welt. Sobald ich ein paar Kameras um den Hals hängen hatte, war ich nicht länger die kleine, gesittete Königin des Abschlußballs aus dem spießigen Potomac. Ich war ein Superheld, sprang mit einem Satz über Landminen – war schlicht unbesiegbar.

Aber war ich eine engagierte Fotografin? Sagen wir mal, ich hatte da meine Zweifel.

Als wir den Coffeeshop verlassen, frage ich Pierre: »Willst du mitkommen?«

Während wir unsere Joints rauchten, hatte ich Pierre von dem Junkie erzählt, den ich in der Pariser Metro aufgegabelt hatte. Ich war ihm in eine dieser selbstreinigenden öffentlichen Toiletten an der Place de la République gefolgt. Er brauchte dringend einen Schuß, warf also die zwei Francs ein, die Tür öffnete sich, wir schlüpften hinein, und die nächsten zwanzig Minuten stand ich auf dem absolut keimfreien Toilettensitz und lichtete ihn ab. Ein ungewöhnliches Arrangement, sicher, im nachhinein auch irgendwie dämlich, aber der Kerl schien ganz froh, jemanden bei sich zu haben. Egal, für meine Magnum-Bewerbung brauchte ich noch mehr Drogenfotos, und ich hatte an dem Abend nichts Besseres vor.

Pierre seinerseits erzählte mir, mit seiner Fahrt nach Arnheim habe er sich zum ersten Mal an ein Thema gewagt, bei dem es um echte, lebendige Menschen ging. Pierre war aufgrund seiner hervorragenden Tierfotos zu Sipa gekommen. Er hatte mehrere Monate bei einem Falkner in Marokko verbracht und war durch ganz Kanada gereist, um Fotos von Wölfen zu schießen.

Während er davon erzählte, konnte ich mir den Gedanken nicht verkneifen, daß man schon besonders veranlagt sein muß, um den ganzen Tag lang geduldig im Schnee zu sitzen und auf Wölfe zu warten. Und daß es einer ganz anderen Veranlagung bedarf, einem Junkie in ein geschlossenes öffentliches Pissoir zu folgen.

Ach, die Vielfalt der Natur!

Anscheinend haben wir im Coffeeshop die Zeit vergessen, denn als wir rausgehen, wird es schon dunkel. Zuerst streichen wir eine Weile durch die Gegend, dann schlage ich vor, schlafen zu gehen und es am nächsten Tag erneut zu versuchen.

Die beiden Hotels gegenüber vom Bahnhof sind vollständig belegt, aber die Empfangsdame im zweiten gibt uns einen Tip, wo noch Zimmer frei sind. Dort checken wir ein. Unsere Zimmer sind sauber und billig – vollkommen akzeptabel. Natürlich gibt's kein CNN, das Bad ist winzig, der Teppich abgewetzt und die Tagesdecke aus einem kratzenden Synthetikstoff, aber das ist alles nebensächlich. Von den vier möglichen Kombinationen der beiden wichtigsten Faktoren, Preis und Zustand – schmutzig und billig, sauber und teuer, schmutzig und teuer, sauber und billig –, haben wir den Hauptgewinn gezogen.

Ich fand es schon immer von Vorteil, meine Erwartungen an die Umwelt gering zu halten: weniger Bedürfnisse gleich größere Zufriedenheit. Je weniger Faktoren einen tangieren, desto unwahrscheinlicher wird es, enttäuscht zu werden. Setzt man das in eine mathematische Gleichung um, wird sofort deutlich, in welch erstaunlichem Maß die Aussicht auf Erfolg schrumpft, wenn die Zahl der Variablen zunimmt.

(Sollten Sie einmal ein wenig Zeit haben – die Gleichung ist ziemlich einfach: $n^2 - n + 2 = x$, wobei *n* für die Zahl der Variablen und *x* für die Zahl der möglichen Ergebnisse steht. 2 Variablen führen zu 4 möglichen Ergebnissen, 3 zu 8, 4 zu 14 usw.)

Und jetzt kommt's! Diese Grundregel der Wahrscheinlichkeitsrechnung läßt sich auch auf die Partnersuche übertragen. Wenn man sich die Gleichung ansieht, wenn man über die ganzen Variablen nachdenkt, die jeder von uns von seinem idealen Partner fordert, so ist es wirklich ein Wunder, daß sich zwei Menschen in diesem Durcheinander finden und sich dann auch noch ineinander verlieben. Das Herz läßt sich vielleicht eine Weile täuschen (von der Lust benebelt), aber Zahlen lügen nicht. Statistisch gesehen ist die wahre Liebe eine Seltenheit.

Mit meinen dreiundzwanzig Jahren habe ich zwar schon viele Freunde und Liebhaber gehabt, und viele davon mochte ich wirklich gern, aber geliebt, richtig geliebt, so daß man in die Zukunft blickt und sich zusammen alt werden sieht, so daß man glaubt zu schweben, wenn man geht, zu explodieren, wenn man lächelt, und abzustürzen, wenn man sich berührt – richtig geliebt habe ich nur zweimal.

Beide Beziehungen, die eine auf der High School, die andere auf dem College, endeten in Tränen. Nach der Abtreibung waren Gabe und ich nicht mehr dieselben. Und Matthew hörte irgendwann, obwohl ich den Zeitpunkt nicht benennen kann, einfach auf, mich zu lieben. Vielleicht hat er mich auch nie wirklich geliebt.

Also begnüge ich mich mit wenigen Variablen. Ich bescheide mich mit der weniger komplizierten, weniger verworrenen, weniger schmerzhaften Möglichkeit, jemanden gern zu haben, statt ihn zu lieben. Was soll ich sagen? Ich mag die Männer, in allen Ausführungen. Männer sind wie Bücher: Man kann sie verschlingen oder überfliegen, sie prägen sich ein oder sind schnell vergessen, sie sind leicht verdaulich oder geben einem ewig zu knacken. Einige wandern als Staubfänger zurück ins Regal, andere hole ich von Zeit zu Zeit wieder hervor, um einen Abschnitt oder zwei oder drei oder fünfzehn Abschnitte noch mal zu lesen. Ich meine damit, sie können nicht alle *Anna Karenina* sein, aber das heißt ja nicht, daß man nicht trotzdem seinen Spaß mit ihnen hat. Ich unterhalte mich gern mit Männern und höre mir gern ihre Lebensgeschichte an. Ich rieche sie gern, umarme sie gern und schlafe gern mit ihnen, weil das für mich die reinste, übersinnlichste Form von Kommunikation ist. Ich mag ihre Eigenarten – der eine liebt es, innen am Oberschenkel gestreichelt zu werden, der andere brutzelt mir nach jedem Stelldichein ein Rührei, wieder ein anderer hat Alpträume von einem Atomkrieg, und der nächste hat es mit Dylan Thomas und Ohrläppchen. Um den Vergleich abzurunden: So wie mich jedes Buch, das ich lese, ein wenig oder auch stark verändert, bringt mich jeder Mann, mit dem ich schlafe, mehr in Einklang mit der Erhabenheit, den Freuden und der Schönheit des Lebens.

Und als Pierre deshalb wenige Minuten nach unserer Ankunft in dem sauberen, billigen Hotel an meine Tür klopft und fragt, ob ich ihm meine Seife leihen könne, bitte ich ihn herein, obwohl er seit der High School kein Buch mehr gelesen hat, obwohl er glaubt, daß Hunde klüger seien als Menschen, daß der größte Philosoph aller Zeiten Jim Morrison sei und Astrologie als Wissenschaft verläßlicher sei als, sagen wir mal, Physik. Pierre ist nett. Und sieht gut aus. Er bringt mich zum Lachen. Was will ich mehr?

Als Pierre später im Bett nach einer außerordentlich befriedigenden Nummer meinen rechten Arm mit Küssen bedeckt und bei jedem Kuß *»merci«* murmelt, hält er plötzlich inne. »Was ist das denn?« fragt er und fährt mit dem Finger über eine dünne weiße Narbe.

»Das ist eine lange Geschichte«, antworte ich.

»Erzähl sie mir«, bittet er. Er drückt meinen nackten Körper eng an sich und schmiegt sich an meinem Hinterkopf. Ich fühle mich wie eine Schutzdecke, nur besser.

Vier Monate zuvor, im Frühjahr 1989, hatte die Schweizer Regierung beschlossen, auf dem Platzspitz, einem Park mitten in Zürich, gratis Nadeln für Spritzen auszugeben. Damit wollte man der Verbreitung von AIDS entgegenwirken, doch das Ergebnis war, daß sich dort mehr und mehr Junkies zu tummeln begannen. Der Park, der auf zwei Seiten von der Limmat umschlossen wird und nicht weit von Pralinengeschäften, Uhrmachern, Banken und gemütlichen Straßen mit Kopfsteinpflaster entfernt liegt, durch die gutgekleidete

Schweizer Matronen Kinderwagen mit blonden Babys schieben, wurde plötzlich zu einem Hades voll ausgezehrter Gestalten, die in ihrer Heroinseligkeit in sich zusammengesunken dahockten. Buchstäblich jeder Junkie in Europa hatte vom Platzspitz gehört, und sie fanden sich alle dort ein.

Aber niemand brachte gute Fotos davon zustande. Alle europäischen Magazine planten eigene Beiträge über den Nadelpark, aber keiner der Fotografen, der zum Platzspitz geschickt wurde, kam mit etwas Verwertbarem zurück. Einige Kriegsfotografen aus Italien hatten sich mit Teleobjektiven hinter den Fenstern eines Museums am Rande des Parks postiert, aber einen Drogenumschlagplatz kann man nicht so fotografieren wie einen Krieg. Bomben bleiben Bomben, auch wenn sie aus relativ sicherer Entfernung aufgenommen werden. Anders ist es bei den Junkies. Um Junkies ordentlich abzulichten, muß man mit ihnen in Kontakt treten, sich angreifbar machen. Man muß weit aus dem Schützengraben kriechen, um die wichtigen Kleinigkeiten fotografieren zu können: das Feuerzeug unter dem mit Pulver gefüllten Löffel, die Blasen werfende Flüssigkeit, die Nadel im Arm, die mit Blut gefüllte Spritze, die vernarbte Haut, die zugeschnürte Aderpresse, den leeren Blick der wandelnden Toten.

Ich hatte noch nie zuvor Bilder von Heroinabhängigen gemacht. Eigentlich sollte ich nach Peking fliegen, um die meiner Meinung nach langweiligen Studentendemonstrationen auf dem Tiananmen abzulichten, als mich Henri in sein Büro zitierte. »Sag den Flug nach China ab«, wies er mich barsch an. Henri hatte immer einen barschen Ton drauf. Er war ein ehemaliger Kriegsfotograf, neigte zu plötzlichen Wutanfällen und war viel zu massig und zu unruhig für einen Schreibtischstuhl. Ich hatte Angst vor ihm.

»Warum?« wollte ich wissen.

Henri stand wie immer hinter seinem Schreibtisch. Er setzte sich fast nie hin. »Du fährst nach Zürich«, brüllte er. »Alexi und Georges sind mit nichts als Scheiße zurückgekommen, jetzt bist du dran.« Alexi und Georges waren zwei von

Gammas Topleuten, und wenn sie mit leeren Händen zurückgekehrt waren, wußte ich nicht, warum Henri der Ansicht war, ich könne mehr ausrichten. Aber Henri hatte, wie er selbst sich ausdrückte, einen idiotensicheren Plan: Ich sollte lügen. Er erzählte mir, alle Fotografen, die versucht hätten, Bilder vom Platzspitz zu machen, seien von den Dealern dort vertrieben worden. Mehrere Kameras seien dabei zu Bruch gegangen. Die Dealer wußten, daß ihnen die kostenlose Nadelausgabe auf dem Platzspitz zugute kam. Sie bescherte ihnen einen zentralisierten Markt, geringe Geschäftskosten, genug Rasenflächen und Parkbänke, auf denen ihre Kunden zusammensinken konnten, und relativ wenig Ärger mit der Schweizer Polizei, und sie hatten nicht vor, sich den ganzen Spaß durch eine schlechte Presse verderben zu lassen.

Henri meinte, wenn ich mich für etwas anderes ausgab, als ich war, könnte es klappen. Er wies mich an, nur die Leica mitzunehmen (die für das Laienauge wie eine billige Spielzeugkamera aussieht) und nur eine Känguruhtasche mit ein paar Dutzend Filmen um den Bauch zu tragen. Keine Kameratasche, keine Fotografenweste, kein Presseausweis, kein Erkennungszeichen meines wahren Berufs. Er sagte, ich solle kurze Hosen, ein buntes T-Shirt und Turnschuhe anziehen, damit ich möglichst wie eine durchschnittliche amerikanische Touristin aussähe. Wenn ich gefragt würde, solle ich antworten, ich würde in Amerika Fotografie studieren und sei zum Urlaub in der Schweiz. Ich war nicht sicher, ob sein Plan aufgehen würde, aber die Vorstellung, mit einem T-Shirt als Tarnung herumzulaufen, gefiel mir. Zum ersten Mal in meinem Leben sollte die Tatsache, daß ich ein Meter fünfundfünfzig, weiblich und jung war, weder eine Verpflichtung beinhalten, noch ein körperliches Manko sein, das man unter einer knallblauen Burka verstecken mußte.

»Und du kommst besser mit ein paar Bildern zurück«, drohte Henri, *»sinon, je te casse la gueule!«* – was wörtlich übersetzt bedeutet: »Sonst brech ich dir die Visage.«

Zwei Stunden später saß ich im Zug nach Zürich. Keine

Zeitschrift war bereit gewesen, mir für den Auftrag Geld vorzuschießen; sie waren alle schon mit anderen Fotografen hereingefallen, die ohne Bilder zurückgekommen waren. Henri sagte, ich müsse mir eben die Reisekosten mit Gamma teilen. Da ich damals nur ungefähr 200 Francs auf dem Konto hatte, mußte ich die Agentur um einen Vorschuß von 1000 Francs bitten, den ich dann mit dem Erlös aus dem Verkauf meiner Fotos würde zurückzahlen müssen. Da ich keine Ahnung hatte, ob ich jemals etwas verkaufen würde oder ob ich überhaupt Bilder würde zu verkaufen haben, nahm ich mir vor, so wenig Geld wie möglich auszugeben.

Aber anders als in Afghanistan, wo ich wochenlang umsonst in einer stinkenden Höhle hatte schlafen können und nie für das Hotel bezahlen mußte, herrschte in der Schweiz kein Krieg. Und die Hotels in Zürich waren teuer bis unbezahlbar. Ich fand schließlich ein billiges Fremdenheim, das ungefähr einen Kilometer vom Platzspitz entfernt in einem ziemlich unappetitlichen Stadtteil lag. Als ich an der Rezeption das Anmeldeformular ausfüllte, war mir ein wenig mulmig zumute.

Die Pension war mit ausschließlich männlichen Immigranten aus der Dritten Welt belegt – aus Nigeria, Sri Lanka, Indien usw. Ich wußte nicht, ob sie auf die Bearbeitung ihres Aufnahmeantrags warteten oder ob sie dort lebten oder was sonst. Ich fragte auch nicht nach. Die Flure rochen nach einer Mischung aus Achselschweiß und Zwiebeln, und dieser Geruch wurde zu jeder Mahlzeit aufgefrischt, wenn die Männer in kleinen Gruppen auf den Fluren hockten und sich auf Campingkochern ihre Reis- und Fleischgerichte kochten. Als ich eintraf, bereiteten sie gerade das Abendessen zu. Um zu meinem Zimmer zu gelangen, mußte ich über sieben Kocher, fünfzig essende und zwei schlafende Männer steigen. Die wenigen, denen ich in die Augen sah, schauten mich an, als sei ich ein Alien oder der Nachtisch.

Ungefähr eine Viertelstunde nachdem ich mit dem Auspacken begonnen hatte, klopfte ein Nigerianer an meine Tür und reichte mir einen zusätzlichen Schlüssel für mein Zimmer.

Er sagte mir, er sei ein Freund des letzten Bewohners gewesen und hätte vergessen, ihm den Schlüssel zurückzugeben. Ich bedankte mich, warf einen Blick auf das Zimmer mit der abblätternden Tapete und den fleckigen Bettbezügen und fragte mich, wie viele Schlüssel zu meinem Zimmer wohl noch in Umlauf waren.

Am nächsten Morgen traf ich entsprechende Vorkehrungen. Als ich mich zu Fuß zum Platzspitz aufmachte, stopfte ich all meine Wertsachen – Filme, den Vorschuß von Gamma, Brieftasche und Reisepaß – in die Bauchtasche. Wie Henri vorgeschlagen hatte, kleidete ich mich wie der Prototyp der amerikanischen Touristin in Turnschuhe, grünes Sonnentop und grelle Shorts mit Blumenmuster. Zusätzlich klebte ich ein Stück schwarzes Isolierband über das Wort »Leica«, das in weißen Buchstaben links oben über dem Objektiv eingeprägt war. So würde sie mir nicht so schnell gestohlen werden und konnte mich nicht verraten. Ich hatte schon öfter gesehen, wie Kollegen ihre Kameras auf die Weise tarnten, es aber bis jetzt immer für Angeberei gehalten.

Es war ein warmer Frühlingstag. Schon von weitem sah ich das frische Grün der Bäume auf dem Platzspitz. Es wirkte wie ein Baldachin aus Spitze, der das Sonnenlicht filterte und leuchten ließ. Aus der Ferne wirkte der Park, in dem es vor Menschen wimmelte, wie ein Gemälde von Georges Seurat. Aber dies war nicht *L'Après Midi Sur L'Herbe*. Es war Dantes *Inferno*. Spritzen und ausgezehrte Körper verunstalteten die Szenerie. Männer setzten ihren Freundinnen einen Schuß. Der eine zog mit den Zähnen die Gummipresse um den Arm eines anderen fest. Ein abgerissener Typ suchte an seinem Knöchel nach einer Ader, weil der Rest seines Körpers vollkommen zerstochen war. Eine Frau schrie, weil sie das aus ihrem Arm quellende Blut nicht stillen konnte. Neben ihr lag ein Mann wie ein seliger Zombie weggetreten im Gras; Speichel floß ihm aus dem Mund und trocknete auf seinem Kinn.

In der Mitte des Parks hatten sich Dealer im Kreis um einen leeren Pavillon gruppiert, standen hinter grellfarbigen Holzklapptischen, als verkauften sie auf einem Pfarrfest Apfelkuchen. Doch anstelle von Backwaren lag auf den Tischen alles, was das Junkieherz begehrt: Metallöffel, Feuerzeuge, Spritzen, Wattebäusche, separat verpackte Tupfer mit Alkohol, Gummischläuche und natürlich kleine Beutelchen oder Alubriefchen mit Heroin in Pulverform. Das einzige, was fehlte, waren die Nadeln, denn die wurden zwanzig Meter weiter von staatlich bezahlten Ärzten und Krankenschwestern in einem umgebauten Bus ausgegeben. Eine lange Menschenschlange wand sich um den einladend wirkenden grünen Bus.

Ich wollte unbedingt loslegen, wußte aber nicht, wie. Deshalb setzte ich mich mit der *Herald Tribune* auf eine Bank und tat, als läse ich. Über den ausgefransten Rand der Zeitung hinweg konnte ich beobachten, wie sich ein Jugendlicher auf dem Rasen übergab. Henri hatte mir erzählt, daß die meisten Jugendlichen im Park aus soliden Durchschnittsfamilien stammten. Was wohl die Mutter des Jungen über ihren Sohn dachte? Aber was dachte wohl meine Mutter über mich, die ich hier herumsaß? Vor der Abfahrt nach Zürich hatte ich sie angerufen und sie über meine Reisepläne unterrichtet – »Ja, Ma, das ist so 'ne Art medizinische Story« –, und sie hatte einen Seufzer der Erleichterung ausgestoßen. »Wenigstens ist es nicht Afghanistan«, sagte sie in der Annahme, ich wäre jetzt weiser geworden.

Ich beobachtete ein knutschendes Junkiepärchen. Es stand in der Mitte des Parks im leeren Pavillon und hatte all die Nadeln, den Stoff, die Aderpressen und die mindestens hundert ausgemergelten Körper auf dem Platzspitz vergessen, die es umgaben wie die Planeten einer verdammten Galaxie. Es hätte ein gutes Bild gegeben, aber ich war noch nicht soweit. Ich brauchte einen Plan. Denn wenn ich zu lange herumsaß und vorgab, die blöde Zeitung zu lesen, würde sich bald jemand mißtrauisch fragen, warum eine junge, gesund aussehende amerikanische Touristin ihre Tageszeitung gerade dort lesen mußte, auf gerade dieser Bank, so nah am Höllenfeuer. Ich las das Wort »Tiananmen« in der Schlagzeile auf der Titelseite zum bestimmt achtunddreißigsten Mal. Ich dachte an Alexi und Georges, an die im Museum verschanzten Italiener und die kaputten Kameras.

Als ich damals auf dem College in der Pussycat Lounge fotografierte, machte ich die Erfahrung, daß man sich am besten in eine Gruppe einschleust, indem man sich mit einem ihrer Mitglieder anfreundet. Das war keine geniale, neue oder besonders aufregende Idee, aber damals schien es mir so. Ich war überrascht und erfreut, als ich merkte, daß, nachdem ich mit Boom-Boom Freundschaft geschlossen hatte, auch die anderen Stripperinnen kein Problem damit hatten, von mir fotografiert zu werden.

Als ich nun dort am Rand des Platzspitz saß, brauchte ich ebenfalls eine Boom-Boom, und zwar schnell. Zirka zehn Minuten später sah ich nervös von meiner Zeitung auf, und da stand die Rettung vor mir. *»What are you looking for?«* fragte der Mann auf englisch, nachdem er mir auf die deutsche Frage hin keine Antwort hatte entlocken können. »Besteck? Stoff? Ich hab alles, was du brauchst.« Er war klein und spindeldürr, und am linken Unterarm hatte er eine riesige weiße Schiene. Das wellige schwarze Haar klebte ihm, völlig verschmutzt, am Kopf und reichte ihm bis auf die Schultern, weil er es einfach nie schnitt. Er sah aus, als sei er aus Sri Lanka, so wie die Männer bei mir in der Pension, aber er hätte auch ein Aboriginal sein können. An seinem ungeschienten Arm prangten verräterische Narben und einige häßliche Abszesse.

Ich schluckte; jetzt mußte ich lügen. »Nein, danke«, antwortete ich. »Ich bin Studentin. Ich studiere Fotografie.« Ich schämte mich meiner Lüge, aber als er sich mir als Tom Jones vorstellte, fühlte ich mich schon besser. Außerdem hatte ich erst vor knapp einem Jahr meinen Abschluß gemacht; ich fühlte mich immer noch als Studentin. »Tom« erzählte, er habe in Amsterdam gelebt, bis einer seiner Freunde ihm vom Platzspitz berichtet habe. Da sei er hergekommen und geblieben. Als ich ihn fragte, wo er jetzt in Zürich wohne, zählte er verschiedene Orte auf, wo er umsonst bei Freunden unterkommen könne, darunter auch mein Hotel. Na klasse, dachte ich, vielleicht hat er ja auch einen Schlüssel zu meinem Zimmer.

»Was ist denn mit deinem Arm passiert?« erkundigte ich mich.

»Abszesse«, sagte er. »Entzündungen und so'n Scheiß.«

Eine gute Stunde später ließ sich mein neuer Junkiefreund von mir fotografieren, wie er sich neben dem Pavillon einen Schuß setzte. Er hockte sich hin, kochte den Stoff auf und stach die Nadel in eine Vene am linken Arm genau über der riesigen Schiene. Das Pärchen, das vorher rumgeknutscht hatte, bereitete jetzt seinen nächsten Druck vor. Sie merkten, daß ich Tom fotografierte. »Sie ist Studentin«, erklärte er ihnen. »Ist schon okay.« Dann ließ sich auch das Pärchen von mir ablichten. Ich machte eine Nahaufnahme, als das Blut des Mannes in die Spritze schoß, wo es sich mit dem aufgekochten Heroin vermischte, bevor er es sich wieder in die Vene drückte. Ich machte ein hübsches Bild von dem selig in sich zusammengesunkenen Pärchen mit dem Museum im Hintergrund. Bald ließen sich alle von mir beim Drücken fotografieren. »Schon in Ordnung. Sie ist Studentin. 'ne Freundin von Sunil«, beruhigten sie sich gegenseitig. Sunil? So hieß er also. Sie drückten sich den Stoff, ich drückte auf den Auslöser, es war eine regelrechte Schieß- und Drückorgie an jenem Frühlingstag auf dem Platzspitz. Und bei Sonnenuntergang war ich genauso high von meinen Bildern wie die anderen vom H.

Ich wußte, daß die Fotos gut waren. Ich hatte acht Filme verschossen und hätte eigentlich in den Spätzug nach Paris springen und es dabei bewenden lassen sollen. Aber ich war gierig, ich wollte mehr. Es war schon dunkel, als ich zurück zur Pension ging. Tom / Sunil, ganz der Galan, wollte mich unbedingt nach Hause bringen. Ich sagte ihm, ich käme schon zurecht, aber er ließ nicht locker. Kurz bevor wir die Pension erreichten, mußte ich an die ganzen Schlüssel zu meinem Zimmer denken, die in Umlauf waren, und log ihn deswegen

noch einmal an, ich würde in einer Wohnung übernachten. »Gleich da drüben«, sagte ich und wies auf irgendein Haus.

»Da drüben«, wiederholte er, blickte zu dem Gebäude hinüber und wirkte leicht gekränkt. »Na gut, also, bis morgen dann«, sagte er im Weggehen.

»Ja, bis morgen«, erwiderte ich. Ich lief auf das Haus zu, rüttelte vergeblich an der Haustür und wartete mehrere Minuten, bevor ich mich zur Pension umdrehte. Ich blickte mich vorsichtig um, um mich zu vergewissern, daß Sunil gegangen war, doch er stand immer noch da. Er wartete im schwachen Licht einer Straßenlaterne und starrte mich mit vor der Brust verschränkten Armen an. Wir blickten uns kurz in die Augen, dann sah er weg. Er drehte sich um und verschwand in Richtung des Platzspitz in der Dunkelheit.

In der Pension war die Party in vollem Gange. Die Männer waren betrunken, Zigarettenqualm hing in den Fluren, Stimmen und Gelächter hallten von den Wänden mit den Wasserflecken zurück. Ich stopfte mir die Ohren zu, doch gegen den Geruch von Schimmel und Schweiß in der Bettdecke konnte ich nichts ausrichten.

Am nächsten Morgen konnte ich Sunil im Park nicht finden, aber ich erkannte ein paar Gesichter vom Vortag und fing an zu fotografieren. Das war ein böser Fehler. Ich hatte kaum zehn Bilder vom ersten Film verschossen, machte gerade eine Großaufnahme von einem Feuerzeug unter einem Löffel, als ein Dealer von den Tischen herüberkam und wütend am Riemen meiner Kamera riß. Er rief etwas auf deutsch, ich verstand nur das Wort »Journalist«.

»Ich bin Studentin!« sagte ich und schob ihn fort. »Laß mich in Ruhe.« Doch mein Herz klopfte wie wild. Ein paar Junkies bildeten einen Kreis um uns, jedoch ohne Partei zu ergreifen.

»Ah, a stjudent«, machte sich der Dealer über mich lustig, »vell, go staddi sammwehr els.« Sein starker deutscher Akzent verlieh dem Ganzen einen surrealen Touch. Ich kann nichts dagegen tun: Sobald ich einen deutschen Akzent höre, denke ich automatisch an Nazis. Der Dealer schubste mich herum, und der Kreis aus Fixern um uns wurde größer. Dann packte er mich an der Schulter und flüsterte mir ins Ohr: »Hau ab, oder ich bringe dich um!«

»Laß mich in Ruhe«, sagte ich, aber als ich sah, daß er ein Springmesser aus der Tasche zog, rannte ich los.

Ich lief, so schnell ich konnte, aus dem Park, in Richtung der Pralinenläden, der Banken und der Straßenbahn, vorbei an Körpern, blutigen Nadeln und Erbrochenem. Als ich den Rand des Parks erreichte, verschwand ich in der Menge der Passanten und ging auf Umwegen durch die unbekannten Straßen Zürichs zurück zu meinem Hotelzimmer.

Die Pension befand sich wie üblich in einem Zustand currygeschwängerten Durcheinanders. Als ich mich zu meinem

Zimmer durchkämpfte, sprach mich der Nigerianer an, der am ersten Abend mit dem Zusatzschlüssel vorbeigekommen war.

»Dein Freund war da«, sagte er. »Tom Jones.«

»Wirklich?« fragte ich verdutzt. Sofort kam mir das Bild von Sunil in den Sinn, wie er gestern abend unter der Straßenlaterne gestanden und mich beobachtet hatte. Was war ich doch für ein Idiot, daß ich mich von ihm hatte begleiten lassen! »Was hat er gesagt?«

»Er hat gesagt, du hättest was für ihn. Ich hab ihm gesagt, du kämst erst abends wieder.«

»Scheiße.«

Ich rannte durch den Flur zu meinem Zimmer. Die Tür war nicht verschlossen. Ich war überzeugt, Sunil würde drinnen auf mich warten. Doch als ich die Tür aufstieß und ins Zimmer trat, war ich wie vom Blitz getroffen. Jede Schublade war herausgerissen. Socken, T-Shirts, Unterwäsche und Hosen lagen überall auf dem Boden verstreut. Ein Stuhl war umgekippt. Die Matratze war zur Hälfte vom Rahmen gezogen, die verschimmelten Decken zu einem unordentlichen Haufen zusammengeschoben. Zwei Fixer vom Platzspitz plünderten meine Habseligkeiten: Einer stöberte in meinem Koffer herum, ein anderer stand über die Kommodenschubladen gebeugt. Als sie mich sahen, erstarrten sie. Ich erstarrte auch. So standen wir uns für den ewigen Bruchteil einer Sekunde gegenüber, stierten uns an, ohne ein Wort zu sagen. Ich hielt die Luft an. Einer der Männer, ein blasser, häßlicher, schielender Kerl mit einem müden, pockennarbigen Gesicht und langem braunem Haar, klopfte sich mit den Fingern nervös auf den Oberschenkel. Der andere Mann hatte schmutziges blondes Haar und die verräterischen Spuren an den Armen; er starrte glotzäugig in den Raum. Er suchte einen Fluchtweg.

Mein Gehirn lief auch Hochtouren. Mein erster rationaler Gedanke war, Sunil müsse die beiden hergeführt haben. Aber wo war er? Und warum waren sie noch da? Um Geld zu stehlen? Um meine Filme zu suchen? Hatte der Dealer sie geschickt, der mich auf dem Platzspitz bedroht hatte? Hatte er ihnen Geld oder Drogen im Austausch für meine Filme versprochen? Würden sie mich einholen, wenn ich fortlief? Ich erwog, aus dem Fenster zu springen. Mein Zimmer lag im ersten Stock, aber vielleicht würde ich über den Dachvorsprung nach unten klettern können.

Meine Füße in den schicken weißen Reeboks fühlten sich an wie Blei.

Und dann kam Leben in das Standbild. Der Blonde bewegte sich zuerst. Er ging zur Tür, schlug sie zu und klemmte obendrein den einzigen Stuhl im Zimmer unter den Griff. »Halt sie fest!« rief er dem Häßlichen zu, fuchtelte mit einem Schnappmesser herum und näherte sich mir. Der Häßliche hielt mich von hinten fest, doch mein Blick haftete auf dem Messer. War das nicht das Messer des Dealers? Es sah ganz ähnlich aus: ein kleines Messer mit einem grün marmorierten Heft. Konnte schon sein. Oder war der Griff am Messer des Dealers blau gewesen? Ich wußte es nicht mehr. Der Blonde riß an meinem langen Zopf und hielt mir mit zitternder Hand das Messer an die Kehle. Seine Augen drückten eher Angst als Zorn aus.

Der Häßliche trat vor mich, hielt jedoch meine Handgelenke umklammert. Ich war ihnen ausgeliefert, und ich wußte es. Ich konnte mir die gräßliche Szene vorstellen: die Kehle durchtrennt, das Blut, ein Krankenwagen. Ich fing an zu weinen und bettelte um mein Leben. »Bitte nicht, bitte nicht, bitte nicht ...«

Plötzlich nahm der Blonde das Messer und schnitt mir damit in dem Unterarm. Es war ein Schnitt, wie man ihn in die Schale einer Apfelsine macht, wenn man sie schälen will – tief genug, um seinen Zweck zu erfüllen, aber nicht so tief, daß das süße, saftige Fruchtfleisch beschädigt wird. Ich schrie.

»Hau ab«, sagte der Blonde. »Nächstes Mal bringen wir dich um.« Doch die Drohung und der Schnitt mit dem Messer kamen mir vor, als seien sie ihm erst in letzter Sekunde eingefallen.

Ich hatte zu viel Adrenalin im Körper, um die Schmerzen zu spüren. Durch den Kontakt mit der Luft pochte und stach die Wunde, doch nicht schlimmer, als hätte ich mich an Papier geschnitten. Als ich sah, wie Blut von meinem Ellenbogen tropfte, begann sich der Raum zu drehen. Ich sank zu Boden, hielt meinen Arm umklammert, und die beiden Männer rannten zum Fenster. Ich hörte sie etwas auf deutsch rufen, während ihre Tritte über den Dachvorsprung vor meinem Fenster polterten.

Ich lief ins Bad, wusch die Wunde mit Seife aus und preßte einen Waschlappen auf den Unterarm, um die Blutung zu stillen. Dabei weinte ich hysterisch. Ich suchte überall im Zimmer nach einem Taschentuch, um mir die Nase zu putzen, mußte mich aber aufs Bett setzen, bevor ich eines fand, weil ich so stark hyperventilierte. Aus Sorge, ich könnte umkippen, holte ich eine Papiertüte aus dem Mülleimer und atmete hinein, versuchte, mich mit jedem Atemzug zu entspannen – ein-aus, ein-aus, ein ... aus ...

An die nächste Stunde kann ich mich kaum erinnern. Irgendwie brachte ich die Kraft auf, die verstreuten Klamotten auf mein Bett zu legen, zusammenzupacken, zu zahlen, mir eine Mullbinde und Heftpflaster aus dem Erste-Hilfe-Kasten an der Rezeption zu holen (»Ich bin an einem Zaun hängengeblieben«, erklärte ich dem Mann, dem das völlig egal war), eine Schachtel Pralinen zu kaufen, eine Zigarette zu rauchen und ein Taxi zum Bahnhof zu nehmen. Ich zog in Erwägung, die Polizei zu benachrichtigen, verwarf den Gedanken aber sofort. Wer so oft Opfer eines Verbrechens geworden ist wie ich, kennt die traurige Wahrheit: Nur wenige Täter werden gefaßt, wie sehr sich Polizei und Opfer auch bemühen. Außerdem hatte ich nicht die Absicht, noch eine Zehntelsekunde länger in Zürich zu verbringen, wenn es denn irgendwie zu vermeiden war, und das Einschalten der Schweizer Polizei würde wahrscheinlich eine weitere Übernachtung nach sich ziehen, wenn nicht sogar zwei oder drei.

Am Bahnhof angekommen, rief ich Marion an. Marion war

eine meiner Redakteurinnen bei Gamma, aber auch meine beste Freundin. Als sie sich meldete, konnte ich im Hintergrund die Blätter einer Zeitschrift rascheln hören. Ich stellte mir vor, wie sie an ihrem Schreibtisch saß, eine Zigarette rauchte und die neueste Ausgabe von *Paris Match* durchsah, auf die für Bildredakteure typische Art: indem sie zwischen den Fotos und den Fotografennamen vorn in der Zeitschrift hin- und herblätterte, um zu sehen, welches Bild von wem stammte. Für die Texte haben die Leute in der Fotobranche wenig Verwendung.

»Hi«, meldete ich mich mit zitternder Stimme. Ich stand im Bahnhof und mußte mich an der Telefonzelle festhalten.

»Hallo, Deborah!« erwiderte sie so munter wie immer. »Hast du schon die neueste *Match* gesehen? Langevins Bilder aus Peking sind einfach unglaublich!« Sie erzählte etwas von Panzern und plattgedrückten Fahrrädern auf dem Tiananmen-Platz, aber ich hörte nicht richtig zu.

Ich unterbrach sie. »Marion, ich bin verletzt. Ich fahr jetzt zurück nach Paris.«

»Was?« fragte sie ungläubig.

»Ich bin verletzt«, wiederholte ich lauter und langsamer. »Zwei Typen haben mein Hotelzimmer durchsucht, und ich hab sie dabei überrascht, und sie hatten ein Messer und haben mir damit in den Arm geschnitten ...«

»Ach du Scheiße«, unterbrach mich Marion. »Wie geht's dir denn? Wo bist du? Bist du im Krankenhaus? Wie bist du die wieder losgeworden?«

»Mir geht's gut. Ich bin am Bahnhof. Ist keine tiefe Wunde. Blutet bloß ziemlich stark. Ich erzähl dir alles, wenn ich zurück bin.«

»Komm nach Hause«, sagte Marion. »Setz dich sofort in den Zug.«

Der Nachtzug von der Schweiz nach Paris sollte im Morgengrauen im Gare de Lyon eintreffen. Ich hätte schlafen sollen, starrte aber statt dessen die ganze Nacht auf die fünf Zentimeter lange Kerbe in meinem Arm. Sie hatte schon aufgehört zu bluten, bevor ich in den Zug stieg, doch die Kruste war noch nicht sehr dick. Als ich den Verband wechseln wollte, merkte ich, daß noch ein wenig Blut heraustropfte, wenn ich die Haut um die Wunde auseinanderzog. Ich verband den Arm nicht mehr, sondern hoffte die ganze Zeit, daß jemand meine Verletzung und das Blut bemerken und mich fragen würde, was passiert sei, und ich mich dann bei ihm oder ihr würde ausweinen können. *Helfen Sie mir, bitte helfen Sie mir*, würde ich sagen. *Ich habe einen völlig verrückten Beruf, gerade habe ich zwei Tage lang mit Heroinabhängigen verbracht, mein Zimmer wurde auf den Kopf gestellt, man hat mich in den Arm geschnitten, es tut so weh, und ich bin so mutterseelenallein.*

Ganz ruhig, würde der oder die Fremde sagen und mich bemitleiden, *es wird alles wieder gut*.

Aber niemand im Zug bemerkte meine Wunde. Es war spätabends, und alle potentiellen Retter in meinem Abteil lasen entweder von dem Massaker in China oder schliefen tief und fest.

Als ich endlich vor meinem Haus in der Rue St. Denis stand, kam es mir völlig fremd vor. Der mit Kopfsteinen gepflasterte und mit Neonschildern geschmückte Abschnitt der Straße, in dem ich wohnte, liegt um die Ecke von der Place du Châtelet in Les Halles, einer Touristengegend im Zentrum nördlich der Seine. Wie viele ältere Straßen mit Kopfsteinpflaster in Paris ist auch die Rue St. Denis für den Verkehr gesperrt. Früher war sie einmal eine der wichtigsten Straßen für Prostituierte.

Das Zimmer in der Rue St. Denis war mein drittes, seit ich vor knapp einem Jahr nach Paris gezogen war. Wie bei so vielen Entscheidungen in meinem Leben hatte ich mich aus einer Laune heraus für Paris entschieden. Annie und Phyllida, zwei meiner Freundinnen vom College, heckten am Ende unseres letzten Jahres den Plan aus, für eine Zeit nach Paris zu gehen, und ich dachte mir, verzaubert von *Paris – ein Fest fürs Leben, Außer Atem* und – ja, ich gebe es zu – *Madeline*, das Land von

Cartier-Bresson und Magnum sei so gut wie jedes andere, um meine Karriere als Fotojournalistin in Angriff zu nehmen.

Unsere erste Wohnung war zwei Straßen von den Tuilerien entfernt. Phyllidas Freund Ben hatte sie eine Woche vor unserer Ankunft gefunden. »Die Gegend ist wirklich hübsch«, sagte Phyllida, als sie mich am Abend vor dem Flug anrief, »aber die Wohnung ist ziemlich klein.« Ich war noch nie in Europa gewesen und war so aufgeregt, nach Paris zu ziehen, daß es mir vollkommen egal war, wie die Wohnung aussah und wo sie lag. Doch als ich ankam, wurde mir klar, daß sowohl »hübsch« als auch »klein« leicht untertrieben war. Meinen ersten Eindruck von der Stadt bekam ich, als ich aus der Metrostation bei den Tuilerien stieg: rechts die Rue de Rivoli mit den geschwungenen Arkaden, links der Jardin des Tuileries, geradeaus die betriebsame Place de la Concorde und hinter mir der Louvre. *Hübsch*? Mir fiel gar kein angemessenes Wort ein, um diese Pracht zu beschreiben.

Die Wohnung stand auf einem anderen Blatt. Es war eine winzige Zweizimmerwohnung, und wir waren zu viert. Phyllida bezog mit ihrem Freund das Schlafzimmer. Annie bekam die Couch im Wohnzimmer, und ich schlief in den nächsten sechs Wochen im Wandschrank, wenn ich mich nicht gerade in Israel oder Afghanistan herumtrieb.

Mein zweites Heim in Paris war eine Ausziehcouch im Wohnzimmer meines Kollegen Hubert in der Rue Vieille du Temple. Eine Steigerung gegenüber dem Wandschrank, aber keine große.

Als ich also im Morgengrauen vor Wohnung Nummer drei in der Rue St. Denis stand, eine müde Vagabundin mit einer Kameratasche über der einen und einer Reisetasche über der anderen Schulter und einer fünf Zentimeter langen, gerade verkrusteten Wunde am Arm, bekam ich plötzlich das Gefühl, daß ich dort trotz der Hausschlüssel in meiner Tasche nicht zu Hause war. Abgesehen von den grünen Männern mit Besen, Mülleimern und riesigen Staubsaugern für Hundehaufen und den Bäckerjungen, die dem Café Costes an der

Ecke einen braunen Strauß frischer Baguettes lieferten, waren die Straßen von Les Halles völlig verlassen.

»Komm nach Hause«, hatte Marion am Telefon zu mir gesagt. Zum Glück wohnte sie nicht weit entfernt.

Ich überquerte die Straße, ging ein kleines Stück den Boulevard de Sébastopol entlang und gab an der Tür des Hauses, in dem Marion wohnte, den Sicherheitscode ein. Die Tür öffnete sich mit einem Klicken, ich ging hinein und stieg die sechs Stockwerke zu ihrer Wohnung hoch. Sie kam im Schlafanzug an die Tür. Die Sonne warf gerade die ersten Strahlen durchs Fenster, und die Kombination von Schlafanzug und Licht trieb mir die Tränen in die Augen.

Ich reichte ihr die Schachtel Pralinen, diese kleinen, auf deren Verpackung die Alpen, verschlafene Dörfchen und Kirchtürme abgebildet sind. »Die sind für dich«, sagte ich lächelnd.

»Oh, Schweizer Schokolade! Lecker! Laß mich mal deinen Arm sehen.« Sie griff nach meiner Hand und betrachtete die Wunde. »Oh! *Lovely*. Dann wollen wir dich mal saubermachen, was?« Marion war meine einzige französische Freundin, die Englisch mit mir sprach. Sie hatte die klassisch britische Aussprache gelernt, und wenn sie Wörter wie *lovely* oder *shall we* sagte, klang sie wie Mary Poppins. Als wir uns einmal über ihren Freund unterhielten, brachte ich ihr den Ausdruck *little shit* bei. Er gefiel ihr, und sie benutzte ihn oft.

Mit einem neuen Verband um den Arm schlief ich auf Marions Bett ein. Als ich erwachte, standen Baguette, Butter, Himbeermarmelade und frischer Kaffee auf dem Tisch. Ganz wie zu Hause.

»Mit dem Messer verletzt? Ach du Scheiße!«

»Ja, Scheiße«, sage ich zu Pierre.

Er hält kurz inne, um nachzudenken, überlegt sich seine Worte ganz genau. Dann sagt er voller Mitgefühl und ohne eine Spur von Ironie: »Die Planeten standen an dem Tag wahrscheinlich schlecht.«

»Die Planeten ...«, wiederhole ich und mache eine Pause, als würde ich diese Möglichkeit tatsächlich erwägen. »O ja, die Planeten. Wahrscheinlich hast du recht.« Mütterlich gebe ich ihm einen Kuß auf die Nase.

Er fährt mir mit dem Daumen über die Narbe, als wolle er sie ausradieren. Erschöpft schlafe ich mit dem Kopf an seinem Halsansatz ein. Mit der freien Hand streichelt er mein Haar. Einige Stunden später wache ich schweißgebadet auf. In meinem Traum hat der süße, attraktive, dumme, in Leder gekleidete Wolfliebhaber Pierre mir ein Messer an den Hals gehalten und mich enthauptet.

Am nächsten Tag gehen wir zu Fuß zurück zu dem ausgebombten Haus. Abgesehen von einem Absperrband der Polizei, sieht es aus wie am Tag zuvor. Pierre möchte zurück nach Paris, aber ich überzeuge ihn, noch einmal mit mir nach Junkies zu suchen. Diesmal haben wir Glück.

Er hat mokkabraune Haut, ein völlig zugewachsenes Gesicht, eine lange Hakennase und eingefallene Augen. Er könnte zwanzig sein. Oder vierzig. Bei Junkies weiß man das nie. Wir entdecken ihn zwei Straßen von dem ausgebombten Haus entfernt, wo er vor einer Reklametafel, die um Spenden für Hungernde bittet, ziellos auf und ab läuft. Obwohl der Junkie mindestens ein Meter achtzig ist, sieht er viel zerbrechlicher aus als das hungernde afrikanische Kind, das überlebensgroß hinter ihm auf dem Plakat prangt. Es ist ein milder Herbsttag, aber der Mann hat die Schultern vornübergebeugt, als ginge er durch einen eisigen Wintersturm. Die Hände hat er tief in die Taschen einer locker sitzenden, schmierigen Jeans gesteckt.

Ich sage zu Pierre, er solle mich reden lassen, und er steht einfach mit seinem muskulösen Körper in der schwarzen Lederjacke da und grinst. *»Qu'est-ce que tu vas faire?«* fragt er lachend. »Willst du einfach zu ihm gehen und sagen: ›Hallo, ich heiße Deborah und würde dich gerne beim Spritzen fotografieren?‹«

»Ja«, antworte ich, »genau das habe ich vor.«

Pierre sieht zu Boden, tritt mit der Stahlkappe seines Stiefels gegen den Bürgersteig und schüttelt ungläubig und amüsiert den Kopf. Aber als ich auf den Fixer zugehe, folgt er mir brav. Aus der Nähe erkenne ich, daß der Mann die Hände gar nicht zum Schutz vor der Kälte in die Taschen geschoben hat. Er kratzt sich geistesabwesend ziemlich heftig an den Oberschenkeln.

Der Mann will weggehen, aber ich rufe ihm hinterher. »He«, sage ich, »bleib stehen. Wir möchten mit dir sprechen.« Ich erzähle ihm, daß wir Fotografen sind. Daß wir den Auftrag haben, über das ausgebombte Haus zu berichten. Daß wir ihn gern fotografieren würden, wenn er nichts dagegen hätte. Sein Blick flitzt argwöhnisch von Pierre zu mir, beäugt die Kameraausrüstung, unsere Kleidung, den Presseausweis, den ich sichtbar in einer Plastikhülle an der Weste trage.

Dann sagt er auf englisch mit einem arabischen Akzent, den ich nicht identifizieren kann: »Das war ein schönes Haus, das sie in die Luft gejagt haben. Wirklich ein schönes Haus.« Mit vor der Brust verschränkten Armen kratzt er sich jetzt gleichzeitig an beiden Ellenbogen. Nach einigen Minuten höflicher Konversation – wie heißt du? (Ahmed), woher kommst du? (aus Ägypten), seit wann bist du in Holland? (seit fünf Jahren), bist du heroinabhängig? (ja), seit wann? (seit fünf Jahren), können wir dich beim Drücken fotografieren? (ja, wenn ihr dafür zahlt) – werden wir handelseinig. Da es mit unserer Fotografenehre schlecht zu vereinbaren wäre, Ahmed Bargeld zu geben, müssen Pierre und ich ihm eine Packung Orangensaft, ein Joghurt und ein Brot kaufen. Dafür dürfen wir ihn ablichten, wenn er sich Heroin spritzt.

Ich merke, daß Pierre, der zum Zeichen seines Einverständnisses ständig nickt, nichts von all dem verstanden hat. »*Tu as compris?*« – »Hast du verstanden?« frage ich ihn.

»*Pas du tout.*« Kein Wort.

»Es ist ganz einfach«, erkläre ich ihm. »Ahmed braucht ein paar Lebensmittel. Wir kaufen sie ihm und dürfen ihn dafür beim Drücken fotografieren.« Als ich die Worte ausspreche – oder besser, weil ich sie ausspreche –, erschrecke ich darüber, wie gefühllos sie klingen. Pierre auch. Zum ersten Mal, seit ich ihn kenne, erstirbt sein Lächeln.

»Ah, schon verstanden«, sagt er. »Das ist kein Journalismus. Das ist ein Geschäft.«

Nun ja, irgendwie schon, denke ich. Ahmed braucht etwas zu essen und vielleicht sogar ein bißchen Gesellschaft; ich brauche ein Bild. Möglicherweise trifft das Wort »Tauschhandel« die Situation besser. »Nenn es, wie du willst«, gebe ich zurück, »trotzdem ist das Journalismus. Also, wenn du zu deinen Wölfen und Falken zurückwillst, bitte schön. Ich kann es mir nicht leisten, auf diese Fotos zu verzichten.«

Pierre sieht mich an. Er sieht Ahmed an. Dann wieder mich. Dann sagt er zu Ahmed in seinem französisch klingenden, notdürftigen Englisch: »Okay, also gehen wir?«

»Ja«, sagt Ahmed. »Gehen wir.«

Pierre wirft mir einen gequälten, resignierten Blick zu.

Wir kaufen Joghurt, Brot und Saft in einem Geschäft in der Nähe. Pierre bietet sich an, die Plastiktüte zu tragen, aber Ahmed lehnt ab und sagt: »Das geht schon.« Er kratzt sich inzwischen wie wahnsinnig an den Oberschenkeln, beißt sich auf die Oberlippe und beugt sich vor – lehnt sich gegen den nicht vorhandenen Wind –, denn er hat jetzt nur noch den nächsten Schuß im Sinn. Ich sehe Pierre an. Plötzlich wirkt er klein in seiner großen schwarzen Jacke mit den glänzenden Reißverschlüssen und dem überdimensionalen Revers.

Während wir lostrotten und mit Ahmed Schritt zu halten versuchen, will ich einen neuen Film in meine Leica einlegen. Aber dafür bräuchte man eigentlich drei Hände: eine für die Kamera, eine für den Film und eine dritte für die abnehmbare Bodenplatte der Kamera. Wie immer nehme ich das dünne, kalte Metallstück zwischen die Zähne, doch als ich versuche, im Gehen die Lasche des Films in die kleinen Schlitze der Spule zu schieben, öffne ich unwillkürlich die Zähne, und das Stück Metall fällt klirrend auf den Bürgersteig. Als ich es aufheben will, fällt mein Blick auf die Narbe an meinem Arm.

Der Anblick bringt mich wie so oft aus dem Gleichgewicht,

und ich werde von Bildern überflutet, die ich mich bemüht habe zu verdrängen. Sie tauchen auf wie Dias in einem sich schnell drehenden Karussell, die gegen die dunkle Wand in meinem Kopf geworfen werden. Ich sehe Zürich, meine Kleidung auf dem Boden, die überraschten Männer, den blutgetränkten Waschlappen. Ich sehe den Fixer auf der öffentlichen Toilette in Paris. Er hatte eine halbe Zitrone bei sich. Wofür braucht er die? Um die Nadel zu säubern oder um das Heroin aufzukochen? Ich weiß es nicht mehr. Ich sehe Steve in der Pussycat Lounge, der sich im Spiegel beobachtet, während er sich in die Hand wichst, und wie er sich später die Hand an seinem Led-Zeppelin-T-Shirt abwischt. Ich sehe die Mudschahedin und die Mine und wie das Fleisch so unecht vom Knie herunterhängt, ich sehe die kotverschmierten Pos der Kinder und das glückliche Lächeln ihrer Mütter, die mir für die Tic-Tacs danken.

Man könnte es den Fluch des Fotografen nennen. Anders als die Erinnerungen an meine Kindheit, die keine klaren Linien und Umrisse, sondern verschwommene Ränder haben und mit Bewegungen und mit Gerüchen und Geräuschen verknüpft sind, kommen meine Erinnerungen, seitdem ich Fotografin bin, rechteckig und zweidimensional daher. Wenn man einmal gelernt hat, den richtigen Bildausschnitt über den Sucher der Kamera zu wählen, sieht man alles nur noch als Bildausschnitt, egal, ob man es fotografiert oder nicht. Und plötzlich bekommt die Erinnerung die Form eines Rechtecks. Die Weite eines Waldes wird zu zwölf Bäumen mit einem ausgleichenden Fels im Vordergrund. Ein Mensch wird zu einer Nahaufnahme der Krähenfüße um seine Augen. Ein Krieg wird zu rotem Blut auf weißem Schnee. Manchmal kommt es mir vor, als sei mein Kopf nicht mehr als ein Spiralbuch voller Negative, die nach ihren eigenen Gesetzen bei dem geringsten Anlaß in rasender Schnelligkeit entwickelt werden.

Wir kommen schließlich zu einem nach außen hin vollkommen normal aussehenden Haus in einem vollkommen normal aussehenden Viertel. Es hat einen separaten Eingang zu einer

Kellerwohnung. Wir steigen die schmale Treppe hinunter, und noch bevor wir um die Ecke biegen, dringt uns ein stechender, undefinierbarer Gestank in die Nase.

Im Zimmer ist es ziemlich dunkel; es wird nur von einer nackten Glühbirne erhellt und von dem bißchen Tageslicht, das durch die beiden winzigen Fenster hereinkriecht. »Das ist Gunther«, sagt Ahmed und weist auf einen blonden Mann, der weggetreten zwischen halb gegessenen Fertiggerichten, zerknüllten Zeitungen, ausgedrückten Zigaretten, Löffeln, Papier- und Aluschnipseln in einer kleinen Pfütze seines eigenen Urins liegt. Der Ledergürtel, mit dem er das Blut gestaut hat, ist gelockert, sein Gesicht wirkt ruhig und irgendwie engelsgleich. Ahmed stellt die Lebensmittel auf einen aus Milchkartons gebauten Tisch und räumt eine Stelle auf dem Boden frei, damit Pierre und ich uns vor seine Matratze setzen können. »Tut mir leid mit dem Gestank. Die Toilette ist schon seit Wochen kaputt«, sagt er, doch er scheint es nicht wirklich zu bedauern. Unten an der Treppe liegt hinten links in der Ecke ein kleiner säuberlicher Haufen menschlicher Exkremente.

Pierre bietet mir eine Zigarette an, die ich erleichtert annehme. Ahmed hält er ebenfalls die Schachtel hin, doch der winkt ab, greift statt dessen in seine Hosentasche und gräbt seinen kleinen, in Alufolie gewickelten Schatz aus. Ich ziehe einmal an der Zigarette, aber als ich das Heroin in Ahmeds Hand sehe, drücke ich sie sofort aus. Ich greife nach meiner Leica. Ich denke nicht mehr darüber nach, daß wir in einer zugemüllten Drogenhöhle sitzen, sondern konzentriere mich auf die vor mir liegende Aufgabe. Plötzlich bin ich keine Amerikanerin mehr, die mit einem ägyptischen Junkie in einem vollgeschissenen Keller redet. Plötzlich verliert der Raum die dritte Dimension, zerfällt die Zeit in Sekundenbruchteile und erstirbt jede Bewegung, wird für die Ewigkeit im Sucher eingefroren. Ich bin eine Maschine, nichts anderes als eine mechanische Verlängerung meiner Kamera.

Eigentlich müßte ich in Schwarzweiß schießen, denke ich, aber ich habe einen 400-ASA-Ektachrome-Farbfilm eingelegt; Schwarzweißfotos kann Gamma schlecht verkaufen. Ich erwäge kurz, einen Blitz zu benutzen, beschließe dann aber, statt dessen mit dem vorhandenen Licht zu arbeiten, einer Mischung aus Tageslicht und Wolfram. Die Bilder werden dadurch rotstichig, aber das halte ich immer noch für besser als den Blitz, der die Aufnahme verflachen und ihr Kontur und Intensität rauben würde. Dann merke ich, daß ich selbst bei weit geöffneter Blende mit 1/8 s Belichtungsdauer kaum hinkomme, fange daher wieder an zu überlegen, doch Ahmed kocht jetzt schon das Heroin im Löffel auf, und mir bleibt keine Zeit mehr. Dann eben ohne Blitz. Ich stelle einfach auf 800 ASA. Die Bilder werden dann sehr grobkörnig und, wenn Ahmed sich auch nur ein bißchen bewegt, verschwommen, aber es ist immer noch die beste Möglichkeit. Pierre macht es mir nach und läßt den Blitz in der Tasche. Aber als er den Lichtmesser im Sucher sieht, dreht er sich hilflos zu mir um. »Äh, Deborah, wir haben kein Licht«, stellt er fest.

»Kein Blitz«, gebe ich zurück. »Du machst mir die Bilder kaputt, wenn wir gleichzeitig schießen.«

»Was denn für Bilder?« flüstert er jetzt. »Bei dieser Belichtungszeit werden dabei überhaupt keine herauskommen.«

Pierre ist es gewohnt, seine Wölfe und Falken in reflektierendem Schnee oder in der Wüstensonne zu fotografieren; bei so viel Licht hat er selbst bei 1/500 s alle Tiefenschärfe, die man sich wünschen kann.

»Stell auf 800«, erwidere ich leicht verärgert.

Wieder blickt er durch seinen Sucher. »Ich kann nicht mit einem Fünfzehntel schießen!«

»Mach's einfach!« entgegne ich barsch.

Pierre spürt meine Verärgerung und ist still.

Nahaufnahme von Löffel und Feuerzeug. Klick. Nahaufnahme von Aderpresse um Arm. Klick. Nahaufnahme von der Nadel, die in die Haut sticht. Klick. Nahaufnahme von dem Blut, das in die Spritze schießt. Klick. Horizontale Halbtotale von Ahmeds Oberkörper, mit dem angewinkelten Ellenbogen im Mittelpunkt. Klick. Vertikaler Schuß vom gleichen Motiv. Viel besser. Klick. Noch ein paar Halbtotalen aus verschiedenen Winkeln. Klick. Klick. Klick. Weitwinkel von Ahmed, weggetreten auf der braun gefleckten Matratze, und Gunther weggetreten im Hintergrund, dazu Essensreste, Zeitungen, Zigarettenstummel und ganz weit hinten am Rande des Bildes der Scheißhaufen vor der Treppe. Klick.

Ahmed liegt halb bewußtlos auf der Matratze, und Pierre reicht mir noch eine Zigarette und zündet sich auch eine an. Wir rauchen sie schweigend bis zum Filter. Pierre wirft seine Kippe in den Rest Flüssigkeit in einer alten Bierflasche und springt plötzlich in einem Anfall von Schaffensdrang auf. Er nimmt die Tüte mit den Lebensmitteln, entleert sie auf den Tisch und fängt an, den Müll im Zimmer in die Tüte zu stopfen: Zigarettenstummel, Milchkartons, leere Cola-Dosen und Bierflaschen, alte Wattetupfer und die Papierverpackungen von alkoholgetränkten Tupfern, wochenalten Reis mit Hühnerknochen, zerknülltes Papier, eine Plastikgabel, der ein Zinken fehlt, eine abgebrochene Nadel und sogar ein paar Staubmäuse aus den Zimmerecken. Ich nehme ihm die Tüte aus der Hand und halte sie auf. Ein Stück Alufolie wandert hinein. Kaugummipapier. Eine halbe Zitrone, deren köstlicher Saft längst ausgedrückt wurde. Aber als sich Pierre dem Kot nähert, hält er inne. »Das kann ich nicht«, sagt er. Er sieht aus, als würde er gleich weinen.

»Das mach ich schon«, erwidere ich. Ich stelle den Müllbeutel ab und hebe eine leere Plastiktüte vom Boden auf. Mit der in Plastik gehüllten Hand schaufle ich den Haufen in den Müllbeutel, so wie ich es in meinem Sommer bei Magnum die Hundebesitzer im Central Park habe tun sehen. Es würgt mich dabei in der Kehle, doch ich kann mich gerade noch zusammenreißen. Ich nehme Pierre die gefüllte Tüte ab, binde die beiden Plastikgriffe zusammen und stelle den gesammelten Dreck auf den Treppenabsatz.

»Das Zimmer ist immer noch schmutzig«, stellt Pierre fest.

»Ich weiß«, entgegne ich, »es ist ein Saustall.« Aber man kann nicht jedem kaputten Menschen auf der Welt helfen, denke ich. Man kann nicht jedem Junkie, jedem hungernden Kind in Afrika, jedem schreienden, verängstigten, napalmverseuchten vietnamesischen Mädchen helfen, das einem über dem Weg läuft. Das ist nun einmal nicht möglich.

Auf die Rückseite eines Gamma-Umschlags schreibe ich Ahmed eine Nachricht. »Lieber Ahmed, danke, daß Du uns geholfen hast. Paß auf Dich auf. Gruß, Deborah und Pierre.« Mit einem Stück Klebeband hefte ich sie an die ungeöffnete Packung Orangensaft. Wenn er mich erreichen will, kann er die Nummer der Agentur anrufen, die auf dem Umschlag steht. Aber ich weiß, daß er das nicht tun wird. Ich deute mit dem Kopf zur Tür, und auf dem Weg nach oben nimmt Pierre den Müllbeutel mit. Wir werfen ihn in eine öffentliche Mülltonne. Als wir später in einem fast leeren Zug zurück nach Paris fahren, lassen wir das Fenster unseres Abteils trotz der kühlen Herbstluft weit geöffnet.

Pierre wird das, was er an diesem Tag gesehen hat, so verstören, daß er seine Kamera eine ganz Woche lang nicht mehr in die Hand nimmt. Dann kehrt er zurück nach Kanada zu seinen Wölfen.

Ich ordne meine rechteckigen Erinnerungen in eine unzugängliche Schublade in meinem Hinterkopf, kehre zurück in mein kleines Apartment in der Rue St. Denis, schlafe einen ganzen Tag lang und rufe dann Patrick Zachmann an, um ihm zu sagen, daß ich mich nicht bei Magnum bewerben wolle. Und zwar, weil ich noch nicht soweit sei, sage ich, obwohl ich weiß, daß ich niemals soweit sein werde. Ich sehe die Dias aus Arnheim durch und reiche die guten an die Agentur weiter. Die Bilder sind sicherlich keine tausend Worte wert, vielleicht nur diese acht: »Das ist Ahmed beim Drücken. Es ist traurig.« Im Laufe des kommenden Jahres verkauft Gamma das Bild von Ahmed so oft, daß ich meine Reisekosten herausbekomme. Mit den Fotos von dem ausgebombten Haus, für die ich losgeschickt wurde, verdiene ich nicht einen einzigen Franc.

Als Pierre von seiner Wolfexpedition aus Kanada zurückkehrt, nimmt er mich auf seiner Honda mit zu einer ausgedehnten Motorradtour um Paris. Wir werden Freunde, er wird mein Geliebter, oder wie immer man es nennen will, und wir verbringen viele schöne Nächte zusammen, wann immer sich einer von uns einsam fühlt. Wir sprechen niemals über Ahmed, den Keller oder die Mülltüte. Und die Narbe an meinem Arm wird zwar nie gänzlich verschwinden, doch zu einem fast unsichtbaren Strich verblassen.

Zweiter Teil ► Entwicklung stoppen

Julian

Mr. Nduku wischt eine Fluse von seinem grauen Synthetikanzug. »Tut mir leid«, sagt er, auf der Kante seines Stahlschreibtisches sitzend, »aber Sie werden diese Reportage leider nicht machen können.« Mr. Nduku ist ein Beamter mittleren Ranges im Pressebüro von Harare in Simbabwe. Ich soll nämlich über einen halboffiziellen Dschungelkrieg berichten, der, seltsam genug, im Namen der Nashörner geführt wird. Vor ein paar Tagen schickte mir Nduku über das Konsulat von Simbabwe in Paris ein Bestätigungsfax, in dem er mir die Erlaubnis erteilte, über den Krieg – Tarnname »Operation Stronghold« – zu berichten, und mir versprach, für mich die Fahrt in den Dschungel zum Camp der staatlichen Einsatztruppe gegen die Wilderer zu organisieren.

»Wie meinen Sie das?« frage ich. »Ich habe doch Ihre Bestätigung.« Ich wühle in meinen Papieren herum, doch Mr. Nduku erhebt sich und bedeutet mir aufzuhören, indem er mit seinen dicklichen Händen beschwichtigende Gesten macht. Er ist fast genauso klein wie ich, dafür aber ungefähr viermal so breit; die braune Haut quillt in Wülsten aus seinem Kragen, der ihn beinahe zu erwürgen scheint. Hinter ihm an der Betonwand hängt ein mit gelbem Klebeband befestigtes eingerissenes und verblichenes Plakat vom Fremdenverkehrsverein; es zeigt ein Comic-Nashorn, das auf einer Landkarte von Simbabwe steht. In großen schwarzen Buchstaben verkündet es: *Simbabwe – das Land des Nashorns.*

»Hören Sie«, sagt er und legt mir nun lächelnd die Hand auf

den Arm. »Sie brauchen mir das nicht zu zeigen. Ich habe es selbst geschrieben. Ich weiß, was da steht.« Sein Lächeln wirkt unecht, ja höhnisch.

»Na gut, was genau brauchen Sie denn?« frage ich und entziehe ihm ruppig meinen Arm. Inzwischen bin ich korrupte Beamte gewohnt und kenne die Sprache der Bestechung. Ich frage sie, was sie »brauchen«, und sie sagen mir, wie »glücklich« sie wären, wenn ich so eine Flasche Johnny Walker oder so eine Stange Marlboro oder, noch besser, diese Turnschuhe von Nike mit den aerodynamisch verstärkten Einlagen in Größe 40 besorgen könnte. Ein kluger Journalist hat immer solche Geschenke dabei, besonders in unterentwickelten Ländern. Viele Nachrichtenorganisationen haben sogar ein eigenes Budget für diese Art von Bezahlung; sie schicken ihre Produzenten, Kameraleute, Journalisten und Fotografen mit riesigen Säcken voller *ABC-News*-Baseballkappen, *NBC-News*-Schlüsselanhänger, *Newsweek*-Anstecknadeln oder *Time-Magazine*-Kugelschreibern in die Welt hinaus. Gamma hat kein Geld für so einen Luxus, deshalb habe ich immer ein paar Zippos dabei, die ich in den Duty-free-Shops dieser Welt für den Fall gekauft habe, daß mal jemand etwas »braucht«.

Aber als ich Nduku ins Gesicht sehe und versuche, seine Wünsche zu ergründen, wird mir klar, daß es mit so einem schicken Feuerzeug diesmal nicht getan ist. Ich erkenne es an der Art, wie er mich ein wenig von der Seite anschaut, an seinem schiefen Lächeln, dem schräg gelegten Kopf. Es ist der fragende Blick, den mir auch der Exhibitionist in der Combat Zone zuwarf, den Aidan an dem Abend vor der Abschlußfeier draufhatte. Es ist der Blick, den ich schon viele Male gesehen habe, der Blick, bei dem die Gesichtsmuskeln über Sehnen direkt vom Unterleib her bewegt werden.

»Was ich brauche?« fragt er mit noch breiterem Grinsen. »Gehen Sie heute abend mit mir essen, dann zeig ich's Ihnen.«

»Wie bitte?« entgegne ich und stelle mich dumm. Ich hasse diese Situationen.

»Ich habe gesagt«, antwortet er und greift dabei nach meinen Händen, fährt mit dem Daumen über meine linke Handfläche, »daß ich Ihnen zeige, was ich brauche, wenn Sie heute abend mit mir nach Hause kommen.« Er preßt seinen Körper an meinen Oberschenkel. Er ist erregt.

Ich entreiße meine Finger Mr. Ndukus verschwitzten Händen, mache zwei Riesenschritte rückwärts und stoße dabei gegen einen Stuhl. »Tut mir leid, Mr. Nduku«, sage ich, »aber das geht auf gar keinen Fall.«

Kaum etwas ist so abscheulich wie ein Fremder mit einem Ständer, der einem die Hand tätschelt, besonders wenn man seine Einwilligung oder Hilfe, ein Interview oder ein Foto von ihm braucht, um der eigenen Arbeit nachgehen zu können. Auf einer meiner Reisen nach Israel fotografierte ich Moshe – einen achtzigjährigen, aus Brooklyn übersiedelten ultraorthodoxen Rabbi mit weißem Bart – und befragte ihn über seinen Glauben an den Messias und seine Freundschaft mit Yassir Arafat, als er plötzlich mitten im Gespräch den Rekorder ausstellte und mit groben, knochigen Fingern nach meinen Händen griff. Das hätte mich kaum beunruhigt, wenn ich nicht gewußt hätte, daß ultraorthodoxe Juden keiner Frau in die Augen sehen, geschweige denn sie berühren dürfen. Dann war da noch die Sache mit unserem Treffpunkt: Weil Moshe in der Öffentlichkeit nicht mit einer Frau sprechen durfte, hatte er darauf bestanden, das Interview in meinem Hotelzimmer durchzuführen. Aber als ich gerade etwas sagen wollte wie: »Entschuldigung, Rabbi, aber was tun Sie da eigentlich?«, warf er mich aufs Bett und steckte mir die Zunge in den Mund. Das war noch schlimmer, aber nicht viel.

(Und ja, wen es interessiert, ich habe ihn anschließend windelweich geprügelt. Und hätte ihn auch noch die Treppe hinuntergestoßen, wenn mich nicht ein entsetzter Zuschauer zurückgehalten hätte.)

Nach Simbabwe zu gehen und Operation Stronghold zu fotografieren war Xaviers Idee. Xavier war der verantwortliche Redakteur für eine der profitableren Abteilungen bei Gamma, die schlicht *magazine* hieß. Ich brauchte geraume Zeit, bis ich verstand, daß *magazine* soviel bedeutete wie »Dokumentationen« und daß man in der Hierarchie von Gamma einen weitaus höheren Status besaß, wenn man *magazine* statt aktueller Berichterstattung machte. Es bedeutete, daß man eher ein Künstler, weniger ein Abenteurer war, daß man in seinem Beruf einiges Ansehen genoß. Bevor ich diese Unterscheidung kannte, dachte ich immer, wenn mich ein anderer Fotograf fragte: *»Tu fais du magazine ou du news?«* – »Machst du Dokus oder Aktuelles?«, er wolle wissen, ob ich für Magazine oder für Zeitungen arbeite, so daß ich immer antwortete: »Les deux«, also »beides«. Das machte immer ordentlich Eindruck, weil ich noch sehr jung war und nur die besten Fotografen aus den Agenturen die begehrten Dokumentationsaufträge bekamen.

Auch überraschte mich, daß *magazine*-Aufträge gut bezahlt wurden. Im Gegensatz zur aktuellen Berichterstattung, bei der sich Fotograf und Agentur die Kosten teilten, wurden bei Doku-Aufträgen für ein Magazin wie *Géo* sämtliche Kosten übernommen, und dazu gab es (damals) ungefähr 10 000 Francs pro Woche als Vergütung. Als Sylvie, die Bildredakteurin von *Géo*, mich eines Tages anrief und mir sagte, ich solle zweieinhalb Wochen lang um den ganzen Globus reisen, um über eine weltweite Schatzsuche zu berichten, wofür sie mir Spesen plus 20 000 Francs zahlen würde, konnte ich mein Glück gar nicht fassen.

Die Schattenseite von Features – besonders wenn man einen Auftrag vom eleganten, konservativen *Figaro Magazine* hatte – war allerdings, daß es für die von den Magazinen erwarteten Fotos oft erforderlich war, teures, aufwendiges Lichtequipment einzusetzen und die Grenze zwischen Fakten und Fiktion zu verwischen. Featurefotos werden oft auf eine Weise produziert, die die Franzosen *photo montée* nennen, abgeleitet von dem Verb *monter*, das ungefähr dreiundzwanzig verschiedene Bedeutungen hat, von »montieren« bis zu »bearbeiten«, in diesem Zusammenhang allerdings »inszenieren« bedeutet.

Sagen wir mal, ich hätte den Auftrag, eine Dokumentation über das Wasserpfeife-Rauchen in Kairo zu schießen. Anstatt in irgendein Lokal zu gehen und einfach die sich mir darbietende Szene zu fotografieren, würde ich Gäste, Tische und Wasserpfeifen nach meinen Vorstellungen anordnen. Auf der einen Seite würde ich zwei Ägypter an einen Tisch setzen, auf der anderen zwei westliche Touristen, dann würde ich dafür sorgen, daß sie, und zwar exakt im Moment des Sonnenuntergangs, auf so etwas wie einem Balkon sitzen und auf die glitzernde Stadt zu ihren Füßen hinuntersehen. Zur besseren Beleuchtung würde ich ein Balcar oder vielleicht ein Dynalight oder einen Norman-Blitz unter die Decke hängen, würde einen weiteren, durch einen Softboxaufsatz gedämpften Standblitz auf mein Motiv richten und Belichtungszeit und Blende so einstellen, daß sowohl mein Motiv als auch der Sonnenuntergang im Hintergrund gut herauskommen.

Photo montée hielt ich für Schwachsinn. Das war Werbefotografie, kein Journalismus, es widersprach meinem puristischen Berufsethos. Außerdem, wer will schon ständig vier große Metallkoffer mit Blitzlichtern mit sich herumschleppen? Ich fand das absurd. Und was noch schlimmer war: Die wachsende Beliebtheit von *photo montée* verführte Fotografen wie Pascal dazu, eine Kampfszene zu stellen, sie zu fotografieren und ohne jede Skrupel als Wahrheit zu verkaufen.

»Tu sais comment ça se fait, la photo montée?« – »Weißt du, wie man gestellte Bilder macht?« fragte mich Xavier irgendwann. Ich saß an einem langen Konferenztisch im Fotografenraum von Gamma und ging zwei riesige Stapel mit Dias durch, die ich im vergangenen Monat aufgenommen hatte.

»Non«, erwiderte ich, ohne aufzusehen. *»Et je n'ai pas envie d'apprendre.«* – »Und ich hab auch keine Lust, es zu lernen. Warum?«

»Ach, nur so«, sagte er. Dann erzählte er, er habe einen Auftrag für eine Dokumentation zu vergeben, »über so einen verrückten kleinen Krieg in Simbabwe«, aber da ich *photo montée* ja nicht lernen wolle, solle ich mir nicht meinen hübschen kleinen Kopf zerbrechen, er würde einfach einen anderen englischsprachigen Gamma-Fotografen losschicken.

Mir blieb nicht viel Zeit für die Antwort: drei, vielleicht vier Sekunden. Ein Feature (leicht verdientes Geld) über einen Krieg (Abenteuer) in Simbabwe (weit weg, war ich noch nie)? »Wann soll ich losfahren?«

»Viens dans mon bureau, mon petit chou«, sagte er. – »Komm in mein Büro, mein kleiner Kohlkopf.« Er zwinkerte mir zu. Ich verschränkte beklommen die Arme vor der Brust und erhob mich, um ihm zu folgen. Doch er machte eine Verbeugung, sagte mit einer einladenden Armbewegung: *»Après toi!«* und hielt sich auf dem engen Flur zu seinem Büro hinter mir. Ich vernahm ein grunzendes Geräusch, gefolgt von einem *»Quel joli cul«* – »Was für'n hübscher Arsch«.

In seinem Büro achtete ich darauf, daß die Tür geöffnet blieb. Xavier erklärte mir die Situation. Da Rhinozerosse immer seltener wurden und das aus ihren Hörnern gefertigte Pulver im Fernen Osten unter anderem wegen seiner angeblichen aphrodisischen Wirkung außerordentlich geschätzt wurde, hatte sich das illegale Abschlachten der Tiere in Simbabwe zu einem großen Geschäft entwickelt – weshalb sich die armen Wilderer aus Sambia über den Sambesi ins Land stahlen und nicht nur die Nashörner, sondern auch die Wildhüter töteten, die sie von der Jagd abhalten wollten. Das Ganze, erklärte Xavier, habe eine gewisse Ähnlichkeit mit dem Krieg, den die amerikanische Drogenbehörde in den Bergen von Kolumbien führte.

Um die Nashörner und die sie bewachenden Wildhüter zu schützen, hatte die Regierung von Simbabwe angeordnet, auf jeden Wilderer, der auf frischer Tat ertappt wurde, zu schießen. Xavier wollte, daß ich ins Sambesi-Tal fuhr, wo die gegen die Wilderer eingesetzten Einheiten ihr Lager aufgeschlagen hatten, und über die dort kämpfenden Soldaten eine Bildgeschichte im Magazinstil machte. Er nannte mir den Namen eines Kontaktmannes im Konsulat von Simbabwe in Paris, riet mir, alles schnell in die Wege zu leiten, bevor Sygma oder Sipa auf die Geschichte aufmerksam würden, und erklärte mir dann, gen Himmel weisend und mit einem sehnsüchtig in die Ferne gerichteten Blick, wie er sich die Fotos vorstellte: »Gut ausgeleuchtet. Eine kleine Prise Balcar, vielleicht ein Aufheller oder ein Goldreflektor. Laß die Soldaten mit den Gewehren posieren, sie sollen richtig bedrohlich und angsteinflößend aussehen.«

Ich hatte gehört, daß Xavier seinerzeit nur ein mittelmäßiger Fotograf gewesen war. Daß er mich jetzt Kisten voller Standblitze in einen Krieg schleppen lassen wollte, gab mir zu denken. »Xavier«, sagte ich, »hast du schon mal in einem Krieg fotografiert?«

»Nein, warum?«

»Gut, ich erklär's dir. Das ist kein Thema, das sich für eine *photo montée* eignet.« Ich sagte, ich arbeitete lieber mit natürlichem Licht, besonders wenn ich dabei mit bewaffneten Männern durch den Dschungel stapfen müsse.

Er konterte mit der rhetorischen Frage, ob ich schon einmal einen Dokumentationsauftrag gehabt hätte, und als ich verneinte, grinste er mich selbstgefällig an und meinte, wenn ich meine Story verkaufen wolle, sollte ich auf jeden Fall das entsprechende Lichtequipment mitnehmen.

»Was soll das heißen, wenn ich die Story verkaufen will? Ist das jetzt noch gar kein Auftrag?« fragte ich. Soviel zum Thema schnellverdientes Geld.

»Nein, noch nicht«, sagte er und drehte auf dem Knöchel seines Daumens einen Stift wie einen Propeller. Er meinte, ich bräuchte mir keine Gedanken zu machen. Gamma würde mir das Geld vorschießen. »Du kannst die Hälfte zurückzahlen, wenn wir die Story an das *Fig Mag* verkauft haben, denn die nehmen sie bestimmt, wenn sie sehen, wie gut die Bilder ausgeleuchtet sind.«

Leider war ich mir nicht so sicher, daß das *Fig Mag* – kurz für *Figaro Magazine* – meine Nashornstory kaufen würde, selbst wenn die Fotos gut ausgeleuchtet waren. Der *Figaro* mochte Beiträge über französische Käsereien, französische Winzer, den französischen Adel und französische Schauspieler. Geschichten über Menschen aus anderen Nationen mochte man dort nicht, höchstens Artikel über algerische Immigranten, die in den Vororten von Paris randalierten, oder Bilder mit Texten zu den absurden Exzentrizitäten der Briten. Was den Verkauf einer Story an den *Figaro* betraf, hatte der Krieg um die Erhaltung der Nashörner in Simbabwe drei Nachteile: 1. Es war ein Krieg; 2. es ging um Nashörner; 3. es ging um Schwarze. Da meine finanzielle Lage wie immer prekär war, gab mir das durchaus Anlaß zur Sorge.

Der Flug nach Simbabwe kostete allein schon 6000 Francs. Aber die Sache klang interessant, und ich war reif für ein neues Abenteuer. Außerdem brauchte ich einen neuen Stempel im Reisepaß. Da ich mit einem Touristenvisum in Paris lebte, mußte ich das Land nach spätestens drei Monaten verlassen, sonst konnte ich ausgewiesen werden. Außerdem dachte ich mir, selbst wenn ich die Story nicht verkaufte, könnte ich immer noch auf Vorrat Bilder von Elefanten schießen. Von Elefanten konnte man nie genug Fotos im Archiv haben. Ich entschloß mich, das finanzielle Risiko einzugehen.

»Okay, Xavier, ich fahre. Aber ich mache es so, wie ich es will«, sagte ich.

Xavier starrte mir schon wieder auf den Busen. »Und wie wäre das, mein kleiner Kohlkopf?«

»Ohne Balcars, ohne Reflektoren«, erklärte ich. »Und ich bin nicht dein Scheißkohlkopf!«

»Comme tu veux«, sagte Xavier gönnerhaft. »Wie du willst. Ist ja dein Geld.« Er säuberte mit der Ecke eines Diarahmens seinen Fingernagel. »Ach«, sagte er, als ich gerade gehen wollte, »vergiß nicht, einen toten Wilderer zu fotografieren. Ohne toten Wilderer, mein kleiner Kohlkopf, gibt es keine Story.«

Genervt und voller Sorgen verlasse ich das Büro von Mr. Nduku. Da macht sich Xavier Gedanken, ich könne möglicherweise ohne ein Bild von einem erschossenen Wilderer heimkehren, und nun komme ich vielleicht mit völlig leeren Händen zurück. Es ist wirklich zum Lachen: Der einzige Mann, der mich in ein Gebiet schleusen kann, in dem sich Männer wegen eines sagenumwobenen Aphrodisiakums gegenseitig abmurksen, bringt mich nur dahin, wenn ich mit ihm ins Bett steige. Da das nicht in Frage kommt, stehe ich nun ohne Begleitung, ohne Kontaktperson und ohne eine Ahnung da, wo gekämpft wird und wie man überhaupt dorthin gelangt. Das Sambesi-Tal ist groß; man nimmt nicht einfach einen Bus und ruft in die Gegend: »He, hat hier jemand 'nen Krieg gesehen?«

Als ich Xavier von meinem Hotel in Harare aus anrufe und ihm von meiner mißlichen Lage berichte, reagiert er völlig gelassen: »Wo liegt da das Problem? Wenn Nduku der Zerberus ist, mußt du halt ein bißchen nett zu ihm sein.«

Na klar, denke ich. Du hast gut reden, du notgeiler Lüstling. »Das klingt für mich nicht nach einer Lösung«, erwidere ich. Ich knalle den Hörer auf die Gabel und rufe erneut bei Gamma an. Diesmal lasse ich mich mit Marion verbinden.

»Ach, Herzchen, das tut mir leid«, sagt sie. Sie rät mir, Schadensbegrenzung zu betreiben und heimzufliegen.

Ich lege auf und gehe auf einen Drink hinunter in die Hotelbar. Ich hoffe, ich kann mich so weit beruhigen, daß mir etwas weniger Drastisches einfällt, als aufzugeben. Es ist warm und sonnig, daher setze ich mich in den Innenhof, trinke ein Bier, lese die *Herald Tribune* und überlege, was ich nun machen soll. Als ich in der sengenden afrikanischen Hitze einen Beitrag über Lech Walesa überfliege, höre ich zwei Journalisten am Nebentisch über den jüngsten Aufstand in Mosambik reden. »Schade, daß ich nicht dabei war«, sagt der eine mit einem vornehmen britischen Akzent. Er ist jung, vielleicht Ende Zwanzig oder Anfang Dreißig, und hat lockiges dunkelblondes Haar. Er sieht zwar ziemlich gut aus, doch nach seiner Haltung zu urteilen, scheint er das nicht zu wissen. Sein ungepflegter Look weist ihn als Zeitungsreporter aus: Sein Haar könnte dringend einen Schnitt gebrauchen, an seinem Hemd fehlt ein Knopf, der Kragen ist durchgescheuert und eingedrückt. Aus seiner Brusttasche ragen Notizblock und Kugelschreiber, und darauf prangt ein Tintenfleck von der Größe einer Münze.

»Na ja, dann halt beim nächsten Mal«, sagt der andere und nippt an seinem Scotch. Er ist ein schwarzer Amerikaner mittleren Alters, ein ernster, würdevoller Mann.

Ich gehe zu den beiden hinüber. »Haben Sie was dagegen, wenn ich mich dazusetze?« frage ich.

»Ganz und gar nicht«, lächelt der junge Brite. Der schlichte Satz klingt bei ihm äußerst vornehm.

Ich lade meine Sachen ab und ziehe einen Metallstuhl von meinem Tisch heran. Die Beine kratzen über den Betonboden. Der Jüngere springt auf und nimmt ihn mir ab, hebt ihn hoch und stellt ihn an ihren Tisch. Dann bietet er mir mit einem höflichen »Bitte sehr!« den Platz an. Der Ältere stellt sich vor. Ich bekomme seinen Namen nicht mit, weil ich den Jüngeren anstarre, ich höre nur, daß er sagt, er arbeite für die *New York Times*. Der Jüngere – er heißt Julian – erinnert mich an einen schüchternen englischen Schuljungen. Er kann mir nicht länger als ein oder zwei Sekunden in die Augen sehen.

Dann starrt er wieder sein Bier an. Er erzählt mir, er sei als Auslandsredakteur für die BBC und die *Financial Times* in Harare, sei vor knapp einem Jahr hierher versetzt worden. »Bist du gerade angekommen?« fragt er mich und dreht dabei sein Glas in den Händen, als bekäme er sonst den Mund nicht auf.

»Ja«, antworte ich. »Ich bin Fotografin bei Gamma und soll über den Nashornkrieg berichten.«

Der *Times*-Reporter lacht. »Einen Krieg würde ich das nicht gerade nennen. Ich meine, sicher haben die Waffen und so, aber ich glaube nicht, daß die wirklich wissen, was sie da unten machen. Hast du schon mal über einen Krieg berichtet?«

Ich prahle ein bißchen, so als wäre ich ein alter Hase. »Ja, sicher. Israel, Afghanistan, bin schon rumgekommen ...«

Die Männer geben sich beeindruckt. »Aha«, sagen sie, »ach, wirklich?«, aber ich merke, daß sie viel lieber ihr Gespräch fortgeführt hätten, bei dem ich sie unterbrochen habe.

Ich wechsle das Thema und komme direkt zur Sache. »Hört mal zu«, sage ich, »Julian und ... äh ...«

»Ken«, sagt der Mann von der *Times*.

»Ja, Ken. Ich hab da ein kleines Problem.« Ich erzähle ihnen von meinem Dilemma mit Nduku, versuche die Geschichte zu bagatellisieren. Die beiden lachen nervös, inzwischen wirken sie eher teilnahmsvoll als desinteressiert.

»Willkommen in Afrika«, sagt Julian.

»Ja, ich weiß auch nicht, was ich dir raten soll«, meint Ken.

Julian nimmt noch einen Schluck Bier, dann kommt ihm eine Idee. Er sagt, er kenne einen Journalisten vor Ort, der über die Operation Stronghold berichtet habe und der mir vielleicht ein paar Tips geben könne. Er hat die Telefonnummer aber nicht zur Hand und schlägt mir deshalb vor, ihn nach Hause zu begleiten, wo er dann die Visitenkarte des Typen heraussuchen und ihn anrufen will. Ich bin Feuer und Flamme, und zwar nicht nur wegen der Telefonnummer.

Wir verabschieden uns von Ken und fahren in Julians weißem, leicht lädiertem Ford in Richtung eines der Wohngebiete der Stadt. Um dorthin zu gelangen, müssen wir durch geschäftige Altstadtstraßen und Märkte kurven, auf denen es von Menschen wimmelt; Einheimische in westlicher Kleidung betreten oder verlassen Bürogebäude, andere tragen Batiktücher in kräftigen, bunten Farben um die Hüften gewickelt, als Turban auf dem Kopf, über die ebenholzschwarzen Schultern drapiert. Die meisten Frauen tragen in einem zweiten Batiktuch einen Säugling oder ein Kleinkind. Fachmännisch verknoten und entknoten sie es, ohne stehenzubleiben. Ein paar Frauen haben sich ihre Babys vor den Bauch gewickelt, wo sie glücklich an der Brust der Mutter nuckeln.

Nach einiger Zeit werden die Häuser niedriger, Jacarandas wachsen in geraden Reihen zum Himmel, die Batiktücher verschwinden. Hier, in dem Wohnviertel im Süden von Harare, fahren kleine Mädchen mit blonden Zöpfen auf ihrem Fahrrad durch die Straßen und tollen über gepflegte Rasenflächen zwischen Beeten voller rosa Blüten und aus Stein gemeißelten Brunnen.

»Die Rassentrennung ist noch immer ziemlich deutlich zu spüren, hm?« sage ich zu Julian. Wir schreiben das Jahr 1989. Der Bürgerkrieg in Rhodesien, der Mitte der sechziger Jahre begann, ist schon seit über sieben Jahren vorbei.

»Irgendwie schon«, erwidert er und biegt in eine ruhige Seitenstraße ein. »Das hier war früher mal eine rein weiße Arbeitergegend. Inzwischen wohnen hier auch ein paar Schwarze. Na ja, da wären wir.«

Julian parkt in der Einfahrt, aber bevor er aus dem Wagen steigen kann, kommt ein kleiner, schlanker Köter aus dem Haus gerannt, springt ihm freudig kläffend auf den Arm und schleckt ihn zur Begrüßung ab. »Das ist Pablo«, erklärt Julian und hält mir die Pfote zum Schütteln hin. »Mein kleiner Welpe. Ich habe ihn nach dem Attaché der kubanischen Botschaft benannt. Er verhindert, daß ich mich allzu einsam fühle.« Bei diesen Worten schaut er den Welpen an und wagt es, mir mit seinen blauen Augen eine Sekunde lang ins Gesicht zu sehen, bevor er zu dem Wort »einsam« kommt.

Irgendwas an dieser Situation, an dem Blick, dem Wort, seinem Akzent, dem Blau, der Luft und der Sonne weckt in mir den Drang, ebenfalls Julian das Gesicht abzuschlecken, doch ich kann mich gerade noch zurückhalten.

Wir gehen ins Haus, ein bescheidenes, aber geräumiges Gebäude, dessen Erdgeschoß er gemietet hat. Julian sagt mir, ich solle es mir auf dem Fußboden im Wohnzimmer gemütlich machen – »... zum Möbelkaufen bin ich noch nicht gekommen«, ruft er, während er das Durcheinander auf seinem Schreibtisch im Flur durchwühlt. Ich betrachte seine Dekorationsversuche: An einer Steinwand hängt eine schwarz-blaue Decke aus Lesotho, an der gegenüberliegenden Wand die bunte Flagge von Swasiland, auf dem Boden liegen, planlos verteilt, zahlreiche Sitzkissen, und dazwischen steht ein grob geschnitzter Holzstuhl. Ich nehme mir einen alten *Economist* von einem Stapel und mache es mir mit einem großen Sitzkissen in einer Ecke des Raumes bequem. Ein paar Minuten später höre ich Julian telefonieren, doch bestreitet der Freund offenbar den Großteil der Unterhaltung, denn ich höre nicht viel mehr als ein paarmal *aha* und *ja, klar*. Dann sagt Julian: »Ein kleines Propellerflugzeug? Alles klar. Hast mir sehr geholfen. Gut. Danke«, und legt auf.

Er kommt zurück ins Wohnzimmer und läßt sich neben mich auf den Boden fallen. Er winkelt seine langen Beine an, so daß sie zu zwei hohen Bergen aus Khaki werden, stützt die Ellenbogen auf die Knie und klemmt das Notizbuch dazwischen. »Okay, jetzt hab ich alles«, sagt er. »Ich erklär dir jetzt, was du tun mußt.«

Er sagt, es gebe einen Bus, der mich zu den Victoria-Fällen bringe, einem beliebten Touristenziel am Sambesi, wo ich ohne Schwierigkeiten eine Unterkunft finden werde. Er meint, öffentliche Verkehrsmittel seien für mich als allein reisende Frau die sicherste und einfachste Möglichkeit, mich fortzubewegen. Bei den Wasserfällen sollte ich dann eigentlich in jedem Hotel einen billigen Privatflug zu der kleinen Landebahn im Wildtierreservat Mana Pools buchen können, die nur wenige Kilometer vom Lager der staatlichen Einsatztruppe entfernt sei.

»Siehst du?« sagt er, reißt das Blatt aus der Metallspirale und reicht es mir. »Problem gelöst.« Ein wohliges Gefühl durchzuckt mich, als Julian mir bei der Übergabe versehentlich über die Hand streicht, und ich bemerke seinen sympathischen Seifengeruch. »Ach ja, wenn du angekommen bist, frag nach einem Mann namens Mark. Er ist der Kommandeur der Operation Stronghold und gleichzeitig der oberste Wildhüter im Reservat. Normalerweise dürftest du nicht mehr als drei Tage für die Reise brauchen, einen für die Busfahrt und ein oder zwei Tage, um den Charterflug zu organisieren. Magst du Thunfisch?«

»Wieso? Sollte ich welchen mitnehmen?«

»Nein«, lacht Julian. »Ich dachte nur, ich könnte was zum Abendessen machen. Hast du Lust mitzuessen?«

»Klar. Sicher. Gerne«, antworte ich. Ich falte das Blatt mit den Informationen zusammen und stecke es in die Gesäßtasche meiner Jeans. »Ähem, Julian, danke«, sage ich. »Daß du so nett bist, meine ich. Daß du meinen Glauben an die Menschheit wiederherstellst.«

»Na ja«, lacht er, »wenn du meine Thunfischsandwiches probiert hast, änderst du vielleicht deine Meinung.« Er macht zwei Bierdosen für uns auf und bereitet die Sandwiches zu. Während er die Mayonnaise anrührt, sagt er mit dem Rücken zu mir: »Afghanistan also. Das war sicher keine Spazierfahrt.«

»Nein, wirklich nicht«, bestätige ich und fange wieder an zu prahlen. »Es war furchtbar. Wir saßen wochenlang in den Bergen fest. Ich hab einen Granatsplitter in die Hand bekommen und ...« Ich halte inne.

»Granatsplitter«, wiederholt Julian beim Rühren, »ja und?«

»Weißt du was, Julian? Vergiß den Splitter. Der war winzig, war sofort wieder draußen. Soll ich dir sagen, warum Afghanistan so schrecklich für mich war? Wegen diesem Typ ...« Zum ersten Mal seit der Rückkehr aus Peshawar erzähle ich die komplette Geschichte mit Pascal. Ich erzähle Julian, wie ich mich in ihn verliebte, wie hübsch, charmant und aufregend er war, wie er mich schlug und übers Ohr haute, daß er seine Bilder stellte und mich allein zurückließ.

»So ein Schwein!« schimpfte Julian. »Hier, nimm mal das Bier, wir essen draußen im Garten, solange es noch hell ist.«

Wir gehen in den Garten und setzen uns dort auf die Holzstühle, die Pappteller auf dem Schoß, die Bierflaschen zwischen die Knie geklemmt. Die Mücken sind unterwegs, alles sieht orange aus, und obwohl die Thunfischsandwiches wirklich so fade sind, wie Julian versprochen hat, kommt mir der Abend irgendwie magisch, verheißungsvoll vor, wie ein Orchester beim Stimmen. Julian starrt in die untergehende Sonne und trinkt einen Schluck Bier, um einen Bissen herunterzuspülen. »Er hat dich erst mit dem Telefonhörer geschlagen und ist dann ohne dich nach Afghanistan gefahren?«

Sein nasaler Akzent macht mich ganz schwach.

»Ja«, antworte ich. Es ist mir ein wenig peinlich, einem Fremden mein Herz ausgeschüttet zu haben. »Ich weiß nicht, warum ich dir das erzählt habe. Bis jetzt habe ich das noch niemandem erzählt.«

»Ich bin ein guter Zuhörer«, lächelt er. »Außerdem nehme ich keinen Stundenpreis.«

Ich lache, und dann offenbare ich ihm noch mehr, erzähle ihm von dem Rabbi, der mich geküßt hat, von den Überfällen, von vielen wichtigen Dingen, die ich normalerweise für mich behalte. Es ist ein gutes Gefühl, endlich zu reden. Als die Sonne schließlich hinter dem Horizont verschwindet, bleiben wir eine ganze Minute schweigend nebeneinander in unseren Gartenstühlen sitzen, lauschen den Grillen, essen Thunfischmayonnaise und starren auf die sich verdunkelnden Schatten der Jacarandas. Pablo, der Welpe, springt auf dem Rasen herum, buddelt wie wild und läuft zu Julian, der ihm den Kopf tätschelt. Als er wieder zu graben beginnt, stelle ich Teller und Flasche auf meinen Stuhl und gehe zu Julian hinüber. Ich setze mich auf die Stuhlkante, so daß mein Oberschenkel sein

Knie berührt, und sehe ihn an. Ich möchte etwas Originelles sagen, aber als ich mich ein wenig vorbeuge, um zu sehen, wie er reagiert, bringe ich nichts anderes heraus als ein banales »Ich mag dich«.

Julian zuckt zusammen. »Ich mag dich auch«, sagt er, aber es klingt eher wie eine Frage als wie eine Feststellung.

Ich begebe mich sofort zurück auf meinen Stuhl. »Tut mir leid«, murmele ich, »hab da was mißverstanden.«

»Nein, nein«, erwidert er und setzt sich auf. »Das ist es nicht.« Eine lange, unangenehme Pause entsteht. Nervös ringt er die Hände, bevor er weiterspricht. Dann erzählt er mir von seiner Freundin, die ihn in Harare besuchen will. Doch klingt mir das Ganze sehr vage, vielleicht hat er es sich mir zuliebe ausgedacht. Um die Situation aufzulockern, lächle ich und bemerke, das hätte nach meiner Erfahrung bisher noch keinen Mann aufgehalten. Julian lacht nervös und schaut zu Boden. Dann sagt er, das bedeute nur, daß ich mich mit den falschen Männern abgegeben habe. »Weißt du, Deborah, du bist noch sehr jung ...«

Ich unterbreche ihn. »Du mußt dich nicht noch weiter entschuldigen«, sage ich. »Ich hab's verstanden.« Am liebsten würde ich mich in einem der Löcher verkriechen, die Pablo da buddelt.

»Ich will mich nicht entschuldigen. Und ich meine damit auch nicht dein Alter, nach Jahren gemessen.« Er betrachtet seine unruhigen Hände. »Ich meine ›jung‹. Du willst dich noch beweisen. Du vertraust Menschen, denen du nicht vertrauen solltest.« Endlich blickt er mir ins Gesicht. »Sieh es mal so: Wenn ich aus einem Kriegsgebiet berichte, kann ich immer sofort sagen, wer zum ersten Mal dabei ist. Das sind die Journalisten, die einfach mitten ins Getümmel rennen, ohne auch nur eine Sekunde nachzudenken. Aber wenn man mitten im Geschehen ist, sieht man überhaupt nichts. Man hat keine Perspektive. Und vor allem: Man kann sich verletzen. Schlimm verletzen. Die erfahreneren Journalisten wissen das. Sie halten sich im Hintergrund, warten die Entwicklung ab und laufen weg, wenn es sein muß. Verstehst du, was ich mit dem Vergleich meine?«

»Hm.« Ist das peinlich! Nicht nur wurde ich gerade zurückgewiesen, ich wurde gleichzeitig analysiert, in eine Schublade gesteckt und als absolutes Greenhorn entlarvt. Julian steht auf, kommt zu mir herüber und legt den Arm um mich. Er sagt, er wollte mich nicht verletzen oder besserwisserisch klingen. Er tätschelt mir den Kopf, als sei ich Pablo, und gibt mir einen freundschaftlichen Kuß auf das rechte Ohr.

Beim Aufräumen und Abwaschen unterhalten wir uns zehn Minuten höflich über das Wetter, dann fährt mich Julian zurück zum Hotel. »Na dann, viel Glück mit den Nashörnern«, wünscht er mir, als ich aussteige.

Ich schlage die Tür zu und lehne mich ins geöffnete Fenster. Ich bedanke mich für den Anruf bei seinem Freund, für das Essen und für die Aufklärung über meine Schwächen.

Julian fährt sich mit der Hand durch die Locken und seufzt. »Wir haben alle unsere Schwächen«, antwortet er. Er entschuldigt sich für seine Moralpredigt und fummelt am Schlüssel im Zündschloß. Als er ihn versehentlich umdreht, gibt der Motor ein lautes Knirschen von sich, da er bereits läuft. Wieder entschuldigt sich Julian, dann fährt er los.

In meinem Zimmer schlüpfe ich ins Bett und erinnere mich mit Julians Worten im Kopf an das letzte Mal, als ich von einem Fremden eine Einladung zum Abendessen annahm. Das ist noch keinen Monat her.

Er hat recht. Ich bin zu vertrauensselig.

Ich lernte Sean beim *Afternoon Tea* bei Shakespeare & Company kennen, der kleinen, aber berühmten englischen Buchhandlung am Seineufer, gleich bei der Place St. Michel. Zu der Zeit wohnte ich bereits in dem kleinen Apartment in der Rue St. Denis und hatte wegen meiner ständigen Reisen außer Marion nur wenige Freunde. Fast jeden Tag trieb ich mich allein mit meinen Kameras in Paris herum. Der Fünfuhrtee am Sonntagnachmittag in der ersten Etage der vollgestopften Buchhandlung wurde zu einem sehnsüchtig erwarteten Fixtermin in meinem ansonsten einsamen Leben, und so freute ich mich, als Sean, der zwei Wochen Urlaub in Paris machte und in den Staaten angeblich als Werbefachmann arbeitete, unsere pseudointellektuelle Unterhaltung über Hemingway bei einem gemeinsamen Abendessen weiterführen wollte.

Sean war so Mitte Dreißig. Sein graumeliertes Haar ließ seine grünen Augen leuchten. Er war belesen, liebenswürdig und charmant. Wir tranken eine ganze Flasche Wein, hielten beim Essen Händchen und beobachteten verträumt die Passanten, die an unserem Tisch auf dem Trottoir der pittoresken Rue Mouffetard vorbeikamen – in diese Straße waren wir wegen ihrer Rolle in *Paris – ein Fest fürs Leben* gegangen. Als die Sonne unterging, legte mir Sean seinen Pullover über die Schultern, damit mir nicht kalt wurde.

Zu der Zeit war ich locker mit einem Fotografen liiert, einem Mann, der auf die vierzig zuging, geschieden war, Vater eines fünfjährigen Kindes und äußerst selbstsicher, doch trafen wir uns fast nur nach Dienstschluß und nur, wenn wir uns sehen wollten. Der Hinweis erübrigt sich, daß wir keine sonderlich gesprächige Beziehung pflegten. Meine Freundin Chantal, Redakteurin bei Sipa, nannte eine solche Beziehung *pour l'hygiene* – »für die Hygiene« –, was mir klarmachte, daß Französinnen den Sex viel praktischer sehen als Amerikanerinnen. Sie verstehen, daß der Paarungsdrang sich nicht von der Notwendigkeit, zu essen oder zu urinieren, unterscheidet: Er ist stark, natürlich und notwendig zur Selbsterhaltung. Nun, als ich Sean kennenlernte, war mein Lover seit fast einem Monat wegen irgendeiner Story unterwegs in Chile. Ich kam mir daher sozusagen unsauber vor.

Nach dem Essen spazierten Sean und ich zur Pont des Arts, einer hölzernen Fußgängerbrücke über die Seine. Wir beugten uns über die grüne schmiedeeiserne Brüstung, sahen den Himmel erst rosa und dann dunkelblau werden und bewunderten den Eiffelturm in der Ferne. Plötzlich beugte Sean sich vor und küßte mich. In dem Moment – das ist kein Witz! – gingen die Lichter am Turm an, so als seien sie durch unseren Kuß entzündet worden. Nichts ist erotischer als so ein riesiger, hell erleuchteter Eisenphallus. Sean legte den Arm um mich und schlug mir vor, mit in sein Hotel zu kommen. »Gut«, willigte ich ein, »gehen wir.« Ich ergriff seine Hand.

Sicher, ich weiß natürlich, daß es nur wenige Frauen gibt, die mit einem vollkommen fremden Mann auf sein Hotelzimmer gehen würden. Aber ich bin so eine. Anders als die meisten Frauen, habe ich mich ja auch entschieden, meinen Lebensunterhalt mit Kriegsfotos zu verdienen. Im Fachjargon eines Psychiaters, den ich auf einer Cocktailparty kennenlernte, war ich ein »Gefahrensucher«. Er erklärte mir, das habe etwas mit meinen Neuronen und Dopaminrezeptoren zu tun, doch hörte ich ihm bei seinen näheren Ausführungen nicht mehr zu. Ich sehe darin auch keine Entschuldigung, sondern lediglich eine Erklärung und eine unvollkommene noch dazu. Zwar stelle ich mir gerne vor, daß meine Dopaminrezeptoren bedürftiger sind als die anderer Menschen, aber mir ist durchaus klar, daß mein Verhalten zum größten Teil bewußt und gewollt ist.

Ich befand mich nämlich auf einer Mission, auf einem Kreuzzug gegen die Heuchelei – mit all dem selbstgerechten, blinden religiösen Eifer, den eine solche Aufgabe mit sich brachte.

Die alten Feministinnen hatten zwar dafür gesorgt, daß ich jeden mir genehmen Beruf ergreifen konnte und unter Umständen sogar angemessen dafür entlohnt wurde, doch was die unterschiedliche Bewertung der sexuellen Aktivitäten von Männern und Frauen in Amerika anging, hatten sie noch keine ernstzunehmenden Fortschritte erzielt. Wenn ein Mann mehreren Frauen nachjagt, gilt das als normal – er ist sogar ein richtiger Hengst. Jagt eine Frau mehreren Männer nach, ist sie eine Hure. Das ist bekannt. Leider haben wir diesen Widerspruch in unserer Verdrängungsgesellschaft irgendwie als Wahrheit akzeptiert und kaufen den Psychologen die darwinistische Erklärung ab, dieses Mißverhältnis entspreche ganz dem Verhalten von Spermien und der natürlichen Selektion in Gesellschaften von Jägern und Sammlern. Natürlich habe ich nie auch nur einen Satz von diesem Schwachsinn geglaubt (ich sage nur: kämpfende Großmütter). Für eine Jugendliche, die gerade ihre Sexualität zu verstehen begann und vor Lust und Begierde nur so brannte, war die Vorstellung, ihr Verhalten würde anders als das eines Jungen bewertet werden, schlicht und einfach zum Ausrasten.

Im siebten Schuljahr war in meiner Klasse ein hübsches Mädchen namens Bebe. Eines Nachmittags nach der Schule – so erzählte man sich jedenfalls erregt – begleitete Bebe drei unserer Klassenkameraden in den Aufenthaltsraum im Keller, wo sie nacheinander von allen dreien gebumst wurde. Die Gerüchte, die danach durch die Schulflure schwirrten, waren widersprüchlich und unglaublich. Angeblich hatte sie den BH angelassen. Angeblich war sie nackt gewesen. Angeblich hatte sie nur mit zweien gebumst. Angeblich hatte sie es mit allen dreien getrieben. Angeblich hatte sie es mit dem Mund gemacht. Angeblich hatte sie gesabbert, als es ihr einer besorgte. Das einzige, worüber sich alle einig zu sein schienen, war, daß Bebe eine Nutte war. Irgend jemand schrieb das Wort mit Edding auf ihr Schließfach, und in der nächsten Woche tauchten darauf alle möglichen Beschimpfungen auf, von »Schlampe« bis »Fotze«. Sie wurde gemieden, gedemütigt, öffentlich beschimpft und hinter vorgehaltener Hand verspottet.

Die drei Jungen wurden die beliebtesten Schüler der ganzen Schule.

Ich war empört. Was Bebe getan hatte, war aus meiner Sicht kühn, mutig und aufregend. Ich hatte das ganze Geplänkel, die Etikettierungen, die Doppelmoral und den Orwellschen Doppelsprech so satt, in den sich meine Freundinnen flüchteten, nämlich »nein« zu sagen, wenn sie »ja« meinten. Aber die Moral von Bebes Geschichte machte uns allen angst. Keine wollte die nächste sein, an deren Schließfach »Schlampe« geschrieben stand, selbst wenn viele von uns sie heimlich um ihre Kühnheit beneideten.

Als ich auf die High School kam, war ich es leid. Im Rausch der Pubertätshormone warf ich, hungrig nach der neuen Erfahrung, meine Jungfräulichkeit mit sechzehn Jahren über Bord wie ein Paar schmutzige Socken, das ich viel zu lange getragen hatte. (Er hieß Alex, spielte Defensive Tackle, er sagte, er liebe mich, ich sagte, ich liebte ihn auch, wir machten es, die Erde bebte, na ja, vielleicht zitterte sie nur ein bißchen, wir weinten, es war sehr schön, ich war erleichtert, wir machten es noch öfter, er ging weg aufs College.) Als das erledigt war, hüpfte ich, glücklich wie ein Frosch im Seerosenteich, von einem Bett zum anderen und deflorierte zärtlich einen schlaksigen Teenager nach dem anderen. Wegen der Sache mit Bebe achtete ich jedoch darauf, es nicht an die große Glocke zu hängen. Wenn die Leute schon über mich sprachen, wollte ich wenigstens nichts davon wissen. Und ehrlich gesagt, war es mir langsam egal. Ich hatte gerne Sex und wollte mir das Vergnügen nicht nehmen lassen. Kurz: Ich spielte das Spiel nach den Regeln der Jungen.

Aber es ist gar nicht so einfach, als Mädchen allein eine Revolution in Gang zu setzen. Und es wurde auch nicht leichter, als ich erwachsen wurde.

Als ich nach Paris zog und anfing, Französisch zu lernen, erfuhr ich, daß das Wort *aventure* sowohl »Abenteuer« als auch »Affäre« bedeuten kann. Der Zusammenhang liegt auf der Hand: Beide erfordern die Bereitschaft, den Sprung ins Ungewisse zu wagen, beide stimulieren den Adrenalinausstoß, zeigen uns ungeahnte Dinge, machen uns verletzlich. Aber was ich damals nicht verstand – und was mir Julian später darlegen sollte –, ist, daß beide Arten von Abenteuer nicht nur den Willen und die Bereitschaft erfordern, sie zu erleben, sondern auch den Instinkt und die Reife, zu beurteilen, ob sie das Risiko wert sind. Es ist kein Zufall, daß viele Kriegsberichterstatter, die bei der Ausübung ihres Berufs ums Leben kommen, erst Anfang Zwanzig sind. Sie können einfach nicht abschätzen, auf was für ein »Abenteuer« sie sich einlassen.

Und so war es bei mir mit dem Sex. Meistens machte es Spaß. Aber ein paarmal war es furchtbar.

Seans Zimmer lag genau über der Rezeption im ersten Stock eines kleinen, etwas heruntergekommenen Hotels im Marais. Als wir das Zimmer betraten, glühte es im goldenen Licht einer Straßenlaterne. Wir machten uns nicht mal die Mühe, die Lampe anzuschalten. Wir setzten uns auf die Bettkante, küßten uns, legten uns hin. Langsam zogen wir einander aus, warfen Hemden, Jeans und Unterwäsche übermütig auf den Boden. Dann schlüpften wir unter die Decke. Nach einer halben Stunde zärtlichen Streichelns fragte Sean vorsichtig, ob ich mit ihm schlafen wolle. Lächelnd antwortete ich: »Gerne.«

Von dem Moment an wurde alles anders. Wenn das Vorspiel so süß wie die *Nocturnes* von Chopin waren, so war der Rest wie die Rückkopplung, wenn man eine elektrische Gitarre zu nah an den Verstärker hält. Die Beine mit meinen verschränkt, begann er so heftig zu stoßen, daß ich dachte, er würde mir das Becken brechen. Er schrie mich an: »Fickst du jeden Fremden, der dich anspricht? Böses Mädchen!« Das Kopfende des Bettes stieß immer wieder gegen die Wand. Seans Geschimpfe wurde lauter und drastischer, und als ich ihn von mir herunterschieben wollte, legte er mir die Hände um den Hals und brüllte: »Benimm dich, du Schlampe!« Dann saugte er so heftig an meinen Brüsten, daß ich aufschrie. Seine Fingernägel kratzten mir die Arme auf. In seiner wachsenden Erregung fing er schließlich an, mich zu schlagen. Er riß an meinen Haaren und leckte mir übers Gesicht, wobei er immer stärker zustieß, bis das klapprige Eisenbett buchstäblich vom Boden abhob. Irgendwann wehrte ich mich nicht mehr. Ich betete einfach, daß das Prügeln aufhörte.

Als er schließlich fertig war, von mir herunterrollte und völlig erschöpft zu schnarchen begann, stieg ich mit weichen Knien aus dem Bett. Ich hockte mich im Dunkeln auf den Holzboden und suchte nach meinen verstreuten Klamotten. Meine Unterwäsche konnte ich nicht finden. Die Vorstellung, daß Dr. Jekyll / Mr. Hyde sie am nächsten Tag finden würde, war mir so sehr zuwider, daß ich noch eine Minute länger herumtastete, doch leider ohne Erfolg. Also zog ich die Jeans über die nackte Haut; mit zitternden Fingern versuchte ich, die vier Metallknöpfe in die vier Knopflöcher zu bekommen.

Benommen verließ ich das Zimmer. Auf der Lippe schmeckte ich Blut – Sean mußte mich dort gebissen haben. An der Rezeption starrte mich der Portier, wie mir schien, mit einem Ausdruck des Mitleids an. Seans Zimmer befand sich direkt über ihm. Er mußte das Gehämmer und Geschrei gehört haben, mußte sich denken können, was ich gerade durchgemacht hatte. Er sah mich von oben bis unten an und schürzte besorgt die Lippen.

Gott sei Dank, dachte ich. Er will mir helfen.

Bevor er mich ansprach, hielt der Portier kurz inne. Dann erklärte er mit strenger, ruhiger, gemessener Stimme: *»Nous n'avons pas besoin de putes ici.«*

»Excusez-moi?« fragte ich, weil ich meinte, ihn falsch verstanden zu haben.

»Nous n'avons pas besoin de putes ici«, wiederholte er. *»Va-t'en«* – »Wir können hier keine Nutten gebrauchen. Verschwinde!«

Ich rastete aus. Mit einer Stimme, die ich noch nie gehört hatte (sie hätte Glas zerspringen lassen können), schrie ich ihn tränenüberströmt auf englisch an: »Was bildest du dir ein! Ich bin keine Nutte! Hast du mich verstanden? Ich bin keine Nutte!« Er tat so, als verstünde er mich nicht, vielleicht tat er es wirklich nicht, aber ich war so wütend, daß ich keinen einzigen französischen Satz formulieren konnte. Da unsere verbale Kommunikation derart eingeschränkt war, stürzte ich mich auf ihn und trommelte ihm mit den Fäusten gegen die Brust. Ich trat ihm gegen das Schienbein. Ich riß an seiner Krawatte, seinem Hemd, an allem, was ich in die Finger bekam, und schrie immer lauter: »Hast du mich verstanden, du Arschloch? ICH BIN KEINE NUTTE! Du hast da oben ein verrücktes, brutales Schwein als Gast« – ich wies zur Decke –

»und ICH soll eine Nutte sein? Na, sag schon! Antworte mir! ANTWORTE MIR!«

Da tauchte ein anderer Typ in Hoteluniform auf und riß mich von dem Portier los. Die beiden hoben mich hoch wie einen Sack Kartoffeln und warfen mich auf die Straße, wo ich auf dem Rücken landete. Der Portier konnte sich nicht verkneifen, noch einmal *»Pute!«* zu rufen, bevor er pflichtbewußt die Tür abschloß. Es regnete. Genau wie bei Aidan, dachte ich. Aber das war eine Vergewaltigung. Dies hier ... na ja ... keine Ahnung, was das war. Keine Vergewaltigung, nicht in dem Sinn. Aber genauso schlimm. Haß – gegen mich, gegen alle Frauen gerichteter Haß, die es wagen, sich wie Männer aufzuführen. Wie betäubt lag ich dort auf dem Bürgersteig, spürte jeden Pflasterstein unter meinem Rücken. Ich hielt den Atem an, setzte mich auf und versuchte mich zu orientieren. Die Straße war menschenleer.

Ich öffnete die Lippen, um mit der Zunge ein paar Regentropfen aufzufangen. Dann ließ ich mich leise schluchzend vom Regen durchweichen.

Um 3.30 Uhr klingelt das Telefon. »Guten Morgen, Miss Copaken, dies ist ein Weckruf. Ich wünsche Ihnen einen schönen Tag.« Jeder, der beruflich viel reisen muß, kennt dieses Gefühl von Panik, das einen für einen kurzen Moment durchzuckt, wenn man in einem unbekannten Hotelzimmer erwacht: Wo bin ich? *HIER WOHNE ICH DOCH NICHT!* Aus diesem Grund bestelle ich immer, wenn ich die Möglichkeit habe, einen solchen spritzigen Weckruf, damit mich nicht das schrille elektrische Piepsen eines Hotelweckers aus dem Schlaf reißt. Die Stimme am Telefon ist für mich eine Ersatzmama, eine heitere, körperlose Stimme, die mir sagt, ruhig Blut, mein Mädchen, du bist im Hyatt Regency.

Als die meisten fröhlichen Telefonistinnen Jahre später von Hal-ähnlichen Computerstimmen ersetzt wurden, fühlte ich mich beim Aufwachen in Hotelzimmern wie ein ausgesetztes Kind.

Ich schleppe mich aus dem Bett, dusche und packe meine Sachen zusammen. Rucksack? Okay. Thermoskanne? Okay. Kameratasche? Okay. Essen? Okay. Die Nahrungsmittel liegen in einem großen geriffelten Pappkarton mit der Aufschrift CLOROX, den mir der Mann im Lebensmittelgeschäft auf meine Bitte hin überließ. Darin sind Eier (ich bin Optimistin), aber vor allem weniger zerbrechliche Waren wie Dosensuppen, Pasta, Brot, vakuumverpackter Saft, Trockenfrüchte, Nüsse, Müsliriegel, Snickers und die kleinen Packungen mit Käse und Crackern von Kraft mit dem roten Plastikrechteck als Messerersatz. Alles in dem Karton ist wichtig, aber er ist zu schwer, am liebsten würde ich ihn hierlassen. Ich klingele nach dem Hoteljungen, damit er mir das Gepäck zur Rezeption hinunterträgt.

Ich nehme ein Taxi, um rechtzeitig für den Fünfuhrbus von Harare zu den Victoria-Fällen an der Haltestelle zu sein. Als ich um Viertel vor fünf dort ankomme, ist es noch stockdunkel, doch auf dem verstaubten Feld oder Parkplatz, der als Busbahnhof dient, wimmelt es nur so von Einheimischen mit riesigen, unförmigen Paketen in mit Schnüren umwickeltem rot-weiß-blauem Plastikstoff. Unmengen von Hühnerkäfigen stehen herum. Zwischen den schätzungsweise fünfhundert Menschen bin ich die einzige Weiße.

Als der Himmel heller wird, zuerst grau, dann rot, dann orangegelb, dann blau, ist immer noch kein Bus in Sicht. Ich sitze auf meinem Rucksack, schlage die Namen der Fotografen im *Time Magazine* nach und werfe ungefähr alle fünf Minuten einen Blick auf die Uhr, aber ich scheine die einzige zu sein, die merkt oder die es kümmert, daß der Bus mittlerweile schon eine Stunde Verspätung hat. Die Männer lachen, essen und rauchen, helfen sich gegenseitig, das sperrige Gepäck hierhin und dorthin zu räumen; die Kinder rennen kichernd herum und spielen Fangen oder Verstecken; die Küken und Hennen glucken in ihren Käfigen; die Frauen in den grellbunten Batiktüchern unterhalten sich, stillen ihre Kinder oder schälen den älteren Kindern Apfelsinen. Eine von ihnen stapft mit breitem Lächeln zu mir herüber und hält auch mir eine hin. »Hier«, sagt sie, »Sie sehen hungrig aus.«

»Danke«, erwidere ich grinsend. »Bin ich auch.«

»Und am besten gucken Sie nicht mehr auf die Uhr. Der Bus kommt, wenn er kommt.«

Äußerst nützliche Information, denke ich, aber als die Frau zu Ende gesprochen hat, biegen wie auf dieses Stichwort hin drei Busse auf den Parkplatz ein. Plötzlich verwandelt sich die scheinbar träge Menge in ein wildes Getümmel. Das reine Chaos: Staub steigt auf, alle springen übereinander. Die meisten Männer helfen einander schreiend, lachend, fluchend mit ihrem Gepäck auf das Dach des Busses. Die Frauen schleppen Kinder, Koffer und Hühnerkäfige und schieben sich aneinander vorbei zur Tür, um sich einen Platz zu sichern. Ich sehe mich um, rechne die noch draußen stehenden Menschen gegen die vermeintlich noch freien Plätze auf und stürze mich schnell in den Kampf. Doch als ich endlich im Bus bin, gibt es nur noch Stehplätze.

Der Bus sieht aus, als kurve er schon seit der Zeit vor dem rhodesischen Bürgerkrieg herum. Das Plastikpolster auf den Sitzen fällt entweder auseinander oder existiert nicht mehr, die Fensterscheiben sind zum Großteil zerbrochen oder fehlen einfach. Ein feiner Film aus Staub und Schmutz bedeckt den Boden. Bevor ich verstehe, was los ist, nimmt der Busfahrer meinen Karton und läßt ihn von einem Passagier zum nächsten weiterreichen, bis jemand im hinteren Teil auf der Ablage über den Sitzen eine Lücke entdeckt. Ich hoffe, ich sehe mein Essen noch einmal wieder. Ich stehe mitten im Gang, eingezwängt zwischen zwei weitere unglückliche Seelen. Auf dem Rücken trage ich den überladenen Rucksack, die Kameratasche habe ich mir über die Schulter gehängt, aber sie rutscht immer wieder herunter. »Wie lange dauert die Fahrt zu den Victoria-Fällen?« frage ich die Frau, die eingequetscht wie eine Sardine neben mir steht.

»Manchmal sechs, manchmal sieben Stunden«, antwortet sie lächelnd.

»Na, wunderbar«, erwidere ich und frage mich, wie ich das aushalten soll, aber da nimmt eine sitzende Frau meine Kameratasche und schiebt sie sich unter die Füße, und ein Mann greift nach meinem Rucksack und stopft ihn unter seinen Sitz, und dann nimmt die Frau, die mir die geschälte Apfelsine angeboten hat, ihre Tochter und den Hühnerkäfig vom Sitz neben sich, zerrt mich darauf und packt mir Kind und Käfig auf den Schoß. Gut, schon besser.

Das kleine Mädchen auf meinem Schoß ist ziemlich lebhaft, aber lieb. Eine ganze Stunde lang lachen wir und schneiden uns Grimassen, bis sie die Arme um mich legt und einschläft. Ihren warmen, duftenden Kopf kuschelt sie an meine Schulter. Ich nehme den Hühnerkäfig und stelle ihn auf den Boden, lege die Füße drauf und drücke die Nase in den Nakken des schlafenden Mädchens. Ich atme tief ein, genieße ihren herrlichen Geruch. Da dreht sich ihre Mutter zu mir um. Ein Säugling nuckelt an ihrer nackten Brust. »Wo sind deine Kinder?« fragt sie.

»Meine Kinder?« Ich lächle. »Ich habe keine.«

»Hast du Mann?«

»Nein, auch keinen Mann«, antworte ich.

»Das ist schade. Eine alte Frau wie du ohne Familie.«

»Ach«, lache ich nervös, »ich bin erst dreiundzwanzig. Dafür habe ich noch genug Zeit.«

»Ich bin zweiundzwanzig«, sagt sie und legt das Baby an die andere Brust.

Ich beobachte, wie das Baby mit seinen Wangen saugt, wie es selig die Augen verdreht. Bald schmiegen wir uns alle fünf – die Frau, ihre beiden Kinder, das Huhn und ich – aneinander und schlafen. Vier Stunden später, auf der Hälfte des Weges zu den Victoria-Fällen, helfe ich ihnen aus dem Bus und lege das Mädchen in die Arme des Vaters, der an der Bushaltestelle auf seine Familie gewartet hat. Er bedankt sich und gibt seiner kleinen Tochter einen liebevollen Kuß, wirft sie in die Luft und bringt sie zum Lachen. Als ich wieder einsteigen will, faßt mich die Frau am Arm und flüstert mir ins Ohr:

»Such dir einen Mann, bekomm ein paar Kinder. Du hast zu viel Liebe, um allein zu sein.«

Ich lächle und erwidere, so einfach sei das nicht. Sie lächelt zurück und sagt, doch, so einfach ist das. Ich kehre zu meinem Platz zurück, der mir jetzt sehr breit, aber leer vorkommt, und hole das Buch heraus, das ich mir für die Reise mitgenommen habe: *Hundert Jahre Einsamkeit* von Gabriel García Márquez.

Der Pilot läßt den Steuerknüppel los. »Du bist der Kopilot, also flieg auch«, ruft er laut, um den Lärm des Motors zu übertönen. Er kichert in sich hinein. »Ist nicht schwer. Ziehen, wenn du hochwillst, drücken, wenn du runterwillst. Mehr nicht. Na los, übernimm das Steuer.« Er verschränkt die Hände demonstrativ hinter dem Kopf und tut so, als würde er es sich bequem machen.

Instinktiv greife ich nach dem Ding, das wir ein halbes Lenkrad aussieht, und ziehe daran. Die Nase des Flugzeugs weist nach oben. Ich drücke das Ding hinein. Die Nase des Flugzeugs zeigt nach unten. Ich lenke nach rechts. Ich steuere nach links. »Ich fliege!« rufe ich, als sei ich Wendy in *Peter Pan*. Es ist ein kleines Propellerflugzeug – vorne zwei Plätze mit jeweils einer Steuervorrichtung, hinten vier leere Sitze. Ich habe dem Piloten 150 Dollar bar auf die Hand gezahlt, damit er mich von den Victoria-Fällen den Sambesi entlang zum Landeplatz von Mana Pools fliegt. Wie Julians Freund angekündigt hatte, war es ziemlich einfach, das Flugzeug zu chartern. Unter uns zieht ein Meer von winzigen grünen Bäumen vorbei.

»Und, wer wartet da unten auf dich?« fragt mich der Pilot und greift hastig nach seinem Steuerknüppel, als sich das Flugzeug zur Seite neigt.

»Niemand. He, laß mich noch mal versuchen. Ich passe auch besser auf.« Der Pilot gibt nach und läßt mich noch einmal steuern.

»Wie meinst du das, ›niemand‹?«

Ich erkläre ihm meine mißliche Lage: daß mir eigentlich per

Fax Beförderung und Begleitung garantiert wurden, daß die Einsatztruppe der Operation Stronghold telefonisch nicht zu erreichen ist. Ich erzähle ihm von Nduku und all dem Geld, das ich bereits ausgegeben habe.

Der Pilot schüttelt den Kopf und lacht. »Also weiß keiner, daß du kommst?«

»Na ja, es weiß keiner, daß ich heute komme«, antworte ich, »aber sie müssen ja ein Telex vom Konsulat erhalten haben, daß ich irgendwann komme.«

»Ojemine«, sagt er und übernimmt wieder das Steuer. »Na, entspann dich. Ich fliege.«

Als wir später den Landeanflug beginnen, zeigt der Pilot auf eine Lichtung zwischen den Bäumen. »Siehst du das?« fragt er und grinst schadenfroh. »Das ist der Flughafen.«

»Ich sehe keinen Flughafen.«

»Dann streng mal deine Phantasie an! Hier, das da« – er weist auf die Bäume zur Rechten – »das ist die Ankunftshalle. Und da« – er zeigt auf die Bäume zur Linken – »da ist der Abflug. Und da hinten«, lacht er und deutet in die Ferne, »das sind die Taxis!« Ich sehe in die Richtung, in die er zeigt, und entdecke eine Herde von einem Dutzend Elefanten, die am Rande der Lichtung entlangtrotten.

»Sehr komisch«, entgegne ich, lache jedoch nicht. Als Julian von einer Landebahn sprach, stellte ich mir natürlich keinen richtigen Flughafen vor, sondern, na ja, wenigstens eine Betonpiste. Mit einem kleinen Gebäude. Und so etwas wie eine Straße.

Nachdem wir auf einer schmalen Sandpiste im Gras gelandet sind, hilft mir der Pilot aus dem Flugzeug und lädt meinen Rucksack, die Kameratasche und den Pappkarton mit Lebensmitteln aus. Er stellt alles ordentlich nebeneinander. Die Lichtung ist nicht größer als der Sportplatz einer High School. Sie ist von Bäumen umgeben. Es ist Mittagszeit, die heiße Sonne brennt senkrecht herab, und die Vögel und Insekten tschirpen, zwitschern und trällern eine schräge Oper. Plötzlich höre ich zwischen den angenehmen Geräuschen ein deutlich vernehmbares Brüllen. »Was war das?« frage ich den Piloten. Wie als Antwort auf meine Frage erklingt aus den Bäumen hinter mir nochmals ein Brüllen.

»Wahrscheinlich ein Löwe. Denen gehst du besser aus dem Weg«, sagt er mit dem gleichen Ernst, mit dem der Sprecher morgens in den Verkehrsnachrichten die Zuhörer auf einen Stau auf der Autobahn hinweist. Er springt ins Flugzeug und ruft über die Schulter zurück: »Also – ich muß wieder zu den Fällen. Mein nächster Flug geht um zwei. Alles Gute!«

»Danke. Ach, he, in welche Richtung muß ich denn?« rufe ich ihm zu, aber der Pilot hat die Tür bereits geschlossen, die Propeller rotieren, und das Flugzeug dreht sich wieder der Landebahn zu. Ich stehe da, sehe es abheben und im blauen Himmel verschwinden. Ich blicke mich um und halte mir meine Situation vor Augen: Hier stehe ich mit meinem Rucksack, meinem Freßkarton, meiner Kameratasche. Um mich herum ein freies Feld, Gras, Bäume, Himmel und Sonne. Und etwas, das brüllt.

Ich bin völlig allein. Nein, das ist untertrieben. Ich stehe mutterseelenallein irgendwo im Dschungel von Simbabwe, umgeben von wilden Tieren, vollgepackt und ohne Kompaß oder Landkarte, ohne den geringsten Anhaltspunkt.

Und keiner weiß, daß ich komme.

Okay, denke ich, jetzt mal zur Abwechslung den Kopf anstrengen. Julians Freund hat gesagt, die Landebahn läge ein paar Kilometer südlich vom Basislager der Operation Stronghold. Das bedeutet, ich muß nach Norden gehen. Aus meiner Weste ziehe ich das zerknitterte Papier hervor, auf das Julian beim Telefonieren geschrieben hat (knapp eine Stunde bevor ich ihn küssen wollte, o Gott, wie peinlich!), und versuche, sein Gekrakel zu entziffern. Da steht: »Mana Pools. Landebahn. Straße führt zu Camp am Sambesi.« Straße? Straße? Ich sehe keine Straße. Aber irgendwo muß doch eine sein. Es kann doch keine Landebahn ohne Straße geben.

Ich lasse meine Sachen mitten auf der Wiese stehen und gehe den Rand der Lichtung ab, suche nach irgendeinem Hinweis auf einen Fahrweg. Was ich finde, sieht nicht wie eine Straße, sondern eher wie ein schmaler Pfad aus, der parallel zur Landebahn verläuft, aber irgendwo muß er ja hinführen, also werde ich ihn entlanggehen. Die Frage ist nur: in welche Richtung? Da die Sonne senkrecht über mir steht, weiß ich nicht, wo Norden ist. Außerdem: Wie ist das eigentlich, wenn ich mich südlich des Äquators befinde? Steht die Sonne dann im nördlichen Teil des Himmels? Eigentlich schon, oder? Badewannen laufen hier andersrum aus. Winter ist Sommer. Also muß Norden Süden sein. Bloß sieht die Straße aus, als führe sie von Osten nach Westen. Oder von Westen nach Osten. Oder keines von beidem. Wenn wir bei der Pfadfindergruppe für Mädchen doch nur etwas weniger genäht und Kekse verkauft und dafür, wie die Jungen, ein bißchen mehr geübt hätten, uns im Wald zurechtzufinden, dann wüßte ich jetzt Bescheid.

Ich kehre zu meinem Gepäck zurück, lade mir den Rucksack wieder auf den Rücken und hänge mir die Kameratasche über die Schulter. Dann nehme ich den schweren Pappkarton und stapfe los. Das ist doch albern, denke ich. So schaffe ich nicht einen Kilometer, ach, keine zwanzig Meter. Und Xavier wollte, daß ich eine Lichtausrüstung mitnehme! So ein Arschloch. Die Vorstellung, wie ich zusätzlich zu all meinem Gepäck noch drei Kisten mit Lampen herumschleppe, gibt mir den Rest. Da stehe ich mitten im Dschungel, beladen wie eine Lumpensammlerin, und lache hysterisch. So muß es sich anfühlen, wenn man auf der Schwelle zum Wahnsinn steht.

Ich trage alles zu dem Weg hinüber. Also: rechts oder links? Welche Richtung soll es ein? *»In einem gelben Wald, da lief die Straße auseinander...«* Ja, und dann, Mr. Frost? Wie geht es weiter? Ich weiß, es hört auf mit: *»Und ich – ich schlug den einen ein, den weniger begangenen, und dieses war der ganze Unterschied«*, aber was kommt dazwischen? In der siebten Klasse konnte ich das gesamte Gedicht auswendig. Wir mußten es vor der ganzen Klasse aufsagen. Ich liebte dieses

Gedicht. Eine Zwölfjährige kann durchaus beschließen, ihr Leben nach so einem Gedicht zu gestalten.

Ich wähle rechts, aber nicht, weil der Weg dort weniger ausgetreten aussieht als links. Ich muß mich einfach nur entscheiden. Egal wie.

Für einen Moment spiele ich mit der Idee, die Freßkiste stehenzulassen und sie später zu holen, aber ich bin mir sicher, daß es hier Tiere gibt, die viel größer und hungriger als ich sind und ganz verrückt darauf, ein paar von meinen Müsliriegeln mit Hafer und Rosinen zu verschlingen. Die Chance, daß die Kiste bei meiner Rückkehr noch da sein würde, ist praktisch gleich Null, und ich habe keine Lust, in die Liste meiner Leiden auch noch den Hunger aufzunehmen. Deshalb stelle ich den Karton auf den Boden und versuche ihn per Fußtritt vorwärtszubewegen. Doch bei jedem Tritt rutscht mir die Kamera von der Schulter. Dann kommt mir der geniale Einfall, die Kameratasche auf die Kiste zu legen, und jetzt klappt es. Die nächste Stunde schiebe und ziehe ich die Kiste und meine Kameras den Trampelpfad entlang, schaffe auf diese Weise noch nicht mal einen Kilometer und habe nicht die geringste Ahnung, ob ich mich überhaupt in die richtige Richtung bewege. Es ist zwar noch sehr heiß, aber dank der hohen Bäume liegt der Weg im Schatten. Als ich mich an den Rhythmus dieser sinnlosen Übung gewöhnt habe – schieben, kratz, anhalten, ziehen, kratz, anhalten, schieben, kratz, anhalten, seufzen, ausruhen –, werde ich etwas ruhiger und lausche schwitzend und erschöpft all den Lauten um mich herum.

Geräusche hallen durch das ruhige, üppige Grün wie eine Symphonie von Mozart. Die Affen übernehmen den Part der Streicher, ihr hohes Kreischen bildet die zugrundeliegende Melodie. Die Vögel sind die Flöten, die Insekten die Rhythmusinstrumente, die in der Ferne trompetenden Elefanten stellen die Blechbläser. Außerdem gibt es noch ein seltsames tiefes Schnaufen, das mich an den Baß erinnert (wie ich später herausfinden soll, sind das die Laute der Flußpferde; wäre ich dschungelerfahrener gewesen, hätte ich daraus auf die Nähe des Wassers schließen können).

Aber hinter dem Lärm des tierischen Orchesters lauert eine tiefe, lähmende Stille. Ich bin sowieso zu müde, um weiterzugehen, und zerre meine Sachen deshalb an den Wegesrand, setze mich auf einen Stein, schließe die Augen und lausche einfach. Das ist so ein filmreifer Moment, in dem man sich seiner selbst bewußt wird, in dem einem die ganze Absurdität der Situation aufgeht – *ich sitze hier ganz allein mit geschlossenen Augen mitten im Dschungel auf einem Stein, lausche der Stille und philosophiere vor mich hin* – und man trotzdem nicht aufhört, ja es sogar genießt.

Die wichtigste philosophische Frage, die mir momentan durch den Kopf geht, dreht sich allerdings um die Vorstellung, wie ich von einem Löwen in Stücke gerissen werde. Jagen Löwen in Wildtierreservaten Menschen? Oder haben sie sich schon so an die aus ihren Landrovern glotzenden Touristen gewöhnt, daß sie ihnen schnurzegal sind? Bin ich in Gefahr? Ich weiß nicht, was schlimmer ist: wenn man genau weiß, welche Gefahren hinter den Bäumen lauern, oder wenn man überhaupt keine Ahnung hat.

Ich stehe auf und mache mich wieder an die Arbeit. Schieben, kratz, anhalten. Ziehen, kratz, anhalten. Seufzen, ausruhen. Und in dem Moment, als ich gerade kurz davor bin, alle Hoffnung aufzugeben, höre ich das Grummeln eines Motors. Dann Gelächter. Und dann taucht aus meiner Richtung ein Jeep auf, in dem drei Männer mit bloßem Oberkörper sitzen. Wenn das kein Zeichen ist: ein dreifacher *Deus* in einer *machina*.

»He, du da!« ruft der Fahrer. »Du siehst aus, als wärst du froh, wenn wir dich mitnehmen würden.« Muß ein Australier sein, nach seiner Aussprache zu urteilen.

»Ach ja?« sage ich. »Wie kommst du denn darauf?« Ich schiebe eine Haarsträhne hinters Ohr, die sich aus meinem Zopf gelöst hat, und wische mir noch schnell den Schweiß von der Stirn.

»Ich bin Darien. Das sind meine Kumpel Will und Connor. Wir machen hier Urlaub.« Hinten im Jeep steht eine Kiste Foster's Ale. Woran liegt es, daß man, wohin es einen auf diesem riesigen Planeten auch verschlägt, überall Australier auf Urlaub trifft? Muß was damit zu tun haben, daß sie in einer ehemaligen Strafkolonie leben. Wahrscheinlich sind sie schon genetisch auf die Suche nach Freiheit und Weite programmiert.

Ich stelle mich ebenfalls vor. Gegenseitige Begrüßung und Händeschütteln.

»Und? Wo willst du hin?« fragt Connor. Oder ist das Will? Sie sehen alle drei gleich aus: blond, muskulös, bloßer Oberkörper. Ich fühle mich wie eine zu schick angezogene Statistin in einer Bierreklame.

»Wo ich hinwill?« Ich starre die Australier an, auf den mit Lichtflecken übersäten Fahrweg, in den dichten, scheinbar endlosen Wald. »Tja«, sage ich und grinse, »wenn ich das wüßte.«

Die Männer helfen mir, meine Sachen auf den Jeep zu laden. Ich setze mich auf die Bierkiste, und Darien fährt in die Richtung, in die ich vorher gegangen bin. Sie sind auf Safari, erzählen sie mir, tagsüber fahren sie auf der Suche nach wilden Tieren herum, abends essen, trinken und feiern sie um ein Lagerfeuer am Ufer des Sambesi. Ich solle mich ihnen doch anschließen, schlagen sie vor. Ich erwidere, das klinge verlockend, aber ich müsse Fotos vom Nashornkrieg machen. Ich erzähle ihnen von den Wilderern, der neuen Durchgreifpolitik, der Operation Stronghold. »Ein Nashornkrieg?« fragt Darien und schaltet in den dritten Gang. »Also darum laufen hier diese Typen mit ihren Knarren herum.« Der Fahrtwind weht ihm die blonden Locken aus der Stirn.

»Hast du welche gesehen?« erkundige ich mich.

»Ja. Sie haben eine Menge Maschinengewehre und einen alten Hubschrauber. Der hebt jeden Tag mit ein paar Leuten drin ab und kommt abends wieder. Ich dachte, das wär so 'ne Art Militärübung.«

»Dann bist du also Fotoreporterin?« fragt Will in dem Bemühen, Konversation zu machen. Ich sitze praktisch auf seinem Schoß, eingequetscht zwischen den Foster's-Flaschen und seiner nackten Brust. »Muß ja spannend sein.« Er hebt die Augenbrauen. Darien beobachtet uns im Rückspiegel und sagt Will, er solle aufhören zu flirten. Er hätte mich zuerst entdeckt.

»Wißt ihr was?« sage ich gähnend. »Manchmal geht mir das echt auf die Nerven.«

Wir fahren noch ein bißchen, und auf einmal öffnet sich der Wald und gibt den Blick frei auf eine Lichtung am Ufer des Sambesi. Im flachen, ruhigen Wasser tauchen und schnaufen fröhlich mindestens vierzig Nilpferde. Eine Elefantenfamilie trinkt. Hunderte von Vögeln flattern umher. Ein paar Affen tollen in den Bäumen. Ich kann mich des Gedankens nicht erwehren, das Ganze sehe unecht aus, wie ein Filmset.

Wir fahren weiter, bis wir zu ein paar baufälligen Holzhütten von der Art kommen, wie es sie bei uns im Sommercamp gab: olivgrün gestrichen und mit Fliegengittern anstelle von Fenstern.

»Da wären wir«, sagt Darien und hält an, damit ich aussteigen kann. »Hier wohnen die Männer mit den Knarren.« Er lädt meine Ausrüstung ab, tut so, als wolle er mir die Hand küssen, und ermuntert mich, später den knappen Kilometer flußabwärts zu marschieren und ihm und seinen Kumpeln zu helfen, das Foster's wegzuputzen. »Du kannst dein Zelt neben unserem aufstellen. Wir beschützen dich vor den Löwen«, sagt er augenzwinkernd.

»Aber sicher«, sage ich und zwinkere zurück, »nur hab ich nicht mal ein Zelt zum Aufstellen. Danke fürs Mitnehmen, aber ich glaube, ich schlafe heute abend am besten alleine, wenn es euch recht ist, Jungs.«

Das kommt so sarkastisch heraus, daß Darien beleidigt ist. Es tut mir leid. Er hat mich gerade vor weiteren ein, zwei Stunden Marsch mit vollem Gepäck durch den Dschungel bewahrt, und ich revanchiere mich dafür, indem ich andeute, er und seine betrunkenen Freunde würden sich nur mit mir vergnügen wollen (ich muß an Bebe denken). Dabei sind sie bestimmt nur harmlose Beuteltierchen, die nett zu einer Fremden sind.

Aber ich habe keine Lust mehr, dafür zu zahlen, wenn mich mein Instinkt trügt. Vielleicht waren die hinter den Bäumen brüllenden Löwen harmlos, weil sie bereits eine dicke Antilope intus hatten. Vielleicht aber auch nicht. Aber warum, um alles in der Welt, sollte ich ihnen Gelegenheit geben, sich über ihren Appetit Gedanken zu machen?

Als Jack, Greg und ich unseren Teil der Dokumentation über das Boston Ballet fertiggestellt hatten, den wir in meinem zweiten Jahr am College gemeinsam für das Filmseminar produziert hatten, war es fünf Uhr nachmittags, und die warme Frühlingsluft lockte uns hinaus. Wir drei waren bei der Arbeit enge Freunde geworden; die letzten sechsunddreißig Stunden hatten wir eingepfercht in einem winzigen Schneideraum im Keller von Sever Hall verbracht, wo wir am Filmschneidetisch kleine Filmbilder und braune Bänder akribisch schnitten und so zusammenklebten, daß sie synchron liefen. Jack schlug vor, ein Sixpack zu kaufen und es zur Feier des Tages auf dem Dach meines Studentenwohnheims, Adams House, zu trinken. Berauscht von Schlafmangel und von dem Gefühl, etwas geschafft zu haben, kauften wir das Bier und kletterten die Treppen zum Dach hinauf.

Hinter uns versank die Sonne, und wir saßen da, lachten, rauchten und stießen immer wieder darauf an, daß wir rechtzeitig fertig geworden waren. Wir hatten gut zusammengearbeitet, hatten uns, anders als die anderen Gruppen, die immer noch nicht fertig waren, nur selten gezankt. Alle Entscheidungen hatten wir in gegenseitigem Einvernehmen gefällt, hatten die Meinung der anderen respektiert.

Deshalb war ich etwas verwirrt, als Jack Greg etwas ins Ohr flüsterte. »He, keine Geheimnisse!« sagte ich lachend und zog an meiner Zigarette. Greg flüsterte mit Blick auf mich etwas zurück. Und bevor ich überhaupt verstand, was los war, warfen mich die beiden auf den Rücken. Ich sah den blutroten Himmel, die Sichel des Mondes und die ersten Sterne. Ich roch den Teer auf dem Dach. Jacks Hände umschlossen meine Brüste, seine Zunge versuchte, in meinen Mund einzudringen. Greg war unten und öffnete den Reißverschluß meiner Jeans.

Ich war baff. Ich konnte mich nicht erinnern, auch nur einmal in der ganzen Zeit, in der wir zusammen an unserem Film gearbeitet hatten, mit ihnen geflirtet zu haben. Nie hatte ich sexuelle Anspielungen gemacht oder zweideutige Kommentare fallenlassen. Ich fühlte mich zu keinem von beiden hingezogen. Wir waren Kollegen, dachte ich, die zusammen arbeiteten – ein Team. Wie lange hatten sie diesen Überfall schon geplant? War ich zu blauäugig, daß ich es nicht hatte kommen sehen? Oder konnte man bei Männern nie vorhersehen, was sie als nächstes tun würden?

Jack und Greg wüst beschimpfend, schüttelte ich die beiden ab, stand auf und zog mit haßverzerrtem Gesicht meinen Reißverschluß hoch. Sie versuchten nicht, mich aufzuhalten, aber trotzdem rannte ich fort, rannte die Treppe hinunter, suchte aufgeregt nach meinem Schlüssel, öffnete die Tür zu meinem Zimmer, warf sie hinter mir zu und verriegelte sie. Ich riß mir die Kleidung vom Leib, als würde sie brennen, wickelte mich in ein Handtuch und ging ins Bad. In dem Moment hörte ich ein lautes Klopfen an der Tür.

»Deb, Deb, es tut uns leid. Wir wollten dir keine Angst einjagen. Bitte, laß uns rein.« Es war Jack.

»Verpiß dich!« schrie ich. Dann drehte ich das Wasser an, damit ich nichts mehr hörte.

Leider bildete dieser kleine Vergewaltigungsversuch nur den Auftakt zu einer bizarren Reihe von Vorfällen. In meinem nächsten Studienjahr begann die Serie von Überfällen: Im Spätherbst brach ein betrunkener Obdachloser mit blutunterlaufenen Augen in mein Zimmer ein und drohte mir, mich zu vergewaltigen, wenn ich ihm kein Geld gäbe. Ich hatte gar kein Geld da und log ihn deswegen an, ich hätte ihn durchs

Fenster auf das Wohnheim zukommen sehen und bereits die Polizei verständigt. Weil er betrunken, high, dumm oder sonst was war, glaubte er mir und machte sich davon. Am nächsten Tag wurde er von der Polizei festgenommen, weil er bei Urban Outfitters einen Pullover gestohlen hatte, aber als ich vor Gericht gegen ihn aussagen sollte, war er, nachdem er sich schriftlich verpflichtet hatte, zur Verhandlung zu erscheinen, auf freien Fuß gesetzt worden und sofort untergetaucht. Ich wechselte das Zimmer. Im Winter jenes Jahres ging ich irgendwann am frühen Abend über den belebten Harvard Square, als mir plötzlich jemand mit einem Springerstiefel ins Gesicht trat. Ich weiß noch, daß ich einen Mann weglaufen sah, aber dann wurde ich ohnmächtig. Ein mir kaum bekannter Kommilitone – ich glaube, er hieß Bob – sah mich von Gaffern umgeben auf dem Bürgersteig liegen und nahm mich wie ein Baby auf die Arme. Er trug mich zum Büro des *Harvard Lampoon,* wo er die Polizei anrief und mir eine Tasse heiße Schokolade bereitete, in der winzige Marshmallows schwammen.

Im Juni wurden ich und eine Mitbewohnerin mit vorgehaltener Pistole ausgeraubt, als wir von einem Abendessen in einem chinesischen Restaurant in Cambridge zurückkehrten. Zwei Wochen später, als ich bei Magnum in New York arbeitete, hielt ich vor der Penn Station ein Taxi an. Als ich einstieg, richtete der Komplize des Taxifahrers, der auf dem Rücksitz gekauert hatte, seine Waffe auf mich und stahl mir das neue Portemonnaie, das ich gerade als Ersatz für das bereits geklaute erstanden hatte. In jenem Unglückssommer führte mich ein Kofferverkäufer, der mir einen Samsonite mit Rollen andrehen wollte, in den hinteren Teil des Ladens, wo die Koffer angeblich stehen sollten, und ging mir ohne Umschweife an die Wäsche. Wenige Monate später, als ich bereits an meiner Diplomarbeit *Shooting Back* arbeitete, kamen mir auf einer dunklen Straße drei Betrunkene mit Hüten vom Boston College entgegen und versuchten, mich zu Boden zu werfen. »Willste ficken?« sagte einer von ihnen. Zum dem Zeitpunkt war ich so wütend über meinen mangelnden Einfluß auf die

Welt, daß ich ihm mit der einzigen mir zur Verfügung stehenden Waffe auf den Kopf schlug: die Plastikhülle mit dem Video, das ich mir gerade für mein Tutorium über Männer und Gewalt ausgeliehen hatte – *Clockwork Orange*. Als ich mit ihm fertig war, lief ihm Blut aus dem Augenwinkel und aus dem linken Nasenloch.

Am nächsten Tag mußte ich zum Einzelunterricht bei meinem Professor William Alfred, der in einem malerischen kleinen Haus in der Athens Street wohnte. Anstelle einer Unterrichtsstunde machte er mir einen Martini und ließ mich eine ganze Stunde lang heulend in seinem zerschlissenen Sessel sitzen.

Dann kam der Exhibitionist, dann Aidan, dann der ultraorthodoxe Rabbi, dann Pascal, dann der Überfall in Zürich, Sean, Nduku und zwischendurch massenweise Freunde und Liebhaber auf einer Skala von unglaublich lieb und großzügig bis hin zum personifizierten Bösen.

Das hatte System. Nein, hatte es nicht. Es war unerheblich, ob ich diese Männer in mein Leben ließ oder sie ungebeten hereinplatzten. Männer waren berechenbar. Nein, sie waren vollkommen unberechenbar. Ich verdankte ihnen unglaubliche Freuden. Ich verdankte ihnen unendlich viel Leid.

Es war kompliziert.

Man könnte einwenden, ich hätte es ja geradezu herausgefordert – und eines kann man mir glauben: Das habe ich mir oft genug vorgeworfen. Ich bin überzeugt, daß meine ersten achtzehn Jahre hinter den schützenden Vorstadtmauern meine Instinkte verkümmern ließen und mich zu einem Schoßhündchen unter Wölfen machten, dem »Schlag mich!« auf der Stirn geschrieben steht. Außerdem bin ich klein, weiblich, zierlich gebaut und freundlich. Eine mit Sicherheit tödliche Kombination, wenn man die Schuld dem Opfer anlasten will. Aber auf jeden gewaltsamen Übergriff, den ich »herausforderte« – Jack und Greg, Aidan, der Pimmelzeiger, Pascal, Sean, gut, vielleicht auch der Angriff in Zürich, wenn man es streng nimmt –, kommt mehr als eine Gewalttat, zu der ich nicht den geringsten Anlaß bot. Nämlich: zwei versuchte Vergewaltigungen (in meinem Studentenzimmer, vor der Videothek), zwei sexuelle Übergriffe (im Koffergeschäft, der Rabbi), zwei bewaffnete Überfälle (auf der Straße nach dem Essen, im Taxi), ein tätlicher Angriff (Springerstiefel ins Gesicht) und eine Aufforderung zu sexuellen Gefälligkeiten im Austausch für eine sichere Reise in den Dschungel (Nduku), was genau besehen eigentlich ein Witz ist, denn so etwas wie eine sichere Reise in den Dschungel gibt es nicht.

Mark, der oberste Wildhüter von Mana Pools und somit Kommandeur von Operation Stronghold, sieht mich an, als wäre ich ein Alien. »Fotografin? Aus Paris, sagen Sie? Das ist ja komisch. Davon hat mir keiner was gesagt.« Er spricht mit der ruhigen Höflichkeit eines Menschen, der es in seinem Leben noch nie eilig gehabt hat. Wir befinden uns in einer der Hütten, und Mark geht zum Wandkalender hinüber, der über seinem leeren Schreibtisch hängt, und sieht nach, ob dort etwas Derartiges eingetragen ist, aber nicht mal ein Geburtstag unterbricht die saubere Leere der weißen Kästchen. Er ist ein Weißer, trägt ein kurzärmeliges Uniformhemd und Shorts in Khaki, dazu Wanderstiefel. An seinem rechten braungebrannten Knie ist etwas Dreck; in seinem Bart hängen ein paar Krumen. Höflich erklärt er mir, er könne mich nicht mit seinen Soldaten auf Patrouille gehen lassen, da ich keine schriftliche Erlaubnis von Nduku besäße. »Aber Sie können natürlich unten am Fluß zelten. Zu dieser Jahreszeit ist das herrlich.«

»Aber ich habe eine schriftliche Erlaubnis von Nduku«, widerspreche ich. Ich zeige ihm mein Fax, verschweige aber die ganze Erpressungsgeschichte mit der Sexforderung. Jetzt, wo ich hier bin, ist das doch egal, oder?

»Komisch«, meint er. Er dreht das Fax um, als suche er auf der leeren Rückseite nach einer Erklärung. »Normalerweise informiert uns das Pressebüro, wenn jemand kommt. Haben Sie Nduku in Harare aufgesucht?«

»Nein«, lüge ich.

»Ach, dann liegt's wahrscheinlich daran. Hätten Sie eigentlich tun sollen. Er hätte die Fahrt hierher organisiert. Wie sind Sie überhaupt hergekommen?«

Ich erzähle ihm, ich hätte bei den Victoria-Fällen ein Flugzeug gechartert.

»Na dann, auch egal«, meint Mark und schüttelt mir die Hand. »Willkommen in unserem kleinen Krieg.«

»Danke.« Wir sprechen kurz den Tagesablauf durch. Er erzählt mir, daß die Soldaten morgens um acht Uhr auf Patrouille gehen und nach Spuren von Wilderern suchen – kreisende Geier, Überreste von Lagerfeuern, tote Nashörner mit blutigen Stümpfen anstelle von Hörnern. »Und wenn Sie einen Wilderer erwischen?« frage ich.

»Erschießen wir ihn«, lautet die Antwort. Mein Gepäck lenkt ihn ab: »Haben Sie ein Zelt dabei?«

»Nein.«

»Schon gut, ich glaube, ich hab noch irgendwo ein altes herumliegen.« Er kratzt sich nachdenklich am Bart.

Obwohl die Soldaten in schlafsaalähnlichen Hütten übernachten, rät Mark mir davon ab, ebenfalls dort zu schlafen. »Das ist keine gute Idee«, sagt er in einem Ton, der jede weitere Erklärung überflüssig macht. Ich schweige.

Keine Ahnung, warum ich einfach davon ausgegangen bin, ich könne irgendwo schlafen. Egal, denke ich. Das Zelten wird bestimmt nett.

Mark kramt in den Ecken seiner Hütte herum, kann das alte Zelt jedoch nirgends finden. Einen Moment lang ziehe ich in Erwägung, zu den Australiern zu gehen, aber da kein Regen angesagt ist, entschließe ich mich, mit dem Schlafsack unter offenem Himmel zu nächtigen. Ich leihe mir von Mark einen Topf, trage meine Sachen die paar hundert Meter zum Zeltplatz am Fluß hinunter, setze mich auf einen Stein, sammle Holz zusammen, entzünde ein Feuer und koche mir drei Eier zum Abendessen. Es dämmert, vor mir fließt breit, still und voller Leben der Sambesi dahin. Die Flußpferde sind noch immer da, tauchen auf und unter, schnauben, tun fett und unschuldig einfach das, was Flußpferde so tun. Aber man hat mich vor ihnen gewarnt. Sie seien zwar Vegetarier, meinte Mark, aber wenn man ihnen in den Weg käme, rissen sie einem den Kopf ab.

Ein einzelner Elefant trottet in weniger als zehn Metern Entfernung vorbei. Er bleibt zum Trinken stehen, sieht mich, geht weiter. Im schwindenden Licht wirkt er zweidimensional und dunkel, wie ein großer schwarzer ausgeschnittener Papierelefant. Zwei Krokodilaugen und die Spitze einer Schnauze gleiten wie ein leises Flüstern übers Wasser und ziehen geisterhaft eine v-förmige Welle hinter sich her. Selbst die Affen wissen, daß sie jetzt schweigen müssen, und überlassen den Grillen das letzte Wort.

Ich pelle eins meiner hartgekochten Eier und lasse die Schale zu Boden fallen. Ich habe solchen Hunger, daß ich es mit zwei Bissen vertilge, und genieße es, wie der schwere Dotter sich durch meine Speiseröhre quetscht und mir wie ein Stein in den Magen fällt. Die nächsten beiden verschlinge ich genauso schnell und spüle sie mit Apfelsaft herunter. Dann pelle ich eine Apfelsine, die Rinde schiebt sich unter meine Fingernägel, das süße Fruchtfleisch zerplatzt zwischen meinen Zähnen. Als das letzte Stück gegessen ist, zünde ich mir eine Zigarette an und blase den Qualm über den Fluß.

Wer hätte gedacht, daß es so friedlich sein kann, über einen Krieg zu berichten?

Ich starre hinauf in die immer dicker werdende Suppe von Sternen und denke an die Mutter, die ihren Platz im Bus zu den Victoria-Fällen mit mir teilte. Wie schön muß es sein, von seiner eigenen Rolle im Leben so fest überzeugt zu sein, sagen zu können: »So einfach ist das.« Ich bin neidisch. Für mich ist noch nie etwas so einfach gewesen. Weder Männer noch Arbeit, Moral, Liebe, Vertrauen, Menschen, Politik, Sex oder Gott und ganz bestimmt nicht das Kinderkriegen.

Ich schlafe ein. Im Traum sitze ich in dem überfüllten Bus zu den Victoria-Fällen, nur daß ich diesmal ein kleines Mädchen im Arm halte, das genauso aussieht wie ich, aber schwarzes, glattes Haar hat. Ich spüre ihren Atem in kleinen Stößen an meinem Hals. Ich sage ihr, es ist alles gut, alles wird gut. Als wir schließlich ankommen, versuche ich sie zu wecken. Aber sie ist tot. Ich schüttele sie. Ich rufe um Hilfe. Ohne Erfolg. Um mich herum werden Kinder gestillt, Gepäckstücke verschoben, Apfelsinen gepellt, glucken Hühner und lachen Kinder, und niemand im Bus hört meine Schreie.

Am Abend vor unserer Abtreibung fragte Gabe mich: »Willst du das wirklich machen?«

Wir waren siebzehn und saßen auf meinem Kinderbett mit der Regenbogenwäsche und den Stofftieren. Gerade hatte ich meine Zulassung für Harvard erhalten. Gabe würde auf ein College im weit entfernten Louisiana gehen.

»Klar will ich«, antwortete ich.

»Denk doch mal kurz drüber nach. Wir lieben uns. Wir wären tolle Eltern. Ich will einfach nicht, daß du jetzt überstürzt handelst.« Im Rückblick waren das sehr vernünftige, reife Einwände für einen Siebzehnjährigen. Aber so war Gabe. Während seine Freunde am liebsten flipperten oder im Keller Wasserpfeife rauchten, verbrachte Gabe seine ganze Freizeit mit mir: Wir fuhren mit offenem Verdeck durch Potomac, drehten *Little Red Corvette* oder Howard Jones mit *What is Love*? auf, hielten Händchen, lachten, diskutierten mit dem Wind im Haar über die Existenz Gottes. Während sich die übrigen Jungen auf die Mythen und das Gerede verließen, das sie von ihren prahlenden Kumpels aufschnappten – *»Ja, echt, Mann, 'ne Frau kann nur kommen, wenn du es ihr besorgst«* –, wußte Gabe Bescheid und studierte begierig die weibliche Anatomie. Und während die meisten Jungen auf meiner High School den Satz »Ich liebe dich« nur als Einleitung zum Bumsen verwendeten, kamen diese Worte bei Gabe aus der Tiefe seiner melancholischen Teenagerseele.

»Da brauch ich nicht lang drüber nachzudenken. Ich mach es«, antwortete ich in meiner jugendlichen Unverfrorenheit und Selbstüberschätzung. Ich hatte Pläne. Große Pläne. Aufs

College, dann irgendwie Karriere machen, dann vielleicht – aber nur sehr vielleicht und sehr viel später – eine Familie. Doch nach einer Minute des Schweigens merkte ich, daß meine Entscheidung von Tränen und Liebe untergraben wurde.

»Ja, du hast recht. Was rede ich überhaupt«, sagte Gabe. Er streichelte meinem gelben Stoffhasen das zerschlissene Fell. Dann sackte er mit einem Seufzer und zitternden Lippen in sich zusammen und vergrub den Kopf in den Händen. Ich spürte, wie sich seine Brust an meiner hob und senkte, während ich ihn in den Armen hielt und das Salz von seinen Wangen küßte. Doch bald schluchzte ich zu sehr, um ihn noch trösten zu können.

»Es wird alles gut«, flüsterte ich mehr mir selbst als ihm zu. »Es ist schon richtig, was wir tun.« Ich fuhr mit den Fingern durch Gabes glattes schwarzes Haar und komponierte im Kopf bereits ein Klagelied auf das Haar, das Gesicht, die Finger, die ich niemals sehen würde.

»Ich weiß«, sagte er. Aber ich merkte, daß er es nicht glaubte.

Als ich mich früh am nächsten Morgen fertigmachte, rief mich Gabe von seiner Mutter aus an. »Ich kann nicht mit dir ins Krankenhaus kommen«, sagte er. »Ich wollte nur nachfragen, ob deine Eltern dich wirklich begleiten.« Er verstummte, wartete auf meine Antwort.

»Ja, sie kommen mit«, sagte ich. »Wir fahren alle zusammen. Aber es wäre schön, wenn du auch da wärst.«

»Tut mir leid«, erwiderte er. »Ich kann nicht kommen.« Er erklärte sich nicht weiter. Mit brüchiger Stimme beendete er das kurze Gespräch: »Du sollst bloß wissen, daß ich dich liebe. Wirklich.«

Ich liebte ihn auch. So sehr, daß es weh tat. So sehr, daß ich niemals richtig darüber hinwegkam. So sehr, daß ich mich in den nächsten fünf Jahren bemühte, der Liebe aus dem Weg zu gehen, und mein Herz unter dicken Schichten aus Beton und Stacheldraht begrub.

Aber nicht genug, um alles andere dafür aufzugeben.

Etwas Nasses, Schleimiges fällt mir auf die Stirn und weckt mich. »Bäh, wie ekelig!« rufe ich, doch fesselt mich der Anblick des Sonnenaufgangs und des Sambesi (*Wo bin ich? HIER WOHNE ICH DOCH NICHT!*) stärker als die schleimähnliche Flüssigkeit, die mir jetzt die Wangen herunterläuft. Ich habe in meinen Klamotten geschlafen, jetzt öffne ich den Schlafsack, stehe auf und versuche, die morgendliche Schwere abzuschütteln. Mit dem Saum des T-Shirts wische ich mir die Schmiere aus dem Gesicht. Sie ist durchsichtig und so gut wie geruchlos, kann also keine Vogelscheiße sein. Vielleicht irgendein seltenes Baumharz, von dem ich noch nie gehört habe. Ich sehe hoch in die riesigen Bäume, und plötzlich wird mir alles klar. Dort hocken auf einem Ast zwei äußerst zufriedene Affen, zerdrücken mit der Hand ein Ei nach dem anderen und saugen die nahrhafte Flüssigkeit heraus. Sie kreischen und brüllen vor äffischer Freude. Ein dritter versucht gerade, mit den Zähnen eine Packung Käsecracker aufzureißen. Ich sehe blitzschnell dahin, wo mein Freßkarton stand, doch ich weiß bereits, bevor ich den leeren Fleck sehe, daß er nicht mehr da ist.

Was bin ich doch für ein Idiot. Ich hätte den Karton in Marks Hütte lassen sollen. Aber viel mehr verwirrt mich, daß ich gerade von dem Kind geträumt habe, das Gabe und ich nie bekommen haben, und mittendrin von einem vom Himmel fallenden Eiweißklecks geweckt wurde. Soll das ein Zeichen sein? Ich glaube nicht an Zeichen.

Mit neun Jahren erklärte ich meinen Eltern förmlich, ich hätte Zweifel an der Existenz einer höheren Macht. An dem Tag hatte uns der Lehrer in der Sonntagsschule von Auschwitz erzählt. Seiner schläfrigen Klasse voller jüdischer Jungen und Mädchen erklärte er an diesem Sonntag morgen, daß es Gott geben müsse, weil die Juden diese Hölle überlebt hatten. Ich nahm es ihm nicht ab. Ich meine: Die Sklaverei in Ägypten, die Kreuzzüge, die Inquisition, das alles ist mir im geschichtlichen Zusammenhang und angesichts der damaligen Unwissenheit noch verständlich. Aber Auschwitz? Mitten im zwanzigsten Jahrhundert? In Europa? Auf gar keinen Fall!

»Ich glaube nicht an Gott«, eröffnete ich meinem Vater nach dem Unterricht zwischen zwei Bissen vom Pumpernickel-Bagel. Meiner Ansicht nach würde ein richtiger Gott niemals zulassen, daß Hitler sechs Millionen Juden die Kleider vom Leib riß, sie erschoß, verhungern oder ersticken ließ, sie folterte und in den Ofen schaufelte. Das leuchtete mir nicht ein.

»Dann bist du Atheistin«, sagte er, ohne näher auf meine Bemerkung einzugehen. »Atheisten sind Menschen, die nicht an Gott glauben.« Dad suchte immer nach einer Gelegenheit, ein neues Wort in die riesige Vokabelkartei zu schmuggeln, die er in meinem Kopf anlegte. *(»Nein, so ein renitenter Hund!«, »Du ißt gerade den definitiv letzten Keks.«)* »Ich selbst bin ein Agnostiker«, erklärte er, »das heißt, ich enthalte mich der Stimme.«

Das klang mir vernünftiger, als ein für allemal auf Gott zu verzichten. »Nagnostiker?« fragte ich.

»Nein, *A*-gnostiker.«

»Ah, das will ich auch sein.« So trat der Skeptizismus in mein Leben.

Wieder blicke ich zu den Affen hoch, mein Magen knurrt. Ich rauche eine Zigarette, um ihn zu beruhigen. Doch als ich mich gerade frage, wie ich die nächsten ein, zwei Wochen ohne Essen überstehen soll, trifft Marks alter Waffenbruder Ray mit einem blauen Pickup im Lager ein. Auf der Ladefläche ruckeln eine mit einem Schloß verhängte Kiste voller Essen, drei Kisten Bier, ein Gewehr, eine Kerosinlampe, Wasser in Flaschen, ein Zelt und sogar ein paar Liegestühle. Ray und Mark haben Seite an Seite im rhodesischen Befreiungskrieg gekämpft, erzählt er mir, deshalb schaut Ray immer, wenn er ein bißchen Urlaub angespart hat, in Mana Pools vorbei, um dort zu zelten, seinem Kumpel beim Erschießen von Wilderern zu helfen und die alten ruhmreichen Tage noch mal aufleben zu lassen. »Verstehst du, damals war Rhodesien noch Rhodesien, und alle wußten, wo sie hingehörten«, sagt er wehmütig. Ray ist Mitte Vierzig, ein Weißer, ledig, dünn und kahlköpfig und trägt kniehohe Strümpfe zu Kampfstiefeln und Khakishorts. Außerdem besitzt er das fetteste Schweizer Messer, das ich je gesehen habe. Ich habe den Eindruck, daß die Operation Stronghold – bei der vor allem weiße Befehlshaber arme schwarze Wilderer erschießen – für Ray ein willkommener Anlaß zur Rache ist.

Aber Ray macht auch geniale Spaghetti Carbonara, und ich hab nichts zu essen. Also was tun? Mit einem Rassisten essen oder ihn meiden und hungern? Die Antwort scheint mir auf der Hand zu liegen. Ich will seinen Fanatismus ganz bestimmt nicht verteidigen, aber er hat viele Freunde in dem Krieg sterben sehen. Das kann einen schon verbittern, oder?

Noch schlimmer ist – weil ich ihn wirklich hassen will –, daß Ray trotz seines unreflektierten Rassismus ein gutes Herz hat. Eines Morgens wache ich nicht, wie sonst immer, unter freiem Himmel auf, sondern in Rays Zelt. Ich bin völlig verwirrt. Ich gehe nach draußen und entdecke ihn auf der Ladefläche seines Pickups, zugedeckt mit einer Plastikfolie, aber trotzdem pitschnaß. »Es hat mitten in der Nacht zu regnen angefangen«, sagt er zitternd. »Ich wollte nicht, daß du naß wirst.«

In den nächsten Tagen gehe ich mehrmals mit den Truppen auf Patrouille. Manchmal nehmen wir den Landrover. Manchmal kann ich im Hubschrauber mitkommen. Wir sehen zwar viele Elefanten – ehrlich: tonnenweise! –, aber nie einen Wilderer oder ein totes Nashorn, ja nicht einmal ein lebendes Nashorn. Stundenlang fahren wir durchs Reservat wie Touris auf Safari, die rein zufällig ein paar holländische vollautomatische Sturmgewehre schußbereit haben.

Da ich weiß, daß Xavier nur Bilder mit gutem Licht akzeptiert, mache ich die meisten Aufnahmen frühmorgens oder spätnachmittags, um die krassen Schatten über Mittag zu vermeiden. Am liebsten ist mir die Zeit kurz vor Sonnenuntergang, wenn alles glänzt wie vergoldet. Wer einmal den Film *In der Glut des Südens* von Terrence Malick gesehen hat, der fast ausschließlich um diese Tageszeit gedreht wurde, weiß, was ich meine.

Dementsprechend habe ich zwischen zehn und vier nicht viel zu tun. Die meiste Zeit sitze ich in einem von Rays Liegestühlen, betrachte den Sambesi, lese meinen García Márquez oder mache mir Sorgen ums Geld. Dies ist eine teure Reise, und ich habe nur Bilder von lachenden Soldaten, die in einem Landrover herumfahren, was ganz und gar nicht nach Krieg aussieht. Und wie immer kann ich es mir nicht leisten, diese Story nicht zu verkaufen.

Deshalb frage ich eines Spätnachmittags kurz vor der Zeit des Sonnenuntergangs drei Soldaten, ob sie mit mir und ihren Gewehren zum Sambesi herunterkommen würden. Ich positioniere sie in einem Dreieck im hohen Ufergras und sage ihnen, sie sollen sich hinhocken und die Gewehre so halten, als hätten sie gerade ein Rascheln in den Bäumen gehört, das vielleicht von einem Wilderer stammt. »Guckt richtig böse«, weise ich sie an. Sie lachen sich erst einmal halb tot, aber als sie schließlich stillhalten, sieht das Bild bei mir im Sucher toll aus: gute Komposition, herrlich satte Farben, unglaubliche Tiefenschärfe, glänzende Gewehre, angsteinflößende Soldaten. *Ist doch nur photo montée, versuche ich mir einzureden, das macht hier jeder Fotograf.* Aber ich fühle mich wie ein Verbrecher.

Da entdecke ich einen Elefanten, der durch das Riedgras am Flußufer stapft. Seine Haut strahlt rot in der untergehenden Sonne. Ich entlasse die Soldaten mit einem »Danke, Jungs, nett von euch«, und verschieße zu meiner eigenen Aufmunterung einen ganzen Film von dem Elefanten.

Am nächsten Morgen bitte ich Mark in dem noch zarten, kühlen Licht, mit mir zu dem Haufen von Nashornschädeln zu kommen, die vor seiner Hütte herumliegen. »Wurden die alle von Wilderern getötet?« will ich wissen.

»Wahrscheinlich nicht«, antwortet er. »Ein paar von denen sind mit Sicherheit auch an natürlichen Ursachen gestorben. Ich sammle sie einfach so. Sie liegen im Gras herum, oder die Leute bringen sie mir ...«

»Egal. Hock dich doch einfach in die Mitte und guck so, als

ob dich die ganzen Schädel richtig traurig machen.« Ich verschieße einen ganzen Film. »Klasse, Mark, danke schön.«

Ist nur photo montée, ist nur photo montée, ist nur photo montée ... Scheiße! Da könnte ich ja gleich in die Werbefotografie gehen. Das wird immerhin besser bezahlt, und zusätzlich bekommt man noch einen Stylisten und jemanden fürs Make-up. Mal sehen: Ich habe mich mit einem Fanatiker eingelassen, weil ich Hunger hatte, und mache gestellte Fotos, damit ich nicht hungern muß, wenn ich wieder in Paris bin. Bei dem Tempo kann es nicht mehr lange dauern, bis ich mein letztes Prinzip über Bord werfe.

»Ist das alles? Hast du jetzt alles, was du brauchst?« fragt mich Mark und steigt vorsichtig über die Schädel, um sie nicht zu zertreten. »Oder erzählst du mir gleich wie die ganzen anderen Journalisten, daß ich dich erst wieder loswerde, wenn du einen toten Wilderer gefunden hast?«

»Hm, tja, wo du schon davon sprichst ...« Sicher, mach mal! Töte einen Menschen, ich brauch ein Bild davon.

Mark sagt, sie hätten seit über drei Monaten keinen Wilderer mehr geschnappt. Toller Krieg. Er meint, ich könne gern länger bleiben, aber Ray würde in einer Woche zurück nach

Harare fahren und nähme dann das Essen und die Liegestühle wieder mit.

»Keine Sorge«, erwidere ich. »Ich bleibe nicht ewig hier. Ich werde mit Ray zurückfahren.« Dann spare ich zumindest das Geld.

Zwei Tage vor unserer geplanten Rückfahrt nach Harare patrouilliere ich am späten Nachmittag mit Mark und ein paar Soldaten durch die Gegend, als wir in der Ferne einen Schwarm Geier kreisen sehen. Mark legt den vierten Gang ein, und los geht's über die unbefestigte Straße. Der Wind zerzaust mir das Haar, bis es vollkommen verheddert ist. Beim letzten Mal fanden wir bei so einer Aktion lediglich einen toten Elefanten, daher bin ich nicht sonderlich aufgeregt. Aber als wir das Gewimmel von Geiern erreichen, ist es soweit: ein totes Rhinozeros. Und wo das Horn sitzen sollte, ist eine klaffende, blutverkrustete Wunde.

Wir steigen alle aus und gehen zu dem abgeschlachteten wilden Tier hinüber. Verwesungsgestank liegt in der Luft, und die über hundert Geier machen uns kaum Platz. Mark nähert sich dem Kadaver und untersucht ihn. »Der liegt hier seit mindestens ein, zwei Tagen, wenn nicht schon länger«, sagt er und hält sich würgend die Nase zu. Der graue, mit weißer Geierscheiße bekleckste Panzer des Nashorns sieht aus, als sei Jackson Pollock dagewesen. Mark kommt zurück, holt seine Landkarte heraus und markiert die Stelle, an der wir uns befinden, mit einem roten Kreuz. Dann ruft er seine Soldaten herbei. »Okay, Leute, in diesem Gebiet hier müssen wir suchen ...« Er malt einen unsichtbaren Kreis um das Kreuz. »Morgen früh zieht ihr los und haltet Ausschau nach Rauch. Jetzt fahren wir zurück. Ich muß das hier durchfunken.«

»Rauch?« frage ich.

Mark grinst mich an. »Auch Wilderer wollen was Warmes zum Frühstück.«

Als ich am nächsten Morgen aufwache, ist Ray weg. Er ist nicht in seinem Zelt, nicht in seinem Auto, nicht zum Austreten im Wald. Verdammt. Hoffentlich ist er nicht ohne mich

auf Patrouille gegangen. Ich finde eine schmutzige Schüssel, spüle sie mit Wasser aus meiner Feldflasche aus, gebe etwas Milchpulver und Müsli hinein und setze mich zum Essen in einen Liegestuhl. Vor mir versucht ein Krokodil, unauffällig wie ein Dieb durchs Wasser zu gleiten. Plötzlich sehe ich Mark schwitzend und keuchend herbeilaufen. »Deborah, komm schnell! Ray ist mitten in der Nacht mit meinen Leuten losgezogen. Zu Fuß. Haben sich an die Schweine rangeschlichen. Wir nehmen den Hubschrauber. Los!«

Ich greife nach meiner Kameratasche und stoße dabei die Schüssel mit dem Müsli um. Das Adrenalin rauscht mir durch die Adern – halb hoffe ich, daß Ray mit dem Töten des Wilderers auf mich wartet, halb schelte ich mich dafür, daß ich solch kranke Gedanken habe.

Als wir in der Luft sind, spüre ich im Brustkorb, wie die Rotorblätter vibrieren. Mark starrt aus dem gewölbtem Fenster, sucht den Wald ab, ruft dem Piloten Befehle zu. »Da, da! Gleich da drüben!« schreit er. Wir landen auf einer Lichtung und laufen geduckt unter den noch rotierenden Blättern hindurch. Am Rande der Lichtung erkenne ich Ray und fünf Soldaten. Sie stehen herum, unterhalten sich, warten auf uns. Hinter ihnen schwelen die Reste eines Lagerfeuers, noch immer steigen kleine Rauchschwaden auf. Ringsherum liegen Dinge, die Männer normalerweise nicht als Müll zurücklassen: ein Sweatshirt, ein Rucksack, einige Decken, ein Paar Stiefel, eine verbeulte Feldflasche. Ach ja, und zwei Rhinozeroshörner.

»He, Deborah«, grüßt mich Ray, der mitgenommen und müde wirkt. Über seiner Schulter trägt er ein Gewehr, er grinst. »Wir haben ein kleines Geschenk für dich. Willst du's sehen?« Er tritt zur Seite und weist neben seine Füße auf den Boden, wo ein junger Schwarzer (vielleicht achtzehn, höchstens zwanzig) auf dem Bauch liegt, mit zur Seite gedrehtem Kopf. Mit den geschlossenen Augen und dem friedlichen Gesichtsausdruck sieht er aus, als schlafe er. Nur zwei Dinge verraten, daß etwas nicht stimmt: die Blutlache unter seinem Rumpf, die langsam wächst, und die Einschußlöcher im Rücken. Mindestens acht Löcher verunzieren seinen weiten braunen Pullover, als hätte sich ein ganzer Schrank hungriger Motten über ihn hergemacht. Ich habe noch nie einen Toten aus nächster Nähe gesehen. »Die anderen beiden sind uns entwischt«, sagt Ray. »Aber die kriegen wir noch. Die kriegen wir.«

Instinktiv greife ich nach meiner Kamera und beginne zu fotografieren, umkreise den Toten, suche den Winkel, aus dem die Einschußlöcher am besten zu sehen sind. Wieder tänzle ich um die Leiche herum, in einem fiebrigen Walzer, drehe und wende mich, wieder und wieder im Kreis herum.

Ich bin ein Geier. Ich versuche nicht einmal, es zu verbergen.

Als ich wieder in Harare bin, holt mich Julian vom Hotel ab und fährt mit mir zu einer Krocketparty, die einer von seinen Diplomatenfreunden gibt. »Du siehst ganz schön dünn aus«, sagt er, als ich ins Auto steige.

»Die Affen haben mir das Essen geklaut«, erzähle ich ihm von meinem jüngsten Abenteuer, ohne den Mund zu verziehen.

Julian lacht und tätschelt mir freundschaftlich den Kopf. »Wie unhöflich von ihnen.«

Die Wahrheit ist, daß ich nichts mehr habe essen können, seit ich die Schüssel mit dem Müsli umschüttete und in den Hubschrauber sprang. Für den Abend hatte Mark zur Feier des Tages ein Grillfest in seiner Hütte organisiert, aber als ich mich mit einem Teller Huhn und Mais hinsetzte, bekam ich das Essen einfach nicht herunter. Um mich zu betäuben, trank ich ein Bier und vier Gläser übelsten Whiskey. Aber der Schuß ging nach hinten los. Ich mußte ständig an die Familie des Wilderers denken. Wer würde ihn wohl drüben in Sambia vermissen, wenn er nach ein paar Tagen nicht nach Hause zurückkehrte? Seine Eltern? Eine Frau? Vielleicht ein Kind?

Ich fragte Ray, was mit der Leiche geschähe, aber er grinste nur. »Was für eine Leiche?« fragte er. »Wir sind hier im Dschungel.« Dann fing er an zu lachen. Den Rest des Abends glotzte ich betrunken auf den Sambesi und heulte.

Als wir bei dem riesigen Haus im Norden von Harare ankommen, ist die Krocketparty bereits in vollem Gange. Die Leute sind schon etwas älter, viele laufen auf dem Rasen ihren kleinen flachshaarigen Kindern hinterher. Einige Teenager flirten miteinander beim Federballspielen. Schwarze Hausangestellte reichen silberne Tabletts mit winzigen Gurkensandwiches ohne Kruste herum, während sich die wenigen schwarzen Gäste tapfer bemühen, so zu tun, als fühlten sie sich in einer solchen Umgebung wohl.

Julian bringt mir einen Gin Tonic von der Bar. Alle hier scheinen ihn zu kennen, und er wird ständig in irgendeine Unterhaltung verstrickt. Ich fühle mich nicht sehr mitteilsam, deshalb setze ich mich mit dem Rest meines Gin Tonic an einen der leeren reichverzierten Metalltische auf der Veranda. Eine Mutter und ein Vater schwingen ihre kichernde kleine Tochter wie ein Springseil hin und her – der Vater hält sie an den Füßen, die Mutter an den Armen fest.

So einfach ist das, hatte die Frau im Bus gesagt.

Julian kommt zu mir auf die Veranda, er hat ein nett aussehendes Pärchen im Schlepptau. Sie seien Schriftsteller, erzählt er mir, freie Mitarbeiter der Zeitschrift *Sierra*. Sie seien einige Wochen vor mir in Mana Pools gewesen und hätten über die Operation Stronghold berichtet. Sie bräuchten Fotos. Vielleicht könne ich ihnen helfen. Er läßt uns drei allein.

»Julian sagt, Sie hätten Bilder von einem toten Wilderer«, meint der Mann.

»Hat sich ja schnell herumgesprochen«, erwidere ich.

Ich werde von zwei Jungen abgelenkt, die ihre kleine Schwester über den Rasen jagen und mit ausgestrecktem Zeigefinger auf sie schießen. »Peng, peng!« rufen sie. »Du bist tot!« Sie bleibt wie versteinert stehen und ruft weinend nach ihrer Mami.

»Also stimmt es?« fragt der Schriftsteller und wirft seiner Frau einen wissenden Blick zu.

»O ja«, sage ich. »Er ist tot. Mausetot. Entschuldigen Sie mich bitte kurz.«

Ich laufe zu dem weinenden Mädchen auf dem Rasen und nehme es auf den Arm. Dann schelte ich ihre Brüder, die aus ihren Pistolenfingern schnell wieder Hände machen. Auf dem Weg zurück zu meinen Gesprächspartnern liefere ich das kleine Mädchen in dem rosa Kittelkleid bei der Mutter ab, die es mit schützenden Armen umfängt und sich bei mir bedankt. »Ach, Schätzchen, haben sie dich wieder erschossen?« höre ich sie im Weggehen sagen. Aus dem Augenwinkel sehe ich, wie das kleine Mädchen mit zitternder Unterlippe nickt, ohne ein Wort herauszubringen.

»Wir bräuchten Ihre Fotos für unseren Artikel«, sagt der Mann, als ich wieder da bin. Er reicht mir seine Visitenkarte. Ich nehme sie entgegen und verspreche den beiden, *Sierra* einen ganzen Satz zu schicken, wenn ich wieder in Paris bin. Der Verkauf wird so gerade meine Kosten decken. Doch das meiste Geld wird nach und nach über die Elefantenbilder hereinkommen. Jede Zeitschrift scheint hin und wieder ein gutes Elefantenbild zu benötigen.

»Zum Glück haben wir Sie kennengelernt«, sagt die Frau und lächelt breit. »Ich meine, das klingt zwar nicht schön, aber ohne toten Wilderer gibt es keine Story, oder?«

»Nein«, antworte ich, »das stimmt.«

Doru

Es ist drei Uhr morgens in Bukarest und kein Bergarbeiter in Sicht. Ich sitze zitternd im Auto, stampfe mit den Hacken auf den Boden und wippe vor und zurück, um mich warm zu halten. Gad hat sich in eine Decke eingewickelt, und sein Kopf ruht auf einem Kissen, das er zwischen sich und das Lenkrad gelegt hat. Er schnarcht. Ich bin an der Reihe, um nach Bergarbeitern Ausschau zu halten, aber ich glaube nicht, daß ich meine Schicht durchstehe. Immer wieder wische ich mit der Faust kleine verschmierte Kreise auf der beschlagenen Scheibe frei, doch ich sehe nur ein paar andere Fotografen, die auf und ab gehen, Zigaretten rauchen, herumhüpfen und sich die Hände reiben, um sich warm zu halten. Die Demonstranten in den Straßen haben sich entweder schlafend zusammengekauert oder sitzen um ein improvisiertes Lagerfeuer herum, während sie Radio hören und sich über die Revolution unterhalten. Wir alle warten darauf, daß etwas, irgend etwas passiert.

»Gad? He, Gad?« sage ich und rüttele ihn sanft an der Schulter.

Gad wird langsam wach und murmelt etwas auf deutsch. Dann schreckt er hoch, wirft die Decke beiseite und greift hastig nach seiner Fototasche, die einsatzbereit zwischen uns liegt, eingeklemmt neben dem Schaltknüppel. »Was ist? Sind sie da? Was ist los?« Sein braunes, welliges Haar klebt ihm platt am Kopf und geht wie eine Mähne in die ebenfalls plattgedrückten, aber eher rötlichen Barthaare über, die an

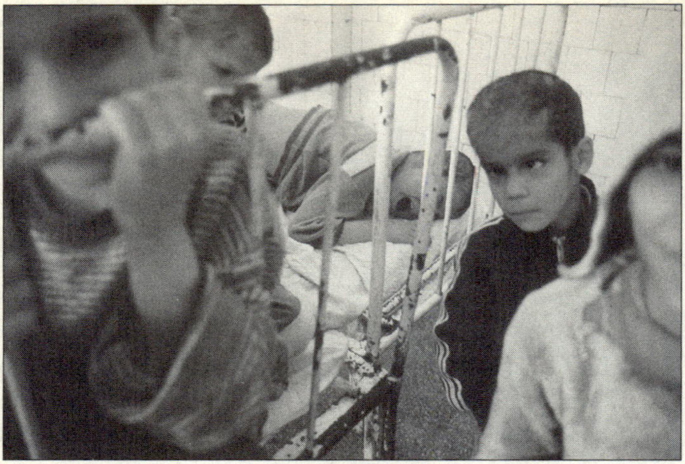

seinem Kinn und über seiner Oberlippe sprießen. Ihm fehlt ein Schneidezahn. Er hat ihn bei einem Motorradunfall verloren, und ich weiß, daß er eine Prothese hat, aber er hat sie seit ein paar Tagen nicht getragen. Zur Pflege seines Äußeren fehlt ihm die Geduld.

»Entspann dich«, sage ich. Meine Zähne klappern geräuschvoll. »Da draußen ist nichts los. Mir ist einfach nur kalt. Es ist spät. Kannst du mich zurückfahren?« Wir parken vor dem Intercontinental Hotel, das höchstens fünfzehn Minuten zu Fuß von der Wohnung entfernt liegt, in der ich untergebracht bin, aber unter keinen Umständen werde ich um drei Uhr morgens allein mit meiner teuren Fotoausrüstung durch die Gegend laufen. Ceauşescu und seine kommunistische Diktatur sind erst seit gut zwei Monaten tot; auf dem noch immer blühenden Schwarzmarkt brächten meine Fotoapparate so viel ein, daß eine mittelgroße rumänische Familie davon Lebensmittel, Kleidung und Wohnung für ein ganzes Jahr bezahlen könnte.

»Klar«, meint Gad und läßt den Motor an, »laß uns hier abhauen. Ich schalte gleich die Heizung ein.«

Gad und ich sind seit unserem dritten Jahr am College miteinander befreundet. Damals kannte ich ihn allerdings unter dem Namen Johannes. Gad war sein zweiter Vorname, und er stellte sich immer vor, indem er sagte: »Hi, ich heiße Johannes, aber du kannst mich Gad nennen.« Aufgrund seines starken deutschen Akzents klang das in etwa so wie: »Hi, ich bin *Your Highness*, aber du kannst mich *God* nennen.« Irgendwann hat ihn mal jemand darauf aufmerksam gemacht, woraufhin er sich kaputtlachte, denn er hatte nie verstanden, warum ihn die Leute immer so merkwürdig anglotzten. Also machte er es sich einfacher und wurde schlicht und ergreifend zu Gad.

Gad und ich entwickelten in der Dunkelkammer des Adams House immer stundenlang kichernd Fotos, was unvermeidlich in irgendeiner haarigen philosophischen Diskussion über das Wesen des Guten und des Bösen endete. »Sieh nicht immer alles so schwarz!« ermahnte ich ihn dann oft. »Du nimmst immer alles viel zu ernst.« Mit einem Lächeln im Gesicht und einem Kafka-Buch in der Hand antwortete er, er könne eben nicht anders, denn es gebe auf der Welt einfach zuviel soziale Ungerechtigkeit und Bosheit.

In der Dunkelkammer tanzten wir zu Paul Simons Lied *You Can Call Me Al*, das Gad vierzigmal nacheinander hören konnte, ohne daß es ihm langweilig wurde. Wir gaben uns gegenseitig Ratschläge in Liebesdingen und kritisierten die Arbeiten des anderen. Aber unsere Lieblingsbeschäftigung war es, über Gilles Peress zu tratschen, den wir aus unterschiedlichen Gründen vergötterten. Gad war von Gilles' Grundsatz »TOD SUCHEN / SONST SCHEISSE« fasziniert; ich war einfach nur ein Fan seiner Bilder.

Obwohl ich Gads Lebensphilosophie ziemlich gut kenne, bin ich über seine Vergangenheit nur vage informiert. Gad redet nur selten darüber. Als ich ihm hier in Bukarest vor ein paar Tagen zufällig in der Lobby des Intercontinental Hotels in die Arme lief, war ich weniger darüber überrascht, ihn wiederzusehen – aufgrund unserer ähnlichen beruflichen Laufbahn mußten wir uns irgendwann wieder begegnen –, als darüber, ihn fließend Rumänisch sprechen zu hören. Nach einer kurzen Umarmung fragte ich ihn, wie er es geschafft hätte, die Sprache so schnell zu erlernen.

»Ich wurde in Rumänien geboren. Erst als ich zehn Jahre alt war, sind wir nach Deutschland gezogen«, sagte er und beließ es dabei.

Seit etwas mehr als vier Stunden sitzen wir nun hier in Gads Auto, das er zeitweise als seinen Hauptwohnsitz nutzt und in dem es dementsprechend riecht. Gad hat von jemandem gehört, der es wiederum von jemand anderem gehört hat, daß heute nacht ein Haufen Bergarbeiter, bewaffnet mit Stöcken und Knüppeln, nach Bukarest käme, um an den Massenkundgebungen teilzunehmen, die hier täglich auf dem Universitätsplatz stattfinden. Die Demonstrationen sind bisher zum größten Teil friedlich verlaufen, manchmal sogar sehr musikalisch, wenn Hunderte von Leuten gemeinsam »Olé, olé-olé-olé« sangen und dabei ihre blau-gelb-roten Fahnen schwenkten – jene Fahnen mit dem Loch in der Mitte, aus denen das kommunistische Zeichen herausgeschnitten worden war. Auch wenn friedliche Demonstrationen ein faszinierender Anblick sein können, so sind sie aus der Sicht des Fotografen doch eher langweilig. Man kann nur eine begrenzte Anzahl Bilder von diesen ernsten rumänischen Kindern machen, die den Kopf durch die Löcher in den Fahnen stecken. Eine bedeutungsschwere Metapher, die aber schon bis zum Umfallen auf Fotos festgehalten wurde.

Doch Bergarbeiter sind nun mal Bergarbeiter und daher oft wütend, und sie erfreuen sich gern an ordentlichen, blutigen Geplänkeln mit der Polizei. Und das ergibt gute Bilder. Denn wie jeder Fotojournalist weiß, verkauft sich Gewalt recht gut.

Gad fährt aus unserer Parklücke heraus. »Ich weiß ja nicht, wie's dir geht«, meint er, »aber ich hab die Schnauze voll.«

»Ich auch«, stimme ich ihm zu. »Ich bin erledigt.«

»Nein, ich meine nicht nur heute nacht«, sagt er lachend. »Ich will damit sagen, ich hab die Schnauze voll von diesem Job. Vom Fotografieren. In einem Auto herumzusitzen und darauf zu warten, daß irgendwelche Bergarbeiter auftauchen und einen Polizisten zusammenschlagen, nur damit ich ein Bild verkaufen kann. Das ist doch schwachsinnig.«

»Ich weiß, aber ...«

»Nein, kein Aber. Das ist schlicht und einfach schwachsinnig«, sagt er und biegt um die Ecke. »Du wohnst hier gleich, oder?«

»Ja, zweiter Eingang von links. Was genau willst du also damit sagen?« frage ich.

Gad hält vor meinem Haus an und läßt den Motor laufen. »Ich hab lange darüber nachgedacht. Ich will Jura studieren, internationales Recht. Zur Abwechslung mal Menschen helfen.«

Ich muß ein Lachen unterdrücken. »Jura? Menschen helfen? Ach, ich bitte dich, Gad. Wie willst du mit einem Juraabschluß diesen unglücklichen Menschen helfen?« Ich zeige auf die dunklen Gebäude um uns herum. Diese Menschen sind so sehr verarscht worden, daß es ihnen noch immer nicht bewußt ist. Sie wurden von allen an der Nase herumgeführt. Von Ceaușescu, seiner Regierung, der Geheimpolizei, sogar von ihren Nachbarn, von denen sie manchmal einfach nur denunziert wurden, weil ihnen gerade mal danach war. Hier traut keiner dem anderen. Alle laufen wie paranoid herum und haben Angst, weil – puff! – manche Leute einfach so verschwinden und nie wieder auftauchen.

»Ich werde ihnen damit helfen können«, sagt er. Meine Reaktion scheint ihn ein wenig verletzt zu haben.

Die nächsten zehn Minuten sitzen wir bei laufendem Motor da und reden und diskutieren, wie damals auf dem College. Gad erzählt mir, daß er ursprünglich mit dem Fotografieren angefangen hat, weil er Menschen helfen wollte – Flüchtlingen, Unterdrückten, Kriegsopfern. Doch nun werde ihm klar, daß es einfach naiv von ihm war, zu glauben, mit seinem Fotoapparat könne er die Welt in Ordnung bringen.

»Gad, es ist naiv, überhaupt zu glauben, man könnte die Welt in Ordnung bringen«, antworte ich.

Er zwinkert mir zu und zeigt grinsend seine Zahnlücke. »Ja, aber ich kann's zumindest versuchen.«

Bevor ich gehe, erzähle ich ihm noch von den Geierträumen, die mich seit meiner Reise nach Simbabwe verfolgen. Gad meint, er bräuchte nicht von Geiern zu träumen. Er würde sich jeden Tag wie einer fühlen.

»Ja, aber Jura, Gad«, sage ich lächelnd, »da wechselst du von einem Geierschwarm zum anderen. Und mal ganz abgesehen davon: Wenn du Anwalt wirst, mußt du dich rasieren. Duschen. Vielleicht sogar deinen Zahn einsetzen.«

»Aber mit dem Gesetz kann man etwas bewegen«, sagt er. »Das war schon immer so. Die Fotografie ist dabei, diese Macht zu verlieren. Egal, ich besorg mir einen Rasierapparat. Kauf mir Seife. Suche meinen Zahn. Wo ist das Problem?«

»Du meinst das also ernst?«

»Vollkommen.«

Ich bedanke mich bei Gad fürs Mitnehmen und für die Diskussion, sage ihm, sie hätte mich an alte Zeiten erinnert. Er wartet, bis ich im Haus bin, und als ich hineingehe, höre ich das Auto im Rückwärtsgang beschleunigen. Im Fahrstuhl riecht es nach Urin, aber daran habe ich mich mittlerweile gewöhnt. Ich mache die Tür zur Wohnung auf, ziehe den Mantel aus, schließe den Blitz an das Ladegerät an, das an der Steckdose hängt, ziehe mich aus, putz mir die Zähne und schlüpfe leise zu Doru ins Bett. Sein Rücken fühlt sich warm und weich an, als ich meinen Bauch dagegen drücke. Dann gebe ich ihm einen Kuß zwischen seine schmalen Schulterblätter.

»Merci, ma biche« – »Danke, mein Schätzchen«, sagt er, als er sich verschlafen herumdreht, um mich auf die Lippen zu küssen. Doru spricht kein Englisch. Ich spreche kein Rumänisch. Also haben wir uns auf Französisch geeinigt, was sich ungefähr so anfühlt, als würde sich eine Katze mit einem Hund quakend unterhalten. Auch wenn wir beide einigermaßen fließend Französisch sprechen, so fehlen uns doch so manche Substantive. Daher benutzen wir immer das Wort *truc,* was soviel heißt wie »Ding«, und so kommen dann

Unterhaltungen merkwürdigster Art zustande: »Wo ist das Ding? Du weißt schon, das Ding. Das Ding, mit dem man das Ding in der Badewanne zumacht.«

»Ach, du meinst das Ding?«

»Ja, genau, das Ding.«

Doru umschließt mein Gesicht mit seinen langen Fingern und liebkost mit der Nase meinen Hals. *»Et alors?«* sagt er. »Dein Gesicht ist so kalt. Irgendwelche Bergarbeiter?« Ich hatte Doru eingeladen, zusammen mit uns in Gads Auto auf die angeblich bevorstehenden Ausschreitungen zu warten, doch er hatte uns für verrückt erklärt.

»Nein, du hattest recht«, antworte ich. »Keine Bergarbeiter.«

»Ha, hab ich dir doch gesagt. Wann lernst du endlich, mir zu vertrauen?« sagt er, während er mit seinen gewaltigen Lippen meine Nase und dann meine Wangen küßt. »Hast du dich gut amüsiert mit deinem kleinen Freund?« Die letzten beiden Wörter verwirren mich. *»Petit copain«* – »kleiner Freund« – kann auf französisch auch »Freund« im Sinne von »Liebhaber« bedeuten. Wenn zwei Menschen die gleiche Sprache sprechen, ist die Kommunikation schon schwierig genug. Wenn eine dritte Sprache herhalten muß, werden die einfachsten Wörter und Sätze zu winzigen Granaten, die nur darauf warten, in die Luft zu gehen. Doch während ich noch überlege, ob Doru »kleiner Freund« oder »Liebhaber« meint, tanzen seine Lippen schon weitaus leidenschaftlicher über mein Gesicht. Günstigerweise klinkt sich mein Hirn aus.

»Du meinst Gad? ... Ja ... Wir haben geredet ... In Erinnerungen ans College geschwelgt ... und so ...« Jeden Satz betone ich mit einem Kuß entlang seiner breiten Stirn.

»Aha, und so«, meint er. Gerade will ich mit der Hand zwischen Dorus Beine greifen, als er fragt: »Also, nun erzähl schon, hast du mit Nicolas geschlafen oder nicht?«

Ende 1989, als die kommunistische Diktatur Rumäniens gewaltsam beendet wurde, war ich über Weihnachten mit meiner Familie in Jamaika. Ich hatte gerade im Auftrag des Magazins *Géo* drei Wochen damit verbracht, in achtzehn Städten weltweit hinter Müllmännern herzujagen. Davor war ich in San Francisco gewesen, um das Erdbeben zu dokumentieren, in Kürze sollte ich nach Los Angeles, um eine Story über Mädchengangs zu machen, und ich war ziemlich erschöpft. In meinem geblümten Bikini lag ich in der Sonne, genoß den Blick über die ruhige blaue Montego Bay, nippte an Ananasdrinks und verfolgte die Geschehnisse rund um Ceauşescus Untergang anhand von Zeitungen vom Vortag. Ich überflog die Artikel über die blutigen Straßenkämpfe in Bukarest und Timişoara, über den französischen Kameramann, der von einem Panzer überfahren und getötet worden war, über das Exekutionskommando, das Herrn und Frau Ceauşescu mitten auf einem malerischen Hof erschossen hatte.

Ich fragte mich, ob ich meinen Urlaub abbrechen und mich sofort auf den Weg nach Bukarest machen sollte, und versuchte mich durch ausgiebiges Schwimmen davon abzulenken.

Die Zwillinge, meine Schwestern Julie und Laura, waren in ihrem letzten Jahr auf der High School. Meine Schwester Jennifer beendete gerade das College. Über ein Jahr lang hatte ich die drei nicht gesehen. Meine Mutter und mein Vater waren einmal nach Paris gekommen, um mich zu besuchen, aber das war auch schon fast ein Jahr her. Wir genossen die Tage am Strand, lachten zusammen, redeten, lasen, aßen Kokosnüsse, cremten uns gegenseitig ein und gaben uns einfach dem Familienleben hin. Ich war glücklich, endlich einmal Heimaturlaub zu haben.

Zögernd und mit Schuldgefühlen beladen, faßte ich den Entschluß, nicht nach Rumänien zu reisen.

Wenige Tage später flog ich nach Los Angeles und beschäftigte mich zwei Wochen mit einer Mädchengang. Durch einen eiskalten Anruf im Redaktionsbüro der *New York Times* in L.A. – »Hi, ich mach gleich ein paar Bilder von einem Aufnahmeritual einer Mädchengang. Ich telefoniere von der Grape Street aus. Die wollen sich in anderthalb Stunden prügeln.

Was halten Sie davon, sich hier mit mir zu treffen?« – überzeugte ich Seth Mydans, den Reporter, der meinen Anruf angenommen hatte, in sein Auto zu springen und mich zu begleiten. So bestand zumindest die Möglichkeit, die Fotos an die *Times* zu verkaufen. Ich lernte allmählich, nicht allzusehr auf Gamma zu vertrauen, auch wenn sie fünfzig Prozent meiner bescheidenen Einkünfte erhielten, egal wie der Auftrag zustande kam.

So langsam merkte ich, daß ich das Klinkenputzen selbst übernehmen mußte, wenn ich bezahlte Aufträge an Land ziehen wollte. Ich lud Bildredakteure zum Essen ein, bequatschte sie auf Cocktailpartys und Ausstellungseröffnungen, rief sie permanent wegen irgendwelcher Ideen für Storys an oder einfach, um sie daran zu erinnern, daß es mich gab.

Kurz bevor ich von L.A. nach Paris zurückflog, meldete ich mich also bei ein paar französischen Redakteuren, um sie wissen zu lassen, daß ich in den Staaten war – für den Fall, daß irgend jemand von ihnen gerade Fotos für eine amerikanische Story brauchte. »Ich brauch tatsächlich jemanden dort«, sagte Jacques. Jacques Haillot, der einem Teddybär ähnelnde Bildredakteur der Zeitschrift *L'Express*, hatte eine Schwäche für mich. Und ich für ihn. Denn in so einem Mikrokosmos wie dem Fotojournalismus, der vorwiegend von sexistischen Chauvis bevölkert war, gehörte Jacques zu den wenigen Gentlemen. Er gab mir den Auftrag für zwei Storys. Erstens: Crack und Gewalt in Washington, D.C., und zweitens: eine dieser vagen, etwas links angehauchten französischen Reportagen über die Rassenproblematik in den USA. Nur wenige Themen interessieren die Franzosen mehr als der Rassismus in anderen Ländern. Wahrscheinlich beruhigt das ein wenig ihr schlechtes Gewissen wegen ihres eigenen.

Jacques fragte mich, ob ich etwas dagegen hätte, anderthalb Monate in und um Washington zu verbringen und dort mit meiner französischen Lieblingsjournalistin, Michèle Georges, zusammenzuarbeiten. Michèle war um die vierzig, alleinstehend und einfach genial. Sie rauchte mindestens eine Schachtel Gitanes pro Tag, trank Wein, als wäre es Wasser, verlegte ständig ihre Kugelschreiber, zwirbelte unaufhörlich an ihrer kurzen schwarzen Stirnlocke herum und lief in ihrem Hotelzimmer gern splitternackt umher, während sie den Redakteuren in Paris ihre unleserlich gekritzelten Artikel diktierte. Sie konnte andere Leute unwahrscheinlich witzig imitieren und dicke amerikanische Kinogänger mit ihren riesigen Popcorneimern ebenso gehässig nachahmen wie katholische Pfarrer. Aber das beste an der Arbeit mit Michèle war, daß ich nie befürchten mußte, Annäherungsversuche ihrerseits abwehren zu müssen.

Ich sagte Jacques, daß ich mich nur zu gern mit Michèle in Crackhöhlen herumtreiben würde. Und abgesehen von einem Drogensüchtigen, der uns 15 Dollar abknöpfte, nachdem ich ein Foto von ihm gemacht hatte, auf dem er sich zukiffte, verbrachten wir eine tolle Zeit zusammen. Michèle gefiel es besonders, wenn wir herumfuhren und der Polizei dabei zusahen, wie sie Leute verhaftete. »Ich finde die amerikanischen Bullen einfach großartig«, sagte sie und war fasziniert von dem Polizisten, der dabei half, einem Typen Fußfesseln und Handschellen anzulegen und seine Personalien aufzunehmen, ohne auch nur einen Moment seinen Schokoriegel aus der Hand zu legen.

Während ich mit Michèle in Washington an den verschiedenen Storys arbeitete, fühlte ich mich so selbstsicher, daß ich einem Essen zu dritt mit Matthew zustimmte. Matthew war mein Exfreund aus Collegezeiten, ein geschniegelter, blauäugiger Typ mit Ringellöckchen und den erforderlichen Grateful-Dead-Kassetten und Wandbehängen im Schlafzimmer. Ihn zeichnete aus, daß er nach Gabe der einzige Mensch war, den ich schließlich durch den Stacheldrahtzaun um mein Herz schlüpfen ließ, nachdem ich eine Reihe von bedeutungslosen, wenn auch unterhaltsamen Collegeaffären hinter mich gebracht hatte. Am Ende meines dritten Jahres am College hatte er mich mit seiner Gitarre verführt, mit der er auf einer Party vor den zahlreichen, betrunkenen Gästen eine gefühlvolle Interpretation von *Tangled Up in Blue* zum besten gab und mir dabei tief in die Augen schaute. Danach entschlossen wir uns, nackt baden zu gehen. Zwei Wochen später besuchte ich ihn auf der Insel Nantucket, wo er den Sommer über Häuser anstrich.

Im Herbst waren wir bereits unzertrennlich. Wir begleiteten einander in unsere Seminare, gingen einmal in der Woche zum Dim-Sum-Brunch, kochten zusammen riesige thailändische Festessen, lasen uns ganze Bücher vor und schliefen fast jede Nacht miteinander. Meistens in seinem Bett, weil meine Mitbewohnerin in irgendwelche undurchsichtigen Drogendeals verwickelt war, was dazu führte, daß es oft nach Mitternacht an der Tür klingelte und daß sich zugedröhnte Typen um vier Uhr morgens in unserem Wohnzimmer in voller Lautstärke die Kindersendung *Pee-Wee's Playhouse* ansahen. Matthews kleines Einzelzimmer wurde zu unserem persönlichen Garten Eden: ein Ort, an dem wir schlafen, arbeiten, reden, denken, nackt wie Adam und Eva herumtanzen, Musik machen, schreiben, uns lieben und vor der Hektik und dem Lärm des Alltags fliehen konnten. Geht es in der Liebe nicht einzig und allein darum? Um diesen mythischen Ort, an dem zwei Menschen leben können – in inniger Zweisamkeit –, miteinander verbunden, nackt und froh?

Doch als der Winter hereinbrach, begann die Beziehung zu bröckeln. Oder besser gesagt, während meine Liebe immer größer wurde – und ich mich so weit vorwagte, mir unsere gemeinsame Zukunft auszumalen, mir sogar die Gesichter unserer Kinder vorstellte, die wir bekämen, nachdem wir ein paar Jahre lang als Journalisten durch die Weltgeschichte gereist waren und seine Texte meine Fotos begleitet hatten –, suchte Matthew hektisch nach dem Notausgang. Die Veränderung ging zunächst schleichend vor sich. Hier und da eine getrennt verbrachte Nacht. Weniger Leidenschaft im Bett. Einträge in sein heiliges, in Leder gebundenes Tagebuch, die ich nicht mehr lesen durfte. Doch dann beschleunigte sich das Tempo. Sexentzug. Kleine spitze Bemerkungen über mein Äußeres:

Meine Nase war zu groß, meine Beine waren zu kurz, meine Haare nicht blond genug, nicht glatt genug, nicht gut genug. Mann, ich wußte, daß ich keine Schönheit war. Aber bis zu dem Zeitpunkt, an dem Matthew begann sich zurückzuziehen, war ich mir noch nie so ungeheuer häßlich vorgekommen.

»Du willst damit sagen, daß ich zu jüdisch aussehe«, sagte ich.

Matthew war Halbjude. Ihm gefiel seine andere Hälfte, die weiße, protestantische Angelsachsen-Seite, wesentlich besser.

»Nein«, meinte er lachend und wurde puterrot, »das ist es nicht.« Aber ich sah ihm an, daß ich einen Nerv getroffen hatte.

Der finale Gnadenstoß – der verführerische Apfel, wenn man so will – trat in Form eines Mädchens auf, das er in Nantucket kennengelernt hatte (sehr blond, lange Beine, kleine Nase, keinerlei sichtbare Unvollkommenheit, unangenehm nett) und das an einem Wochenende zu Besuch kam, für das eine große, offizielle Collegeparty geplant war. »Sie ist nur eine Freundin von mir«, sagte er. Er erklärte, daß wir – sprich Matthew, sein Freund Richard, das Mädchen und ich – alle zusammen zur Party gehen würden, zu viert. Leider erwähnte er nicht, daß ich an diesem Abend nicht *seine* Begleitung sein würde, sondern Richards. Und dann küßte er das hübsche Mädchen aus Nantucket auch noch vor meinen Augen.

Von da an habe ich ihn gehaßt. Und ich schwor mir zum zweiten Mal, mich nie im Leben wieder zu verlieben.

Zwei Jahre später, als er mit Michèle und mir in einem Fischrestaurant in Georgetown essen ging, kam er mir ziemlich verändert vor: reuevoll, demütig, ja fast bedürftig. Matthew erzählte uns, daß er als mitwirkender Produzent für einen in Washington produzierten Dokumentarfilm eingestellt worden sei, doch daß der Job nur eine Übergangslösung sei, bis er herausfände, was er wirklich tun und sein wollte. Er lebte bei seinen Eltern, um Geld zu sparen. Die ganze Situation schien ihn nicht gerade glücklich zu machen.

Später am Abend, als wir allein waren, gestand er mir, daß

der Collegeabschluß und die Realität der Arbeitswelt ihm die Augen geöffnet und ihm Dinge klargemacht hätten, die er vorher nicht begriffen hätte. Er entschuldigte sich für sein beleidigendes Verhalten mir gegenüber, für seine Dummheit, seine Unreife. Er bat mich, ihm zu verzeihen. Weil ich wegen meiner Aufträge noch zwei weitere Monate in Washington festsitzen würde, weil ich mich langweilte, weil er mich früher für häßlich hielt und nun anscheinend nicht mehr, weil ich mich nie davon erholt hatte, zusehen zu müssen, wie er diesen Inbegriff des perfekten Mädchens direkt vor meinen Augen küßte – weil ich wie alle verschmähten Geliebten wollte, daß er sich wieder in mich verliebte, damit ich meine Würde zurückgewinnen konnte –, erklärte ich mich dazu bereit. Aber in meinem tiefsten Inneren habe ich ihm nie verziehen.

Der Zorn der Hölle ist nichts gegen den einer Frau, der das Gefühl gegeben wird, ein häßlicher, großnasiger Knirps zu sein.

Eines Abends nach einem Techtelmechtel in meinem heimeligen Hotelzimmer in Georgetown überrumpelte mich Matthew, indem er mir tatsächlich seine Liebe gestand. Er hätte mich nie gehen lassen dürfen, sagte er. Ich hatte keine Ahnung, wie ich reagieren sollte. Ich versuchte, ihm das gleiche Gefühl entgegenzubringen, dachte mir, daß ich vielleicht versuchen sollte, seine Liebe zu erwidern und den Apfel sozusagen mit Sekundenkleber und Zwirn wieder am Baum zu befestigen. Ich dachte mir, daß ich mich zwingen sollte, ihn zu lieben, weil mein Leben dann vielleicht mehr Bedeutung bekäme. Doch noch während ich die Worte aussprach, fühlten sie sich völlig falsch an. Nach seinem gutherzigen und recht liebenswerten Geständnis überkam mich eigentlich nur ein Gefühl bittersüßer Genugtuung.

Michèle, die vollendete *française*, meinte, sie wäre froh, daß wenigstens eine von uns gebumst würde. Doch obwohl sie Matthews Gegenwart bei unseren vielen Essen zu dritt geduldig hinnahm, warnte sie mich davor, streunende Köter aufzunehmen. »Ich sag's dir«, meinte sie, als wir zum Dulles

International Airport fuhren, »der wird dich in Paris besuchen, und dann wirst du ihn nicht mehr los.«

Als ich nach Paris zurückkam, war eine Nachricht von Matthew auf dem Anrufbeantworter. Er hatte einen Flug gebucht. Er werde Mitte Mai nach Paris kommen, sobald der Dokumentarfilm, an dem er gerade arbeitete, fertiggestellt sei. Er hatte keine Rücktrittsversicherung abgeschlossen. Und nur einen Hinflug gebucht.

Es war März, ein paar Tage vor meinem vierundzwanzigsten Geburtstag, und als ich an diesem ersten Tag nach meiner Rückkehr ziellos durch Les Halles schlenderte, fühlte ich mich rastlos und unzufrieden. Ich schob es auf den Jet-lag und auf die Tatsache, daß ich so lange fort gewesen war, doch ich wußte, daß mehr dahintersteckte. Die Versöhnung mit Matthew hatte mich aus dem Gleichgewicht gebracht. Gern hatte ich mir angehört, wie dumm er gewesen war; die Streicheleinheiten für Körper und Seele hatten mir gutgetan. Aber jetzt war ich wütend auf mich, weil ich das alles zugelassen hatte, und seine bevorstehende Ankunft bereitete mir Sorgen. Auch die Storys, mit denen ich beschäftigt gewesen war, hatten mich aus dem Gleichgewicht gebracht. Ich träumte von schwangeren Frauen, die Crackpfeifen rauchten. Einige Mitglieder der Mädchengang hatten wütende Nachrichten auf meinem Anrufbeantworter hinterlassen, nachdem ein Gruppenbild, für das sie posiert hatten – und das ich auf ihre ausdrückliche Bitte hin in einer Zeitung veröffentlichen sollte, um sie berühmt zu machen –, auf der Titelseite der *New York Times* erschienen war.

Ich rief Tiny, die blond gefärbte Anführerin der Gang, zu Hause bei ihren Eltern in Watts an. »Du hast uns eine ziemliche Scheiße eingebrockt«, sagte sie. »Meine Mom hat mir einen Monat Hausarrest aufgebrummt.« Und das aus dem Munde eines Mädchens, das gerade versuchte, Geld für eine eigene Waffe aufzutreiben.

»Tiny, ich hab euch doch gesagt, daß ich Fotos für die *Times* mache.« Ich sah hinaus auf den mit Efeu berankten Hof meiner Pariser Wohnung. Mein Nachbar, der korpulente Nudist, brutzelte sich gerade ein paar Eier. Ich stellte mir Tiny vor, wie sie in diesem Moment ganz allein in ihrem dunklen, stickigen Haus saß, in einem Wohnzimmer, dessen Wände mit Jesusbildern und -tellern behängt waren.

»Ja, aber ich wußte nicht, daß die Leute dieses Scheißzeug auch wirklich lesen«, sagte sie.

In gewisser Weise konnte ich sie verstehen. Je mehr Zeit ich mit diesen Mädchen verbrachte, um so klarer wurde mir, wieviel von ihrem knallhartem Getue genau das war: bloßes Getue. Klar, sie prügelten bei den Aufnahmeritualen aufeinander ein, sparten Geld, um sich eines Tages ein Waffenarsenal anzulegen, ritzten sich gegenseitig Tattoos in die Arme und Schultern und bedrohten Mitschüler, die ihnen blöd kamen. Aber sie kicherten auch viel, redeten über Jungs, aßen die von allen Kindern abgöttisch geliebten Oreo-Kekse, schmusten mit ihren Teddybären, verknallten sich, schrieben schlechte Gedichte und lasen zusammen die Teeniezeitschrift *Tiger Beat*.

Wenn ein Mädchen aus der Gang ein Baby bekam, tauchten die anderen Mitglieder geschlossen mit riesigen Chipstüten, einem Glas Salsa und einem rosa Strampler, zu dem sie alle beigesteuert hatten, bei ihr zu Hause auf und wechselten sich ab, um das Baby zu füttern und es sein Bäuerchen machen zu lassen. Da die Väter der Mädchen im Gefängnis, tot oder einfach nicht existent waren und die Mütter doppelte Schichten arbeiteten, um die Miete bezahlen zu können, war die Gang für sie oft die einzig richtige Familie, die sie je kennengelernt hatten.

Während ich dasaß und Tiny zuhörte, die mich über die internationale Telefonleitung anbrüllte, wurde mir klar, daß ich diesen Mangel an elterlichem Einfluß hätte berücksichtigen müssen. Ich hätte meine Journalistenbrille mit all ihren hehren Prinzipien der Unvoreingenommenheit und Neutralität nur einen kurzen Augenblick abnehmen müssen – nur so lange, um die Gang davor zu warnen, was die von ihnen ersehnte Berühmtheit für sie bedeuten könnte. Ich hätte ihnen erklären müssen, daß die Menschheit für unterprivilegierte Mädchen – oder für alle Mädchen –, die ihr Anliegen mit Aggressivität vertreten, vielleicht noch nicht bereit ist. Vielleicht hätte ich ihnen deutlich machen müssen, daß die *New York Times* täglich von Millionen Menschen gelesen wird. Ich entschuldigte mich bei Tiny dafür, daß ich sie in Schwierigkeiten gebracht hatte. Sie meinte, wenn sie mich je wiedersehen sollte, würde sie mich umbringen.

Eine Woche später, an einem kühlen Tag Mitte März, trank ich morgens einen Kaffee im Père Tranquil und blickte aus dem Fenster auf die wohlgekleideten Menschen, die auf den Rolltreppen hinunter zur Metrostation Les Halles glitten. Sie hatten Aktentaschen und Zeitungen unter den Arm geklemmt, sahen in ihren Mänteln und polierten Schuhen äußerst wichtig aus und schritten zielbewußt voran. Sie wußten, wo sie die nächsten acht bis zehn Stunden verbringen würden und daß der nächste Tag ähnlich verlaufen würde. Ich sah hinunter auf meine schwere Kameratasche und auf meine klobigen, abgetragenen Paraboots mit den dicken Gummisohlen und fragte mich, wie es wohl wäre, mit einem von ihnen zu tauschen, so einen Beruf zu haben, bei dem Arbeit bedeutete, täglich mit öffentlichen Verkehrsmitteln und in zierlichen Lederpumps ins Büro zu fahren.

Von einer verrauchten Telefonecke im Café aus rief ich Marion an, um ihr zu sagen, daß ich auf dem Weg in die Agentur sei. Sie meinte, sie müsse weg zu einem Termin, schlug aber vor, wir könnten uns ja abends auf einen Happen in dem Pizzalokal bei uns um die Ecke treffen. Dabei vergaß sie nicht, mich daran zu erinnern, daß ich sie die letzten beiden Male, als wir uns so etwas vorgenommen hatten, vom Flughafen aus angerufen hatte, um abzusagen. Ich entschuldigte mich und sagte, ich würde sie um acht Uhr treffen, komme, was wolle.

»Was soll das heißen, ›komme, was wolle‹?«

»Das heißt, daß ich dort sein werde«, sagte ich. »Mach dir keine Sorgen.«

Eine halbe Stunde später betrat ich das Büro von Gamma, als der lärmende A.F.P.-Ticker gerade ein Telex ausspuckte, in dem über neue Gewalttätigkeiten in Tîrgu Mureş, einer kleinen rumänischen Stadt etwa zweihundertfünfzig Kilometer nördlich von Bukarest, berichtet wurde. Es hätte weitere Geschützfeuer gegeben, hieß es in dem Bericht. Viele Panzer. Eine wütende Meute mit Knüppeln. Eine ungarische Minderheit, die gegen die Rumänen kämpfte, oder umgekehrt, was sich im nachhinein nur als ein kleiner Vorgeschmack auf das erwies, was in diesem Teil der Welt bald an ethnischem Haß zum Ausbruch kommen sollte.

Ich versuchte, mich unbemerkt wieder aus der Agentur zu schleichen, doch Henri packte mich am Schlafittchen. »Copaken!« brüllte er und sprach meinen Nachnamen wie gewöhnlich falsch aus (Betonung auf der ersten Silbe anstatt auf der zweiten, kurzes a statt eines langen, so daß er wie ein indianischer Kriegsschrei klang: »KOH'-PAH-KEN«).

Henri gab mir vier 500-Francs-Scheine, dazu das Telex, das er aus dem Ticker riß, und teilte mir mit, daß ich zwar den letzten Flug nach Bukarest verpaßt hätte, es aber in genau einer Stunde einen Flieger vom Flughafen Charles de Gaulle nach Budapest gäbe, und wenn ich den nicht erwischte ...

»Ich weiß«, sagte ich, »dann prügelst du mich windelweich.«

Henri ließ sich zu einem stolzen, väterlichen Lächeln herab.

»Aber wie komme ich von Budapest nach Tîrgu ... Tîrgu, wie hieß das noch gleich?« fragte ich, als ich nun mit Henri den Flur entlang bis zum mit Fotos vollgehängten Empfangsbereich lief. Er stieß mich praktisch hinaus und meinte nur lapidar: »Tîrgu Mureş. Das findest du schon heraus.«

Der nächste Flug nach Bukarest oder Budapest ging erst am folgenden Nachmittag, was heißen würde, daß ich ganze vierundzwanzig Stunden später in Tîrgu Mureş – wo immer das auch lag – ankäme; bis dahin könnte längst alles vorbei sein.

Meine Wohnung lag fünfzehn Minuten mit der Metro von der Agentur entfernt. Bei wenig Verkehr konnte man es mit dem Taxi von meiner Wohnung bis zum Flughafen in vierzig Minuten schaffen. Nach dieser Kopfrechnung kam ich zu dem Schluß, daß ich – wenn alles glatt lief – genau fünf Minuten zum Packen hätte. Und damit keine Sekunde für Diskussionen. Geschweige denn zum Nachdenken.

Ich war schon öfter kurzfristig losgeschickt worden – zwei, manchmal drei Stunden vor Abflug –, aber mit nur einer Stunde trieb er es wirklich auf die Spitze. Wie ferngesteuert spurtete ich aus der Agentur, die Treppe hinunter zur Metrostation Denfert-Rochereau und hinein in einen Waggon der RER, dessen Türen schon halb geschlossen waren. Während der gesamten kurzen Fahrt starrte ich auf meine Uhr, und immer, wenn der Zug anhielt, flüsterte ich: »Na, mach schon, mach schon.« In Châtelet-Les-Halles rannte ich die Rolltreppe hinauf, rempelte verärgerte Frauen in zierlichen Lederpumps an und lief im Zickzack durch das labyrinthartige unterirdische Einkaufszentrum. Dann rannte ich drei weitere Rolltreppen hinauf, zum Ausgang, am Père Tranquil vorbei, durch die engen, überfüllten Straßen von Les Halles und schließlich, zwei Stufen auf einmal nehmend, die Treppe hinauf zu meiner Wohnung im zweiten Stock. Ich riß meinen Koffer aus dem Schrank und warf alles hinein, was mehr oder weniger sauber aussah.

Aus dem Kühlschrank holte ich eine riesige rechteckige Tupperdose mit achtzig Diafarbfilmen von Fuji mit 100 ASA und etwa ein Dutzend Tri-X-Schwarzweißfilme, die ich bereits aus der Schachtel und der Plastikdose genommen hatte, um Platz zu sparen. Dann schnappte ich mir weitere vierzig Tri-X-Filme, denn ohne einen stattlichen Vorrat an Schwarzweißfilmen sollte man nirgendwohin fahren.

Als ich gerade gehen wollte, fiel mir ein, daß das Telefonieren in Rumänien wahrscheinlich sehr schwierig, wenn nicht gar unmöglich sein würde. Bei den Telefonen in kommunistischen Ländern bekam man keine direkte internationale Leitung, und außerdem waren sie notorisch unzuverlässig. Kontrolliere den Informationsfluß, und schon kontrollierst du die Bevölkerung. Also drückte ich auf die Taste für die Ansage meines Anrufbeantworters und nahm hastig die folgende Nachricht auf: »*Bonjour. C'est Deborah. S'il vous plaît, laissez-moi un message après le beep sonore*. Hi, hier ist Deborah. Bitte hinterlassen Sie eine Nachricht nach dem Piepton. Mom, Dad, ich bin in Rumänien. Ich versuch, mich zu melden.«

Der Anrufbeantworter gab noch seine merkwürdigen klickenden Geräusche von sich, als ich schon die Wohnungstür abschloß. Dann lief ich zum Boulevard de Sébastopol. Es dauerte nur drei Minuten, bis ich ein Taxi fand – ein Rekord in Paris –, aber es kam mir vor wie zwanzig. Auf dem Weg zum Flughafen suchte ich voller Panik meinen Reisepaß, bis ich ihn in der Reißverschlußtasche meiner Jacke fand. Normalerweise hatte ich ihn immer in der Fototasche, aber jetzt steckte er noch zusammen mit dem Kontrollabschnitt von meinem Rückflug aus Washington in meiner Jacke.

Am Flughafen drängelte ich mich am Schalter vor, rief »*Journaliste! Journaliste!*« und wedelte mit meinem Presseausweis von Gamma herum. Ein Typ mit einem riesigen Nagra-Kassettenrecorder und einem Mikrophon versuchte das gleiche.

»*Excusez-moi, Mademoiselle*«, sagte er. »Ich war zuerst hier.« Er war über einsachtzig groß, hatte dichtes schwarzes Haar, trug riesige schwarze Lederstiefel, eine dicke schwarze Lederjacke, schwarze Jeans und ein schwarzes T-Shirt, das sich über seinem Brustkorb spannte. Es war im Flughafengebäude nicht besonders hell, aber er trug trotzdem eine schwarze Sonnenbrille von Ray-Ban.

»Ach, ja?« meinte ich und streckte angriffslustig meine kümmerliche Brust heraus. »Tja, also ich muß diesen Flieger auch kriegen. Also, reg dich ab, äh« – ich griff nach dem Namensschild an seinem Koffer und drehte es mit einer schnellen Handbewegung um – »Nicolas.« Dann wandte ich mich an den geplagten Mann hinter dem Schalter. »Ein Ticket nach Budapest, bitte.«

»Nein, reg du dich ab«, sagte Nicolas schroff und drehte das Namensschild an meinem Koffer mit einer noch übertriebeneren, herausfordernden Geste um, »Dé-bo-rah.«

»Das heißt De-bra, okay, De-bra. Und nicht Dé-bo-rah. Ihr werdet's wohl nie kapieren.«

Der Mann hinter dem Schalter, ein Rumäne, sah uns entnervt an. »Jetzt regen Sie sich alle beide ab«, sagte er und gab uns gleichzeitig die Flugscheine. »Wenn Sie rennen, schaffen Sie es vielleicht noch.«

Genau in dem Moment kam ein vierköpfiges Fernsehteam keuchend an den Schalter gerannt. *»Journalistes! Journalistes!«* riefen sie und wedelten mit ihren Presseausweisen von TF1 herum. Nicolas und ich stürmten auf das Gate zu, als die Stewardessen gerade die Türen schließen wollten. Die Typen vom Fernsehen verpaßten den Flug.

Ich setzte mich auf meinen Platz. Nicolas warf seine Tasche lachend in das Gepäckfach über mir. »Das ist ja toll. Wir sitzen nebeneinander«, sagte er und versuchte, seinen riesigen Körper in den ihm zugewiesenen Sitz zu zwängen.

Nachdem wir uns die erste halbe Stunde lang ignoriert hatten, fingen wir zögernd an, uns zu unterhalten. Nicolas arbeitete als Reporter für Radio France International. Er war in Timişoara gewesen. Hatte über Bukarest berichtet. Seine Mutter war aus Rumänien geflüchtet, und sie hatten zu Hause Rumänisch gesprochen. Das beste war, daß er wußte, wo Tîrgu Mureş lag und wie man von Budapest dorthin kam. Er meinte, es wäre doch eine gute Idee, wenn wir zusammen dorthin fahren würden. Da ich nicht das geringste über das Land wußte, in das ich reiste, und schon gar nicht, wie man von Budapest nach Tîrgu Mureş kam, was sollte ich da lange diskutieren?

In Budapest gingen wir in ein Hotel, und ich rief – nach einem qualvollen Gespräch mit der internationalen Vermittlung – von meinen Zimmer aus bei Marion an, um ihr aufs

Band zu sprechen und mich zu entschuldigen, daß aus unserem Essen wieder nichts geworden war.

Am nächsten Tag mieteten Nicolas und ich bei Tagesanbruch einen Wagen und fuhren zur rumänischen Grenze. Ich schlief die meiste Zeit von Budapest nach Cluj, wo uns von einer Gruppe wütender rumänischer Demonstranten aufgelauert wurde. Nicolas machte eine kurze Tonaufnahme und ich einige Fotos, dann sprangen wir wieder ins Auto, um die restlichen rund hundertzwanzig Kilometer bis nach Tîrgu Mureş zurückzulegen. Die Straßen zwischen Cluj und Tîrgu Mureş waren kaum geteert, führten durch hügeliges grünes Ackerland und waren zum Teil von einem Tunnel aus Bäumen gesäumt. Wir befanden uns mitten in Transsylvanien, dem legendären Revier von Graf Dracula. »Hast du einen Freund? Lebst du mit jemandem zusammen?« fragte Nicolas.

Ich blickte zum Fenster hinaus. Wir saßen hinter einem scheintoten Pferd fest, das einen klapprigen alten Karren mit einem ebenso klapprigen alten Mann langsam die Straße entlangzog. Die Straße war zu schmal, als daß wir hätten vorbeifahren können. »Du bist nicht mein Typ, falls es das ist, was du wissen willst. Versuch doch, auf dem Gras zu fahren.«

»Geht nicht. Zu viele Steine.« Nicolas wirkte beleidigt. »Und das war es nicht, was ich wissen wollte. Du bist vielleicht empfindlich.« Er trug genau dasselbe komplette schwarze Outfit wie am Vortag. Als wir den Mietwagen abholten, mußte er etwas aus seinem Koffer holen, also nutzte ich die Gelegenheit, um hineinzuspähen. Mit Ausnahme einiger weißer T-Shirts waren alle seine fein säuberlich zusammengelegten Sachen schwarz. Sogar seine Unterhosen waren schwarz. »Vereinfacht morgens bestimmt das Anziehen«, hatte ich gesagt, aber er hatte nicht gelacht.

Es war noch hell, als wir in Tîrgu Mureş ankamen. Die dichtgedrängte Menge machte das Durchkommen mit dem Auto unmöglich, also ließ Nicolas den Wagen mitten auf der Straße stehen und rief mir zu, ich solle ihm folgen. Wir rannten und zwängten uns durch das Meer von Menschen, bis wir

schließlich den Ort des Geschehens erreichten. Der Platz in der Stadtmitte war umstellt von einer Panzerkolonne und von bewaffneten Soldaten, die die Lage vollkommen unter Kontrolle hatten. Trotz unseres irrsinnigen Spurts waren wir zu spät dran. Kämpfe würden hier keine mehr stattfinden. Für Nicolas war das eine totale Pleite. Ohne die Geräusche von Schüssen und einer kreischenden Menge war in Radioberichten über angebliche gewalttätige Zusammenstöße zwischen einer ungarischen Minderheit und den Rumänen der Ernst der Lage nur schwer zu vermitteln. Was mich anging, so war ich auch nicht begeistert, die Kämpfe verpaßt zu haben, aber Panzerkolonnen und Wache stehende Soldaten gaben auch recht gute Motive ab. Ich fing an, meine Fotos zu machen und nach dem besten Blickwinkel zu suchen.

Etwa eine Stunde später, bei einbrechender Dunkelheit, fand Nicolas mich wieder. »Ich hab ein gutes Interview mit einem Soldaten. Das muß reichen. Kannst du deine Spesen abrechnen?« fragte er.

Ich verneinte.

Er dagegen schon. »Du bist herzlich eingeladen, das Zimmer mit mir zu teilen«, sagte er.

Ich dachte einen Augenblick darüber nach. Wenn wir mitten in einer heftigen ethnischen Auseinandersetzung eingetroffen waren, würden sich meine Bilder gut verkaufen, ich bekäme ein oder zwei Aufträge, irgendeine Zeitschrift würde mein Zimmer bezahlen. Aber so, wie die Sache aussah, waren wir zu spät gekommen. Ich hatte das Ticket nach Budapest mit meiner fast überzogenen Kreditkarte bezahlt. Wieder einmal schien ich mich für meinen Job finanziell verausgaben zu müssen. »Wenn wir ein Zimmer mit zwei Betten bekommen können, gern«, sagte ich.

Nun wirkte Nicolas erbost. »Natürlich können wir ein Zimmer mit zwei Betten bekommen. Meine Güte, für wen hältst du mich?«

»Für einen Mann«, antwortete ich leise und nicht unbedingt an seine Adresse gerichtet.

In dieser Nacht schlief Nicolas in seiner schwarzen Unterhose und seinem schwarzen T-Shirt in seinem Bett ein. Ich schlief in meinem.

Als ich am nächsten Morgen wieder zu dem Platz ging, waren die Panzer und die Soldaten noch dort. Ich war gerade dabei, eine Nahaufnahme eines Gewehrlaufes mit verschwommenen Panzern und aufgereihten Soldaten im Hintergrund zu machen, als ich in meinem Sucher das Wort »Gamma« entdeckte. Überrascht und neugierig nahm ich die Kamera von meinem Auge, und dort, genau vor mir, stand ein großer, schlaksiger Mann mit riesigen Lippen und zwei großen Paketaufklebern von Gamma, die er sich vorne und hinten auf seine verwaschene Jeansjacke geheftet hatte.

»Entschuldige«, sagte ich und ging auf ihn zu. »Woher hast du diese Aufkleber?« Das Gesicht des Mannes wirkte weich und feminin, doch er hatte auch das markante Kinn, den vorstehenden Adamsapfel und die Adlernase eines Adligen. Zu seiner Jeans trug er Turnschuhe, und sein glattes aschblondes Haar war so weich und flaumig wie das eines Babys. Um seinen Hals hing nur eine Nikon mit einem 20-mm-Objektiv.

»Sorry, no English«, sagte er.

»Français, tu parles français?« fragte ich. Der Mann nickte. Ich fragte ihn auf französisch, woher er die Aufkleber habe.

»Bonjour«, meinte er und ignorierte meine Frage. »Ich glaube, wir kennen uns noch nicht. Ich heiße Doru. Und du?« Er küßte mir die Hand. Und wurde rot.

»Deborah. Freut mich. Und jetzt erzähl mal, woher du diese Aufkleber hast.«

Doru erklärte, daß mein Chef Henri ihm und seinem besten Freund Ovidiu die Aufkleber vergangenen Monat während der Revolution geschickt hatte, nachdem sie zu festen Auslandskorrespondenten der Agentur geworden waren. Gamma hielt sich einen Pool von Hunderten fester Mitarbeiter auf der ganzen Welt, damit sie von plötzlich eintretenden spektakulären Ereignissen berichten konnten, zu denen ihre in Frankreich stationierten Fotografen vielleicht nicht rechtzeitig anreisen konnten.

Ovidiu stand hinter der Panzerkolonne und winkte uns zu. Er war wesentlich kleiner und ein dunklerer Typ als Doru, trug aber fast die gleichen Klamotten. Und mitten auf Ovidius eigener verwaschener Jeansjacke klebte ebenfalls ein großer Aufkleber von Gamma. Ovidiu rief Doru etwas auf rumänisch zu, was – seiner Körpersprache zufolge – wohl soviel hieß wie »Brauchst du mich?«, doch Doru schüttelte den Kopf und gab seinem Freund zu verstehen, daß er weiter fotografieren solle.

»Du weißt doch sicher, daß ihr beide, du und dein kleiner Doppelgänger da drüben, Paketaufkleber tragt«, meinte ich voll gespieltem Hohn.

Doru ging auf das Spiel ein und tat schockiert. »Nein! Wirklich? Ich hatte ja keine Ahnung!« Ein engelhaftes Lächeln lag auf seinen Lippen. Er erzählte mir, daß er und Ovidiu als Rumänen befürchteten, von einer Meute wütender Ungarn zusammengeschlagen zu werden. Da sie keine Presseausweise hatten, um zu beweisen, daß sie für Gamma arbeiteten, sahen sie in den Aufklebern die einzige Lösung.

Ich war sauer auf Henri. Es war schon schwer genug, sich

mit der Fotografie den Lebensunterhalt zu verdienen. Doch nun war ich nicht nur zu spät in Tîrgu Mureş eingetroffen, um irgendwelche Straßenkämpfe zu fotografieren, sondern mußte mich auch noch zusammen mit zwei verrückten Käuzen von derselben Agentur abstrampeln. Falls sich irgendeines unserer Fotos später verkaufen ließ, müßten wir den Gewinn automatisch teilen, und das ergäbe bei einem 250-Dollar-Foto für eine Viertelseite nach Abzug von Gammas fünfzig Prozent genau 41,66 Dollar pro Person.

Nachdem wir am Spätnachmittag eine spannungsgeladene Demonstration von einer Meute aufgebrachter Ungarn mit Schildern und Kerzen in den geballten Fäusten fotografiert hatten, spürten Doru, Ovidiu und ich ein französisches Fernsehteam auf, das am nächsten Tag nach Paris zurückkehrte und uns versprach, unsere drei Umschläge mit den Filmen mitzunehmen. Als wir ins Hotel zurückkehrten, war Nicolas gerade in der Lobby und versuchte höflich, die Telefonzentrale des Hotels zu überreden, ihm eine Leitung nach Frankreich einzurichten, damit er seine Story durchgeben konnte. Ich stellte ihm meine neuen Freunde vor und sagte, er solle doch mit uns essen, wenn er fertig wäre. Er versprach zu kommen und eilte zum Telefon.

»Entschuldige«, sagte Doru, sobald Nicolas außer Hörweite war, »aber wer ist dieser coole Johnny-Bravo-Ray-Ban-Man?«

»Ich hab ihn im Flugzeug kennengelernt«, erklärte ich. »Er ist harmlos. Und ziemlich schlau. Und außerdem läßt er mich umsonst in seinem Zimmer wohnen, also seid nett zu ihm.«

»Ach so, ich verstehe«, meinte Doru in einem Ton, der deutlich machte, daß er sich nicht für dumm verkaufen ließ.

»Nein, tust du nicht. Wirklich. Wir teilen uns nur ein Zimmer«, erklärte ich.

Nach einem Abendessen mit fettigem Huhn nach Kiew-Art, bei dem die Unterhaltung halb auf rumänisch stattfand (Ovidiu zuliebe, der kaum Französisch sprach) und halb auf französisch (mir zuliebe, die ich kein Wort Rumänisch sprach), gingen wir vier noch auf einen Drink in Nicolas' Hotelzimmer. Doru holte eine dieser grauenhaften kommunistischen Zigaretten hervor, bei denen man am einen Ende das Papier zusammendrücken mußte. »Rauch das stinkende Zeug bitte nicht hier drin«, sagte ich und holte meine Marlboro-Schachtel heraus. »Hier, nimm eine von diesen.«

Doru nahm eine Zigarette aus meiner Schachtel und rollte sie wie eine Havanna zwischen den Fingern. Er hielt sie sich unter die Nase und atmete genüßlich ihren Duft ein. »Ah, Marlboro. Das Symbol des freien Marktes, des Kapitalismus und der Freiheit.« Er lächelte, versuchte so zu tun, als wäre sein Armer-kleiner-Kommunist-Getue ein Witz, doch es wirkte eher sehnsüchtig als ironisch. Er steckte sich die Zigarette an und nahm einen ersten zögerlichen Zug. Dann stieß er langsam den Rauch aus. »Meine erste«, sagte er, woraufhin seine Augen kaum merklich und gegen seinen Willen feucht wurden.

Während wir rauchten, erklärte Doru, sein Vater sei Diplomat gewesen, und so hätten er und sein Bruder einen guten Teil ihrer Kindheit in der Schweiz verbringen können – ein Land, das er als endlose Phantasiewelt voll würzigem Käse, süßer Schokolade und frischer, sauberer Luft in Erinnerung hatte. Als dann die Dienstzeit im Ausland zu Ende ging, mußte Dorus Familie zurück nach Bukarest ziehen. Sie lebten besser als die meisten, aber das bedeutete nicht viel. Dorus Vater mußte sich einiges einfallen lassen, wie etwa eine Videokassette von *Farm der Tiere* ins Land zu schmuggeln, um seinen Söhnen die Widersprüche in ihrem Leben begreiflich zu machen.

»Ich weinte mich immer in den Schlaf und träumte von Schokolade«, sagte Doru. Er rauchte den Rest seiner Zigarette langsam und bedächtig, um sowohl die Zigarette als auch den Moment auszukosten. Dann drückte er sie aus. »Willst du morgen wieder mit uns zusammenarbeiten?« Er hievte einen betrunkenen Ovidiu auf die Füße.

Nein, dachte ich. Morgen will ich dich retten. Ich will dich mit Schokolade vollstopfen und dich mit zu mir nach Hause nehmen. Ich möchte dich in eine Bibliothek bringen, und dann sollst du dir jedes Buch ausleihen, das du haben möchtest. Du fandest Orwell gut? Dann warte, bis du Bulgakow oder Kundera gelesen hast. Ich kann dir so viel zeigen.

»Klar«, sagte ich. Dann brachte ich ihn zur Tür, wo er mich verspielt auf beide Wangen küßte und noch einmal meine Hand an seinen Mund führte. Doru hatte mir zuvor erklärt, daß dieser Handkuß kein affektiertes Getue war, sondern ein rumänischer Brauch. He, hatte ich lächelnd erwidert, ich bin eine begeisterte Anhängerin von alten Bräuchen.

Am nächsten Tag erhielten sowohl Nicolas als auch ich einen Anruf von unserem jeweiligen Chef, der uns in aller Freundlichkeit sagte, daß wir unseren Hintern nach Bukarest zu schaffen hätten. Gerüchten zufolge sollten die Demonstrationen größer und aggressiver werden. Irgend etwas würde passieren. Wir sollten Tîrgu Mureş sofort verlassen. Fast zeitgleich mit den Telefonanrufen tauchten Doru und Ovidiu auf, und zwar in genau denselben Klamotten, die sie schon am Vortag getragen hatten.

»Wir fahren nach Bukarest. Wollt ihr beiden mitfahren?« fragte Nicolas lässig, während er die Stapel sorgfältig zusammengelegter schwarzer Kleidungsstücke in seinen schwarzen Koffer packte. Ovidiu zuliebe wiederholte er die Frage auf rumänisch.

Doru sah mich an und errötete: »Das wäre großartig.« Ovidiu nickte nur, und sein Blick verriet seine Frustration angesichts seiner geringen Sprachkenntnisse.

Ich sagte zu Doru, sie sollten schon mal ihre Taschen holen, doch er erklärte schüchtern, weder er noch Ovidiu hätten irgendwelches Gepäck. »Nur wir und unsere Kameras«, sagte er. »Wir sind startbereit.«

Wir zahlten unsere Hotelrechnung, sprangen in den Wagen und fuhren in die Südkarpaten hinein, wo die Straßen allmählich kurviger und die Berge immer steiler wurden.

Etwa eine Stunde vor Bukarest schlug Doru vor, in einem

reizenden Hotel in dem malerischen Bergdorf Piteşti Halt zu machen. »Da kann man tanzen«, sagte er. »Zu Live-Musik. Wir werden bestimmt unseren Spaß haben.« Nicolas war für Spaß immer zu haben, Ovidiu hatte Hunger, und ich liebe es, zu Live-Musik zu tanzen, also waren wir uns alle einig und hielten an.

Wir betraten das höhlenartige Restaurant, in dem alle Tische beladen waren mit übervollen Tellern, durchsichtigen grünen Wasserflaschen, dunkleren Weinflaschen und vollen Aschenbechern. Doch alle Gäste – bis auf die wenigen, die zu betrunken waren, um stehen zu können – drängten sich auf der Tanzfläche und wiegten sich wie von Sinnen zu den lauten Klängen einer Hochzeitskapellenversion des bekannten Lambada-Hits. Die Sängerin in ihrem knallroten Paillettenkleid schmetterte das Lied hinaus, als folge sie einer göttlichen Eingebung. Einige der Feiernden weinten tatsächlich vor Freude.

»Warum weinen die?« brüllte ich Doru ins Ohr, um die laute Musik zu übertönen.

Er griff nach meiner Hand und zerrte mich auf die Tanzfläche. »Das ist der Lambada!« rief er zurück, so als bedürften die Tränen keiner weiteren Erklärung. Als ich ihn verständnislos ansah, wiederholte er: »Der Lambada! Verstehst du?«

»Nein«, schrie ich.

Der Lärm war überwältigend, und Doru sah aus, als suchte er nach einer Möglichkeit, etwas sehr Kompliziertes mit so wenig Worten wie möglich auszudrücken. »Sie sind frei«, rief er und hob mich plötzlich hoch, um mich wie ein Kind in seinen Armen zu wiegen. Er fing an, mich im Kreis zu drehen. »Sie weinen, weil wir frei sind.«

Nach einer Weile gab die Band es auf, irgend etwas anderes spielen zu wollen. Jedesmal wenn sie zu einem rumänischen Lied ansetzten, nahmen die Gäste wieder Platz, aßen, rauchten eine Zigarette oder tranken Wein. »Lambada!« schrie dann jemand aus einer Ecke des Raumes. »Lambada! Lambada!«

rief ein anderer, und schon bald bettelten alle darum, noch ein einziges Mal diese blöde Melodie zu hören, einfach nur weil sie aus dem Ausland kam, Ceauşescu tot war und sie dieses Lied nun endlich hören konnten. Die Dame in dem roten Kleid kapitulierte und sang das Lied, während wir dort waren, noch achtmal, und als wir weiterfuhren, hörten wir es noch immer in den Bergen hinter uns widerhallen.

Als wir an jenem Abend in Bukarest ankamen und ich vor dem Intercontinental Hotel eine riesige Ansammlung von Demonstranten sah, entschloß ich mich, mir ein eigenes Zimmer zu nehmen. Hier waren alle Zutaten für eine große Story gegeben: Menschenmengen, eine kürzlich gestürzte Regierung, Armut, lange Schlangen vor den Geschäften, Wut, baldige Wahlen, bunte Fahnen mit Löchern drin. Für solche Fotos würde mir Gamma sicher einen Auftraggeber verschaffen können. Außerdem ging Nicolas mir allmählich auf die Nerven.

»Warum getrennte Zimmer? Habt ihr eine Beziehungskrise?« fragte Doru mich, als er mir half, meine Taschen hinaufzutragen.

»Doru, ich hab's dir doch schon gesagt. Nicolas und ich schlafen nicht miteinander. Ich wollte nur Geld sparen.«

»Aha«, meinte er. Dann dankte er mir für den Tanz, gab mir einen Handkuß und ging zur Tür meines Zimmers hinaus, das mit 120 Dollar pro Nacht mehr kostete, als ein durchschnittlicher Rumäne je hoffen konnte in einem Monat zu verdienen.

Einen festen Auftraggeber aufzutreiben erwies sich jedoch als schwieriger, als ich angenommen hatte. Innerhalb der nächsten Tage trudelten alle Nachrichtenagenturen, Journalisten und Fotografen, die mir in dem umherziehenden internationalen Troß von Kriegsberichterstattern je begegnet waren, in Bukarest ein. In der Lobby des Intercontinental wimmelte es von riesigen Metallkoffern mit Fernsehausrüstungen, stämmigen Männern mit Fotografenwesten und Kameras auf den Schultern, hektischen Journalisten von Tageszeitungen, die ihre Schlagzeilen schon in den Stirnfalten mit sich herumtrugen, und über all dem lag eine dunkle, fast undurchdringliche Wolke aus Zigarettenqualm. Das Ganze glich – um in dem feinen Jargon meiner Kollegen aus der Welt der Nachrichten zu bleiben – einem Rudelbumsen. Einer riesigen Orgie.

Doru und ich waren jeden Tag unterwegs und fotografierten die Demos. Er besaß nur ein Weitwinkel, also ließ ich ihn meine Objektive benutzen. Jedesmal, wenn er mich um eines bat, blickte er hinunter auf seine Schuhe und zog die Schultern hoch, so als wolle er sich entschuldigen, doch in seinem Gesicht lag eine Mischung aus Scham und Zorn. Ganz wie die Rumänen, die zu der Zeit auf die Straße gingen, war auch Doru wütend.

Ceauşescu war vor fast drei Monaten beerdigt worden, aber die Lebensbedingungen in Rumänien hatten sich nicht verbessert. Brot war immer noch schwer zu bekommen, und wenn man mal einen Laib ergattert hatte, dann war er für gewöhnlich alt. Die Securitate – die berüchtigte rumänische Geheimpolizei – schien immer noch alles zu kontrollieren. Benzin war rar, Toiletten und Aufzüge funktionierten nicht, man fand nirgends ein Paar Schuhe, auch wenn man das Geld hatte, um sie zu bezahlen. Die Menschen brauchten einen Sündenbock, und im Moment war das der neue, provisorische Regierungschef Iliescu. Verschwörungstheorien blühten. Iliescu hätte die goldenen Wasserhähne aus Ceauşescus Palast gestohlen. Iliescu sei ein Spitzel der Securitate. Iliescu sei der Antichrist. Die Rumänen waren so lange angelogen worden, daß ihnen der Sinn für Fakten und Logik gänzlich abhanden gekommen zu sein schien.

Wenn Doru und ich genügend Aufnahmen von den entweihten Fahnen, den gehobenen Fäusten und den Mündern hatten, die gereizte Lieder von sich gaben, fuhren wir mit dem Taxi zum Flughafen Otopeni und schrieben unterwegs unsere Bildunterschriften. Dann suchten wir in der Abflughalle nach einem freundlichen, weltoffenen Passagier, der unsere frisch belichteten Filme nach Paris mitnahm. »Keine Sorge, das machen wir immer so. Passen Sie nur auf, daß die Filme nicht mit geröntgt werden. Die Beamten sollen sie per Hand überprüfen. Und wenn Sie nach Ihrer Ankunft den Zollbereich verlassen, wartet schon ein Bote auf Sie«, versprachen wir ihnen.

Um unser Versprechen auch einhalten zu können, mußten wir den Flughafen sofort wieder verlassen und uns in die Telefonschlange im Keller des Intercontinental einreihen, wo zu jeder Tages- und Nachtzeit mindestens dreißig Journalisten – fluchend, hin und her rennend, rauchend und schreibend – darauf warteten, eine internationale Verbindung zu bekommen. Die Hotelleitung hatte zu diesem Zweck zehn klobige rote Telefone mit Wählscheibe bereitgestellt. Sie standen alle nebeneinander aufgereiht an der hinteren Wand, so daß es ein idealer Ort war, seine Kollegen zu bespitzeln, wenn man das – so wie ich – gern tat.

Wenn wir dann schließlich in die vorderste Reihe vorgerückt waren, riefen wir Henri an und gaben ihm eine Beschreibung des jeweiligen Passagiers durch – »groß, braune Haare, Bart, trägt einen Gitarrenkoffer« oder »klein, dick, Pickel, Madonna-T-Shirt« – und gaben alle Informationen, Gerüchte und Tratschgeschichten an ihn weiter, die hinsichtlich der aktuellen Situation in Bukarest in Umlauf waren. Den Großteil machten natürlich die Gerüchte aus: »Wir haben gehört, daß die Polizei heute nacht vielleicht Leute verhaftet«, »Jemand hat uns erzählt, daß die Securitate Hunderte von Spionen hat, die sich als Demonstranten ausgeben«, oder sogar: »Wir haben mit einem Typen gesprochen, der gesagt hat, Ceauşescu lebt und hält sich in Bulgarien auf.«

Henri seinerseits erzählte uns, daß er unsere Bilder von den Demos hier und dort habe verkaufen können, daß er aber noch immer keinen festen Auftraggeber an Land gezogen habe. Und in der Zwischenzeit wuchs meine Hotelrechnung mit jedem Tag.

Bei einem dieser ungenießbaren Abendessen mit Bratkartoffeln und angebranntem Fleisch (»Was ist das eigentlich für ein Fleisch?« traute ich mich einmal zu fragen, worauf ein mürrischer Kellner zurückfragte: »Warum wollen Sie das wissen?«) versuchte ich mich zu einer Entscheidung durchzuringen, ob ich Schadensbegrenzung betreiben und nach Paris zurückkehren sollte oder nicht, bis Doru errötend vorschlug, daß ich doch zu ihm ziehen könne. Auf seinem Sofa wäre Platz, und er würde sich auch wie ein Gentleman verhalten. Wir arbeiteten zusammen und teilten uns unseren mageren Gewinn sowieso, meinte er, also könnten wir uns auch ebensogut seine billige Unterkunft teilen.

Ich bedankte mich höflich und sagte, ich würde sein Angebot gern annehmen.

Nachdem Doru mir an dem Abend beim Auspacken geholfen hatte, legte er frische Laken und eine Decke auf seine Wohnzimmercouch, während ich mir im Badezimmer ein übergroßes T-Shirt anzog und mir die Zähne putzte. Als ich herauskam, saß er auf dem Boden und sah die Fernsehnachrichten. »Das ist dein Platz«, sagte er und zeigte aufs Sofa. »Ich sitze hier auf dem Boden.«

»Das ist doch lächerlich. Du kannst doch auf deinem eigenen Sofa sitzen, um die Nachrichten zu sehen«, meinte ich und klopfte auf das Kissen neben mir, doch Doru blieb auf dem Boden sitzen.

»Nein«, sagte er entschieden. »Ich bin ein Gentleman. Ich bleibe hier.«

Als die Nachrichten vorbei waren, stand er auf und gab mir wieder einen Handkuß, bevor er nach drüben zu seinem Bett ging. »Gute Nacht, meine kleine Deborah«, sagte er und hielt nur einen kleinen Moment inne, um mir in die Augen zu sehen. »Träum was Hübsches.« Allein im Dunkeln auf seiner Couch versuchte ich einzuschlafen, während meine Finger noch von Dorus Lippen brannten. Und meine Träume, als sie dann endlich kamen, waren alles andere als hübsch.

Sie waren unanständig. Mit der Lambada-Melodie unterlegt. Und sie handelten nur von Doru.

Am folgenden Abend fanden wir uns in derselben merkwürdigen Sitzverteilung wieder – ich auf dem Sofa, Doru vor mir auf dem Boden, die Lampen waren ausgeschaltet, und der

Fernseher flimmerte –, als sich Doru mit starrem Blick geradeaus über Rückenschmerzen beklagte. Es war das normale Klagelied eines Fotografen, aber ich glaubte aus seinem Tonfall die Spur einer Andeutung herauszuhören. Er fragte, ob es mir etwas ausmachen würde, seine linke Schulter zu massieren. Ich erwiderte, ich würde ihm gern alle beide massieren.

Er blieb auf dem Boden sitzen, zog sein T-Shirt aus und tat so, als verfolge er aufmerksam die Bilder von rumänischen Demonstranten in den Nachrichten, während der Fernsehbildschirm ein flackerndes Licht auf seinen Brustkorb warf. »Das sieht nicht nach Bukarest aus. Wo ist das?« fragte ich, als ich nun mit gespreizten Beinen hinter ihm saß und mit den Fingern die Knoten in seinen Schultern bearbeitete.

»Timişoara. Wir sollten da morgen hinfahren. Im Moment sind zu viele Fotografen in Bukarest.«

»Ja«, sagte ich, »das machen wir. Timişoara würde ich gern mal sehen.« Dann wurde ich plötzlich von einem Gefühl der Zärtlichkeit überwältigt, das ich – auch wenn es merkwürdig klingt – nicht anders beschreiben kann als halb mütterlich und halb sinnlich. Ich beugte mich von meinem erhöhten Sitz auf der Couch herunter und küßte ihn in den Nacken.

Doru drehte sich rasch herum und bot mir seinen Mund an. So verharrten wir noch ein paar Minuten, in einer merkwürdigen Umarmung, bis er den Kopf in meinen Schoß legte und meine Beine an seine Wangen drückte wie ein Kind. Dann stand er auf, setzte sich neben mich aufs Sofa und fing an, mich sanft zu entkleiden und dabei jeden Flecken freigelegter Haut zu küssen und zu streicheln. Wir liebten uns fast in einer tranceartigen Zeitlupe, um den richtigen Rhythmus bemüht.

Schon im Halbschlaf spürte ich nachher, wie Doru mich hochhob und vom Wohnzimmer zu seinem Bett trug. Dort deckte er mich mit seiner Steppdecke zu und legte sich neben mich. Als ich die Augen öffnete, sah ich, daß er mich betrachtete.

Kurz darauf hörte ich Doru schluchzen. Er versuchte, lautlos zu weinen, doch die erstickten Laute und die kleinen Erschütterungen weckten mich auf.

»Was ist los?« fragte ich und drehte mich zu ihm um.

»Nichts, nichts«, sagte er. »Ich dachte, du schläfst. Gute Nacht, meine kleine Deborah. Du hast mir heute abend ein wundervolles Geschenk gemacht. Ich bin einfach nur glücklich, das ist alles.« Aber sosehr sich Doru auch bemühte, die Tränen rannen ihm weiterhin über die Wangen.

Ich drückte meinen Bauch an seinen Rücken und versuchte, ihn zu verstehen.

Nach einer Weile drehte er sich zu mir um und sagte: »Ich glaube nicht, daß es eine gute Idee ist, wenn ich mich in dich verliebe.« Ich entdeckte eine Spur von Wut in seiner Stimme, und er wirkte plötzlich distanziert. »Du wirst deinen Job hier beenden, nach Paris zurückkehren, die Champs-Élysées entlangspazieren, mit einem Glas Beaujolais in einem malerischen kleinen Café sitzen und zusehen, wie hinter dem Arc de Triomphe die Sonne untergeht.« Seine Gesichtszüge entspannten sich wieder, und er umschloß mein Gesicht mit den Händen. »Und ich werde hier ewig festsitzen und mich verzehren.«

»Mein Gott, Doru, müssen wir diesen Schwachsinn schon wieder diskutieren? Zum fünfundachtzigsten Mal, nein, ich habe nicht mit Nicolas geschlafen.« Als Doru mir das erste Mal diese Frage stellte, war ich unsicher, denn ich dachte, *baiser* hieße nur »küssen« oder »ein Kuß« – so wie wir es damals in der Schule gelernt hatten – und nicht »bumsen«, die üblichere, umgangssprachliche Bedeutung des Wortes. Doru hatte meine Unsicherheit als verräterische Schwafelei aufgefaßt und war seitdem wütend deswegen. »Und mit Gad hab ich auch nicht geschlafen, falls du das wissen wolltest.«

Ich schubse ihn von mir weg und rutsche an die Bettkante, wo ich meinen Kopf in einem Kissen vergrabe. Wenn ich noch einen Zentimeter weiterrutsche, falle ich aus dem Bett.

»Das wollte ich nicht wissen«, sagt er.

»O doch«, sage ich. Ich halte inne und frage mich, ob es sich überhaupt noch lohnt zu streiten. »Abgesehen davon, welchen Unterschied macht das denn? Selbst wenn ich mit Nicolas geschlafen hätte, dann wäre das passiert, bevor ich dich kennengelernt habe. Ich hab in der Vergangenheit mit einer Menge Männer geschlafen. Was kümmert dich das?«

»Es kümmert mich eben«, sagt er.

»Tja, sollte es aber nicht«, meine ich.

Es tröstet mich nur wenig, daß er und Ovidiu, die seit ihrer Kindheit befreundet sind, sich in letzter Zeit ebenfalls streiten. So ganz sicher bin ich nicht, was da los ist, weil sie sich auf rumänisch anschreien, aber Doru meint, es hätte etwas mit Geld zu tun.

»Gad hängt den Fotojournalismus an den Nagel«, sage ich in dem Versuch, die Unterhaltung auf ein Thema zu lenken, das keine explosiven Mißverständnisse in sich birgt.

»Ach ja?« meint Doru ohne großes Interesse. Er rückt an mich heran und umschlingt mich von hinten. Seine Gliedmaßen sind so lang, daß mein gesamter winziger Körper bequem zwischen seinen Hals und seine Knie paßt. »Es tut mir leid. Ich sollte nicht eifersüchtig sein. Ich weiß, daß du und Gad alte Freunde seid.«

»Sind wir.« Ich sehe ihn immer noch nicht an.

»Ich liebe dich.« Er küßt mein Ohr.

»Ich liebe dich auch«, sage ich, was weder vollkommen falsch noch so ganz wahr ist. In Wahrheit fällt es mir schwer, genau zu verstehen, was ich eigentlich für Doru empfinde.

»Klar doch.« Er seufzt.

»Hör auf«, sage ich und frage mich dabei, ob Doru jemals entspannt einen Beaujolais trinkend in einem Café im Schatten des Arc de Triomphe sitzen wird.

Doru, Ovidiu und ich stehen auf dem Parkplatz des Intercontinental und gehen die Nummernschilder durch, auf der Suche nach dem kleinen weißen Oltcit, den wir gerade gemietet haben. Als wir das Auto – eine rumänische Kopie des

Citroën Visa – schließlich entdecken, holt Ovidiu zwei Paketaufkleber von Gamma aus seiner Kameratasche und klebt auf jede Tür einen. Ich zeige auf einen Aufkleber und versuche mit einem fragenden Blick das Wort »Warum« auszudrücken.

Er zuckt nur mit den Achseln, als wäre das offensichtlich, und sagt: »Securitate.«

Weil Ovidiu und ich nicht mit Worten kommunizieren können, sind wir Meister darin geworden, uns mit Körpersprache und übertriebenen Gesichtsausdrücken zu unterhalten. Ovidiu hat ein freundliches, schlichtes Gesicht, das für diese Aufgabe wie geschaffen ist. Er rümpft die Nase, um Ekel zu zeigen. Er verdreht die Augen, wenn Doru einen seiner Paranoiaanfälle bekommt. Wenn er sich bei mir bedanken will, drückt er mir, obwohl er »danke« auf englisch und französisch sagen kann, lieber beide Hände und sieht mir in die Augen. Wenn er Doru und mich beim Küssen erwischt, legt er die Hände auf sein Herz, hebt die Schultern und lächelt. Wenn die Knutscherei bei Doru und mir zu lange dauert, und das ist oft der Fall, dann senkt er den Kopf, um seinem Unbehagen als fünftes Rad am Wagen Ausdruck zu verleihen, und tut so, als schmolle er. Entweder das, oder er klopft auf seine Uhr.

Doch die Pantomime hat ihre Grenzen. Ohne Worte wird mir nicht klar, weshalb sich Ovidiu wegen der Securitate Sorgen macht. Ich bitte Doru, es mir zu erklären.

Doru sagt, daß diese speziellen Nummernschilder auf dem Mietwagen normalerweise nur an Ausländer vergeben werden und wir somit eher Gefahr laufen, von der Securitate angehalten zu werden, die dann versuchen wird, uns Geld abzuknöpfen. Durch die Presseaufkleber werden sie sich das zweimal überlegen.

Wir haben das Auto gemietet, um aus Bukarest herauszukommen. Doru findet, wir sollten unsere Zeit nicht mehr damit verschwenden, politische Demonstrationen auf dem Universitätsplatz zu fotografieren, wo es doch ein ganzes Land voller postkommunistischer Ruinen gibt, die bislang undokumentiert sind. Ein Freund von ihm ist zum Beispiel gerade aus Copsca Mica zurückgekehrt. Die Bergbaustadt ist so von schwarzer Asche verschmutzt, daß Farbbilder von verrußten Gesichtern so aussehen, als wären sie mit einem Schwarzweißfilm fotografiert worden.

Wir verlassen die Stadt auf der Suche nach Waisen. Doru hat Gerüchte über rumänische Waisenhäuser aufgeschnappt, in denen dickenssche Bedingungen herrschen sollen und die er aus irgendeinem Grund immer »*Les hôpitaux des irrécupérables*« nennt.

»Krankenhaus für die Unwiederbringlichen? Was meinst du damit?« frage ich.

Doru starrt mich mit einem Blick an, den ich allmählich kenne. Es ist, als würde er am anderen Ufer stehen, und der Fluß zwischen uns ist sehr breit, und es gibt keine Brücke. »Du weißt schon, hoffnungslose Fälle. Kinder, denen man nicht helfen kann«, sagt er.

»Ach so. Kinder, denen man nicht helfen kann ...«, wiederhole ich abwesend. Doru blickt prüfend in den Rückspiegel und scheint zufrieden, so als wäre der Fluß doch nicht so breit, wie er gedacht hat. So als könnte er es vielleicht wagen hinüberzuschwimmen. Nur daß ich die Worte jetzt erst so richtig verdaue, sie mir in Gedanken ins Englische übersetze. »Doru, entschuldige, aber was für Kindern kann man nicht helfen?«

Doru runzelt verwirrt die Stirn. »Wie meinst du das?« Jetzt wendet er den Blick von der Straße ab, um mich anzusehen. »Vielen Kindern kann man nicht helfen. Behinderten, Zurückgebliebenen, Bastarden, Blinden ...«

Und insgeheim denke ich, die Kluft ist zu groß. Wenn einer von uns versucht, auf die andere Seite zu schwimmen, wird er ertrinken.

Da es in Rumänien keine Gelben Seiten gibt, findet man Waisenhäuser nur, wenn man durchs Land fährt und sie sucht. Wir folgen Dorus Instinkt und fahren in einen kleinen Ort namens Beceni, wo wir uns bei den Einwohnern erkundigen. Ich bleibe im Auto sitzen, während Doru und Ovidiu

Ladenbesitzer, Straßenfeger und zufällig vorbeikommende Fußgänger ausfragen, doch alle zucken mit den Schultern und schütteln den Kopf. Nein. Tut mir leid. Kann Ihnen nicht helfen. Noch nie von solchen Krankenhäusern gehört. Versuchen Sie's im nächsten Ort. Vielleicht haben die so eines.

Doru entdeckt das Hauptquartier der ehemaligen kommunistischen Partei von Beceni und meint, wir könnten unsere Befragung genausogut dort fortsetzen. Der Beamte vor Ort, ein dicklicher, kettenrauchender Mann mit pockennarbiger Haut, versichert uns, daß es solche Waisenhäuser in Rumänien nicht gibt. Mit dem Finger auf mich zeigend, fragt er Doru, wo wir beabsichtigen die Nacht zu verbringen, da das einzige Hotel in Beceni Vorschriften hat, denen zufolge keine Ausländer beherbergt werden dürfen. Nachdem Doru mit keiner brauchbaren Alternative aufwarten kann, besteht der Mann darauf, daß wir in seinem Büro schlafen, was sich eher nach einer Anordnung als nach einer Einladung anhört.

Ich verbringe eine schlaflose Nacht. Eingekuschelt zwischen Doru und Ovidiu wünsche ich mir, ich hätte mir vorher die Zähne geputzt, und starre hinauf zu einer riesigen Marmorbüste Lenins. In der Dunkelheit sieht er wirklich so aus wie eine Kreuzung aus Meister Proper und dem roten Zeichentrickteufel einer Schinkenwerbung. Gerade will ich Doru darauf aufmerksam machen, doch dann fällt mir ein, daß er keine Ahnung haben wird, wovon ich rede.

Irgendwann morgens habe ich das Bedürfnis, auf die Toilette zu gehen, weiß aber nicht, wo sie ist. Ich wecke Doru, doch er teilt mir mit, daß alle Toiletten bis zum Morgen abgeschlossen sind, ebenso wie die Türen nach draußen. »Und wenn es brennt?« frage ich.

Doru sieht mich etwas verärgert an. »Dann verbrennen wir. Jetzt schlaf weiter.« Er deckt mich mit seiner Jacke und seinem Arm zu.

Aber ich kann nicht wieder einschlafen. Ich starre Lenin an, mit seinen dreieckigen Augenbrauen, seiner dreieckigen Nase, seinem selbstgefälligen Grinsen, und ich werde das

Gefühl einfach nicht los, daß sich der Mann irgendwie über mich lustig macht.

Am nächsten Morgen werden wir von dem Hausmeister befreit, wir gehen pinkeln und verlassen Beceni. Ovidiu, der normalerweise lieber lautlos auf der Rückbank sitzt, fängt an, die Lambada-Melodie zu summen. Doru stimmt mit ein, und schon bald singen wir drei gedankenverloren leise vor uns hin. Wir suchen nach einem Ort namens Vulturesti, wo Doru glaubt endlich ein Waisenhaus zu finden, doch da auf der offiziellen Straßenkarte von Rumänien, die wir im Hotel gekauft haben, kein Vulturesti verzeichnet ist, fragen wir uns wieder durch. Ein Mann erzählt uns, daß es dreißig Kilometer nördlich läge. Ein anderer meint, es läge siebzig Kilometer östlich. Einige haben noch nie von dem Ort gehört. Ovidiu macht den Vorschlag, zum Essen anzuhalten und die Suche mit vollem Magen fortzusetzen.

Da Restaurants in Rumänien eine Seltenheit sind, haben wir Wurst, altes Brot und Wasser mitgenommen. Wir halten auf einem Hügel mitten auf offenem Feld zum Picknicken an und blicken auf einen Ort hinunter, bei dem es sich gut um Vulturesti handeln könnte. Oder auch nicht.

Als das Essen vertilgt ist, macht Ovidiu sich zu einem Spaziergang auf. Er erzählt uns, er ginge sich erleichtern, doch Doru und ich wissen genau, daß er nur höflich sein und uns beide einen Augenblick allein lassen will. Doru nimmt eine Schachtel Marlboro aus der Stange, die ich ihm gekauft habe, und bietet mir eine an. Mit seinem Zippo, auch ein Geschenk von mir, steckt er zunächst meine und dann seine eigene Zigarette an. Dann küßt er mich zärtlich auf die Stirn. »Was soll ich nur machen, wenn du weg bist?« fragt er und bläst Ringe in die Frühlingsluft.

Weg? Sei nicht albern, denke ich. Ich gehe nicht ohne dich. Mit uns zweien könnte es doch klappen. Wir besorgen dir ein Visum. Du kommst mit mir nach Paris. Ich sage Matthew, daß er seinen Flug stornieren soll. Du ziehst zu mir in meine kleine Wohnung, und wir lieben uns jeden Abend. Okay, auch jeden

Morgen. Du arbeitest für Gamma, fängst an, etwas Geld zu verdienen. Okay, vielleicht nicht sofort, aber bald, so in fünf Jahren oder so, wenn dein Archiv anfängt, Geld abzuwerfen – du weißt schon, Sachen, die man nicht unbedingt fotografieren will, aber die sich sehr gut verkaufen lassen, wie das Bild vom Eiffelturm mit dem Feuerwerk dahinter, das ich gemacht habe. Dieses dämliche Foto wird ständig verkauft. Klar, während du damit beschäftigt bist, dir dein Archiv anzulegen, häufen sich deine Schulden bei der Agentur an. Du wirst mir nicht mit der Miete helfen können, und wahrscheinlich wirst du sauer sein, wenn du in deiner Hosentasche nicht mal fünfzehn lausige Francs findest, um dir zum Mittag ein Schinken-Käse-Sandwich kaufen zu können. Du wirst keine Zeit haben, *Der Meister und Margarita* zu lesen oder eines der anderen Bücher, die ich für dich auswählen werde, weil du viel zu sehr damit beschäftigt sein wirst zu überleben. Du wirst denken, daß jeder meiner Freunde mit mir schlafen will, und du wirst mir mißtrauische Fragen stellen und wissen wollen, wo ich war. Du wirst meine Eltern kennenlernen, die zu Besuch nach Paris kommen und dich zu einem Essen mit Austern und Champagner ins La Coupole einladen werden, und auch das wird dich ärgern, weil du mit eingeschmuggelten *Farm-der-Tiere*-Videos und der Sehnsucht nach einem kleinen Stückchen Schweizer Schokolade aufgewachsen bist. Irgendwann wirst du vielleicht sogar anfangen, mich zu hassen.

»Laß uns jetzt nicht darüber reden«, sage ich.

Vulturesti erweist sich als ein kleines idyllisches Dörfchen mit Pfefferkuchenhäuschen, das sich gemütlich in eine Hügellandschaft schmiegt. Der Geruch von Pferdemist dringt in unser Auto, als Doru das Fenster hinunterdreht, um einen Mann auf einem Pferdewagen nach dem Weg zum Krankenhaus der Unwiederbringlichen zu fragen. Zu unserer Überraschung weiß der Mann genau, wovon wir sprechen. Seine Frau arbeitet zufällig dort als Krankenschwester. Schrecklicher Ort, sagt er. Dann bedeutet er uns, ihm zu folgen.

Von der Kiesauffahrt aus sieht das Waisenhaus wie alle

anderen anheimelnden Pfefferkuchenhäuschen aus, die verstreut auf den Hügeln von Vulturesti liegen: Es ist weiß angestrichen, das Dach besteht aus orangefarbenen Ziegeln, es hat ein paar Fenster mit grünen Fensterläden und eine Holztür. Irgendwie überrascht mich das. Ich hatte wohl etwas Gespenstischeres erwartet, eher so eine Kulisse aus *Oliver Twist*. Ovidiu und ich bleiben im Wagen, während Doru mit den französischen Lippenstiften, die wir als Bestechungsgeschenke mitgenommen haben, hineingeht.

Eine halbe Stunde später kehrt Doru zum Auto zurück. Die Lippenstifte sind weg, und sein Gesicht ist aschfahl. »Was ist los?« frage ich ihn. »Wo sind die Lippenstifte? Können wir jetzt rein und fotografieren?«

Doru sagt etwas auf rumänisch zu Ovidiu. Der schüttelt nur den Kopf und schaut zu Boden.

»Was? Was ist?« frage ich. »Rede Französisch, bitte. Doru, was geht hier vor sich?«

»Sie haben die Lippenstifte genommen. Wir können hinein und fotografieren. Aber, Deborah, es ist ziemlich schlimm drinnen.« Wieder habe ich eine Szene aus *Oliver Twist* vor Augen: Kinder in abgetragener Kleidung, überfüllte Räume, kaputtes Spielzeug, wäßriger Haferschleim und ein Kind mit dreckigem Gesicht, das seine Schüssel hinhält und sagt: *Bitte, Sir, ich möchte noch mehr*.

»Doru, ich hab schon so einige schlimme Dinge gesehen. Ich denke, ich komm damit zurecht.«

Doch nichts, absolut nichts, kein Ort, keine Fotografie, kein Film, keine Erfahrung, kein Alptraum hätte mich je auf das Krankenhaus der Unwiederbringlichen vorbereiten können.

Bevor wir auch nur hineinkommen, sind wir schon von einer aufgeregten Kinderschar umzingelt. Sie haben uns durch ein kleines vergittertes Fenster erspäht und sind blinzelnd herausgerannt gekommen. Einige von ihnen sind mehr oder weniger nackt, ihre Körper sind übersät von blauen Flecken und mit einer dicken Dreckschicht bedeckt. Diejenigen von ihnen, die angezogen sind, tragen zerrissene Schlafanzüge in Farbtönen von Rußgrau bis Matschbraun. Viele der Jungs haben große Löcher im Schritt ihrer zerfetzten Schlafanzughosen, und während sie uns anstarren, halten sie ihren Penis so fest umklammert, wie ein normales Kind vielleicht sein Lieblingsschmusetier umschlingen würde. Eines der Mädchen hat sich an mein Bein geklammert und jammert: »Mama! Mama!«, doch die meisten der anderen stöhnen nur. Ein dunkelhaariger Junge, vielleicht fünf Jahre alt, öffnet den Mund zu einem Schrei. Es kommt kein Laut heraus. Ein anderer Junge, der sich der Pubertät nähert, wippt auf den Zehenspitzen vor und zurück und schlägt sich in regelmäßigen Abständen ins Gesicht. Sein Penis – der Penis eines Mannes – hängt aus seiner Unterhose und schlenkert hin und her. Ich versuche, meinen Blick abzuwenden, indem ich mich wieder zu dem stumm Schreienden umdrehe, doch erinnert er mich so sehr an das Gemälde von Edvard Munch, daß ich auch diesen Anblick nicht ertrage.

»Willkommen in meinem Land«, sagt Doru. Seine Augen sind zusammengekniffen, und er beißt sich auf die Oberlippe. Dann spuckt er auf den Boden. »Willkommen in meinem verkorksten Scheißland.« Er sieht eher beschämt als entsetzt aus. Der stumme Junge streckt nun zitternd die Hände nach Doru aus. Nimm mich auf die Arme! Nimm mich auf die Arme! Doru hebt ihn hoch, setzt ihn sich halb auf die Schulter und fängt an zu fotografieren. Der Junge klammert sich an seinen Hals und weigert sich, wieder loszulassen.

Einige Minuten später begleiten uns zwei Aufseherinnen in steif gestärkten Schwesternuniformen in den Schlafsaal des Waisenhauses, einen verdreckten, naßkalten und stickigen Raum, dessen sechs Wände zu gleichen Teilen aus Beton und Gleichgültigkeit zu bestehen scheinen. Es stinkt nach Urin. Ich drehe mich um und sehe gerade noch einen der Jungen, der in die hinterste Ecke des Raumes pinkelt. Sein nasser Strahl trifft gegen die Wand und läßt sie vorübergehend schiefergrau aussehen. Der schmale Gang in der Mitte des Raumes wird zu beiden Seiten von Bettgestellen aus Metall flankiert,

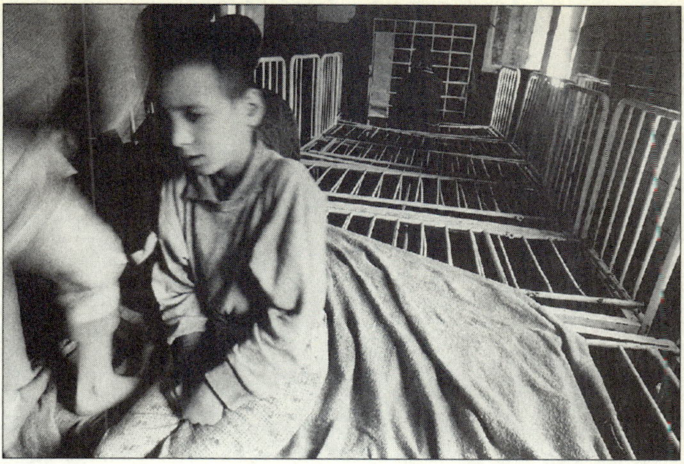

von denen überall die Farbe abblättert. Auf keinem davon liegt eine Matratze.

Doru fragt eine der Frauen, warum keine Matratzen daseien, und sie erklärt, sie seien alle durch permanentes Bettnässen unbrauchbar geworden.

Ein ausgezehrter, von der Taille abwärts nackter Junge hockt auf einem der Bettgestelle und hat seine Zehen um die Stäbe gekrallt. Sein rechtes Fußgelenk ist mit einem Fetzen Stoff an das Kopfende gebunden. Er schreit und schlägt mit dem Kopf gegen das kalte Metall und umklammert die Stäbe wie ein wütender Affe im Käfig. »Bindet mich los! Laßt mich runter!« sagt er. Die beiden Krankenschwestern – kann man sie überhaupt so nennen? – ignorieren ihn.

Doru, Ovidiu und ich sagen nichts mehr, denn Worte sind hier plötzlich unangemessen. Also holen wir unsere Kameras heraus, verstecken unsere Gesichter dahinter und fangen an zu fotografieren – jeder aus seinen eigenen Beweggründen: Ovidiu, weil er ein Mensch ist; Doru, weil er wütend ist; und ich, weil es zum ersten Mal in meiner Laufbahn als Fotojournalistin die moralisch angemessenste Handlungsweise ist.

Wir wissen, daß wir sie alle auf Fotos festhalten müssen,

jedes einzelne verdreckte Waisengesicht, also verteilen wir uns im Zimmer und fangen mit der Arbeit an. Ich beginne mit dem festgebundenen Jungen. Als ich mich ihm nähere, bellt er mich an und versucht, mir in die Hand zu beißen. Die Schwestern sitzen hinten in der Ecke und spielen Karten, also schreitet das Mädchen in dem zerrissenen blauen Nachthemd, das mich Mama nannte, zu meinen Gunsten ein. Sie flüstert ihm etwas zu, beruhigt ihn. Klick. Ich fotografiere die beiden zusammen. Klick. Ein Foto eines anderen Jungen, der hungrig in seine verrostete Eßschüssel schreit. Klick. Noch einer, der auf und ab springt. Klick. Einer, der einfach nur dasitzt, allein, in seine Gedanken versunken, auf einem Bett ohne Matratze.

»Gibt es noch ein Zimmer?« fragen wir. Die Frauen in den weißen Uniformen sagen ja, oben, aber es lohne sich nicht, dorthin zu gehen, denn das wäre das Zimmer für die wirklich hoffnungslosen Fälle.

Bevor sie etwas einwenden können, rennen Doru und ich hinaus auf den Flur und nehmen auf der Treppe drei Stufen auf einmal. Wir hören das leise, klagende Stöhnen, schon bevor wir das Zimmer betreten. In ein einziges Kinderbett gezwängt, auf einer Decke, die von ihrem eigenen Urin und ihren Fäkalien durchnäßt ist, sehen wir fünf apathische Kleinkinder liegen. Sie sind vielleicht zwischen ein und vier Jahren alt. Zwei von ihnen haben keine Beine. Ein anderes sieht so aus, als wäre es hirngeschädigt. Einem Kind läuft Spucke übers Kinn, und das fünfte scheint geistig zurückgeblieben zu sein. Als die Kinder uns an ihrem Bett stehen sehen, flattern sie erwartungsvoll mit den Armen, fünf kleine Vögelchen, die in ihrem verschmutzten Nest geduldig auf die Rückkehr einer Phantommutter warten.

Ich fange an zu fotografieren, Doru folgt meinem Beispiel, und während wir uns hinter unseren Kameras verstecken, versuchen wir uns auf die technischen Details zu konzentrieren: 1/125 s, Mist, nicht mal 1/ 60 s, diese flatternde Hand da wird verschwommen sein. Der Gestank! Übergib dich jetzt bloß nicht. Blitz? Kein Blitz. Das Bild würde damit jegliche emotionale Wirkung verlieren. Okay, nur das regungslos daliegende Kind muß scharf sein. Die anderen dürfen ruhig verschwommen sein. Ja, das sieht bestimmt gut aus. Wünschte, ich hätte einen Hocker. Ich bin zu klein. Doru ist größer, er hat einen besseren Winkel. Dann soll er die Weitwinkel übernehmen. Vögelchen. Sie sehen aus wie junge Vögelchen. So ein Flattern. *O mein Gott!* Was läuft in diesem Land nur falsch? Ich muß hier raus.

»Bin gleich zurück, Doru«, sage ich, und er erschrickt, denn bis jetzt haben wir kein einziges Wort gewechselt. Ich renne die Treppe hinunter, halte die Hand vor den Mund und kneife die Nase zu – der Anblick und der Gestank sind einfach zuviel. Hier muß doch irgendwo eine Toilette sein. Ich laufe den Flur entlang, schaue in Abstellkammern und Büros, bis ich auf eine Tür stoße, die zu einem modrigen Duschraum führt. Teefarbenes Wasser tröpfelt aus einem der Duschköpfe und platscht auf den bemoosten Betonboden. In der Hoffnung, eine Toilette zu finden, gehe ich hinein, und dann sehe ich ihn.

Dort, mitten in diesem Raum, liegt auf einem Holzbrett, das von zwei Stühlen gestützt wird, ein winziger, nackter, blauer Leichnam.

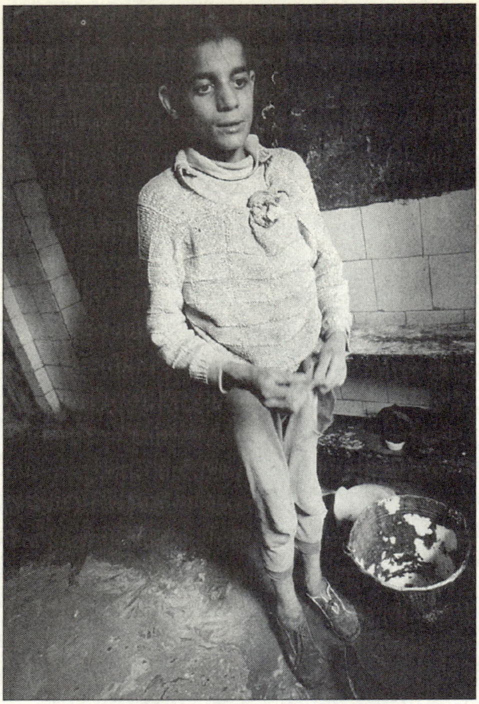

Ich schreie.

Doru trifft als erster ein, ruft auf französisch: »Was ist los?«, dann kommt Ovidiu, und dann schleppen sich die beiden Krankenschwestern behäbig herbei.

Was los ist? denke ich. Ich zeige mit zittriger Hand auf den leblosen Körper. Ach, nichts, überhaupt nichts. Nur ein *totes Kind*, mehr nicht. Hier, mitten in einem Duschraum. Was für ein abgefuckter Laden ist das hier überhaupt? Ich merke, daß ich panisch nach Luft schnappe. Atme normal, sage ich mir, atme normal.

»Scheiße«, sagt Doru.

Ovidiu schüttelt den Kopf.

Die Schwestern werfen sich einen Blick zu und versuchen, ein Lachen zu unterdrücken. Ein nervöses Lachen, sicher, aber dennoch ein Lachen. Lachen in einem Duschraum zu Füßen des Leichnams eines Kindes. Ich starre sie mit offenem Mund an. »Mein Gott, Doru, sag ihnen, daß sie die Schnauze halten sollen.« Doch er braucht es ihnen nicht zu übersetzen. Mein schneidender Ton reicht aus, um die Frauen verstummen zu lassen.

Doru, Ovidiu und die Schwestern wechseln ein paar Worte auf rumänisch, bis Doru endlich übersetzt. »Es tut ihnen leid, daß sie gelacht haben. Hier sterben ständig Kinder, sie haben nur gelacht, weil du geschrien hast. Er hat gestern Selbstmord begangen. Hat sich gegen eine Wand geworfen. Hat sich einfach immer wieder gegen die Wand geworfen, bis ...«

Ich unterbreche ihn. »Selbstmord? Der Junge war sechs Jahre alt. Höchstens acht. Hier sterben ständig Kinder? Was heißt das, eines pro Tag? Ein paar pro Monat?«

Doru fährt mich an, eher aus Verzweiflung denn aus Wut. »Ich übersetze nur, klar?«

Fast kreischend sage ich zu Doru, daß er die Schwestern fragen soll, wie viele Kinder hier pro Monat sterben. Er weigert sich. Er sieht mich flehend an. »Deborah, bitte beruhige dich. Du versuchst, etwas zu verstehen, was unbegreiflich ist.«

Aber ich kann mich nicht beruhigen. »Und warum liegt der Junge hier?« frage ich. »Haben sie vor, ihn zu beerdigen, oder lassen sie ihn einfach liegen, bis er vermodert?« Atme normal.

Doru seufzt. Wieder schießen rumänische Wörter über den Leichnam hin und her. Er erzählt mir, daß sie auf den Arzt warten, der eine Obduktion vornehmen wird. »Das ist rumänisches Gesetz«, sagt er. »Jeder, der in einer Anstalt stirbt, muß obduziert werden.«

Natürlich, denke ich. Das ist Gesetz. Ich versuche, ruhig zu bleiben. »Kannst du sie fragen, ob sie sich an irgendwelche Gesetze halten, nach denen sie den Waisen etwas zu essen geben müssen? Aufpassen, daß hier niemand an Unterernährung stirbt?« Ich möchte am liebsten jemanden schlagen. »Und was ist mit den Matratzen? Gibt es irgendwelche Gesetze bezüglich der Matratzen?« Ich funkele die Schwestern wütend an, und auch wenn sie mein Französisch nicht verstehen, so begreifen sie doch, worum es geht.

»Beruhige dich, Deborah.« Doru blickt mich finster an. »Es ist nicht ihre Schuld. Sie befolgen nur die Anweisungen.«

Klar. Sie befolgen nur die Anweisungen. Und im Duschraum liegt eine Leiche. Kinder sind an Betten gefesselt. Flatternde Hände. Ausdruckslose Blicke. Zerrissene Kleidung und ausgezehrte Körper. Mich kannst du nicht hinters Licht führen. So was habe ich schon in Dokumentarfilmen gesehen. Schwarzweiß und grobkörnig waren die Aufnahmen, die Kamera schwenkte langsam über Männer, Frauen und Kinder, die ausgemergelt hinter einem Stacheldrahtzaun stehen, gebrandmarkt mit Nummern und gelben Sternen. Ihre weit aufgerissenen Augen spiegelten die Gewißheit wider – die absolute Gewißheit –, daß es keinen Gott gibt.

Okay, aus den Duschköpfen strömt kein Zyklon B. Nur Wasser und Rost. Öfen gibt es hier auch keine. Und ganz offensichtlich sind die Ausmaße, die Beweggründe und die Infrastruktur vollkommen andere. Bei den Kindern im Lager verwandelte sich ihr unschuldiges Lachen innerhalb von fünfzehn Minuten in Schreie und dann in ersticktes Schweigen. Hier im Krankenhaus für die Unwiederbringlichen in Vulturesti wird das Leben auf rumänische Art und Weise ausgelöscht – langsam. Ersticken durch Vernachlässigung.

Nachdem uns der Lehrer in der Sonntagsschule von Auschwitz erzählt hatte, nahm mich mein Vater mit in eine Buchhandlung und kaufte mir *Das Tagebuch der Anne Frank*. So oft habe ich es gelesen, daß schließlich die Seiten herausfielen. Ich fing an, immer wieder von Gaskammern zu träumen, und diese Träume verfolgten mich bis ins Erwachsenenalter. In einem davon bin ich nackt und kahlgeschoren und stehe ganz allein inmitten von nackten, kahlgeschorenen Fremden, als das Gas angestellt wird. Wie all die anderen Frauen kreische ich, schlage um mich, versuche zu atmen und werfe mich gegen die Tür in der Hoffnung, sie aufzustoßen oder zumindest einen Spalt zu finden, durch den Sauerstoff hereinströmt. Genau in dem Moment, in dem mir klar wird, daß die Tür abgeschlossen und luftdicht versiegelt ist, in dem ich merke, daß ich von den anderen, die sich auf die Tür stürzen, zermalmt werde, da taucht ein Loch in der Wand auf. Es ist klein, gerade groß genug für einen Mund. Meinen Mund. Ich atme durch das Loch ein und fülle meine Lungen mit frischem Sauerstoff. Als ich mich umdrehe, sind alle anderen tot.

»Jisgadal, vejisgadasch, schemej rabba ...« Ich starre auf die steife, kalte Leiche, die nackt vor mir liegt, und rezitiere alles, was mir von dem Kaddisch noch einfällt. Ich bin nicht religiös, doch die Worte strömen trotzdem aus mir heraus, so als wären sie mir in meine DNA codiert worden. *»Ossen schalom bimromaw ...«*

Doru läßt mich mein altehrwürdiges Gemurmel beenden, faßt mich am Arm und führt mich dann hinaus auf den staubigen Hof hinter dem Waisenhaus. Er bietet mir eine Zigarette an. Während wir rauchen, massiert er mir den Nacken mit Daumen und Zeigefinger. »Versuch nicht, es zu verstehen«, bricht er das Schweigen. Er tritt seine Kippe auf dem Boden aus. »Das macht dich nur verrückt. Wie mich.«

Als der Arzt schließlich auftaucht, nach Whiskey und üblem rumänischen Tabak riechend, begrüßt er die Schwestern wie alte Bekannte, und sie entführen ihn auf eine Zigarettenpause in ihr Büro. Somit bleiben nur noch Ovidiu, Doru und ich zurück, um ein Auge auf die Waisen zu haben.

Das kleine Mädchen in dem blauen Nachthemd weicht mir jetzt nicht mehr von der Seite. »Mama, Mama!« ruft sie und versucht verzweifelt, mich zu überzeugen. Sie hat ein herzförmiges Gesicht, eine riesige Stirn und verführerische blaue Augen, die zum Teil hinter blonden Haarsträhnen versteckt sind. Sie scheint etwa fünf Jahre alt zu sein, vielleicht sechs. Ich lege meine Kamera weg, setze mich auf ein Bettgestell und hebe sie auf meinen Schoß. Zuerst umarmt sie mich, kuschelt ihren Kopf fest an meine Schulter. Ja, okay, diese hier nehme ich mit. Packen Sie sie einfach ein, und dann nehme ich sie gleich mit nach Hause. Ich umarme sie ebenfalls. Dann plötzlich schreckt das Mädchen zurück. Sie setzt sich aufrecht hin. Noch bevor mir klar wird, was passiert, hat sie meinen rechten Busen mit der Hand umfaßt und beißt sich an meiner Brustwarze fest. Ich schreie auf und stoße sie von meinem Schoß.

In dem Moment kommen zwei Schwestern aus der grauen Rauchwolke in ihrem Büro. Mit einer kleinen, verrosteten Säge gehen sie in Richtung des Duschraumes.

»Frag sie, was sie vorhaben«, sage ich zu Doru.

Doru hält sie auf dem Flur auf und rennt dann zurück zum Büro. Ich höre, wie er den Arzt anschreit. Sie kommen zusammen aus dem Büro – zwischen ihnen herrscht Eiseskälte – und gehen in Richtung Duschraum. »Kommt mit«, sagt Doru.

»Was ist los?« frage ich und laufe praktisch den Flur entlang, um mit ihnen Schritt zu halten. Ovidiu folgt dicht hinter mir.

»Die Obduktion. Kommt.«

Als wir die Tür zum Duschraum erreichen, entdecken wir die beiden Frauen. Sie haben schon angefangen, den Schädel des toten Jungen zu zersägen – zwei Holzfäller, die einen Stamm zerlegen –, und nun teilen sie die Stirn direkt über und parallel zu seinen Augenbrauen in zwei Teile. Sie plaudern ausgelassen miteinander, während sie ihre makabre Aufgabe erfüllen. Ihre Gesichter glänzen, und die Schweißflecken unter ihren Achseln werden bei der anstrengenden Arbeit mit der stumpfen Säge immer größer. Der Arzt tritt mit uns ein und lehnt sich an die gegenüberliegende Wand. Dann holt er einen Zahnstocher heraus und fängt an, gelangweilt zwischen seinen Zähnen herumzustochern.

Was zum Teufel geht hier vor sich? Ich stoße Doru an und frage ihn, warum die Schwestern und nicht der Arzt die Obduktion vornehmen, mal ganz abgesehen davon, daß sie dazu eine rostige alte Säge benutzen. Er schüttelt nur den Kopf und zuckt resigniert mit den Schultern. »Weil das nun mal so ist«, sagt er. »Weil der Arzt ein faules Arschloch ist. Ich hab es dir doch schon gesagt. Das hier ist Rumänien. Versuch nicht, es zu verstehen.«

Die schauerliche Szene, die sich vor meinen Augen abspielt, wirkt auf mich abstoßend und faszinierend zugleich. Ich greife nach meiner Leica und halte sie mir vors Gesicht. Doru langt nach seiner Nikon. Ovidiu wirft noch einen Blick auf die gespaltene Stirn und geht hinaus. Einige Minuten später höre ich ihn auf dem Hof erbrechen.

Ich weiß, daß ich es vor allem vermeiden muß zu denken. Ich mache eine Aufnahme mit normaler Brennweite von der Säge, die in die Haut schneidet, und versuche, mich auf das Objektiv, die Verschlußzeit und das Licht zu konzentrieren, doch mir fällt plötzlich auf, daß es an Blut fehlt. Theoretisch verstehe ich das mit dem toten Herzen ja. Aber trotzdem ist es irgendwie erstaunlich, daß es bei so einem Schnitt nicht blutet. Meine eigene Atmung wird mir übermäßig bewußt, und ich stelle mir die Blutkörperchen und das Plasma vor, die durch meine Arterien strömen, in die Kapillaren fließen und dann durch die Venen zurückrasen, immer dunkler, schwächer und nach Sauerstoff schreiend.

Wann genau – nachdem der Junge seinen Kopf gegen die Wand geschlagen hatte – wurde seinen Blutzellen wohl klar, daß es sinnlos war, zurück zum Herzen zu fließen, um dort Sauerstoff zu tanken? Und wann genau – bevor der Junge seinen Kopf gegen die Wand schlug – war er selbst zu dem Schluß gekommen, daß sich das Ganze einfach nicht lohnte?

Eine der Schwestern hält den unteren Teil des Gesichtes des Jungen fest, ihre Handflächen drücken sich in seine Wangen, und sie stützt sich mit den Ellbogen auf den Tisch, während die andere versucht, die Finger unter die obere Schnittkante entlang des Haaransatzes zu schieben.

Das klickende Schnellfeuer von Dorus mit einem Motor versehener Kamera hallt in dem betonierten Raum wider. Die Schwestern schälen jetzt das Gesicht des Jungen ab, ziehen daran, als wäre es die Schale einer Mango. Haare verschwinden unter der zurückgezogenen Kopfhaut. Augen und Nase tauchen unter der heruntergeklappten Stirn ab und lassen nichts als freigelegte Muskulatur zurück – glänzend, rot, anonym.

Als die Frauen schließlich das Gehirn herausziehen, winken sie den Arzt herbei, damit er einen Blick darauf wirft, doch er bleibt mit trotzig verschränkten Armen an der Wand stehen. Zwischen ihm und Doru entsteht ein wütender Wortwechsel auf rumänisch, doch die Frauen zucken nur mit den Achseln, pieksen mit den Fingern einige Male in das Organ und machen sich dann am Brustkorb zu schaffen.

Sie machen einen vertikalen Schnitt in den Brustkorb des Jungen, erneut mit der rostigen Säge, und fischen – eines nach dem anderen – seine lebenswichtigen Organe heraus: eine Leber, zwei Nieren, den Magen, die verschlungenen Gedärme und schließlich – ruhig und regungslos – das Herz. Diesmal geht eine der Schwestern mit dem Herz in den Händen tatsächlich hinüber zum Arzt und bittet ihn, es zu untersuchen. Wieder weigert er sich. Doru starrt den Arzt wütend an, sagt dieses Mal aber nichts. Die Schwester schaut zwischen Doru und dem Arzt hin und her, seufzt und geht mit dem schlaffen Herzen in der Hand zurück zur Leiche. Sie legt es auf das Brett neben den Ellbogen des Jungen und fängt an, alles andere wieder hineinzuwerfen, in keiner bestimmten Reihenfolge, so wie man eine Tasche packt, wenn man es eilig hat.

Ich muß hier raus.

Ich lege keinen neuen Film mehr ein. Ohne die Kamera als Schutzschild vor meinen Augen fühle ich mich allmählich schwach. Mir ist übel. Der Raum schwankt. Ich sehe das Herz dort liegen, regungslos und kalt. Ich sehe, wie die Frauen es wieder zurück in den Brustkorb stopfen. Wie sie ihn mit einer Nadel und einem schwarzen Faden zunähen. Ich sehe den Arzt, der sich eine Zigarette ansteckt und Rauch über den Leichnam hinwegbläst. Ich sehe ihn mit den offiziell wirkenden Unterlagen, die er gegen die Wand hält und unterschreibt, sehe die Zigarette aus seinem Mundwinkel hängen. Aber all diese Dinge sehe ich in schlechter Auflösung, wie eine Dia-Show, die durch das Geräusch von Dorus Auslöser untermalt wird, in einem zweidimensional wirkenden Raum. Ich stelle mir den Hohlraum hinter meinen Augen vor, und statt eines Gehirns sehe ich eine riesige Filmrolle, die sich in einem blutleeren metallenen Schädel wie verrückt dreht. Ein einfaches Aufnahmegerät, sonst nichts.

Die Frauen werfen die Leiche in einen Jutesack, tragen den Sack zur Besenkammer, öffnen die Tür und schieben den Sack hinein, zwischen einen Schrubber und einen alten Karton.

Ich frage Doru, ob sie wohl vorhaben, die Leiche einfach dort liegen zu lassen.

Er meint, es würde ihn nicht überraschen, wenn sie das täten, aber nachdem er sich bei den Frauen erkundigt hat, erklärt er mir, daß bald jemand von der Leichenhalle vorbeikommen müßte, in einer Woche oder höchstens zwei.

Ich irre allein hinaus auf den Hof, und ein Hauch von dem Erbrochenen, das Ovidiu hinterlassen hat, reicht aus, um mich zum Kotzen zu bringen. Nachdem ich einmal damit angefangen habe, ist es schwer, wieder aufzuhören, und schließlich würge ich nur noch und versuche, meinen Körper wieder unter Kontrolle zu bekommen. Meine Hände hören einfach nicht auf zu zittern. Mein linkes Knie zuckt unaufhörlich. Ich schaffe es nicht, ruhig Luft zu holen. Geräusche vibrieren verstümmelt in meinen Ohren, so als würden sie von einem Handtuch erstickt. Meine Nase läuft, mein Herzschlag fühlt sich sehr unregelmäßig an, und mir tränen die Augen.

Das Gehirn muß wohl – im Gegensatz zu einer Filmrolle – eine unbegrenzte Aufnahme- und, schlimmer noch, Erinnerungsfähigkeit haben. Besonders bei den schockierendsten Bildern. Es wäre so viel einfacher, wenn ich es nach sechsunddreißig grausigen Aufnahmen herausreißen und durch ein frisches Gehirn ersetzen könnte. So müßte ich mich nicht den Rest des Lebens an diesen gesichtslosen, aufgeschlitzten toten Jungen erinnern, dem das Herz aus der Brust gerissen wurde, oder versuchen, das alles zu verstehen.

Als das Würgen schließlich aufhört, wische ich mir mit dem Ärmel über Mund und Augen und sehe auf. Ich konzentriere mich auf meine Atmung. Nach einer Weile legt sich das Zittern meiner Knie. Ich blicke zum Himmel auf, und es kommt mir vor, als öffnete ich die Seiten eines Buches mit aufklappbaren Bildern oder als setzte ich eine 3D-Brille auf. Zuerst richten sich die Wolken auf, dann ein Vogel. Ich sehe die Sonne, deren Strahlen auf die jungen Knospen der Bäume fallen, die Außenwände des Waisenhauses, und ich sehe den Horizont, der wieder in die Ferne zurückweicht. Alles, was mir vor kurzem noch flach vorkam, hat jetzt wieder ein Gewicht, einen Schatten, Dimensionen und Tiefe. Ich sehe ein kaputtes Dreirad. Das erste Spielzeug, das ich heute sehe.

»Deborah, die sind zu grausig! Die kann ich niemandem anbieten! Die wird kein Mensch veröffentlichen!« Ich habe im Keller des Intercontinental eine Stunde und vierzig Minuten auf dieses Telefonat nach Paris gewartet, und nun brüllt mir Henri ins Ohr, daß meine Bilder vom Waisenhaus zu abscheulich sind, um veröffentlicht zu werden. Zwei Tage sind vergangen, seit ich den Film abgeschickt habe. Ich war überzeugt, daß bereits irgendeine Zeitschrift die Story gekauft hätte. Aber natürlich kann keine Zeitschrift ein Foto kaufen, wenn der Bildredakteur es gar nicht zu Gesicht bekommt.

Ich sage Henri, daß er die Obduktionsfotos einfach außen vor lassen und die anderen an die Zeitschriften schicken soll. Ich schlage ihm vor, vielleicht nur die Schwarzweißbilder und nicht die Farbfotos anzubieten, da sie weniger »grausig« wirken. Ich frage ihn, ob er mein Fax mit dem handgeschriebenen Begleittext erhalten hat.

Er entgegnet, ich müsse doch mittlerweile wissen, daß Zeitschriften keine Texte von Fotografen zur Veröffentlichung annehmen. Übrigens ebensowenig wie Schwarzweißfotos, und aus diesem Grund hätte er die Tri-X-Filme auch noch gar nicht entwickelt. Dann tadelt er mich dafür, daß ich einfach so für drei Tage verschwunden sei. »Ich hab dir einen Auftrag von *Libération* für Fotos von den Demonstrationen vor den

Wahlen in Bukarest besorgt, und du hast mit Doru Flitterwochen auf dem Land gemacht!«

Ich versuche, ihm klarzumachen, daß es nicht gerade Flitterwochen waren. Dann erinnere ich ihn daran, daß ich den Auftrag von *Libération* selbst an Land gezogen habe und die Demos ohnehin erst in ein paar Wochen anfangen werden. Ich bitte ihn höflichst, bei Gelegenheit den Schwarzweißfilm zum Entwickeln ins Labor zu schicken.

Er sagt mir, daß ich auflegen und meinen Arsch bewegen und schleunigst Fotos schießen soll.

Ich bin wie betäubt. Nachdem ich aufgelegt habe, mache ich einen Spaziergang und lasse dabei meine Kameras in der Tasche verstaut. Ich gehe durch die Menge von Demonstranten, die auf dem Universitätsplatz herumlaufen, vorbei an den leeren Läden mit den langen Schlangen von Rumänen, die darauf warten, Brot zu kaufen. Oder Schuhe. Oder kleine Rationen von zähem, ungenießbarem Fleisch. Auf Umwegen schlendere ich zurück zu Dorus Wohnung. »Was hat Henri gesagt?« fragt er, als ich zur Tür hereinkomme.

»Nicht viel«, antworte ich.

»Hat er die Waisenbilder verkauft?« Eine Spur von Frustration ist aus seinem Tonfall herauszuhören.

»Nein, noch nicht.« Doch mehr erzähle ich nicht. Seit wir von Vulturesti nach Bukarest zurückgekehrt sind, haben wir uns ständig wegen unbedeutender, alberner Dinge gezankt, und unsere Unterhaltung hat sich meist auf einsilbige Kommentare beschränkt. Ich habe keine Ahnung, ob das an dem liegt, was wir im Waisenhaus gesehen haben, oder ob Doru sich dadurch schützt, daß er sich von mir entfernt. Doru rechnet fest damit, daß sich diese Waisenbilder verkaufen, und ich bringe es einfach nicht übers Herz, ihm zu erzählen, daß Gamma die Fotos nicht einmal anbietet, daher komme ich mir etwas verlogen vor. Und das macht mich schnippisch.

Doru sammelt seine Ausrüstung zusammen und steckt sie in die neue Fototasche von Domke, die ich mir von meiner Mutter aus den Staaten für ihn habe schicken lassen. Er meinte, er würde sie eines Tages bezahlen, aber ich habe zu ihm gesagt: »Sei nicht albern. Das ist ein Geschenk.« Doru hat jetzt zwei Kameras in seiner Tasche, seine Nikon F3 und die Nikkormat, die ich ihm gegeben habe. Die Nikkormat ist der Apparat, mit dem ich meine Abschlußarbeit fotografiert habe und davor in der Pussycat Lounge. Dieser Kamera verdanke ich meine Liebe zur Fotografie. Als ich sie Doru schenkte, meinte ich zu ihm, sie sei zu schwer und klobig für mich. Er war höflich und tat so, als glaube er mir.

Ein paar Tage nachdem ich ihm den Apparat gegeben hatte, fragte er mich, ob ich ihm 1000 Dollar leihen könne, da er ein gebrauchtes Auto kaufen wolle, das sein Bruder in Genf aufgetrieben hatte. Ich besaß nur 1300 Dollar. Außerdem bedeutete das, daß ich irgendwann zurück nach Paris fliegen mußte, um das Geld abzuheben, Doru in Genf treffen und dann mit ihm in seinem Auto nach Bukarest zurückfahren mußte, um rechtzeitig zu den Wahlen wieder hier zu sein. Doch ich versprach es ihm und buchte den Flug nach Paris. Seitdem ist die Zankerei noch schlimmer geworden. Doru haßt sich dafür, daß er mich um das Geld gebeten hat. Er haßt sich wegen der Schulden, die er bei mir haben wird. Und ich hasse mich dafür, daß mir das nicht von vornherein klar war.

Und wir lassen es natürlich aneinander aus.

Doru sagt, daß er rüber zum Büro der A. F. P. muß. Sie haben einen Auftrag für ihn, und er braucht das Geld.

Normalerweise darf ein Reporter, der für Gamma arbeitet, nicht nebenbei für eine Nachrichtenagentur arbeiten, doch Doru ist das vollkommen egal. Je mehr er verdient, so sieht er die Sache, um so schneller kommt er aus Rumänien heraus.

Nachdem Doru gegangen ist, sitze ich auf seinem Bett und starre aus dem Fenster. Die Sicht wird mir zum Teil versperrt durch zwei Schachteln mit Schwarzweißfilmen – jeweils eine Schachtel mit zwanzig Filmen –, die auf Dorus Kommode liegen. Das sind die Tri-X-Filme, die ich in Paris in meiner Wohnung noch schnell eingepackt habe. Wann war das noch gleich? Vor zwei Wochen? Drei? Kommt mir vor wie ein Jahr.

Die Schachteln sind immer noch eingeschweißt, liegen einfach dort zwischen mir und dem Fenster herum und verstauben.

Gestern lief ich in der Lobby des Intercontinental einem Kollegen in die Arme, einem New Yorker Fotografen namens Jim, der mir schon mehrmals über den Weg gelaufen ist. Er hat mich gefragt, ob er mir ein paar Schwarzweißfilme abkaufen könne. Er war aus irgendeiner gottverlassenen Gegend nach Bukarest gekommen, und seine Vorräte neigten sich dem Ende zu. Ich meinte, ich würde darüber nachdenken und schauen, wie viele Filme ich noch hätte, obwohl ich genau wußte, daß die ungeöffneten Schachteln auf der Kommode in Dorus Wohnung lagen.

Jim war einer der talentiertesten, angesehensten und gewissenhaftesten Fotojournalisten überhaupt und Mitglied von Magnum, verfügte über einen Vertrag mit dem *Time Magazine* und hatte für seine Arbeiten viele renommierte Preise erhalten. Einige nannten ihn den »Mönch«. Er trank nur Perrier, rauchte nie, fluchte nie, hatte sich noch nie scheiden lassen (war allerdings auch noch nie verheiratet gewesen), hielt seinen schlanken Körper tadellos in Form und ging jeden Abend – jedenfalls soweit wir es beurteilen konnten – früh und ohne Begleitung zu Bett. Es hieß, Jim habe während der kurzen Flauten zwischen den einzelnen Storys so manches Herz gebrochen, doch es gab dafür keine Beweise.

Jims Ruf unter uns Sterblichen hatte fast mythische Qualitäten – als wäre er gar kein Mensch, sondern eine göttliche Hollywood-Version seiner selbst. Es hieß, seine Khakiklamotten seien stets gebügelt und sauber, egal, in welchem Krieg und wie lange er schon im Einsatz war. Sein glattes braunes Haar sei immer gekämmt und perfekt frisiert, selbst wenn er gerade ein Gefecht fotografierte. Und sein schönes Gesicht sei immer frisch geschrubbt und rasiert, auch wenn es gerade kein fließendes Wasser und keine Seife gab.

Ich mochte Jim, schätzte ihn für seine Idiosynkrasien. Mir war klar, daß Jim im Gegensatz zu der Mehrheit von uns Fotografen, die den Job wegen des aufregenden Lebens ergriffen hatten, ein Mann mit einer Berufung war. Er glaubte ernsthaft daran, auf diesen Planeten gesetzt worden zu sein, um alles Elend darauf zu dokumentieren und festzuhalten, und er sah keinen Sinn darin, sich von irdischen Versuchungen ablenken zu lassen.

In Wirklichkeit war er einfach ein sehr gepflegter, zielstrebiger Asket, dessen Talent, Einfluß und Durchsetzungsvermögen dem kleinlichen Neid und den bösen Kommentaren seiner weniger kompetenten, weniger attraktiven, nicht ganz so sauberen Kollegen reichlich Nahrung gaben.

»Was hast du denn gemacht, daß dir die Filme ausgegangen sind?« fragte ich Jim, als ich ihm in der Lobby begegnete.

Auf die ihm eigene Art antwortete Jim: »Ach, ein bißchen hiervon, ein bißchen davon«, was wahrscheinlich bedeutete, daß er gerade in irgendeiner entlegenen Gegend wie Namibia oder Birma einen größeren Auftrag für den *National Geographic* erledigt hatte. Er war nicht unhöflich; Jim prahlte nur einfach nicht gern.

Als er mich nach meinen jüngsten Heldentaten fragte, blieb ich ebenso vage. Aber im Gegensatz zu Jim nicht aus Bescheidenheit. Ich erzählte ihm nichts von Vulturesti, weil ich Angst hatte, daß er mir meinen Knüller wegschnappen könnte. Wenn ich ihm von dem Waisenhaus erzählte, würde Jim dort sicher Bilder für sein Archiv des menschlichen Leidens machen wollen, die aufgrund seiner Fähigkeiten und seines Status eher von den Zeitschriften gekauft werden würden als meine.

Als ich jetzt, von der Unterhaltung mit Henri immer noch wie betäubt, die Filmrollen auf Dorus Kommode anstarre, wird mir plötzlich klar, was ich zu tun habe.

Ich stopfe die beiden Schachteln mit den Schwarzweißfilmen in eine Plastiktüte von FNAC. Dann hole ich Notizblock und Stift heraus und kritzele hastig eine Wegbeschreibung von Bukarest zum Waisenhaus in Vulturesti auf ein Blatt. Ich reiße den Zettel aus dem Spiralblock, falte ihn in der Mitte und stecke ihn zu den Filmen in die Tüte. Mit der Tüte in der Hand renne ich aus der Wohnung und rase durch die Straßen von Bukarest, bis ich schweißgebadet und außer Atem das Intercontinental erreiche. Wie gewöhnlich wimmelt es in der Lobby von Journalisten, und so brauche ich nicht lange, um Jim zu finden. »Ich hab ihn gerade beim Mittagessen gesehen«, sagt mir Gad und zeigt zum Restaurant.

»Er ist gerade auf sein Zimmer gegangen«, sagt mir sein Assistent, den ich allein an einem Tisch antreffe.

Jims Zimmer liegt auf demselben Flur wie das Büro der A. F. P., und als ich an diesem vorbeigehe, kommt Doru heraus. »Wohin gehst du?« fragt er, überrascht, mich hier zu treffen.

»Einen Freund besuchen«, antworte ich überrumpelt. Ich will Doru nicht erklären müssen, was ich vorhabe, denn dann müßte ich ihm auch von meinem Telefonat mit Henri erzählen. Und das wird ihn nicht nur niederschmettern, weil er damit rechnet, mir mit dem, was er mit der Vulturesti-Story verdient, die tausend Dollar zurückbezahlen zu können, sondern es wird auch mit Sicherheit seine tiefverwurzelte rumänische Paranoia ans Tageslicht befördern. Er wird glauben, daß Henri nicht einfach nur dumm ist, sondern daß er versucht, ihn aufs Kreuz zu legen. Und das kann ich im Moment nicht gebrauchen. Seit Ovidiu ihm diesen Floh ins Ohr gesetzt hat, ist Doru davon überzeugt, daß Henri die Verkaufsberichte manipuliert und ihm Geld vorenthalten hat.

Ich versuche, das Thema zu wechseln. »Und, welchen Auftrag haben sie für dich?« frage ich.

»Bergarbeiter. Wieder mal. Kannst du dir das vorstellen? Ich wette, daß heute abend kein einziger Bergarbeiter auftaucht. Die kommen erst, wenn niemand auf sie wartet. Aber solange A. F. P. mich bezahlt, soll es mir egal sein.« Doru hält inne, hebt eine Augenbraue. »Was für einen Freund?«

Ich sitze in der Klemme. »Jim. Den von Magnum. Kennst du ihn?«

Doru sieht mich argwöhnisch an. »Natürlich. Den Gott des Fotojournalismus. Nein, persönlich kenne ich ihn nicht«, sagt er.

»Na ja, so gut kenne ich ihn auch nicht. Ich hab nur was für ihn, sonst nichts.«

Er beäugt die FNAC-Tüte, die weißen Kleinbuchstaben auf goldenem Grund im Stil der späten siebziger Jahre. Jeder französische Fotograf wüßte sofort, daß Filme in der Tüte sind, da die *Fédération National des Achats des Cadres* – der Nationale Verband für Einkäufe von Führungskräften (wie französisch!) – die Ladenkette ist, in der alle Fotografen ihre Filme kaufen. Aber für Doru ist es nur eine Plastiktüte. »Verstehe. Du hast was für ihn«, sagt er mit einer Mischung aus Zweifel und Sarkasmus. »Also, sehen wir uns nachher?«

»Klar. Ich suche dich dann draußen auf der Straße«, sage ich und eile den Flur entlang zu Jims Zimmer.

»Mach das«, ruft er mir in einem Ton hinterher, der mir sagen soll, daß diese Unterhaltung noch lange nicht beendet ist.

Jim öffnet seine Zimmertür, wie gewöhnlich in verschiedene Braun- und Olivtöne gekleidet. Das Zimmer selbst ist tadellos aufgeräumt. Ich lasse meinen Blick umherschweifen, doch nichts sagt etwas über ihn aus. Nicht einmal ein Bügeleisen ist zu sehen, kein Gegenstand, der mir mehr über Jim verraten könnte, als er zeigen will.

Ich gehe hinüber zum Bett und schütte den Inhalt der Plastiktüte auf die Decke. Ich berichte, was ich gesehen habe, die Betten ohne Matratzen, den toten Jungen, die zerrissene Kleidung und den Hunger. Ich erzähle ihm, daß Gamma auf den Bildern hockt. Während ich rede, hört Jim höflich zu und läßt kaum eine Gefühlsregung erkennen. Jedem anderen Fotograf würde mittlerweile sichtlich das Wasser im Munde zusammenlaufen. Ich zeige ihm den Zettel, um sicherzugehen, daß er mein hektisches Gekritzel entziffern kann. »Vul-tur-es-ti«, sage ich. »V-u-l-t-u-r-e-s-t-i. Es ist schwer zu finden.« Ich erkläre ihm, daß es mir mittlerweile egal ist, wessen Bilder wo zuerst veröffentlicht werden; Hauptsache, sie werden veröffentlicht.

In Wirklichkeit möchte ich ihm von meinen Träumen erzählen, von jenen grauenhaften Gaskammerträumen, in denen alle außer mir sterben, weil ich das Luftloch für mich in Beschlag nehme. Daß nun neue Figuren in meinen Träumen auftauchen, vogelähnliche Kinder mit flatternden Flügeln, ein Junge mit abgeschältem Gesicht, der wie ein Zombie herumläuft und dabei sein totes, blutleeres Herz in den Händen hält. Daß ich hoffe, die Träume werden ein Ende haben, wenn ich nur einige der Waisen retten kann, indem ich die Story an Jim weitergebe, dem es aufgrund seines Einflusses höchstwahrscheinlich gelingen wird, seine Bilder veröffentlichen zu lassen. Ich weiß, ich tue das aus Egoismus, aus den Schuldgefühlen einer Überlebenden heraus, getarnt als Menschenliebe, aber das ist mir egal.

Doch als Jim mir in die Augen sieht und verblüfft fragt, ob ich mir sicher sei, daß ich ihm die Vulturesti-Story übergeben wolle, sage ich nur: »Ja, das bin ich.«

»Verstehe«, sagt er und klingt dabei eher wie ein Geistlicher als wie ein Journalist. Er ergreift meine Hände und dankt mir. Sagt, daß er wahrscheinlich das *New York Times Magazine* für die Geschichte interessieren könne. Fragt mich, wieviel er mir für die Filme schuldet.

»Nichts«, antworte ich. »Versprich mir nur, daß du hinfährst.«

»Versprochen«, sagt er. Er bringt mich zur Tür. »Und danke. Wirklich.«

»Nichts zu danken.«

Ich verlasse das Hotel und sehe Doru auf einer Treppe sitzen, von der aus er den Universitätsplatz überblicken kann. Er raucht eine seiner penetrant riechenden rumänischen Zigaretten und wartet auf Bergarbeiter. Der weitläufige Platz, auf dem es von Menschen mit Transparenten wimmelt, ist von Gebäuden umgeben, die sich zwei unterschiedlichen architektonischen Schulen zuordnen lassen. Die älteren Häuser, übergroß und übermäßig verziert, könnten von Haussmann entworfen worden sein. Auch wenn sie nun heruntergekommen und baufällig sind und an einigen Giebeln ganze Brocken fehlen, so lassen sie doch eine ruhmvolle, wenn auch zum

Protz neigende Vergangenheit erahnen. Dazwischen stehen einige abscheuliche moderne Gebäude, wie zum Beispiel das Intercontinental: ein Schandfleck in Form eines riesigen langgezogenen Schuhkartons, der offensichtlich unter der kommunistischen Herrschaft gebaut wurde, anonym, langweilig und häßlich – graue Betonplatten, die achtlos zusammengeklatscht wurden.

Jede sichtbare Oberfläche am Universitätsplatz – nicht nur die Fassaden der Gebäude, sondern auch die Bürgersteige, die Straßen und sogar die Straßenschilder – ist von Ruß bedeckt. Sogar die Demonstranten selbst scheinen von einer Schmutzschicht überzogen zu sein.

»Wie kannst du diese Dinger bloß rauchen?« frage ich, als ich mich neben Doru setze. »Hast du keine Marlboros mehr?« Ich habe Doru noch eine ganze Stange gekauft, als wir das letzte Mal am Flughafen waren.

Doru rückt ein Stück von mir weg. Er murmelt auf rumänisch etwas vor sich hin und sagt dann auf französisch: »Ich hab noch reichlich davon.« Er starrt geradeaus in die größer werdende Menge. »Ich wollte nur mal eine von meinen eigenen rauchen, wenn's recht ist.« Er tut so, als stelle er an der Nikkormat, meiner geliebten alten Kamera, die Filmempfindlichkeit ein. Dann nimmt er die Kamera, als hätte er es sich anders überlegt, und verstaut sie in der Domke-Bag zu seinen Füßen.

Ich sage, daß ich natürlich nichts dagegen habe, doch er tritt die zur Hälfte gerauchte Zigarette trotzdem aus. Ich weiß nicht genau, was ich tun soll, also hole ich meine eigene Schachtel Marlboro hervor und biete ihm eine an. Er winkt ab. Dann erinnere ich mich an die Toblerone-Packung in meiner Kameratasche. Ich habe sie mit meinen amerikanischen Dollars im Geschenkeshop des Hotels gekauft, weil ich die Vorstellung eines weiteren Frühstücks mit trockenem Brot und ranziger Butter nicht mehr ertragen konnte. »He«, sage ich, entferne die Alufolie und breche ein Dreieck ab, »wie wär's hiermit?«

Endlich dreht er sich zu mir um und sieht mich voll Feindseligkeit an. »Ich brauche deine Almosen nicht«, sagt er. Dann steht er auf und geht.

Ich stürze hinter ihm her und packe ihn am Arm, damit er mir nicht davonläuft. »Bitte, Doru, mach das nicht«, flehe ich ihn an.

Er reißt sich los. »Laß mich in Ruhe«, sagt er. »Hau einfach ab. Ich liebe dich. Aber ich will deine verdammten Almosen einfach nicht mehr.« Seine Stimme ist jetzt lauter geworden, doch wegen der lärmenden Menschenmenge scheint das sonst niemandem aufzufallen. Er sagt mir, ich solle aufhören, ihn wie eines von den Waisenkindern zu behandeln. Er gehöre nicht zu den Unwiederbringlichen. Er brauche meine Hilfe nicht, genausowenig wie die von irgend jemand anderem. Er brauche niemanden, der sich um ihn kümmert und ihn rettet. Und ebensowenig brauche er meine Geschenke. Na ja, okay, das Auto bräuchte er schon, aber er habe lange darüber nachgedacht und sei der Meinung, daß ich letztendlich Geld sparte, wenn ich nach unserer Rückkehr während der Wahlen kein Auto mieten müsse. Während ich mich mit Jim amüsiert und, wer weiß, vielleicht sogar mit ihm geschlafen hätte, hätte er sich hier draußen auf der Straße seinen Lebensunterhalt verdient und versucht, genug Geld zusammenzukratzen, um aus dieser Hölle herauszukommen. Auf Schokolade könne er übrigens auch verzichten. Und wenn er sein ganzes Leben kein einziges Stückchen Schokolade mehr essen würde, ginge es ihm darum nicht schlechter.

Ich weiß gar nicht, wo ich mit meiner Antwort anfangen soll. Ich bringe kaum etwas heraus, und als es mir dann doch gelingt, kann ich nur auf die eine Behauptung reagieren, von der ich sicher weiß, daß sie falsch ist. »Ich habe nicht mit Jim geschlafen«, sage ich.

»Ja«, sagt Doru. »Genausowenig wie du mit Nicolas geschlafen hast. Hör auf, ja? So naiv bin ich nicht.«

Schließlich reißt mir der Geduldsfaden. »Mein Gott, Doru, zum hundertsten Mal, ich hab nicht mit Nicolas geschlafen!

Und auch nicht mit Gad oder Jim oder sonst jemandem, seit wir zusammen sind! Warum tust du das?« Mittlerweile schreie ich, mein ganzer Körper verkrampft sich, und meine Hände sind zu Fäusten geballt. Dann kann ich mich nicht mehr zurückhalten; ich öffne meine rechte Hand und schlage Doru damit ins Gesicht. Sie hinterläßt einen roten Abdruck auf seiner Wange. Instinktiv faßt er sich an die Stelle und starrt mich verblüfft an. Mich verhaspelnd vor Wut, halb auf englisch und halb auf französisch, erkläre ich ihm, daß die Eifersucht ein Ende haben muß. Daß ich zu Jim aufs Zimmer gegangen bin, um ihm Filme zu geben. Daß ich sein Mißtrauen endgültig satt habe. Daß es Geschenke aus Liebe sind und keine Almosen.

Doru starrt mich immer noch an, benebelt und mit der Hand an seiner geschlagenen Wange. Er sagt nichts. Ich spüre den Schleim meine Kehle hinunterrinnen, meine triefende Nase und die Tränen, die mir in den Augen brennen.

»Liebe?« sagt er. »Liebe?« Er schüttelt den Kopf und lacht kurz und wütend auf. »Ich bitte dich, Deborah, verwechsle Liebe nicht mit Mitleid.« Er wischt sich übers Auge, so als hätte nur ein Staubkörnchen es zum Tränen gebracht. Dann nimmt er seine Kameratasche, geht die letzten Stufen hinunter und verschwindet in der Menge der Demonstranten.

Lachend, wie immer, wenn wir zusammen sind, fahren Marion und ich mit dem Aufzug in den obersten Stock des Intercontinental. Marion ist von Paris hergekommen, um hier mit mir ihren fünfundzwanzigsten Geburtstag zu verbringen. Ich hatte sie angerufen, um mich bei ihr über mein neuerliches Elend mit Doru auszuweinen, doch am Ende des Gesprächs tröstete ich sie, da ihr Freund Philippe, der – wie sie gerade erfahren hatte – eine andere Frau geschwängert hatte, sich nicht dazu durchringen konnte, ihren Geburtstag mit ihr zu feiern. Ich meinte zu ihr, das sei wahrscheinlich kein gutes Zeichen, und schlug ihr im Spaß vor, sie könne mich doch besuchen kommen. »Rumänien ist ein Drecksloch«, sagte ich, »aber es kann nicht viel schlimmer sein als dort, wo du jetzt bist.« Am nächsten Tag kaufte sie sich ein Flugticket nach Bukarest.

Sie übernachtet bei mir in Dorus Wohnung. Da Doru und ich nicht mehr miteinander schlafen und auch nicht mehr miteinander reden, wurden Marion und ich auf den Wohnzimmerboden verwiesen. Nach meinem Streit mit Doru Ende April bin ich für zehn Tage nach Paris geflogen, um mich um sein Auto zu kümmern und noch Filme für die Wahlen zu besorgen. So merkwürdig es klingen mag: Während dieses kurzen Aufenthaltes in Paris traf ich und verliebte ich mich in den Mann, den ich schließlich heiraten sollte. Das Timing hätte schlechter nicht sein können.

Wenn Doru vorher lediglich eifersüchtig war, so ist er jetzt fuchsteufelswild. Um genau zu sein, er haßt mich. Und das zu Recht. Ich weiß nur nicht, was ich dagegen unternehmen soll. Nach meiner Rückkehr habe ich versucht, *Libération* zu überzeugen, mir ein Hotelzimmer zu bezahlen, doch wurde mir mitgeteilt, daß ihr Budget das nicht erlaube. Sie meinten, sie hätten mir den Auftrag für die Wahlen nur deshalb gegeben, weil ich ihnen versichert hätte, daß ich für meine Unterkunft selbst aufkäme – eine Erklärung, die ich nicht nur ärgerlich, sondern auch ziemlich beleidigend fand, denn ich war natürlich davon ausgegangen, daß sie mich aufgrund meines Könnens als Fotografin engagiert hatten. Da meine Ersparnisse aufgebraucht sind, nachdem ich Doru das Geld für sein Auto geliehen habe, und da *Libération* damit rechnet, daß ich die Wahlen fotografiere, hat Doru mir großzügigerweise eine Kohabitation nach französischem Vorbild vorgeschlagen: friedvoll, aber eisig, so wie Mitterrand Ende der achtziger Jahre zusammen mit Chirac regierte.

Gute Idee, hätte ich ihm am liebsten geantwortet, nur daß Chirac nie diese merkwürdige mütterliche Liebe – die Art von Liebe, von der ich nie gedacht hätte, ich könne sie empfinden – für Mitterrand empfunden hat. Nur daß Chirac nie mit angesehen hat, wie Mitterrand bei seiner ersten Marlboro die

Tränen in die Augen traten. Nur daß er nie mit Mitterrand Lambada getanzt hat, sechsmal, in einem kleinen Lokal in den Bergen von Transsylvanien. Und daß er nicht ein Mal erlebt hat, wie es ihn nach einem Kuß von Mitterrands Lippen heiß durchzuckte.

Marion und ich treffen als erste in dem vornehmen Speisesaal des Hotels ein und setzen uns an unseren Tisch. In diesem Speisesaal werden der gleiche lausige Braten und die gleichen matschigen Bratkartoffeln serviert wie in der weniger vornehmen Cafeteria im Erdgeschoß, doch er hat das, was in Rumänien als Atmosphäre gilt: protzige, zu helle Kronleuchter, grelle Synthetiktischdecken, Kellner im Polyesteranzug und mit Fliege, und das alles in einem riesigen Raum mit einer dreimal so hohen Decke. Obwohl man dies kaum eine gemütliche Umgebung nennen kann, so gibt es dort doch große runde Tische, an denen bis zu zwanzig Leute Platz finden, was uns gelegen kommt, da wir für siebzehn reserviert haben.

Es gibt neue Gerüchte über plündernde Bergarbeiter, und wahrscheinlich hätte ich in voller Ausrüstung hierherkommen sollen: mit den Westentaschen voller Filme, mit einem neuen Film in jeder Kamera und frisch aufgeladenem Blitz. Aber ich habe all die Lügen und vermeintlichen Geheimtips so satt, daß mir das Gerede vollkommen egal ist. Als nach und nach die anderen Fotografen eintreffen, bemerke ich jedoch, daß sie alle ihre Westen von Banana Republic tragen und ihre schweren Kamerataschen bei sich haben. Das Gerücht hat sich, wie üblich, schnell verbreitet.

Unsere Gruppe besteht zum Großteil aus Fotojournalisten mit Wohnsitz in Paris. Jeder Fotograf, der den Speisesaal betritt, folgt haargenau dem gleichen Ritual wie sein Vorgänger, so als hätten alle dieselbe Gebrauchsanweisung gelesen. Erster Schritt: Kameratasche unter den Tisch schieben. Zweiter Schritt: Leica hervorholen und neben den Brotteller auf den Tisch legen. Dritter Schritt: Zigaretten und Zippo aus der Brusttasche nehmen, Feuerzeug auf die Schachtel legen und beides zwischen Weinglas und Aschenbecher plazieren. Vierter Schritt: verschwörerisch lächeln und sagen: *»Salut, les potes!«* – »Hallo, Leute!« –, aber auf keinen Fall das Wort »Bergarbeiter« in den Mund nehmen und auch nicht verraten, daß man gehört hat, daß sie bewaffnet sind und heute abend nach Bukarest kommen wollen. Fünfter Schritt: nach der Weinflasche greifen, sich einschenken und trinken. Sechster Schritt: den rumänischen Wein für ungenießbar erklären und dann, während man immer wieder einen Schluck davon trinkt, auf die kulturelle Überlegenheit der Franzosen zu sprechen kommen. Siebter Schritt: »Und, was habt ihr so getrieben?« fragen und dann über den gelungenen Witz lachen, denn natürlich würde niemand aus der Gruppe so dumm sein und darauf antworten.

Ich habe versucht, den Platz neben mir für Doru freizuhalten, doch er kommt zu spät und muß sich mit einem Platz ein paar Stühle entfernt von mir begnügen. Ich lehne mich vor, um Blickkontakt aufzunehmen. Doch er redet mit einem anderen Fotografen neben ihm und hat mir den Rücken zugewandt. Als jemand anfängt, die Rumänen zu beleidigen, sie als dumm und ahnungslos zu bezeichnen, hört Doru nur stoisch und wütend zu, ohne etwas einzuwenden. Weil er fließend Französisch spricht und einen fast perfekten Schweizer Akzent hat, geht Doru leicht als jemand aus dem Westen durch. Als dann der Kellner kommt, um unsere Bestellungen aufzunehmen, und Doru dankend ablehnt und sagt, er möchte nichts essen, gehen die meisten Fotografen einfach davon aus, daß der Schweizer Fotograf in der merkwürdigen ausgewaschenen Jeansjacke eben keinen Hunger hat. Es käme ihnen nie in den Sinn, daß Doru es sich nicht einmal leisten kann, eine Cola zu bestellen, von einer kleinen Vorspeise oder Suppe ganz zu schweigen, und daß er lieber verhungern würde, als sein Gesicht zu verlieren.

Doru hat recht gehabt. Ich hatte Mitleid mit ihm. Ich habe immer noch Mitleid mit ihm. Er ist in einem beschissenen Land mit einem bösartigen Diktator aufgewachsen, mit Nachbarn, die im Auftrag des Staates andere bespitzelten, mit einem tödlichen Maß an Umweltverschmutzung, einem miserablen Stellenangebot, vollgepißten Aufzügen und ungenießbarer Schokolade. Was er nicht versteht und vielleicht nie verstehen wird, ist, daß sich bei mir Mitleid und Liebe vermischt hatten. Ich war in ihn verliebt, weil er diesen schwarzen Humor hatte und Lenin-Witze riß. Weil er sich nicht scheute zu weinen. Ich war in ihn verliebt, weil er nicht bei Einbruch der Dämmerung aus Vulturesti floh, als das mangelnde Licht das Fotografieren fast unmöglich machte, sondern darauf bestand, daß wir zum Abendessen blieben, bei dem er seine Ärmel hochkrempelte, sich eine Kelle schnappte und den Waisen persönlich die Suppe servierte. Ich war in ihn verliebt, weil er um den Schaden wußte, der ihm zugefügt worden war, weil er wußte, daß man ihm etwas vorenthalten hatte und daß er absolut nichts dagegen machen konnte, außer vielleicht dafür zu sorgen, daß ein paar vernachlässigte und mißhandelte Waisen an dem einen Abend, an dem er sie zufällig besuchte, ihre Suppe bekamen. Ich war in ihn verliebt, weil ich wußte, daß er trotz all der eifersüchtigen Paranoia und all der Narben auch in mich verliebt war.

Aber liebte ich ihn? Liebten wir uns? Nein. Nicht wirklich. Es war schwer, sich diese grausame Wahrheit einzugestehen.

Die Liebe, so wurde mir klar, hat viele Gesichter.

Auf hebräisch lautet das Wort für Liebe *ahawa*, und es ist verwandt mit dem Wort für geben, *haw*. Das ist kein etymologischer Zufall. Es spiegelt ein altes jüdisches Wertesystem wider: Lieben bedeutet Geben, Geben bedeutet Lieben. Aber im Judentum werden nicht alle Arten des Gebens gleich bewertet. Moses Maimonides, der jüdische Philosoph und Kodifikator des Talmuds aus dem zwölften Jahrhundert, ging sogar so weit, acht verschiedene Arten der Wohltätigkeit – *zdeka* auf hebräisch – zu definieren und jede Art der *zdeka* auf einer Wertskala einzustufen.

An der moralischen Spitze von Maimonides' Skala steht das Prinzip Lehre-einen-Mann-das-Fischen: Hilf einem Menschen, sich selbst zu helfen. An zweiter, dritter und vierter Stelle finden sich unverlangte Gaben, die nach dem Grad der Anonymität eingestuft werden – je anonymer, um so besser. Am unteren Ende der Skala von fünf bis acht stehen jene Arten von Wohltätigkeit, bei denen Spender und Empfänger einander bekannt sind. Sie werden weiterhin danach unterschieden, wie dringend sie erbeten wurden, wie großzügig die Gabe ausfällt und inwieweit der Spender wirklich bereit ist zu geben.

In diesem Licht gesehen, konnte meine Wohltätigkeit gegenüber Doru entweder als die höchste Form der Wohltätigkeit oder als die niedrigste angesehen werden, je nach Standpunkt des Betrachters. So wie ich die Sache sah, gab ich ihm die Werkzeuge, die ihm halfen, in seinem gewählten Beruf Erfolg zu haben: eine Kamera, eine Fototasche und später das Auto. Aber Doru sah es anders. Seiner ebenfalls nachvollziehbaren Version zufolge mußte er mich um Hilfe bitten, und dann mußte er mir, seiner »Spenderin«, auch noch jeden Morgen ins Gesicht sehen. Ich war die kapitalistische Herrin, die ihm ein paar Krümel von meinem Essen zuwarf. Bis es sein Stolz schließlich nicht mehr ertrug.

»Nichts? Überhaupt nichts? Nicht einmal einen kleinen Salat?« fragt der Kellner Doru.

»Nein«, sagt Doru. »Ich möchte nichts.«

In dem Moment haben Peter und David, die für die letzten beiden freien Plätze bestimmt sind, ihren großen Auftritt. Sie kommen langsam und bedächtig herein und nicken dem niederen Volk huldvoll zu.

Peter und David waren die Lieblinge der Welt des Fotojournalismus geworden. Die eineiigen Zwillinge mit den schulterlangen blonden Locken und den braunen Lederblazern konnten sich rühmen, den internationalen Parcours von Kriegen, Demos und Revolutionen mit Stil und Pomp zu absolvieren. Peter und David arbeiteten beide mit Vertrag, was bedeutete, daß sie im Gegensatz zu uns armen Agentursklaven nie die Hälfte ihrer Rechnungen übernehmen oder Tagessätze für ihre teuren Reisen aushandeln mußten. Daher auch die teuren Blazer. Und die hübschen Wohnungen in Paris. Und die vielen, vielen Objektive in allen Ausführungen und mit allen Brennweiten.

David setzt sich. Peter bleibt zunächst stehen und wendet sich an die versammelte Gruppe. »Möchte jemand die Fahnen von unserem neuesten Buch sehen?« fragt er, und noch bevor jemand Einspruch erheben kann, holt er ein Exemplar hervor, das er rein zufällig zum Abendessen mitgebracht hat, und beginnt, die Seiten herumzugeben. Dann hebt er sein Weinglas, um einen Trinkspruch auszubringen. Diese Fotos, so erklärt er, stellen ein Jahr harter Arbeit und engagierten Einsatzes dar. Er empfinde es als Privileg und Glück, die Chance gehabt zu haben, zusammen mit seinem Bruder den Fall des Eisernen Vorhangs miterlebt zu haben und Zeuge dieses historischen Augenblicks, dieses Volksaufstandes geworden zu sein. Und er denke, daß die in diesem ihrem neuesten Buch verewigten Fotos für immer Bestand haben werden als das Dokument, das die Geschichte der letzten Tage des Kommunismus am besten erzählt.

Marion schaut mich an, und während sie Peter den Rücken zuwendet, tut sie so, als stecke sie sich den Finger in den Hals. »Zumindest hat er nicht für sich in Anspruch genommen, Lenin persönlich vom Sockel gestoßen zu haben«, flüstert sie. Doru lehnt sich über den Tisch, um mir einen Blick zuzuwerfen. Er lächelt, schüttelt ungläubig den Kopf. Ich lächle zurück und bin einfach nur froh, wieder einmal eine komische Szene mit ihm zu erleben. Ich erwische einige der anderen Fotografen dabei, wie sie mit ihren Kollegen abfällige Blicke wechseln – Männer, die dieselben Ereignisse fotografiert haben, denselben Prager Frühling, dieselbe Solidarność, diesselbe Berliner Mauer, dieselbe Perestroika wie die Zwillinge, und zwar aus ihrer Sicht genauso gut wenn nicht besser.

Und dann ertönt draußen plötzlich ein Schuß. Ein einziger Schuß, der die vordere Mauer des Hotels erbeben läßt. Unmittelbar auf den Schuß folgt ein einzelner Schrei. Wir lassen alle unsere Zigaretten, Weingläser, Gabeln und die Druckfahnen der Zwillinge fallen. Mist, denke ich. Genau an dem Abend, an dem ich mal nicht meine Kameras mitgenommen habe. Wie Synchronschwimmer langen die anderen gleichzeitig nach ihren Fototaschen, schnappen sich ihre Leicas vom Tisch und rennen zum Fenster. Wir hören einen zweiten Schuß, dann einen dritten, aber wir sind zu weit oben, zu weit entfernt von der Menge. Irgendeiner aus unserer Gruppe, ich weiß nicht, wer, ruft: »Bergarbeiter!« Dann schreit ein anderer auf englisch mit französischem Akzent: *»Rock and roll!«* – der internationale Kampfschrei der Journalisten für: »Auf ins Gefecht zum Bilderschießen!« In Sekundenschnelle rennt ein gutes Dutzend vom Adrenalin angetriebener Journalisten auf den Ausgang zu.

Marion läuft fiebrig neben mir her. »*Rock and roll*? Das ist ja viel aufregender, als auf einen Anruf von Philippe zu warten!« sagt sie.

»So kann man es auch sehen«, erwidere ich.

Nur Doru bleibt zurück. »Komm schon, Doru!« schreie ich. »Los, ich muß noch zu dir, um meine Kameras zu holen.«

»Aber wer bezahlt die Rechnung?« fragt er. Er wirkt verstört.

»Scheiß auf die Rechnung«, ruft jemand von der Treppe zurück, der nicht mehr auf den Aufzug warten will. »Wir bezahlen, wenn wir zurückkommen.«

»Aber wir können doch nicht einfach gehen, ohne die Rechnung zu bezahlen ...«

Als ich mich umschaue, sehe ich Doru ganz allein an unserem verlassenen Tisch stehen und verzweifelt in seinen fast leeren Taschen nach Geld suchen, das er, wie er weiß, dort nie finden wird.

»Ein Déjà-vu, oder?« sage ich zu Gad, während ich durch sein Autofenster die friedvollen Demonstranten beobachte. Etwa eine Stunde nachdem unsere Gruppe vom Essen hinaus auf den ruhigen Platz ohne Bergarbeiter gestürzt war, traf ich auf Gad, der wie üblich auf dem Parkplatz des Intercontinental stand. Ich brauchte nicht einmal mehr zu Dorus Wohnung zu gehen, um meine Kameras zu holen. »Ich frage mich, was das wohl für Schüsse waren.«

»Wahrscheinlich irgendein Witzbold«, sagt er. »Wahrscheinlich irgendein Idiot, der einfach nur sehen wollte, wie ein Rudel wild gewordener Journalisten dem eigenen Schwanz hinterherjagt.«

Ich kurbele das Autofenster herunter und atme die Nachtluft tief ein. Es ist jetzt Frühling, Anfang Mai, noch nicht so richtig warm, aber mild genug, um das Fenster aufzulassen. Gad sieht mich an. »Hast du von Jims Waisenfotos gehört? Sechs Doppelseiten im *New York Times Magazine*«, sagt er.

»Ja, hab ich gehört«, antworte ich. Ich habe auch gehört, daß zwei Tage nach der Veröffentlichung von Jims Bildern irgendein anonymer Spender eine ganze Lastwagenladung mit Matratzen nach Vulturesti geschickt hat. Auf Maimonides' Skala wäre das gerade mal Stufe drei, doch was mich betrifft, so finde ich das einfach toll.

Die Veröffentlichung von Jims Fotos hatte auch zur Folge, daß Gamma gezwungen war, meine eigenen Aufnahmen aus Vulturesti zu vertreiben. Henri rief mich sogar vor ein paar Tagen an, um mir zu sagen, daß eines meiner Waisenbilder den »Déclic du Mois« gewonnen hatte – das heißt, es war das Bild des Monats in einem Fotowettbewerb geworden, der von Kodak und dem *Photomagazine* gesponsert wird. Was ich dafür bekam? Kostenlose Publicity, eine Viertelseite im *Photomagazine* und obendrauf achtzig Filme. Genau doppelt so viele Filme, wie ich Jim gespendet hatte.

Karma? Göttliche Fügung? Zufall? Entscheide jeder, wie er will.

»Also, schau mal«, meint Gad, der sich jetzt richtig hineinsteigert, »wenn ich Anwalt wäre, könnte ich wirklich etwas für diese Kinder tun. Ich könnte einen Weg finden, wie man die Bürokratie der internationalen Adoptionsgesetze umgeht und jedem einzelnen dieser Kinder ein glückliches, sicheres

Zuhause gibt.« Er hält inne und lächelt bei dem Gedanken an die scheinbar unbegrenzten Möglichkeiten. »Verstehst du jetzt, warum ich Jura studieren will? Verstehst du das?«

Ja. Natürlich. Adoption ist noch besser als Matratzen.

»Ja, das verstehe ich«, sage ich und klopfe Gad aufs Knie. Und insgeheim denke ich, daß Maimonides meinen Freund Gad wirklich gemocht hätte.

Ovidiu steckt seinen Kopf zum Fenster herein. Dank den vielen westlichen Journalisten, die in den vergangenen Monaten über Bukarest hergefallen sind, hat er inzwischen eine Menge Englisch gelernt. »Hi, Deborah«, sagt er, »weißt du, wo Doru ist?«

»Ja«, antworte ich, »er ist mit Marion zurück zur Wohnung gegangen.« Das heißt, nachdem er die letzten Scheine und Münzen, die er noch besaß, aus seinen Taschen gefischt hat, um unsere Siebzehnpersonenrechnung vom Abendessen etwas zu dezimieren. Als wir anderen zurückkamen, um unser Essen zu beenden, sahen wir das Geld in einem ordentlichen kleinen Haufen auf dem Tisch liegen. Sieben amerikanische Dollar, zwei Zehncentstücke, vierzig rumänische Lei, acht rumänische Münzen, eine deutsche Mark und ein britisches Pfund.

»Okay. Danke. Muß ihn finden. Schuldet mir Geld. Fünfzig Dollar. Waisenbilder«, sagt er und geht.

»Worum geht's da denn?« fragt Gad.

»Weiß ich nicht genau«, sage ich, öffne die Wagentür und steige aus.

Wegen jener angeblichen Schulden von fünfzig Dollar haben Doru und Ovidiu dann irgendwann nicht mehr miteinander gesprochen. Wegen ähnlicher Kabbeleien haben sich auch andere Freunde von Ovidiu zurückgezogen. Als er mich Anfang 1991 in Paris besuchte, machte er sich mit einem meiner Wollpullover, der etwa fünfzig Dollar wert war, heimlich davon, was ich als Wiedergutmachung für das Geld ansah, das Doru ihm seiner Meinung nach schuldete. Im Laufe der Jahre bekam er einen Sohn, der noch als Kleinkind mit ansah, wie Ovidiu aus mysteriösen Gründen mitten im Wohnzimmer tot umfiel. Einige Freunde, darunter Doru, mutmaßten, daß er sich irgendwie selbst umgebracht hatte, mit Pillen oder so. Sein Leichnam wurde den rumänischen Gesetzen entsprechend einer Obduktion unterzogen, doch der Pathologe fand keinen hundertprozentigen Beweis dafür, daß Ovidiu tatsächlich Selbstmord begangen hatte.

Am Tag, nachdem wütende rumänische Bergarbeiter, Knüppel und Baseballschläger schwingend, den Universitätsplatz eingenommen hatten, zog Doru mit Hilfe der diplomatischen Beziehungen seiner Eltern nach Genf. Dort bekam er ein Stipendium, mit dem er sein Kunststudium beenden konnte. Anschließend zog er nach Paris, wo er endlich auf den Champs-Élysées sitzen, einen Beaujolais trinken und zusehen konnte, wie hinter dem Arc de Triomphe die Sonne unterging. Er heiratete eine Französin, war irgendwann pleite und mußte schließlich die Leitung eines amerikanisch angehauchten Fastfood-Restaurants übernehmen, um zu überleben. Nach seiner Scheidung ging er zurück nach Osteuropa und ließ sich als Fotograf in Prag nieder, als fester Mitarbeiter eines tschechischen Wirtschaftsmagazins. Als er von dem rätselhaften Tod seines Jugendfreundes Ovidiu hörte, setzte er sich in seinen Wagen und weinte.

Was Gad betrifft, so reiste er in dem Sommer vor seiner geplanten Immatrikulation als Jurastudent im Auftrag der *Newsweek* in den Irak, wo er die kurdischen Flüchtlinge fotografieren sollte. Dort wurde er hinter der feindlichen Front von irakischen Soldaten gefangengenommen, angeschossen und getötet, als er seinen kurdischen Führer schützen wollte. Zuerst behauptete *Newsweek*, daß Gad nur auf freiberuflicher Basis für die Zeitschrift fotografierte und sie daher nicht zuständig seien, seinen Leichnam zu bergen und nach Amerika zu überführen. Als daraufhin ein wütender Aufschrei durch die Fotobranche ging, änderte die Zeitschrift schließlich ihre Haltung. Doch da war es bereits zu spät. Das einzige, was Gads Mutter vom Kriegsschauplatz im Nordirak zurückbekam, war der blutige Paß ihres Sohnes.

Gad schaut Ovidiu hinterher, der in der Dunkelheit verschwindet. »Manche Leute sind ganz schön merkwürdig, oder?« sagt er.

»Das kannst du laut sagen.« Ich schlage die Wagentür zu. »Aber egal, es hat keinen Sinn, hier noch länger auf Bergarbeiter zu warten. Ich geh zurück in die Wohnung und schlaf ein bißchen.« Ich stecke meinen Kopf noch einmal durchs Fenster, um Gad zu sagen, daß ich am nächsten Morgen nach Paris abreise. »Da gibt's einen jungen Mann, der behauptet, daß er mich liebt«, erkläre ich strahlend. »Nicht übel, oder?«

Gad antwortet darauf mit seinem schiefen, zahnlosen Grinsen. »Nicht schlecht.«

»Falls ich dich vor dem Herbst nicht mehr wiedersehe, dann viel Glück mit der Uni.« Ich hauche einen Kuß auf meine Fingerspitzen und lange durch das offene Beifahrerfenster, um seine Nase anzutippen.

»Danke«, sagt Gad, ergreift meine Hand, drückt sie einmal ganz fest und läßt sie dann wieder los. »Und du komm gesund nach Hause.« Er gähnt. »Ich glaub, ich werde auch etwas schlafen.« Dann klettert er auf den Rücksitz seines Autos, schlüpft unter eine Decke und schließt die Augen.

Dritter Teil ▶ Fixieren

Paul

»Nein. *Dobry den* heißt ›Guten Tag‹. *Sdrawstwujte* bedeutet ›Hallo‹. Drei Silben, Sdrawst-wuj-te. Siehst du, hier steht's.« Paul zeigt auf die kyrillischen Buchstaben in meinem Lehrbuch. Er spricht ziemlich laut, um das rhythmische Klappern der Räder und Gleise unter uns zu übertönen.

»Sdrawst...wuj...te?« wiederhole ich langsam. Paul nickt, und ich erwidere sein Lächeln mit einem finsteren Blick. »Du veräppelst mich doch.« Ich schlage das Buch zu. »Das heißt nicht nur ›Hallo‹. Das ist ein vollständiger Satz.«

Paul lacht, und seine tiefliegenden blauen Augen leuchten auf, als die Sonne in unser Zugabteil hineinscheint. Ihr Licht bricht sich in der verdreckten Fensterscheibe und läßt einen Strahlenkranz aus fedrigen Härchen um seinen Kopf erscheinen. »Keine Sorge, noch bevor wir in Moskau ankommen, sprichst du fließend Russisch. Versprochen«, sagt er. Er gibt mir einen Kuß auf die Stirn. Draußen huschen polnische Bauernhäuser vorbei. Ich blicke aus dem Fenster, und ein kalter Schauer läuft mir über den Rücken.

»Irgendwie ein unheimliches Gefühl, oder?« sage ich.

»Was? Als Jude in einem Zug durch Polen zu fahren?« fragt er. Ich nicke. »Ja, es ist unheimlich.«

Paul kann meine Gedanken lesen. Zuerst war ich überzeugt, daß in meinem Schädel winzige Kobolde säßen, die denen in seinem Kopf telepathische Botschaften übermittelten, doch als wir uns dann besser kennenlernten, wurde mir klar, daß sein Gehirn einfach nur die gleichen sprunghaften

Verbindungen herstellt wie meines. Egal, worüber wir uns unterhalten, am Ende läuft es immer wieder auf Sex oder den Holocaust hinaus.

»Sdrawstwujte, towarischtsch!« Andy steckt den Kopf zur Abteiltür herein. Er hat einen gewaltigen Bizeps, der hervortritt, als er seine Camel zum Mund führt. Andy hat ebenso wie Paul blonde Haare und ein slawisches Gesicht, doch während Pauls feine Gesichtszüge und zarte Hände Graf Vronskij hätten gehören können, ähnelt Andy eher einem jüngeren Nikita Chruschtschow mit mehr Haar und mehr Schneid.

»*Towarischtsch?* Was zum Teufel heißt das denn?« Ich hole mein neues russisch-englisches Wörterbuch hervor und blättere darin herum, doch noch bevor ich herausfinde, an welcher Stelle der Buchstabe t im kyrillischen Alphabet steht, sagt Paul: »Genossen. Es heißt Genossen.«

Es ist Juni, im Jahr 1991. Paul hat Andy eingeladen, mit uns nach Moskau zu ziehen, wo jeder von uns hofft, sich selbst und vielleicht auch den anderen retten zu können. Andy ist Pauls ehemaliger Mitbewohner aus der Collegezeit und gleichzeitig sein bester Freund. Als sie sich damals in ihrem ersten Jahr in Princeton kennenlernten, hatte sie ihre gemeinsame Verachtung für den Kommunismus sowjetischer Prägung zusammengeführt – bei Paul rührte sie daher, daß er Russe war und seine Kindheit in Moskau verbracht hatte, und bei Andy daher, daß sein ukrainischer Vater in Stalins Arbeitslagern interniert gewesen war. Nach dem College fuhren die beiden quer durchs Land und hingen ein paar Monate in San Francisco herum, bis Paul sich nach Paris aufmachte, während Andy blieb und mit dem Herumhängen nie so ganz aufhörte. Das vergangene Jahr hat er damit verbracht, Gras zu rauchen und einen Vorbereitungskurs für die Aufnahmeprüfung am College zu leiten, um die Miete bezahlen zu können – und war dabei immer mehr in Resignation verfallen. Als Paul ihn anrief und ihm vorschlug, mit nach Moskau zu ziehen, füllte Andy noch am selben Nachmittag die Formulare für das Visum aus. Er hofft, durch den Aufenthalt in Moskau endlich mit einigen Dämonen aus der Vergangenheit seines Vaters Frieden schließen zu können, die noch immer seine eigene Gegenwart heimsuchen.

Paul geht dagegen in der Hoffnung nach Moskau, dort eine Laufbahn als Journalist beginnen zu können. Vor kurzem hat er seinen Job in Paris als Teilhaber einer französisch-sowjetischen Handelsfirma gekündigt, nachdem ihm klargeworden war, daß er zwischen den Gangstern und den sowjetischen Bürokraten auf mittlerer Ebene, mit denen er tagtäglich zu tun hatte, keinen Unterschied mehr sah. Er war in der berauschenden Anfangszeit von Gorbatschows Perestroika mit der naiven, aber idealistischen Vorstellung zu der Firma gestoßen, er könne einem von Apparatschiks geführten Land etwas über die Vorteile des Kapitalismus beibringen. Die Illusion wurde ihm schnell genommen, nachdem etwa das fünfte Mal Bestechungsgelder geflossen waren.

In der Sowjetunion von 1990 war fast jeder käuflich, von den unteren bis zu den höchsten Rängen. Der Preis war nie sonderlich hoch – ein paar hundert Dollar, eine Flasche Whisky, eine Schachtel Marlboro. Überall um sich herum mußte Paul sehen, wie westliche Geschäftsmänner für das berauschende Machtgefühl, das einen überkommt, wenn man gegenüber den Rubel-Sterblichen als Gott der harten Währung auftreten darf, ihre Seelen verkauften. Und er merkte allmählich, daß der Zaubertrank auch ihn zerstören würde, wenn er nicht bald aus dem Geschäft ausstieg.

Der endgültige Wendepunkt war erreicht, als Paul und seine beiden Partner Serge und Philippe in Moskau vom KGB verhaftet wurden. Anscheinend hatte Serge – ein größenwahnsinniger russischer Emigrant, der zehn Schachpartien gleichzeitig im Kopf spielen konnte – versäumt, die 90 000 Dollar zurückzugeben, die aus Versehen von einem russischen Kunden überwiesen worden waren. Philippe, der Erbsenzähler der drei und ein sittenstrenger Absolvent der École Polytechnique mit einer erstaunlichen Sammlung von Seidenkrawatten, bemerkte den Fehler und wies Serge an, das fälschlich überwiesene Geld zurückzuschicken. Doch Serge war nun einmal Serge, und er weigerte sich. Also rief der wütende russische Kunde seine gekauften »Freunde« beim KGB an, der daraufhin hart durchgriff und Paul und seine Partner verhaftete. Serge rückte ein paar frische Hundertdollarscheine heraus, und nachdem sich der Kreis der Korruption geschlossen hatte, wurden die drei Männer entlassen, und von den körperlichen Qualen, die sie erlitten hatten, blieben nur ein paar kleine blaue Flecken zurück.

Doch was die Psyche betraf, sah die Sache anders aus. Nach der Verhaftung bekam Paul Schlafstörungen. Er schreckte mitunter schweißgebadet aus dem Schlaf auf und schrie russische Wörter, die ich nicht verstand. Auf mein beharrliches Drängen hin und weil er selbst wußte, daß es unumgänglich war, stieg er schließlich aus der Firma aus.

Dennoch wollte er die Idee mit Moskau nicht gänzlich aufgeben. Es ist sein Geburtsort, sagt er, sein Erbe, und er hat das Gefühl, sich mit vielem wieder vertraut machen zu müssen. Außerdem sagt er, daß er mir sein Wohnhaus in der Krasnoarmejskaja uliza, der »Straße der Roten Armee«, zeigen und vielleicht sogar seinen seit langem verschollenen Vater aufsuchen will.

Aufgrund des bevorstehenden Bush-Gorbatschow-Gipfels in Moskau ist Paul überzeugt, daß die eine oder andere Nachrichtenorganisation seine Sprachkenntnisse in Anspruch nehmen und honorieren wird. In der restlichen Zeit will er eine Dokumentation drehen. Er meinte, er wolle die Auswirkungen von Glasnost und Perestroika auf die russische Jugend untersuchen. Ein interessantes Thema, aber für Paul auch ein überaus persönliches. Er weiß, daß er es lediglich einer Laune des Schicksals zu verdanken hat, daß er nicht einer der Verkäufer von Matrjoschka-Puppen und Lenin-Ansteckern auf dem Arbat ist.

»Ich kapier's einfach nicht«, meint Andy, als er sich zwischen den Sitz und unsere Koffer zwängt. Jeder Zentimeter des Fußbodens im Abteil ist mit Pauls und meinen irdischen Besitztümern belegt: ein paar Klamotten, ein Ghettoblaster, dreißig CDs, violettes Bettzeug mit Blumenmuster, ein Topf, eine Pfanne, ein Teekessel, ein Holzlöffel, ein gezacktes Messer, meine Gitarre, meine Kameras, dreihundert Filme, zwei Stangen Marlboro, eine rosa-blaue Tati-Tüte mit billigen Kosmetika zum Bestechen und ein zusammenklappbarer Wäscheständer. Als ich vorschlug, wir könnten uns doch einfach in Moskau einen neuen Ständer kaufen oder – noch besser – unsere Wäsche im nächsten Waschsalon in den Trockner stecken, lachte mich Paul tatsächlich aus.

»Ich meine, überlegt doch mal«, fährt Andy fort, »wie kann der gesamte Ostblock auseinanderfallen und Gorby seine Position behalten? Das ist doch unlogisch. Irgendwann muß es eine Revolution geben. Meint ihr nicht?«

Paul sagt, nein, er glaube, daß die Reformen der Perestroika nach und nach zu einer kapitalistischen Wirtschaftsordnung führen werden. Ich bin mir da nicht so sicher. Ich bin zwar keine Kennerin der sowjetischen Wirtschaft, aber ich weiß, wenn es in meinem Land keine Waschsalons und keine Wäscheständer gäbe, würde ich vielleicht versucht sein aufzubegehren.

Und das macht mir angst.

Denn ich ziehe ja gerade nach Moskau, um solchen Dingen wie Revolutionen aus dem Weg zu gehen. Nachdem Gad erschossen worden war, hatte ich gelobt, mich von allen Storys, die mit Waffen und Panzern zu tun hatten, fernzuhalten. Es war ein feierliches, tatsächlich laut ausgesprochenes Gelöbnis: Ich habe das Fenster geöffnet, in den grauen Pariser Himmel geblickt und mich direkt an Gad gewandt. Im nachhinein klingt das recht melodramatisch, aber zu dem Zeitpunkt kam es mir nicht so vor.

Statt dessen habe ich beschlossen, eine nette Fotoreportage in Schwarzweiß über russische Frauen zu machen. Die Idee dazu habe ich direkt aus einem Buch zu diesem Thema von Francine du Plessix Gray geklaut, das ich zu lesen anfing, nachdem Paul und ich zusammengezogen waren. Ich bin mir nicht sicher, ob sich tatsächlich irgendeine Zeitschrift für so eine Fotoreportage interessieren wird – ich weiß noch nicht einmal, wie lang sie mich selbst fesseln wird –, aber das ist mir egal. Es ist jedenfalls nicht gefährlich.

Andy sieht mich an und lacht. »Ich behaupte ja nicht, daß es die Revolution jetzt sofort gibt. Aber irgendwann muß sie stattfinden. Der Kommunismus ist gescheitert. Das wissen wir alle. Auch Gorbatschow weiß das. Aber wenn er denkt, daß seine *towarischtsch*-Freunde sich mit ein paar lahmen Perestroika-Reformen zufriedengeben, dann ist er noch dümmer, als ich dachte. *Petschenje* gefällig?« Er hält uns eine Schachtel mit Délice-Choc-Keksen hin, die er noch in Paris gekauft hat.

Paul nimmt sich eine der mit Schokolade überzogenen Waffeln und fängt an zu erklären: »*Petschenje* heißt ...«

»Keks«, unterbreche ich ihn. »Das konnte ich dem Zusammenhang entnehmen.«

Paul legt mir den Arm um die Schulter und strahlt. »Wie hab ich dich nur gefunden?« meint er liebevoll sarkastisch. Er beißt in seinen Keks.

Ich gebe ihm die übliche Antwort: »Spielt das denn noch eine Rolle?«

Wir lachen beide. Dieser Wortwechsel ist zu unserem Insiderwitz geworden, ein sardonischer Tribut an die Götter des Zufalls und des Schicksals. Es fing bei einem Konzert von den Grateful Dead an, das wir im vergangenen Herbst in Paris besuchten, einige Monate nachdem wir uns kennengelernt hatten. Jerry Garcia und Bob Weir sangen gerade schmachtend *Touch of Gray*, und ich sah unseren Freund Josh, der vor uns saß, dahinschmelzen, als ich spürte, daß Paul meine Hand ganz fest drückte. Ich sah ihn an. »Wie hab ich dich nur gefunden?« rutschte es mir heraus, obwohl ich mir dabei etwas albern vorkam.

Paul nahm mein Gesicht in die Hände und küßte mich auf die Stirn. Er blickte mir mit von der Dunkelheit geweiteten Pupillen in die Augen. Er sah aus wie ein Engel, auch wenn die ganze Situation ziemlich kitschig war. Dann fing er an zu lachen. »Spielt das denn noch eine Rolle?«

Ich spürte, wie es mir die Mundwinkel langsam nach oben zog. »Natürlich nicht«, sagte ich. »Es spielt überhaupt keine Rolle.« Daraufhin prusteten wir beide los – brüllten vor Lachen über das absurde Unternehmen, solch einen glücklichen Zufall erklären zu wollen. Wir liebten uns. Dessen waren wir uns sicher. Oder zumindest so sicher, wie man es jemals sein kann.

Alles andere war nebensächlich.

An der Nachricht, die Paul im April 1990 auf meinem Anrufbeantworter hinterließ, als ich mit Doru in Bukarest lebte, war eigentlich nichts Besonderes. Es war einer von den typischen Anrufen – »Hallo, ich bin ein Freund von einem Freund eines Freundes« –, wie ich sie immer von ehemaligen amerikanischen Collegestudenten bekam, wenn sie durch Europa tourten: »Äh, ja, hallo. Rumänien, wie? Witzige Ansage. Deine armen Eltern. Egal, hier ist Paul. Ich bin der Zwillingsbruder von George, du weißt schon, George, der Mitbewohner von Brett an der Uni von Pennsylvania. Ich glaube, George hat mir mal erzählt, daß er dich ein paarmal getroffen hat.

Brett hat mir deine Nummer gegeben. Ich bin hier in Paris, gerade angekommen, und dachte, vielleicht hast du Lust, dich mal mit mir zum Mittag zu treffen. Ruf mich doch mal an, wenn du zurück bist.«

Na klar, dachte ich, während ich die Nachricht aufschrieb. Nicht nur war die Bekanntschaft weit hergeholt – der Zwillingsbruder vom Mitbewohner eines Freundes von mir aus Kindertagen –, ich hatte auch nur noch zwei Wochen in Paris, bevor ich zurück nach Rumänien mußte. In dieser Zeit mußte ich ein paar Jobmöglichkeiten für Matthew auskundschaften; des weiteren stand ein seit langem geplantes Rendezvous mit Luc an, einem smarten, fingerfertigen, Rimbaud liebenden Kriegsfotografen, mit dem ich mich ursprünglich um der Hygiene willen getroffen hatte, der mir aber unter die Haut gegangen war und der nun etwas Festeres wollte; und Doru erwartete mich in Genf mit den tausend Dollar für sein Auto. Anschließend sollte ich dann mit ihm nach Paris fahren, wo er einigen französischen Bildredakteuren bei einer Reihe von Treffen, die ich vorher arrangieren sollte, seine Arbeiten zeigen wollte. Wäre Marion nicht gewesen, hätte ich Pauls Nachricht vollkommen ignoriert.

Marion hörte einfach nicht auf zu weinen. Sie hatte gerade von der Unbedachtheit ihres Freundes erfahren, die ihn bald zum Vater machen sollte.

Ich dachte mir, wenn ich sie mit Paul bekannt machte, würde sie das vielleicht ablenken. Da ich seinen eineiigen Zwillingsbruder George kurz kennengelernt hatte, wußte ich bereits drei grundlegende Dinge über ihn: erstens, er war russischer Emigrant; zweitens, er war als Kind in die USA gezogen; und drittens, er war attraktiv. Als ich damals am College war, hatte ich während eines Wochendbesuchs bei meinem alten Freund Brett einen Schnappschuß von George gemacht, wie er barfuß auf dem Fensterbrett saß und, umgeben von einem Lichthof, ein Buch las. Christopher, mein Lehrer, entdeckte das Bild auf meinen Kontaktabzügen und schlug vor, ich solle es doch für den Kurs vergrößern. Als ich in der

Dunkelkammer den Abzug machte, hielten zwei der Frauen, die neben mir arbeiteten, inne und starrten auf das Foto von George, das im Fixierbad schwamm. »Wer ist denn das?« fragten sie mit kehliger Stimme. »Den würde ich gern vernaschen.«

Insgeheim hoffte ich, daß Marion dieselbe Reaktion an den Tag legen würde. Daß sie ihn köstlich finden, gern vernaschen und dann den dämlichen Philippe vollkommen vergessen würde. Und genau deshalb rief ich Paul trotz meines irrsinnigen Termindrucks zurück und organisierte einen Brunch zu dritt im Marais.

An einem kalten Sonntag mittag im Frühling traf ich mich mit Paul in der Eingangshalle meines Wohnhauses. Er sah genauso aus wie sein Bruder, bis auf ein paar Details. Im Gegensatz zu George, der sich immer aufrecht hielt, hatte Paul leicht hängende Schultern, so als wisse er noch nicht recht, wie er sein Gefieder zur Schau stellen sollte. Auch sein Lächeln war viel offener, unbedachter, fast etwas trottelig. Und anders als sein Bruder, den ich als stets tadellos gekleidet in Erinnerung hatte, trug Paul zerknitterte Klamotten, die ihm mindestens eine Nummer zu groß waren. Doch das Gesicht war eindeutig das gleiche: jungenhaft, ein zarter Teint und ein russischer Einschlag – hohe Wangenknochen und ein strenges, kantiges Kinn. »Hi«, sagte er und gab mir die Hand. »Ich bin Paul.«

»Ich weiß«, antwortete ich. »Du siehst genauso aus wie dein Zwillingsbruder.«

Er lachte. »Wirklich? Was für ein Zufall.«

Wir holten Marion ab und gingen durch die engen Straßen des Marais, bis wir das Le Loir Dans la Théière erreichten, ein kleines Restaurant mit großen, gemütlichen Sesseln, alten Holztischen und jeder Menge Zeitschriften. Während wir drei unsere Omelettes vertilgten, unterhielt uns Paul mit witzigen Geschichten, die er beim Versuch, zwischen Rußland und Frankreich Geschäfte abzuwickeln, erlebt hatte: die Flüge von Moskau nach Kiew mit Müllsäcken voller Rubel, die Schläger, die sie als Fahrer und »zu ihrem Schutz« engagieren mußten, die Moskauer Prostituierten, die sich den westlichen Geschäftsmännern an den Hals warfen und hofften, so aus dem Elend herauszukommen.

Während er erzählte, baumelte seine aschblonde Stirnlocke vor seinem linken Auge, und immer, wenn er etwas besonders aufregend fand, wippte er vor und zurück. Und wenn er mal so *richtig* in Fahrt geriet, wippten auch seine Doc Martens mit, so als könne sein Körper all die verrückten Begebenheiten und Gedanken gar nicht mehr bei sich behalten. Einmal steigerte er sich so hinein, daß er sich an seinem Espresso verschluckte, den er dann prustend von sich gab und auf seinem abgetragenen Button-down-Hemd verteilte, über dem er ein ebenso schäbiges Tweedjackett trug. Daraufhin brach er in lautes Gelächter aus. Offensichtlich lachte Paul gern, vorzugsweise über sich selbst.

»Und, was hältst du von ihm?« fragte ich Marion nachher, als wir die Rue des Rosiers entlanggingen. Zwei chassidische Juden mit ihren schwarzen Hüten und den Schläfenlocken lachten vor dem koscheren Pizzaladen.

»Er ist nett.« Sie beäugte mich argwöhnisch. »Warum?«

»Ach, nur so. Hab mich nur gefragt, was du denkst. Ich meine, gefiel er dir?«

Marion lachte und meinte, falls dies ein schlecht getarnter Versuch gewesen sein sollte, sie von Philippe zu heilen, so könne ich es vergessen. Das nächste Mal möge ich sie doch gefälligst vorwarnen, wenn ich sie mit jemandem verkuppeln wolle. Abgesehen davon scheine Paul ein sehr anständiger Kerl zu sein, wenn auch etwas klein.

»Klein?« fragte ich. Wir näherten uns dem Centre Pompidou und seinen vielen blauen Röhren, die aus dem seriösen Pariser Stadtbild herausstachen. Die Franzosen machen sich gern über das Centre Georges Pompidou lustig, aber ich halte es für eines der großartigsten Gebäude, die ich je gesehen habe. »So klein ist er nun auch wieder nicht. Er ist goldig. Und so witzig. Findest du nicht, daß er witzig ist?«

»Ja, ja, sehr witzig.« Sie sah mich an. »Er gefällt dir.«

»Nein, tut er nicht.«

»Doch. Ich kenne dich. Ich sehe es dir an.« Jetzt lachte sie.

»Nein, tut er nicht.« Auf dem tiefer liegenden Platz vor dem Museum spie ein Mann mit bloßem Oberkörper benzingetränkte Flammen in die Luft, wobei es jedesmal wie ein Düsentriebwerk zischte. »Außerdem – das hätte mir jetzt gerade noch gefehlt.«

Okay, vielleicht hatte Paul mich tatsächlich in seinen Bann gezogen, dachte ich insgeheim, aber es war wirklich so, wie ich sagte. Das letzte, was ich jetzt gebrauchen konnte, war ein weiterer Mann, der mein so schon zu kompliziertes, in tausend Bereiche aufgeteiltes, episodenhaftes, verrücktes Nomadenleben voller Panzer, Waffen, Blut und Krieg noch komplizierter machte.

Zuerst einmal war da Doru. Wir hatten uns gestritten, klar, aber irgendein Teil von mir dachte immer noch, daß wir es schaffen könnten, daß wir die uns trennende Kluft überwanden. Dann war da noch Luc, der mir so gern aus *Eine Zeit in der Hölle* vorlas und kürzlich gemeint hatte, wir könnten doch zusammen losziehen und die Welt fotografieren: all die Kriege, all die Kämpfe, all das Sterben. Und dann war da noch Matthew, der in weniger als einem Monat nach Paris kommen würde, um mit mir zusammenzuziehen. Bei meinem letzten Telefonat mit ihm klang er wirklich begeistert.

Jeder von ihnen sagte, daß er mich liebte. Tatsächlich war mir noch nie so viel Liebe entgegengebracht worden wie in dieser Zeit – einer Zeit, in der sich der Stacheldraht um mein Herz auflöste, in der mir endlich langsam klar wurde, was ich wirklich brauchte – mehr als ein abenteuerliches Leben, guten Sex oder einige schön komponierte Fotos, die ich mir eines Tages an die Wand hängen konnte: Liebe. Wahre Liebe, so eine Liebe, aus der heraus man Sonette schreibt und die zwei einzelne, selbstsüchtige Wesen zu einem euphorischen, sentimentalen Brei verschmelzen läßt.

So einfach ist das, hatte die Frau im Bus in Simbabwe gesagt. *So einfach.*

Das stimmt schon. Und andererseits auch wieder nicht. Geliebt zu werden ist eine Sache. Die wahre Liebe zu finden eine ganz andere: $n^2 - n + 2 = x$. Es gab unendlich viele Variablen. Zum Beispiel, daß man die gleiche Sprache spricht (*Doru und ich werden nie eine gemeinsame Sprache finden*), daß man die gleichen Ziele hat (*Ich bin nicht sicher, ob ich für den Rest des Lebens mit Luc in Kriegsgebiete fahren möchte, oder mit sonst jemandem*) oder daß man dem anderen vertrauen kann (*Was ist, wenn Matthew wieder eine langbeinige Blondine aus Nantucket kennenlernt?*).

Nachdem ich Marion bei ihrer Wohnung abgesetzt hatte, entschloß ich mich, den restlichen Sonntagnachmittag allein mit meiner Leica um den Hals durch die Straßen von Paris zu bummeln. Ich schlenderte durch die gewundenen Straßen mit den schmalen Bürgersteigen im Sentier. Ich durchquerte Pigalle, das berühmte Rotlichtviertel, hielt hier und dort an, um ein Foto zu schießen. Klick. Männer betreten ein Stripteaselokal. Klick. Männer kommen aus einem Stripteaselokal heraus. Wie langweilig. Reine Filmverschwendung. Ich ging hinauf nach Montmartre und spürte, wie sich bei jedem Schritt auf dem steilen Weg die Muskeln in meinen Oberschenkeln anspannten. Ich kannte mich hier nicht aus, doch ich behielt die weißen Kuppeln von Sacre Cœur als Orientierungspunkt im Auge. Während meiner Zeit in Paris war ich oft in Pigalle gewesen, und die visuelle Ironie, die darin steckt, daß die Kirche Sacre Cœur über den Stripteaselokalen thront, hat mir immer gefallen. Es war wie eine katholische Einkaufstour mit allem inklusive: sündigen, nach oben steigen, um Vergebung bitten.

Kurz bevor ich oben auf dem Hügel ankam, entdeckte ich eine alte, völlig zerknitterte Frau, die ein Baguette an die Tauben verfütterte. *»Venez ici! Venez ici, mes petits amis!«* – »Kommt her, meine kleinen Freunde!« sagte sie. Ihre freundlich lockenden Worte zogen immer mehr Tauben an, die sich ihr auf die Schultern und auf den Schoß setzten. Eine Taube ließ sich auf ihrem Zeigefinger nieder. Diesen Vogel hob sie dicht an ihr Gesicht heran und strich ihm mit der Nase liebkosend über die Federn.

Mit der Kamera vor dem Gesicht näherte ich mich der Frau. *»Ça vous dérange?«* – »Stört Sie das?« fragte ich mit einem Fingerzeig auf die Kamera.

»Pas de quoi!« – »Kein Problem!« antwortete sie. »Machen Sie so viele Bilder, wie Sie möchten. Sie sind mein Leben, diese Tauben. Meine einzigen Kinder. Ich bringe ihnen jeden Tag ein Baguette, und sie besuchen mich jeden Tag. Ich liebe sie. Sie lieben mich. So haben wir alle was davon.«

Mittlerweile fotografierte ich wie verrückt drauflos und umkreiste die Frau behutsam, um die gurrenden Tauben nicht zu verscheuchen. Klick. Ein Vogel fliegt aus dem Bild. Klick. Die Frau wirft ein paar Krümel. Klick. Klick. Klick. Mit schmerzhafter Resignation schießt es mir durch den Kopf: Das werde eines Tages ich sein. Wenn ich nicht aufpasse, dann bin ich irgendwann diese verrückte alte Frau, die mit den Vögeln spricht. Allein. Einigermaßen glücklich, aber doch nicht ganz. Eine Baguette schwingende alte Frau, die für einen Schwarm französischer Tauben die Ersatzmutter spielt.

Als die Dämmerung hereinbrach, stieg ich die Treppe zur Kirche Sacre Cœur hinauf und setzte mich mitten zwischen die anderen Touristen, die plauderten, rauchten, sich küßten, auf die Stadt hinabblickten und angesichts ihrer Schönheit seufzten. Paris lag zu unseren Füßen, ein nebelgraues Meer von winzigen Gebäuden und diagonal verlaufenden Boulevards, aus dem in der Ferne der plumpe Kopf des Tour Montparnasse ragte. Einige dichte Wolken hatten sich vor die untergehende Sonne geschoben und verwandelten den Himmel in ein riesiges gewölbtes Schieferdach. Bald würde sich der Himmel verdunkeln, die Lichter der Stadt würden zu funkeln beginnen, und der Tag würde zu Ende gehen. Eine ehrfürchtige Stille legte sich über die Menge.

Plötzlich, in der allerletzten Minute, gelang es einigen Sonnenstrahlen, sich durch die tieferen Wolken und die Gebäude hindurchzustehlen. Dann trat die Sonne selbst hervor und ergoß ihren bernsteinfarbenen Schein wie eine riesige Jupiterlampe über den Horizont. Das graue Paris war nicht mehr grau. Es glühte, warm und orange, war voller Schatten und Strukturen, vibrierte vor Licht. Die Touristen um mich herum schienen alle gleichzeitig die Luft anzuhalten. Einige von ihnen griffen nach ihren Fotoapparaten.

Ich wußte es besser. Solch eine Schönheit kann man – zum Glück! – nicht festhalten. Sie muß in dem Moment genossen werden, in dem sie auftaucht. Ich nahm die Strahlen in mich auf, prägte mir das Bild tief ein und ließ die Kamera in meinem Schoß.

Nach unserem Sonntagsbrunch rief Paul an, um mich und Marion am darauffolgenden Freitag abend zum Essen einzuladen. Wir trafen uns wie geplant im Père Tranquil, doch mitten beim Essen lief Marion plötzlich grün an und mußte sich auf der Toilette übergeben. Anschließend entschuldigte sie sich und ging nach Hause. Seit Marion das mit Philippe erfahren hatte, konnte sie einfach nichts mehr bei sich behalten.

Nach dem Essen schlug Paul vor, ins Kino zu gehen, und nach dem Kino schlug er einen Spaziergang vor, und da ich seine Gesellschaft und unsere Unterhaltung nach dem Film genoß, war ich einverstanden. Der Film, *Music Box – Die ganze Wahrheit*, handelte von einer Tochter, die versucht, mit der nationalsozialistischen Vergangenheit ihres Vaters ins reine zu kommen, weshalb wir nun über den Holocaust sprachen.

»Wußtest du das ...«, fragte er, »wenn die Nazis in die Gaskammern gingen, um die Leichen zu beseitigen, lagen die Juden praktisch alle übereinandergestapelt vor der Tür, weil sie versucht hatten, sie aufzudrücken?«

»Ja, ich meine, nein«, sagte ich und war plötzlich ganz verwirrt. »Also, ich weiß nicht, ob ich das schon mal gehört oder gelesen hab oder ob ich nur manchmal davon träume.« Zu spät, dachte ich, als mir die Worte herausgerutscht waren. Jetzt hält er mich für vollkommen bekloppt.

Paul lächelte. »Du träumst davon, vergast zu werden?«

Ich saß in der Klemme ... und nickte.

Das Lächeln breitete sich auf seinem Gesicht aus. »Ich auch. Jedenfalls manchmal. Manchmal bin ich auch in einem verlassenen Dorf, und die Nazis jagen mich.«

»Wirklich?«

»Ja, wirklich.«

Ich zögerte und fragte ihn dann: »Träumst du oft von ... diesen Dingen?«

»Fast jede Nacht«, sagte er.

»Wow«, meinte ich lächelnd. »Ich auch.« Wir gingen weiter.

Und so saßen wir schließlich noch lange nach Mitternacht auf der Steintreppe, die vom Pont Neuf, der ältesten Brücke in Paris, zur Seine hinunterführt, und erzählten uns von unserem Leben.

Paul beschrieb seine Kindheit in Moskau und wie er beim Einschlafen immer dem Tippen seiner Mutter auf der Schreibmaschine lauschte, die am laufenden Band Samisdatausgaben von Büchern verbotener, inhaftierter oder verbannter Autoren erstellte. Sie hieß Rachel, sagte er. Aber alle nannten sie Raja. Raja war zweiundvierzig Jahre alt, als sie erfuhr, daß sie mit Paul und seinem Bruder schwanger war. Während ihrer Ehe mit Moshe – oder Yasha? Paul konnte sich den Namen nie merken – hatte sie es nie geschafft, schwanger zu werden, deshalb hatte sie sich einfach für unfruchtbar gehalten. Als dann Moshe oder Yasha, oder wie immer er auch hieß, gestorben war, lernte sie Pawel kennen.

Pawel sah gut aus und war siebzehn Jahre jünger als sie. Er war bei der Armee und hatte Heimaturlaub. Die beiden hatten eine Affäre. Raja merkte, daß sie schwanger war. Sie erzählte es Pawel. Pawels Mutter, eine Schriftstellerin und erklärte Antisemitin, verbot ihrem fünfundzwanzigjährigen Sohn jeglichen Kontakt zu der älteren Raja und seinen zukünftigen jüdischen Söhnen. Pawel floh zurück in die Armee. Am 2. April 1966 gebar Raja ihre Zwillinge. Sie nannte sie Pawel und Jegor.

»Mann, das war ...« Ich rechnete im Kopf nach, zog elf von

dreißig ab und addierte zwei hinzu, »das war genau drei Wochen nach meiner Geburt. Unsere Mütter waren zur selben Zeit schwanger ...« Die Tatsache schien mir irgendwie von Bedeutung zu sein. »Nur mit dem Unterschied, daß meine Mutter wahrscheinlich im Supermarkt nach Leckereien suchte, um ihre momentanen Gelüste zu befriedigen ...«

»Und meine stand draußen im Schnee und wartete in einer langen Schlange, um ein paar Kartoffeln und ein Glas *smetana* zu kaufen«, meinte Paul lachend. Ich lachte auch. Er hatte meinen Witz zu Ende erzählt. Nein, er hatte ihn nicht nur zu Ende erzählt, er hatte ihn sogar noch verbessert, indem er das Wort *smetana* hinzufügte. Ich hätte einfach bei den Kartoffeln aufgehört.

Hör auf, dachte ich. Sei stark. Das kannst du im Moment nicht gebrauchen. Mit Sicherheit nicht. Dein Leben ist auch so schon kompliziert genug. Aber ich konnte meinen Blick einfach nicht von seinem Gesicht abwenden. Es kam mir fast unecht vor, wie aus Wachs geformt, idealisiert und zu perfekt, um echt zu sein. Genau! Er ist ein Golem. Oder vielleicht ein Roboter, der auf die Erde geschickt wurde, um mich auf die Probe zu stellen. Später in der Nacht würde er sein Gesicht abreißen und mir die Drähte darunter zeigen, und wir beide würden ordentlich lachen. Es konnte einfach nicht sein, daß ein so schöner Mensch auch noch so intelligent, geistreich und vom Holocaust besessen sein konnte. »Was ist *smetana*?«

»So etwas wie Sauerrahm, nehme ich an. Russischer Sauerrahm. Jedenfalls ...«

Nach seiner Geburt ernährte Raja ihre neue Familie, indem sie als Lektorin arbeitete. Es wurde immer schwerer für sie, in dieser Zeit der Stagnation unter Breschnew ganz allein zwei Jungen aufzuziehen, und sie träumte von einem besseren Leben für ihre Söhne. Als Jüdin – keine praktizierende, aber dennoch eine Jüdin – konnte sie aufgrund religiöser Verfolgung politisches Asyl beantragen. Sie füllte die Formulare aus, und wie alle Juden, die in jener Zeit Asyl beantragten, galt sie sofort als *refusnik* und wurde auf der Stelle entlassen. Um über die Runden zu kommen, fingen Paul und George an, in russischen Filmen mitzuspielen, und im Alter von sieben Jahren ergatterten sie gemeinsam eine Hauptrolle in einem Film mit dem Titel *Telegramma*. Etwas mehr als ein Jahr später, als Raja die Genehmigung zur Ausreise erhielt, wurden die Namen der Jungen aus dem Abspann des Films gelöscht.

»He, ich hab auch mal in einem Film mitgespielt. Ganze vier Zeilen hatte ich!« gab ich an. »Er wurde natürlich in Amerika gedreht, und mein Name steht noch immer im Abspann«, meinte ich, kam mir jedoch plötzlich albern vor und fügte hinzu: »Tut mir leid, daß ich dich unterbrochen hab. Erzähl weiter.«

»Nein, ich muß mich entschuldigen«, sagte Paul. »Das ist eine lange Geschichte.« Schließlich, fuhr er fort, zogen Pawel und Jegor im Alter von neun Jahren mit ihrer Mutter nach New York City und wurden zu Paul und George. »Aber meine Mom hat sich nie an unsere amerikanischen Namen gewöhnt. Sie nannte uns weiterhin Pascha und Jegoruschka.«

»Die Verkleinerungsformen«, sagte ich. »Mir gefällt Pascha.«

»Woher kennst du die Verkleinerungsformen?« fragte er.

»Weiß ich nicht. Aus dem *Kirschgarten*?«

Paul strahlte. »Du hast Tschechow gelesen«, meinte er.

Jüdische Wohltätigkeitsorganisationen eilten Raja zu Hilfe, vermittelten ihr eine Wohnung in Washington Heights, unterstützten sie, fanden hier und da Gelegenheitsjobs für sie und spendeten Wintermäntel und -stiefel für ihre Söhne. Als das Geld dennoch zu knapp wurde, beantragte Raja Sozialhilfe.

Weil seine Mutter nie viel Englisch lernte, mußte Paul – weil er zehn Minuten älter war als George und somit die Verantwortung trug, meinte er lachend – die Rechnungen bezahlen (soweit möglich), die Handwerker holen und die Schreiben, die er von der Schule mit nach Hause brachte, lesen und übersetzen. Rajas Briefe aus jener Zeit an Freunde in Moskau, von denen Paul später einige lesen konnte, spiegeln die Traurigkeit und die Enttäuschungen wider, mit denen der Beginn ihres neuen Lebens in Amerika beladen war. Durch ihr Alter (einundfünfzig), die Sprachbarriere, die Armut und ihren Status als alleinstehende Mutter hatte sie es noch schwerer als andere. Dennoch gab sie sich ihren Söhnen gegenüber zuversichtlich und vermittelte ihnen die Freude darüber, in einem Land zu leben, das die Freiheit über alles stellte.

Sie schleppte Pascha und Jegoruschka in jedes Museum, zu jeder kulturellen Veranstaltung und in jeden Park in New York und ließ sie überdies all die Bücher lesen, an die sie in Moskau nicht herangekommen war: nicht nur die Russen wie Tolstoj und Dostojewskij, sonder auch O. Henry, Jack London, Thomas Mann und Shakespeare. »Ich habe nie so viel gelesen wie in den Jahren nach unserer Ankunft in Amerika«, sagte Paul. Während er redete, sah er hinunter auf das dunkle Wasser des Flusses, als trieben dort die Blütenblätter seiner Erinnerung vorbei.

»Wo lebt deine Mom jetzt?« fragte ich.

»Ach, sie lebt nicht mehr. Sie ist schon vor einiger Zeit gestorben.« Paul sah auf. Er blickte mir direkt in die Augen, wartete auf meine Reaktion, die unvermeidliche Antwort.

»O Gott, das tut mir leid. Ich wollte nicht ...«

Er unterbrach mich. »Ist schon in Ordnung. Das ist schon lange her. Ich war damals fünfzehn.«

»Fünfzehn? Was habt ihr gemacht, du und George? Wo habt ihr gelebt? Wie seid ihr ...?« Ich versuchte, mich in seine Situation zu versetzen. Ein fünfzehnjähriger Waise in einem fremden Land ohne Familie. Mit fünfzehn bestanden meine einzigen Sorgen darin, daß ich meine Periode und meine ersten Fahrstunden bekam, und zwar in genau dieser Reihenfolge.

Er erzählte mir von der Nacht, in der man ihn und seinen Bruder aus dem Sommerlager abholte, nach New York fuhr und ihnen die Nachricht vom Tod ihrer Mutter überbrachte. Erzählte von dem Streit um das Sorgerecht für die Jungen, der zwischen Bekannten der Familie ausbrach – einem Russen und einem jüdischen Ehepaar. Und wie der Streit beendet wurde, indem jemand heimlich eine Schlaftablette in einen der vielen Wodkas fallen ließ, die der Russe an jenem Abend trank. Er erzählte von den belgischen orthodoxen Juden, einem älteren Ehepaar – einer von den beiden hatte den Holocaust überlebt – mit drei eigenen erwachsenen Kindern, das ihn und seinen Bruder schließlich zu sich nahm, bis sie alt genug waren, um aufs College zu gehen. Von dem Gefühl, verschleppt, verlassen und ohne Wurzeln zu sein, das ihn damals oft befiel.

Ich will ihn, dachte ich. Das ist weder logisch noch vernünftig, aber ich will ihn. Ich will ihn retten, ihn küssen, ihn in den Armen halten. Ich will ihn mit nach Hause nehmen, ihm zu essen geben und zwölf perfekte Verse mit fünffüßigen Jamben für ihn schreiben. Ich will ihm zeigen, daß auch durch einen großen, alten, schiefergrauen Himmel noch Sonnenstrahlen brechen können. Klar, Doru wartete darauf, daß ich ihn in drei Tagen in Genf abholte, und mit Luc war ich am nächsten Abend verabredet, und Matthew traf in wenigen Wochen aus den Staaten ein. Das alles erschien mir so nebensächlich.

Während Paul weiterredete, näherte sich ein *bateau-mouche,* eines der vielen Touristenschiffe, die auf der Seine entlangglitten. Die blendenden Lichter strahlten das steinerne Ufer und die nahen Gebäude an und machten die Nacht für einen Moment zum Tag. Es war, als hätte der Kapitän gewußt, daß ich genau in diesem Sekundenbruchteil das Bedürfnis hatte, Paul besser zu sehen, sein Gesicht vollkommen ausleuchten zu lassen, damit ich das Bild für die Nachwelt festhalten konnte – obwohl ich gar keine Kamera dabeihatte. Klick. Nun konnte ich es in der berühmten Schublade in meinem Hirn ablegen. Mein ganz persönliches Bild vom ersten Eintauchen in die Liebe.

Warum gerade in diesem bestimmten Augenblick? Ich habe keine Ahnung. Lag es an dem Mann oder an seiner Geschichte? Ich weiß es nicht. Meine Gefühle lassen sich nicht so feinsäuberlich aufteilen. Es lag wohl an beidem. Und an keinem von beidem. Es lag an Paris. Es hätte überall passieren können. Es war wie alles andere ein Zusammenspiel von Timing und Zufall, das man nicht erklären kann.

Vielleicht lag es daran, daß er über all die tragischen Begebenheiten in seinem Leben lachen konnte, so wie ich versuchte, über die meinen zu lachen. Oder an der Offenheit seines Gesichtes, mit der er mich gleichsam in sein Innerstes einlud – wie er mich unaufhörlich ansah, dabei errötete, lächelte, strahlte. Eine Woche zuvor hatte ich ein aufgeschlitztes Waisenkind gesehen, dessen Herz regungslos auf einem Holzbrett lag. Dachte ich mir etwa, hier ist ein Waisenkind, das ich retten kann? Ja, sicher, vielleicht. Spielte die Tatsache, daß er Jude war, eine Rolle? Natürlich. Es war der 20. April, Hitlers Geburtstag. Für zwei vom Holocaust besessene Juden, die instinktiv ahnten, daß sie nie mit sich zufrieden sein würden, und die wegen aller je gequälten Juden großen Zorn verspürten, war dieser Tag ebensogut wie jeder andere dazu geeignet, sich zu verlieben.

Paul hielt mir seine Hand hin, um mir aufzuhelfen, und obwohl es ziemlich dunkel war, sah ich, daß seine Wangen erröteten, als sich unsere Finger zum ersten Mal berührten. »Ich hab schon wieder Hunger. Mal sehen«, er blickte auf die Uhr. »Es ist zwei Uhr morgens. Hast du Lust auf ein zweites Abendessen?«

»Klar«, meinte ich und spürte plötzlich, daß ich ebenfalls ausgehungert war.

»Na, dann laß uns gehen.«

Während wir über den Pont Neuf gingen und uns zuerst zögerlich, dann so fest es unsere verschlungenen Finger erlaubten an den Händen hielten, konnte ich mir zum ersten Mal in meinem kurzen Leben wirklich vorstellen, wie ein Happy End aussah.

Als wir nach unserem zweiten Essen aus dem Restaurant kamen, blieben wir mitten auf der winzigen Rue St.-André-des-Arts stehen und sahen uns in die Augen. Dort, mitten zwischen den Autos und Nachtschwärmern, trafen unsere Lippen schließlich aufeinander. Es war ein gieriger Kuß, ein verzweifelter, explosiver und feuriger Kuß – ein Kuß, an den ich mich bis an mein Lebensende erinnern werde. Ein Kuß, mit dessen Energie – hätte man sie nutzbar gemacht – man wahrscheinlich winzige Granatsplitter bis zur Place St. Michel hätte schleudern können. Dann eilten wir, die Finger wieder fest ineinander verflochten, in der ersten Dämmerung zurück über die Seine zu meiner Wohnung, begierig darauf, die Lücken weiter zu schließen.

Wenige Stunden später weckte mich die Sonne auf. Ich löste Pauls Arm von meiner Schulter und rückte gerade so weit zurück, daß ich dem Spiel der ersten Frühlingssonne auf seinem schlafenden Gesicht zusehen konnte. Ich beobachtete, wie seine Augen unter den geschlossenen Lidern zuckten, und bewunderte seine geschwungenen Wimpern, die feine Schatten auf seine Wangen warfen. Ich betrachtete die Falten in der Bettdecke, die sich mit seinem Brustkorb hoben und senkten, und spürte den regelmäßigen Lufthauch, der aus seiner Nase entwich. Ich betrachtete seinen Mund, der beinahe lächelte und sich dann zu einem jungenhaften Schmollmund entspannte.

Es war, als würde sich eine Art innere Blende in mir schließen und alles, was zuvor verschwommen, undeutlich und unverständlich war, mit einem extremen Weitwinkel in einem scharfen Bild fokussieren. Dann fing ich vor Glück lautlos an zu weinen. Da lag er, genau neben mir. Perfekt beleuchtet. Mein eigener winziger Sonnenstrahl.

Das restliche Wochenende hätte Finsternis hereinbrechen können, oder alles hätte seinen gewohnten Gang gehen können – wir hätten es nicht bemerkt. An jenem Samstagnachmittag bestimmten Paul und ich beim Essen, welche Gesichtszüge wir gern an unseren zukünftigen Nachwuchs weitergeben würden, so als wäre dies das naheliegendste Thema, über das sich zwei Menschen unterhalten konnten, die sich seit knapp einem Tag kannten.

»Deine Nase«, sagte ich.

»Deine Augen«, meinte er lachend.

»Deine Lippen.«

»Ach ja?« Er verzog den Mund zu einer übertriebenen Grimasse und betrachtete mich eingehend. Dann lächelte er. »Dein Herz.«

Als wir am frühen Abend Hand in Hand zu einem Kino in der Nähe meiner Wohnung schlenderten, schlug Paul ein Experiment vor.

»Also, wir sind uns seit etwa vierundzwanzig Stunden nicht von der Seite gewichen, stimmt's?«

Es schien mir, als wäre unser Treffen mit Marion am Abend zuvor Ewigkeiten her. »Dreiundzwanzig, glaube ich«, sagte ich.

»Schön, dreiundzwanzig. Ich habe folgende Idee: Das Kino ist da drüben.« Wir standen vor riesigen roten Lippen, aus denen Wasser sprudelte – eine der absonderlichen, sich drehenden Skulpturen in dem bunten Brunnen von Niki de Saint Phalle vor dem Centre Pompidou. Paul zeigte über den schräg abfallenden Platz auf das Kino, das einige hundert Meter entfernt lag. »Wir trennen uns hier«, sagte er und schlug vor, daß jeder auf einer anderen Seite um das Museum herumging und wir uns dann vor dem Kino wiedertrafen.

Meine Handflächen brannten, als wir uns losließen. Ich sah Paul hinterher, sah, daß er sich umdrehte, um mir hinterherzuschauen. Plötzlich verschwand seine Gestalt in der Menge hinter den blauen Röhren des Centre Pompidou. Obwohl ich wußte, daß die Situation künstlich herbeigeführt worden war, spürte ich, wie mein Körper innerlich auf die Trennung von ihm reagierte. Ich schwitzte, mein Atem beschleunigte sich. Mein Brustkorb zog sich zusammen. Ich spürte, daß meine Füße mich über die Pflastersteine trugen, doch sie waren bleischwer geworden. Die Distanz zwischen mir und dem Kino schien größer zu werden, schien exponentiell anzusteigen, so als wären die paar hundert Meter plötzlich zu einer Ewigkeit geworden. Ich geriet in Panik. Ohne ihn werde ich das niemals schaffen, dachte ich.

Die Einsamkeit wird mich umbringen.

Und dann plötzlich sah ich Paul hinter dem Museum wieder

auftauchen. Er rannte, spurtete sogar, und ließ mich nicht aus den Augen. Sobald ich ihn entdeckte, legten meine Füße ebenfalls einen Sprint ein. Die Leute, die vor dem Kino Schlange standen, mußten uns entweder für Schauspieler in einem seltsamen Werbefilm der Gaumont Cinémas halten oder einfach für das, was wir waren: zwei liebeshungrige Irre, die einander mit ausgestreckten Armen und übers ganze Gesicht grinsend entgegeneilten. Fehlte nur noch die Titelmelodie von *Die Stunde des Siegers*.

»Deb«, sagte er, hob mich hoch und wirbelte mich im Kreis herum, »laß uns dieses Spiel nie wieder spielen.« Er bedeckte mein Gesicht mit Küssen.

Ich umschloß seine Wangen mit den Händen und lächelte vor Erleichterung, seine Haut wieder fühlen zu können. »Das ist eine gute Idee«, sagte ich.

Einer der Kinobesucher in der Schlange applaudierte. Wir verbeugten uns kurz.

So weit, so gut. Es wurde Zeit, klar Schiff zu machen.

Ich freute mich nicht darauf. An jenem Sonntag – während Paul in meiner Wohnung saß und mich ermutigte – rief ich Matthew an, um ihm zu sagen, daß er seinen Flug nach Frankreich stornieren solle. Ich gab ihm keinen Grund dafür an, versprach aber, daß ich ihm alles persönlich erklären würde, wenn ich in einem Monat zur Abschlußfeier meiner Schwester in die Staaten käme. Als ich ihm dann schließlich von Angesicht zu Angesicht erzählen konnte, was passiert war, nämlich daß ich Paul getroffen hatte und ihn wirklich liebte, griff sich Matthew an den Bauch, ging fort, verschwand in der Dunkelheit und übergab sich in den Charles River. Ich fühlte mich schuldig. Ich wußte, daß Matthew ein richtiges Ziel fehlte und daß ihm dies wahrscheinlich ebenso zu schaffen machte wie die Tatsache, daß er mich verloren hatte, wenn nicht sogar noch mehr. Trotzdem, ich hatte selbstsüchtig mit seinen Gefühlen gespielt und ihm falsche Hoffnungen gemacht. Die Rache, auf die ich insgeheim vor langer Zeit gesonnen hatte, erschien mir nun völlig sinnlos, ja sogar grausam.

Was Doru anging, so nahm ich an jenem Montag, der auf das erste Wochenende mit Paul folgte, den Zug nach Genf, bezahlte sein neues Auto und fuhr mit ihm am Tag darauf nach Paris. Wir stritten uns fast die ganze Fahrt über. Doru sagte, es wäre unmöglich, nach einem einzigen Wochenende zu wissen, daß man jemanden liebte. Ich sagte, es wäre sehr wohl möglich. An dem Abend unserer Ankunft gab ich ihm die Schlüssel zu meiner Wohnung, packte meine Sachen und zog in Pauls Wohnung im sechzehnten Arrondissement.

Drei Tage später, nach einem schweren Abschied von Paul, fuhr ich mit Doru nach Rumänien zurück, um dort während der Wahlen zu fotografieren. Die viertägige Fahrt nach Bukarest quer durch Mitteleuropa führte zwar durch eine malerische Landschaft, war jedoch überaus unangenehm. In Deutschland stritten wir uns permanent wegen jeder Kleinigkeit. In Österreich, wo es tatsächlich so aussah wie in dem Film *Meine Lieder – Meine Träume*, verfuhren wir uns ständig. In Ungarn versuchte ich in einem der seltenen friedvollen Momente Doru, der gerade am Steuer saß, die Hand aufs Knie zu legen. Es sollte eine rein freundschaftliche Geste sein, doch er schreckte zurück, schob meine Hand weg und sagte, ich solle ihn bloß nie wieder berühren. »Heb dir das für deinen neuen Freund auf«, meinte er.

Dann, etwa eine Woche später, kurz vor Marions Ankunft, deren Geburtstag wir feiern wollten, lief ich in Bukarest Luc in die Arme, der dort ebenfalls zu arbeiten hatte. Er reagierte auf meine plötzliche Liebe zu Paul wie ein wahrer Franzose, sprich: traurig, aber unerschütterlich. Er hielt mir einen ausgedehnten philosophischen Vortrag über die Bedeutungslosigkeit von Liebe in einem Leben, das unvermeidlich mit dem Tod endet, und lud mich dann ein, die Nacht mit ihm auf seinem Zimmer zu verbringen. Ich antwortete, daß ich auf einen Drink vorbeikäme, aber sonst nichts, und als ich bei ihm war, ließ er die kleine Bombe platzen: »Eine meiner Ex hat mich angerufen. Es könnte sein, daß sie HIV-positiv ist.«

»Was?!« Ich hatte das Gefühl zu ersticken. Luc und ich hatten weniger als ein halbes Dutzend Mal miteinander Verkehr gehabt, aber ein paarmal hatten wir kein Kondom benutzt.

Ich hatte mich immer bemüht, gewissenhaft darauf zu achten. Während meiner Zeit bei Magnum im Sommer 1987 hatte ich mit einer Mischung aus liberalen Schuldgefühlen und morbider Neugier ein paar Abende pro Woche – eigentlich immer, wenn es zeitlich möglich war – freiwillig im Bailey House gearbeitet, einer AIDS-Sterbeklinik in Greenwich Village. Dort sah ich – live und in Farbe – die Zerstörung, die von dieser damals noch neuartigen und mysteriösen Krankheit ausging: das Kaposi-Sarkom, die Erblindung, die Übelkeit, das langsame und stete Dahinsiechen. Ich hielt Hände, die sich wie Hühnerfüße anfühlten. Strich über Haare, die in Büscheln ausfielen. Ich sah genauso viele Krankenwagen wie Leichenwagen vorfahren, schob in die einen Tragbahren und sah in den anderen Särge verschwinden. Ich half, die Zimmer zu säubern, sie zu desinfizieren, bis der Geruch des Verfalls für den endlosen Strom von Neuankömmlingen kaum noch wahrnehmbar war. Erst danach, wenn ich durch die gepflasterten Straßen von Greenwich Village zur U-Bahn-Station Christopher Street ging, brach ich zusammen und weinte.

Aber hielt es mich davon ab, mit meinem eigenen Sexualleben russisches Roulette zu spielen? Natürlich nicht. Manchmal forderte ich im Dunkeln das Schicksal völlig willkürlich heraus und gestattete mir, mich von der Lust an einem gummifreien Moment davontragen zu lassen – ich weiß, das ist dumm und nicht zu entschuldigen, aber so ist es eben. AIDS war etwas, was andere bekamen. Unsichtbar wie Gas.

Oder zumindest redete ich mir das ein.

Doch hier in Lucs Hotelzimmer in Bukarest, während ich ihm zuhörte und begriff, daß ich von der gleichen Seuche befallen sein könnte wie die armen Teufel im Bailey House, war ich auf einmal nicht mehr zu beruhigen. »Was soll das heißen, *vielleicht*?« fragte ich.

In Gedanken war ich sofort bei Paul, wie ich zusammen mit ihm am Seineufer saß, um das Centre Pompidou herumrannte, wie ich sechs Tage nacheinander frühmorgens aufwachte, nur um sein schlafendes Gesicht zu betrachten. Luc ergriff meine Hand und fuhr mir sanft durchs Haar. »Das soll heißen, daß sie vor sechs Monaten einen Test gemacht hat, der negativ war, aber jetzt hat sie erfahren, daß einer *ihrer* Verflossenen positiv ist. Sie läßt morgen noch einen Test machen.«

»Das kann einfach nicht wahr sein«, sagte ich. »Nicht ausgerechnet jetzt.« Nicht, nachdem ich endlich die Liebe entdeckt hatte. Nachdem ich endlich verstanden hatte, wie wunderschön mein Leben, das Leben überhaupt sein konnte. O Gott, *nein*! dachte ich. »Verdammt!« schrie ich. Ich hämmerte mit den Fäusten auf Lucs Brust ein, fluchte aus vollem Halse, war vollkommen außer mir und kurz davor durchzudrehen. Dann weinte ich mich in seinen Armen in den Schlaf.

Ein paar Tage später erfuhren wir, daß das Testergebnis der Frau negativ war. Ebenso wie die Tests, die ich in den nächsten zwei Jahren zur Sicherheit machen ließ. Doch diese Erfahrung führte es mir noch einmal deutlich vor Augen: Liebe konnte ebenso riskant, ebenso tödlich sein wie Krieg.

Als ich nach Paris zurückkehrte, war Paul bereits zu einer fünfwöchigen Reise nach Moskau aufgebrochen, doch hatte er sich meine Schlüssel von Marion ausgeborgt, war in meine Wohnung gegangen und hatte dort eine baumgroße Yucca mit einer Nachricht daran in die Ecke gestellt.

»Kümmere dich um mich«, stand auf dem Zettel. »Ich brauche sehr viel Wasser, Licht und vor allem Liebe. Für immer Dein, Pascha.« Er hatte noch eine Sonne, einige Wassertropfen und ein Herz daraufgemalt.

Ich löste den Zettel von der Palme, setzte mich aufs Bett und brach in Tränen aus, die herunterfielen und die mit Filzstift geschriebenen Worte verschmierten.

Später in jenem Sommer, als Paul und ich in unsere neue Wohnung in der Rue St. Joseph zogen, trugen wir als allererstes diese Pflanze über die Schwelle. Wir hielten den Tontopf zwischen uns, machten kleine seitliche Schritte und bemühten uns, die oberlastige Palme nicht umkippen zu lassen. »Hier ist ein guter Platz für sie«, sagte er und deutete mit dem Kopf zum Fenster.

»Ja, der scheint perfekt zu sein.«

Wir stellten die Pflanze vor dem offenen Fenster ab und traten zurück, um sie zu bewundern. Paul sagte zuerst etwas und sprach genau das aus, was mir bereits durch den Kopf ging. »Sie gedeiht ziemlich gut«, sagte er. Die von der hochsommerlichen Sonne gesprenkelten Blätter raschelten im Wind.

»Ja«, antwortete ich und drückte ganz fest seine Hand. »Das tut sie wirklich.«

»Das kann ich nicht trinken. Das ist ekelhaft«, sage ich und spucke den zuckersüßen russischen Saft mit dem Geschmack und der Konsistenz von irgendeinem alten Bodensatz in die Spüle. Paul und ich haben heute über eine Stunde lang vor einem düsteren sowjetischen *produkty*-Geschäft Schlange gestanden. Während wir warteten, habe ich Paul gefragt, ob »*produkty*« das russische Wort für Saft sei. Er hat gelacht.

»Nein, es heißt ›Lebensmittel‹«, sagte er, »aber das stimmt wohl nicht so ganz.« Abgesehen von dem Saft und einigen matschig aussehenden Gewürzgurken waren die Regale in dem Geschäft leer.

Die Schlange derjenigen, die Saft kaufen wollten, erstreckte sich bis zum Puschkin-Platz, wo sich eine noch längere Schlange vor dem Neubau des ersten und einzigen McDonald's von Moskau gebildet hatte. Wir trugen acht riesige Saftflaschen zurück in unsere Wohnung, vorbei an glücklichen russischen Genossen, die sich mit Tabletts hinsetzten, auf denen sich Big Macs und Pommes frites stapelten – stolze Jäger, wie wir, die ihre Beute nach Hause schleppten.

»Was soll das heißen, du kannst das nicht trinken? Das ist *sok*. Davon hab ich mich als Kind ernährt«, ruft Paul vom Schlafzimmer her, wo er sich für unsere Dinnerparty umzieht. Wir haben für heute abend nur unsere russischen Freunde eingeladen, denn als wir beim letzten Mal versuchten, einige hier lebende Amerikaner darunterzumischen, kamen die beiden Gruppen überhaupt nicht miteinander aus. Die Amerikaner benahmen sich typisch amerikanisch, nämlich unbewußt gönnerhaft. Und die Russen ihrerseits verhielten sich typisch russisch, nämlich unbewußt unhöflich.

»Tja, und ich hab mich als Kind von Spaghetti ernährt«, rufe ich in Pauls Richtung zurück und spüle mir den Mund mit Leitungswasser aus, »aber das heißt noch lange nicht, daß ich sie heute abend essen will.« Ich spucke das Leitungswasser in die Spüle. Ich will es nicht hinunterschlucken, weil uns ein paar Leute erzählt haben, daß es mit radioaktivem Fallout aus Tschernobyl verseucht ist. Das könnte auch nur ein Gerücht sein, wie die meisten Informationen hier, aber wozu das Risiko eingehen? Auf den Märkten sind Tomaten aufgetaucht, die so groß sind wie kleine Volleybälle, und ich habe schon mehr als ein Dutzend Käufer gesehen, die Obst und Gemüse, wenn sie denn welches fanden, mit ihrem eigenen Geigerzähler prüften.

Paul kommt in die Küche gestürzt, barfuß, ohne Hemd und nur mit einer Jeans bekleidet – ein Anblick, bei dem mir selbst nach mehr als einem Jahr des Zusammenlebens noch schwindelig wird –, und nimmt einen Schluck *sok* aus meinem Glas. Nachdem er sich ein paar Tropfen Saft von der Oberlippe geleckt hat, erklärt er ihn für köstlich.

»Das ist er, wenn man gern Abwaschwasser trinkt«, sage ich.

»Ich liebe Abwaschwasser«, kontert er und gibt mir einen Kuß auf die Wange.

Paul geht zurück ins Schlafzimmer, um sich fertig anzuziehen, während ich durch die Vorhänge im Wohnzimmer nach draußen spähe. Die Vorhänge sind zugezogen, wie es sich unser Vermieter Mischa erbeten hatte, damit neugierige Nachbarn keinen Verdacht schöpfen und nicht aus Versehen oder vielleicht mit Absicht jemanden, der es nicht wissen soll, informieren könnten, daß in der Uliza Malaja Bronaja Nummer 10 illegal drei Ausländer untergebracht sind. Sowjetischem Recht zufolge dürften Andy, Paul und ich nicht hier wohnen, sondern nur in einer speziell für Ausländer bestimmten Unterkunft namens *diplomatitscheski korpus* (kurz: *dip korpus*), in der uns der KGB besser im Auge behalten kann. Leider sind *dip-korpus*-Wohnungen nur schlecht zu bekommen, und wenn, dann sind sie teuer. Also war Mischa, ein Freund eines Freundes, einverstanden, uns in seiner Wohnung unterzubringen, während er den Sommer mit seiner Frau Tanja und der fünfjährigen Tochter Sascha in ihrer Datscha verbringt. Diese Übereinkunft kommt allen zugute. Wir haben eine nette, billige Wohnung, Mischa und seine Familie bekommen jeden Monat 100 Dollar – 1991 etwa das Vier- bis Fünffache des durchschnittlichen sowjetischen Monatslohns – bar auf die Hand, und wenn wir alle vorsichtig sind, wird auch keiner von uns verhaftet. Obwohl die Vorschriften in Moskau großzügig ausgelegt werden, ist es doch schwer einzuschätzen, wie dehnbar die Grenzen von Glasnost sind.

Ein weiterer Vorteil der Übereinkunft ist, daß Mischa und seine Familie jedes zweites Wochenende nach Moskau kommen, um ihre Wäsche zu waschen (in einem behelfsmäßigen Plastikteil, das sie an die Badewanne anschließen) und Nahrungsmittel zu kaufen. In dieser Zeit hat Paul die Aufgabe, sich um Sascha zu kümmern. Diese Nachmittage mit ihr sind für ihn das Höchste, und auch sie liebt ihn abgöttisch. Sie machen zusammen ausgedehnte Spaziergänge, werfen den Enten im Patriarchenteich Brotkrümel zu und unterhalten sich über das Leben. Die beiden so in inniger Verbundenheit zu sehen macht mich ganz verrückt vor Liebe. Paul wird sicher eines Tages ein guter Vater sein, obwohl er von seinem eigenen verlassen wurde. Falls wir eines Tages eine Tochter haben sollten, so beschließen wir, werden wir sie Sascha nennen.

Mischas Wohnung, unser illegal gemietetes Zuhause, befindet sich im ersten Stock eines schönen alten Gebäudes im Zentrum von Moskau, nur wenige Schritte von der Patriarchenallee entfernt, die als der Ort berühmt-berüchtigt ist, an dem Berlioz in *Der Meister und Margarita* unter die Straßenbahn gerät. Sie liegt auch nur eine Straße von dem Fischgeschäft, das nie Fisch zu haben scheint, und zwei Straßen von der Bäckerei entfernt, in der es mitunter Brot zu kaufen gibt.

Wie alle Geschäfte in Moskau erkennt man die Läden in unserem Viertel nur an dem Schild, das die dort angeblich verkaufte Ware angibt: »Fisch«, »Brot«, »Schuhe«, »Fleisch«, »Geschenke«, »Lebensmittel«. Es gibt auch ein paar Geschäfte mit dem Schild »Taschenreparatur«, aber ich habe nie jemanden in einen solchen Laden hineingehen sehen.

Ich drücke mir die Nase an der Fensterscheibe platt, um die Länge der Schlange vor der Bäckerei abzuschätzen. Sie reicht bis zur nächsten Kreuzung. Ich rufe Paul im Schlafzimmer zu, daß er sich beeilen soll, damit er noch Brot bekommt, bevor unsere Gäste eintreffen. Sie müßten eigentlich demnächst auftauchen, doch die Russen sind bekannt dafür, daß sie stets zu spät kommen, mindestens eine Stunde. Nicht weil sie unhöflich wären, sondern einfach nur, weil die Zeit an sich hier im Paradies der Arbeiter keinen Wert hat.

Paul ruft zurück, er gehe in einer Minute los, und fragt, ob Andy bereits mit dem Wodka zurückgekommen sei. Wir haben Andy vor zwei Stunden auf seine Lieblingsmission geschickt: Wodka aufstöbern und heimbringen. Als wir im Juni nach Moskau kamen, mußte er in der ganzen Stadt Ausschau nach Wodkalastern halten, die zufällig gerade über die Hintereingänge die Geschäfte belieferten; er steckte den Fahrern zehn Rubel mehr zu, als die Flaschen kosteten, und sie rückten ein paar heraus.

Aber da jetzt in der ganzen Stadt neue Kioske wie Pilze aus dem Boden sprießen, wird es immer leichter, nicht nur Wodka, sondern auch einige wenige ausländische Waren mit Rubeln zu kaufen, wie zum Beispiel Marlboros, Bananen, Ananassaft, Feuerzeuge, Cognac – und gegen Ende des Sommers gab es sogar Daunenjacken aus China in Hülle und Fülle. Am Kiosk in der Nähe der Metro Uniwersitet fand ich sogar ein paar alte Tampax-Schachteln (die noch aus der Zeit stammten, als noch nichts vom menstruellen TSS auf dem Beipackzettel stand).

Das Problem bei den Kiosken ist jedoch, daß man nie voraussagen kann, wo es an welchem Tag was zu kaufen gibt.

Und wenn der Inhaber deines Lieblingsstandes nicht die richtige Person bestochen hat, kann es vorkommen, daß dein Lieblingsstand in Flammen aufgeht und am nächsten Morgen nur noch ein Haufen verkohltes Holz und Asche übrig ist.

Es gibt zwei westliche, von Ausländern betriebene Lebensmittelgeschäfte, in denen die meisten Grundnahrungsmittel verkauft werden, die unser Herz begehrt – vorausgesetzt, wir bezahlen mit harter Währung. Doch da zum Beispiel eine Packung Müsli zwei- oder dreimal soviel kostet wie üblich, können wir nur im äußersten Notfall auf diese vornehmen Einrichtungen zurückgreifen. Doch auch für das heutige Abendessen waren wir in dem neuen Geschäft in der Nähe des Majakowski-Platzes und haben für italienische Tortellini mal eben fünfzehn Dollar hingeblättert.

Alles in allem haben wir drei wohl fast einen ganzen Tag gebraucht, um die Nahrungsmittel und den Alkohol für heute abend aufzutreiben, und da sind noch nicht die zwei Stunden eingerechnet, die ich gestern vor dem *podarki*-Laden (»Geschenke«) am Kutusowski Prospekt auf Dima warten mußte, meinen Kontaktmann auf dem Schwarzmarkt, bis er endlich mit den beiden versprochenen großen Dosen schwarzem Kaviar auftauchte.

Als unsere russischen Freunde eintreffen, ist Paul mittlerweile mit zwei Brotlaiben zurückgekehrt, Andy hat den Weg nach Hause gefunden und hat nur eine halbe Flasche von den sieben Flaschen Wodka geleert, die er aufgetrieben hat, und der Kaviar steht auf dem Tisch. Zu unseren Gästen zählen zwei Filmemacher, ein Journalist, ein Schauspieler, ein Lektor und verschiedene andere Vertreter der russischen Intelligenzija, die alle derselben *tussowka* angehören – was ungefähr soviel bedeutet wie »Gruppe« oder »Clique«, aber eigentlich eine spezifisch moskowitische Form des Gesellschaftslebens ist.

Die Unterhaltung findet zwar auf russisch statt, doch ich bin besoffen genug, um zumindest einen Teil zu verstehen und sogar an der Diskussion teilzunehmen, die mit jedem hinuntergekippten Wodka lebhafter wird. Unsere Freunde genießen an diesem Abend, daß sie in einer russischen Wohnung, die (wenn auch illegal) gegen Dollar von Amerikanern gemietet wird, Tortellini essen und Marlboro rauchen, während sie gleichzeitig eine fast schon absurde Angst kultivieren, in ihrem unglückseligen Land könnte irgend etwas passieren, das die goldenen Tore von Glasnost, die Gorbatschow aufgestoßen hat, wieder zufallen lassen würde.

»Es kann einfach nicht so weitergehen«, sagt Katja, eine Dokumentarfilmerin, Tochter eines berühmten russischen Schauspielers und gleichsam die Diskussionsleiterin ihrer *tussowka*. »Die finden schon noch eine Möglichkeit, uns zu unterdrücken.«

Ich versuche zunächst mit meinem kindlichen Russisch und dann mit Paul als Übersetzer einzuwenden, daß es fatalistisch sei, von vornherein davon auszugehen, daß etwas Schreckliches passieren werde. Einige unserer Gäste lachen und schütteln den Kopf. »Seht euch doch die Tschechoslowakei an«, sage ich in dem Versuch, etwas Schlaues von mir zu geben, »und Polen ...«

Schließlich unterbricht mich Katja. »Du verstehst dieses Land nicht«, sagt sie mit starkem Akzent auf englisch, wobei ihr Tonfall jedoch freundlich, sachlich und keineswegs vorwurfsvoll ist. Zur Bekräftigung ihrer Feststellung nimmt sie einen langen Zug von ihrer Zigarette. »Das hier ist nicht Amerika. Und auch nicht die Tschechoslowakei oder Polen. Hier herrscht keine Logik. Wir sind Russen, wir sind durch Geographie und Geschichte dazu verdammt, ein elendes, dunkles, kaltes, verschneites und trauriges Leben zu führen.« Sie schenkt allen noch einen Wodka ein, leert so die vierte oder vielleicht fünfte Flasche des Abends und hält ihr Glas in die Höhe. *»Na sdorowje!«* – »Auf euer Wohl!«, sagt sie voller Ironie.

»Wie soll ich das nur sagen, ohne unhöflich zu werden? Sie sind langweilig«, meint Bob.

Es ist neun Uhr abends, Mitte August, und ich telefoniere mit Bob Pledge, dem Chef von Contact Press Images. Einige

Monate nach dem Debakel mit Gamma und den Bildern von dem rumänischen Waisenhaus bin ich zu Contact gewechselt, der Agentur, die schon meine Bilder vom Krieg in Afghanistan vermarktet hatte. Als wir in Paris darüber sprachen, war Bob von meinem Projekt mit den sowjetischen Frauen sehr angetan gewesen, aber nun, da er die Kontaktabzüge vor sich liegen hat, ist er anderer Meinung.

»Wie langweilig?« frage ich.

»Sehr langweilig«, sagt er.

»Na großartig.« Ich habe eine kleine berufliche Krise. Es scheint, ich habe durch den Sucher so lange nur grausige Bilder gesehen, daß ich vergessen habe, wie man normale Bilder macht. Die Kamera liegt mir jetzt ungewohnt in der Hand, hängt mir schwer um den Hals, wie ein überflüssiges Anhängsel, das ich nicht mehr brauche.

Ich hatte den Auftrag bekommen, das Gipfeltreffen von Bush und Gorbatschow zu fotografieren, doch es langweilte mich zu Tode. *Grip and grin* nennt man das, dieses Händeschütteln der Staatsoberhäupter, das eigens für die Kameras inszeniert wird. Eine ganze Woche habe ich im Vorfeld des Gipfels damit verbracht, den Bürokraten des Außenministeriums Honig um den Bart zu schmieren und sie zum Essen ins neue Pizza Hut einzuladen, um die entsprechenden Akkreditierungen und Presseausweise für die begehrtesten Ereignisse zu ergattern: die Vertragsunterzeichnungen, die Pressekonferenzen, den Besuch am Grab des unbekannten Soldaten und den »zwanglosen Spaziergang« über das Kreml-Gelände. Gleichzeitig wollte ich sicherstellen, daß ich nicht auf die Liste für das Damenprogramm kam: Raissa und Barbara bei einem Krankenhausbesuch, Raissa und Barbara beim nachmittäglichen Tee, Raissa und Barbara bei der Enthüllung einer bronzenen Entenstatue.

Als ich die begehrten Ausweise in Händen hielt, mußte ich zum vereinbarten Zeitpunkt im Außenministerium erscheinen, um dort durch Metalldetektoren geschleust und in einen Bus verfrachtet zu werden und sodann ein bis zwei Stunden in einem Zimmer oder auf einem abgesperrten Platz an der frischen Luft zu warten, bis die beiden Staatsmänner zu ihrem drei Sekunden dauernden Händeschütteln, Spaziergang oder Salut eintrafen. Wenn George und Michail dann endlich auftauchten, mußte ich nur noch darauf achten, nicht von den anderen Fotografen niedergetrampelt zu werden, die sich wie auf Kommando in eine Meute verrückter, rasender Hunde verwandelten. Sehr oft hatte ich am Ende überhaupt kein Bild, höchstens einen zähnefletschenden Sicherheitsbeamten oder das linke Ohr von Bush.

»Warum fotografierst du nicht ein paar Straßenszenen? Alle Magazine fragen mich ständig nach aktuellen Moskauer Straßenszenen«, sagt Bob, dessen Stimme über die stetig klickende internationale Leitung krächzt. Ein anderer Journalist hat mir erzählt, er glaube, der KGB höre jedes internationale Telefonat ab – und das würde das Klicken erklären. Immer, wenn ich mit meinen Eltern telefoniere, stelle ich mir einen riesigen Raum voller KGB-Agenten vor, die alle mit Kopfhörern und Notizblocks an ihren Metalltischen sitzen und eifrig jedes Wort, das aus dem Mund meiner Mutter kommt, mitschreiben: *Kannst du dir das vorstellen? Dein Vater hat mitten in der Bar Mizwa zu schnarchen angefangen ... Ja, bei Gott, ich schwöre es! ... Richard, bitte, stell den Fernseher leise, ich versuche, mit Debbie zu reden.*

»Was für Straßenszenen?« frage ich Bob.

»Na, du weißt schon, Schlangen, Babuschkas, Hausierer, den Roten Platz, Lenins Grab und so weiter. Laß das Projekt mit den sowjetischen Frauen mal einen Monat ruhen. Ich glaube, das wird nichts.«

»Okay«, sage ich und bin eigentlich erleichtert, das Projekt vom Hals zu haben. Es war ohnehin eine dämliche Idee für eine Fotoreportage, auf die ich nur deshalb gekommen war, weil ich mal etwas Ungefährliches und intellektuell statt visuell Interessantes machen wollte.

Aber das eigentliche Problem liegt woanders: Mir ist klargeworden, daß mir Porträts keinen Spaß machen. Ich bin nun

einmal nicht Annie Leibovitz, mit ihrem Lastwagen voller Beleuchtungsmaterial und Industrieventilatoren, ihren Stylisten, Friseuren und Maskenbildnern, die alle um sie herumschwirren und Annies Visionen von berühmten Gesichtern umsetzen. Ich bin nun einmal nicht Richard Avedon, mit seinem starren weißen Hintergrund und seiner Großformatkamera, mit der er menschliche Torsos in einem Vakuum versammelt. Ich schätze ihre Arbeiten, doch erkenne ich allmählich, daß mich an der Fotografie vor allem die bedeutungsschwangeren Zufälle reizen, die »entscheidenden Momente«, wie Cartier-Bresson sie nannte – ironische Bilder mit aussagekräftigen Konfrontationen, mit einer Geschichte.

Meine Lieblingsfotos aus meinem eigenen Archiv waren in der Tat keine Auftragsarbeiten. Es sind auf der Straße entstandene Zufallsaufnahmen. Beispielsweise die beiden Zigeunermädchen in Nîmes, die ich genau in dem Moment fotografierte, als ein Windhauch ihre Miniröcke hochfliegen ließ und im Hintergrund ein Priester auftauchte. Oder der alte Mann in einem Pariser Park, der seine Enkel – Zwillinge – im Kinderwagen vor sich herschob und dann plötzlich stehenblieb und die Hände vors Gesicht schlug, so als weinte er oder gäbe es

auf, während der Wagen weiterrollte. Oder die Bulldogge, deren stolzer Besitzer am anderen Ende der Leine genau die gleiche Gesichtsform hatte.

Bob hat recht. Ich muß wieder auf die Straße. »Bis zum Ende der Woche habe ich zwanzig Filme für dich«, sage ich. »Okay?«

»So gefällst du mir«, sagt er.

Ich höre das klingelnde Geräusch von Schlüsseln und Gelächter vor der Wohnungstür. Als die Tür schließlich aufgeht, steht dort Andy mit zwei langbeinigen russischen Frauen im Arm. Ich erkenne sie und ihr Dekolleté aus Pauls Dokumentarfilm wieder. Irina und Swetlana sind Prostituierte, die nur für harte Währung arbeiten, was ich mir aufgrund ihrer westlichen Kleidung und des dicken Make-ups leicht hätte denken können, auch ohne Pauls Filmausschnitt gesehen zu haben. Die eine ist dunkel, die andere blond, und beide haben sie diesen geschmeidigen Körper und die zarten Gesichtszüge, die ihnen vielleicht Modelverträge bei Ford eingebracht hätten, wären sie in Duluth und nicht in Dnjepropetrowsk geboren.

Eine der ungewöhnlichen Nebenwirkungen von Glasnost in Moskau ist die verwässerte Definition des Wortes »Prostitution«. Überrascht stellte ich fest, daß die typische sowjetische »Westgeldnutte« nicht auf den Strich geht, und sie ist auch nicht die Art von Frau, die sich im voraus bezahlen läßt. Sie ist das, was wir Amerikaner eine Goldgräberin nennen würden, eine Frau, die nur hinter dem Geld der Männer her ist. Sie ist hübsch. Oft ziemlich klug. Als Gegenleistung für ihre Gesellschaft erwartet sie Geschenke: Make-up aus Frankreich, Kleidung und Schuhe aus Italien, Flugtickets nach London. Des weiteren erwartet sie ein großzügiges Taschengeld, das in Form jeglicher harten Währung akzeptiert wird, jedoch vorzugsweise in dicken Bündeln von Dollar oder D-Mark. Ihr Lebensstandard ist in der Tat viel höher als der der restlichen sowjetischen Bevölkerung, so daß in einer kürzlich durchgeführten Umfrage unter zwölfjährigen russischen Mädchen, die nach ihrem Berufswunsch gefragt wurden, die Westgeldnutte an erster Stelle stand.

»*Schampanskoje, Debritschka!* Trink einen mit, trink ...« Andy hält mir lallend eine halb leergetrunkene Flasche mit russischem Sekt entgegen. Seit wir in Moskau eingetroffen sind, hat Andy sich auf zwei Dinge konzentriert: trinken und bumsen. Letzteres scheint ihm gut zu bekommen, auch wenn er zu knapp bei Kasse ist, um das Interesse der Mädchen längere Zeit aufrechtzuerhalten, doch der Alkohol fordert allmählich seinen Tribut. Paul, der ewige Optimist, glaubt weiterhin, daß er seinen Freund vor dem Teufelskreis des Alkoholismus bewahren kann. Er hat Andy sogar einen Job für zehn Dollar pro Stunde als Redaktionsassistent bei ABC beschaffen können. Doch bereits an seinem allerersten Tag kam Andy mit einem Kater zwei Stunden zu spät zur Arbeit und wurde auf der Stelle gefeuert. Ein paar Tage später kam er um vier Uhr morgens mit einer Wodkafahne, zwei blauen Augen und einer blutenden Nase nach Hause. Als wir ihn fragten, was passiert sei, konnte er sich nicht erinnern.

Ich werfe nur einen Blick auf die knapp bekleideten Mädchen und sage Bob, daß ich ihn später noch mal anrufen werde. Dann schnappe ich mir Andy und zerre ihn in die Küche, während die beiden Frauen allein im Wohnzimmer bleiben. Ich halte ihm eine Standpauke, weil er wieder mal betrunken ist und Irina und Swetlana mitgebracht hat. »Andy, du hast es uns doch versprochen«, sage ich. Auch wenn ich kein Problem mit Andys sexuellen Neigungen habe, so stört mich doch die Trinkerei und die Tatsache, daß er diese Frauen mit in unsere Wohnung bringt. Das verstößt nicht nur gegen die etwas paranoiden Regeln unseres Vermieters, die uns vor dem Gefängnis bewahren sollen, sondern verbannt mich oft für endlose Stunden in das winzige Schlafzimmer, das ich mir mit Paul teile. Als wir nach Moskau kamen, hatte er Paul versprochen, er würde sich nach einer eigenen Wohnung umsehen, doch auch nach drei Monaten schläft er, als wäre er unser eigener kleiner rebellierender Sohn, noch immer auf der Wohnzimmercouch.

Andy lächelt nur verlegen. »Tut mir leid«, meint er mit gesenktem Blick. »Ich mach's nie wieder. Das ist das letzte Mal. Versprochen.« Er umarmt mich und sagt, er würde es mir gegenüber wiedergutmachen. Dann stolpert er zurück zur Couch, wo ihm die beiden Frauen einen Platz zwischen sich freigehalten haben.

Ich hole mir das Telefon ins Schlafzimmer und wähle Pauls Nummer im Büro.

»ABC News«, meldet er sich voller Stolz auf seine neue Stellung. Weniger als eine Woche nach unserer Ankunft wurde er vom Fleck weg eingestellt und hat sich bereits als klug, fähig und geschickt im Umgang mit den bürokratischen Fallstricken erwiesen, die auch die erfahrensten Journalisten in Moskau leicht straucheln lassen. Als einmal um ein Uhr morgens zwei aus New York kommende Flugzeugladungen Fernsehausrüstung am Flughafen Scheremetjewo im Zoll steckenblieben, mietete Paul einfach fünf russische Armeelaster, begleitete sie zum Flughafen, bestach die entsprechenden Zollbeamten und transportierte dann die gesamte Ladung noch vor Tagesanbruch zu den Büros der ABC.

»Pascha, ich bin's«, flüstere ich.

»Was ist los? Warum flüsterst du?«

»Es geht um Andy«, sage ich. »Er hat mal wieder zwei Frauen mitgebracht. Die aus deinem Video. Sie sind im Wohnzimmer, und er ist wieder betrunken.«

Paul und ich streiten uns nicht oft, doch Andy ist so etwas wie ein Stein des Anstoßes zwischen uns geworden. Ich mag Andy mittlerweile sehr gern, trotz seiner Fehler, doch ich würde ihn noch viel mehr mögen, wenn er nicht in unserer Wohnung lebte. Als Andy das letzte Mal so eine Show abgezogen hat, habe ich Paul klargemacht, wenn dies je wieder passieren sollte, müßte er sich zwischen uns beiden entscheiden.

»Mist. In Ordnung«, sagt Paul. Im Hintergrund höre ich das Geräusch einer zurückspulenden Schneidemaschine. »Ich komm so schnell wie möglich nach Hause. Muß nur noch eine Story fertig machen.«

Ich verbarrikadiere mich im Schlafzimmer und versuche, etwas Russisch zu lernen, doch bei all dem Gestöhne und Lachen, das durch das offene Fenster über der Tür dringt, kann ich mich nicht konzentrieren. Ich versuche, mir die Szene auf der anderen Seite der Tür vorzustellen, und frage mich, ob die Frauen wirklich so viel Spaß haben, wie ihr Kreischen vermuten läßt. Andy ist ein netter Kerl. Auch wenn ihn der Hormonspiegel eines Teenagers antreibt, hat er doch das Herz eines Kindes. Er lacht gern beim Sex, so als säße er in einem dieser Karussells, bei denen man durch die Fliehkraft an die Wand gedrückt wird und dann der Boden verschwindet. Und er ist sehr sanftmütig, auch wenn er betrunken ist. Ist das ein Grund, mit ihm zu schlafen?

Eine Stunde später, als ich die Zigarette danach rieche und Pauls Schlüssel im Schloß höre, gehe ich hinaus ins Wohnzimmer. Andy hat unsere *Avalon*-CD von Roxy Music eingelegt, und nun sitzt er mit Irina und Swetlana auf der Couch, trinkt Bier und drückt gerade eine Zigarette aus. Mindestens sieben leere Flaschen und ein voller Aschenbecher stehen vor ihnen auf dem Couchtisch, daneben die mittlerweile geleerte Sektflasche. Andy trägt kein Hemd. Die Frauen sind angezogen, auch wenn aus Irinas marineblauem Top mit Spaghettiträgern ihre Brustwarze hervorlugt. Sie küßt Andys Hals, während Swetlana ihm sanft über den Hosenschlitz streichelt. Ich begrüße Paul an der Tür. Er gibt mir rasch einen Kuß auf die Wange und marschiert dann ins Wohnzimmer.

»Also, Mädchen«, sagt er mit fester, aber höflicher Stimme zu den Frauen. Er fühlt sich in seiner Rolle als Polizist sichtlich unwohl und wirft mir einen frustrierten Blick zu. Ich ermutige ihn mit hochgezogenen Augenbrauen und energisch vorgestrecktem Kinn. »Es ist spät«, fährt er fort. »Es wird Zeit für euch, nach Hause zu gehen.«

»Ach, Pascha, laß sie doch bleiben. Sie tun doch keinem was.« Andy hat seinen verflixten Unschuldsblick aufgesetzt, wie immer, wenn er weiß, daß er unartig gewesen ist.

Paul wird bei diesem Blick normalerweise immer schwach, doch dieses Mal sagt er: »Nein, Andy. Es wird Zeit, daß sie gehen.«

»Ach, aber Pascha ...«

»Nein, Andy.« Er verabschiedet sich von den Frauen und schließt hinter ihnen die Tür. Dann geht er zur Couch und setzt sich neben seinen Freund. Ich gehe in die Küche, von wo aus ich die beiden beobachten und belauschen kann. »Andy, so geht das nicht«, sagt Paul, den Arm väterlich um Andys bloßen Oberkörper gelegt. »Deb und ich versuchen, hier etwas aufzubauen ...« Er wartet kurz ab. »... und zwar kein Bordell.« Pauls gütiges Lachen entkrampft die Situation ein wenig, und Andy stimmt mit ein.

Dann wird Pauls Ton etwas ernster. Er erzählt Andy, daß wir ihn gern bei uns haben, aber daß wir nicht seine Eltern sind. Daß er erwachsen werden und mit dem Alkohol aufhören muß. Und wenn er sich weiterhin betrinken und einen flotten Dreier mit Westgeldnutten hinlegen wolle, müsse er sich ein anderes Zimmer suchen.

Andys Stimme wird zittrig. »Aber mir gefällt es hier bei euch ...« Seine Stimme verebbt.

»Andy«, sagt Paul und bringt es nicht übers Herz, seinem Freund in die Augen zu schauen, die sich mit Tränen füllen,

»ich glaube, es ist an der Zeit, daß du ...« Doch noch bevor er das Wort »ausziehst« herausbringt, kippt Andy trunken zur Seite und fällt abrupt in Schlaf.

Ich gehe in unser Zimmer und hole das Bettzeug für Gäste. Paul dankt mir mit einem Blick und legt Andy das Kissen unter den Kopf. Dann breitet er die Decke über ihm aus. »Andrjuschka«, sagt er und benutzt damit die russische Verkleinerungsform von Andys Namen, die liebevolle Version, mit der ein Erwachsener sein geliebtes Kind anreden würde. »Was sollen wir nur mit dir machen?«

An einem kühlen Morgen im August werde ich gegen halb acht durch einen Anruf von einem anderen Andy geweckt. Es ist Andy Hernandez, ein *Newsweek*-Fotograf und Freund von mir, der ebenfalls in Moskau lebt. »Zieh dich an und geh ganz schnell nach draußen«, sagt er. »Gorbatschow wird vermißt.«

»Vermißt? Was soll das heißen?« Ich versuche, mir den Schlaf aus den Augen zu reiben, und frage mich kurz, ob ich träume. Paul liegt dösend neben mir. Ich spüre den kalten Hörer am Ohr. Ich bin wach.

»Vermißt heißt, daß niemand weiß, wo er ist. Es geht das Gerücht, daß er verhaftet wurde.«

Allmählich wird mit die Bedeutung seiner Worte klar, und ich setze mich kerzengerade auf. Der Generalsekretär der Sowjetunion wird vermißt. Das kann nicht gut sein. Ich wecke Paul. Er sieht mit diesem schielenden, verschlafenen Morgenblick zu mir auf. Ich erzähle ihm, was ich gerade gehört habe. Er reagiert genauso wie ich. »Vermißt? Was soll das heißen?«

»Weiß ich nicht genau«, antworte ich, während wir uns beide eilig anziehen. Obwohl es erst der 19. August ist, liegt schon eine herbstliche Kühle in der Luft. Ich schnappe mir meine Lederjacke, stopfe ein paar Filme in die Taschen, hänge mir zwei Kameras um den Hals und versuche, die Information zu verdauen. Staatschefs verschwinden nicht einfach so ohne politische Konsequenzen. Zumindest kann ich mir das nicht vorstellen.

Wer sollte ihn denn verhaftet haben?

Pauls Kopf taucht aus dem Pullover auf. Er lächelt und kann seine Aufregung nicht verbergen. »Ich wette, der KGB steckt dahinter«, sagt er, nachdem er wohl wieder mal meine Gedanken gelesen hat. »Oder die kommunistischen Hardliner. Wer auch immer, irgendwie werden die Leute jetzt reagieren.« Er ist schon ganz fiebrig vor Vorfreude.

»Na, großartig«, meine ich, und mir wird plötzlich übel. Ich setze mich aufs Bett, um mich wieder zu fassen.

Paul hält inne. »Ach, komm schon, Debbie«, sagt er. »Das hier ist nicht der Golfkrieg. Gorbatschow wird vermißt, mehr nicht.«

Als der Golfkrieg begann, hatte ich die Grippe, Paul und ich waren kurz zuvor zusammengezogen, und ich hatte bei der ganzen Sache ein ungutes Gefühl. Aus der Ferne wirkte Bushs Besessenheit von Saddam wie einstudiert und das Anrücken von immer mehr amerikanischen Truppen wie ein sehr teurer und gefährlicher Werbefilm. Gad rief mich in Paris an, wollte wissen, wann ich in die Golfregion reiste, ob ich gern mit ihm arbeiten würde, wenn ich dort wäre, und ob ich das Auto und die Hotelkosten mit ihm teilen würde. Ich putzte mir die Nase und erzählte ihm, daß es mir nicht gutgehe, daß ich Antibiotika nähme, daß der Krieg unsinnig und Bush ein Einfaltspinsel sei und daß ich dieses Mal einfach aussetzen würde. Meinen Redakteuren bei Contact erzählte ich dasselbe.

Diese Entschuldigungen entsprachen zwar alle der Wahrheit, doch es gab noch einen weiteren, ebenso wichtigen Grund für meinen Zwiespalt, den ich aus lauter Scham nicht einmal Paul verriet. Es kam mir damals schwächlich und »mädchenhaft« vor. Ich meine, sollte ich etwa sagen, daß ich Paul liebte und daß mir die Vorstellung, in einem Krieg zu sterben, plötzlich nicht mehr sehr abenteuerlich erschien? Mein Image stand auf dem Spiel. Ebenso meine Karriere. Ich war Fotojournalistin; man erwartete von mir, daß ich mutig, angriffslustig, furchtlos war, daß ich, sobald eine Bombe geworfen wurde, in einem Flugzeug saß und ebensoviel machohafte, aufgesetzte Tapferkeit und Testosteron aufbrachte wie die Jungs. Ich war doch die unerschrockene Heldin. Doch seit ich Paul kannte, konnte ich nicht mal mehr menstruieren, ohne das als Verlust zu empfinden.

Zum Glück verstand Paul das, ohne daß ich es ihm erklären mußte. Er brachte mir Suppe und päppelte mich wieder auf. Er setzte sich zu mir auf die Couch in unserer gemütlichen Wohnung in der Rue St. Joseph, legte den Arm um mich, sah auf CNN die intelligenten Bomben fallen und spielte den Clown, damit ich nicht so ein schlechtes Gewissen hatte. »Und nun sag mal«, meinte er dann im Tonfall eines Grundschullehrers und wies auf den Bildschirm, wo die Fetzen flogen, »was ist besser: a) hier mit mir zu sitzen oder b) mitten in dem Schlamassel zu stecken? Und ›keines von beidem‹ gilt nicht.«

Als ich später von Gads Hinrichtung erfuhr und zusammenbrach, als ich einen Kollaps erlitt, zu zittern und zu schreien anfing, weil ich das Mißverhältnis zwischen meiner Wut über Gads Tod und meiner freudigen Erregung darüber, dem gleichen Schicksal entronnen zu sein, nicht akzeptieren konnte, da ließ Paul mich an seiner Schulter schluchzen, bis sein T-Shirt vollkommen durchnäßt war.

Aber heute, hier in Moskau mit dem vermißten Gorbatschow, will Paul die Nachrichten live miterleben und sie nicht nur im Fernsehen verfolgen. Was ich, da ich ja immer nach dieser Devise gelebt habe, gut verstehen kann. »Na, komm schon«, meint er lachend, kitzelt mich und zieht mich vom Bett. »Gorby braucht uns.«

Ich sage zu ihm, wenn's ihm nichts ausmacht, würde ich gern einfach zu Hause bleiben und meine Socken sortieren. Doch dann stehe ich trotzdem auf, und Paul sagt Dinge wie »So kenne ich dich« und »Wahrscheinlich passiert sowieso nicht viel«, obwohl ich genau merke, daß er ziemlich aufgeregt ist. Wenn seiner Ansicht nach nicht viel passierte, würde er seine Hi-8-Kamera und sein Mikrophon nicht so griffbereit in seiner Tasche zurechtlegen und einen zusätzlichen Akku aus dem Ladegerät nehmen. Er späht ins Wohnzimmer, um nach Andy zu sehen, während ich meine Ausrüstung überprüfe. »Noch nicht zu Hause«, sagt er, aber das beunruhigt uns mittlerweile nicht mehr. Er hinterläßt seinem Freund eine Nachricht, und dann verlassen wir die Wohnung. *Die Revolution hat begonnen*, steht auf dem Zettel.

Mir ist immer noch etwas unwohl, und das Herz schlägt mir bis zum Hals, als wir, zwei Stufen auf einmal nehmend, die Treppe hinunterrennen. Aber als wir nach draußen auf den Bürgersteig treten, bleiben wir beide stehen und schweigen. Die frühe Morgensonne scheint auf die Malaja Bronaja. Vögel zwitschern in den Bäumen. Eine alte Dame fegt mit einem selbstgemachten Reisigbesen die Straße. Es ist Viertel vor acht. Moskau wacht gerade erst auf.

Paul fängt an zu lachen. »Siehst du«, sagt er, als wir die Straße entlanggehen. »Nichts passiert.«

Weil alle noch betrunken sind, denke ich insgeheim, doch mit Rücksicht auf Andy halte ich den Mund.

Wir entschließen uns, zum Roten Platz zu gehen, und zwar einzig und allein deshalb, weil er der nächstliegende Platz für eine Demonstration ist, sollte es denn eine geben. Wir gehen zu Fuß die Malaja Bronaja entlang bis zum Puschkin-Platz, vorbei am McDonald's und der Statue von Puschkin, und dann langsam auf der Gorki-Straße bis zum Intourist Hotel. Alles scheint in Ordnung zu sein. Die Gorki-Straße sieht aus wie immer um diese Uhrzeit; so gut wie menschenleer, zu breit, und hin und wieder entdeckt man einen trägen Straßenfeger, einen torkelnden Trinker *(ist das dort etwa Andy?)* oder einen schlurfenden Arbeiter mit grauen Kunstlederschuhen, dem üblichen finsteren Gesichtsausdruck und einer leeren Plastiktüte in der Hand, die er später mit einem Brotlaib oder ein paar Scheiben Schinkenspeck zu füllen hofft.

Wir sprechen den ersten Menschen an, der uns über den Weg läuft. Der Mann ist mittleren Alters und trägt eine Windjacke, die zu seiner Schwermut paßt, und wir fragen ihn, ob er schon weiß, daß Gorbatschow verschwunden ist. Er sieht uns an, als hätten wir ihm den besten Witz erzählt, den er je gehört hat, und geht weiter.

Wir fragen noch ein paar Passanten, ob sie irgendwas über Gorbatschow gehört haben. Sie halten uns ebenfalls für verrückt und gehen weiter. Paul hält meine Hand und führt mich die Treppe zu der Unterführung unter dem Maneschnaja-Platz hinunter und dann wieder hinaus über das Kopfsteinpflaster des Roten Platzes in Richtung Basilius-Kathedrale. »Vielleicht haben sie Gorby da drinnen eingesperrt«, sagt er mit einem Fingerzeig auf die Kathedrale und einem verschwörerischen Lächeln. »Wie Rapunzel.«

»Gute Theorie«, sage ich und gehe auf den Scherz ein. Ich schaue nach oben. »Nur daß Gorbatschow eine Glatze hat, also ...«

Kichernd versuchen wir, unsere Anspannung zu vergessen. Fürs erste funktioniert es.

Die Basilius-Kathedrale strahlt im Morgenlicht, ihre bunten Zwiebeltürme sehen aus wie psychedelische Riesenportionen Softeis. Einer Legende zufolge ließ Ivan der Schreckliche – seinem Beinamen entsprechend – dem Architekten nach dem Bau der Basilika die Augen ausstechen, damit dieser nie wieder etwas so Perfektes und Schönes entwerfen konnte.

Ich wollte ohnehin ein paar Aufnahmen von der Basilika auf Vorrat machen, also stelle ich mich mitten auf den Platz, um mein Motiv ins Visier zu nehmen. Während ich es fotografiere, merke ich, daß Paul eine kleine Gruppe von Demonstranten filmt, die sich gerade zwischen der Basilika und dem Eingang zum Kreml positioniert. Die einzigen Wörter, die ich auf ihren Schildern mit den kyrillischen Schriftzeichen ausmachen kann, sind »*Gde Gorbatschow?*« – »Wo ist Gorbatschow?«.

Das ist wirklich dumm, denke ich. Haben die denn nichts von Tiananmen gelernt? Solange ein Transparent nicht in Englisch beschrieben ist, hat es den gleichen Effekt, wie wenn irgendwo in Sibirien ein Baum umfällt. Das erkläre ich einem der Männer, woraufhin er einen dicken Filzstift hervorholt und *»Stop coup d'état«* auf die Plastiktüte schreibt, die er als Transparent benutzt.

Ich nehme mit der Videokamera auf, wie Paul ein Interview mit einem Demonstranten führt, doch es wird schnell klar, daß sie nicht mehr wissen als wir. Wir hängen noch ein paar Stunden am Roten Platz herum und langweilen uns mit jeder Minute mehr. Ein paar Leute haben sich noch zu den Demonstranten gesellt, und jetzt stehen sie alle artig um ein kleines und kaum hörbares Transistorradio herum. Es ist auf den BBC World Service eingestellt, doch die BBC hat auch keine Neuigkeiten. Die Zahl der Zuschauer wächst. Sie stehen in kleinen Gruppen herum und versuchen, durch die getönten Scheiben der schwarzen Zils – dem sowjetischen Pendant zum Cadillac – zu sehen, die in den Kreml und wieder herausfahren und die Apparatschiks von hier nach dort bringen. Nur: wohin bloß? Zu Gorbatschow? Die ganze Situation scheint so grotesk. Der Generalsekretär der Sowjetunion kann doch nicht einfach »vermißt« werden. Das muß eine Ente sein.

Doch die neugierige Menge wächst an, und dann, etwa gegen Mittag, höre ich in der Ferne ein leises Grollen.

»Hast du das gehört?« frage ich Paul.

»Was?« fragt er zurück.

»Pst. Hör mal!«

Das Grollen wird lauter. Es scheint aus keiner bestimmten Richtung zu kommen, sondern von überall. Der Boden unter uns beginnt zu beben. Fußgänger bleiben stehen. Eine Mutter beugt sich hinunter, um ihr Kind auf den Arm zu nehmen. »Ja«, sagt Paul, »was zum Henker ist das?« Seine lachende Stimme klingt plötzlich nervös. »Fühlt sich an wie ein Erdbeben.«

Ich gehe in die Knie und halte zunächst meine Hände und dann das Ohr an den Boden. Ich spüre, wie die glatten Pflastersteine des Roten Platzes unter meiner Hand erzittern. Ich stehe auf. Was ist das? Das Geräusch, das jetzt näher kommt, hat etwas Metallenes. Wie Maschinen, so wie ... *He, Moment mal!* denke ich. *Das Geräusch kenne ich doch.*

Scheiße.

Plötzlich scheint mein Herz wie ein Schaumstoffball in meiner Brust herumzuhüpfen. »Panzer«, sage ich zu Paul und bringe das Wort kaum heraus. »Kein Erdbeben, Panzer. Komm, wir müssen zusammenbleiben.« Ich greife nach Pauls Hand. Falls wir uns verlieren sollten, so sage ich ihm, treffen wir uns im Büro der ABC.

»Scheiße«, sagt Paul. Gemeinsam rennen wir über den Platz in die Richtung, aus der das Geräusch am lautesten zu vernehmen ist.

Als wir auf dem Maneschnaja-Platz ankommen, taucht am Ende der Gorki-Straße die erste Kolonne von Panzern auf, windet sich wie eine lange grüne Schlange von Norden auf uns zu und zwängt sich durch den normalen Straßenverkehr. »O mein Gott«, sagt Paul, »A.P.C.-Fahrzeuge. BTR 60er mitten in der Stadt. Was ist hier los, verdammte Scheiße?«

Durch seine Schulerziehung in der Sowjetunion – zu der auch Ausflüge zum Sammeln von Metallresten für die sowjetische Kriegsmaschinerie und der Verkauf von Backwaren zugunsten der jungen nordvietnamesischen Napalmopfer gehörten – kennt Paul die Typenbezeichnung aller Panzer, Jagdflugzeuge und Kriegsschiffe, die je gebaut wurden. Er hat sie nur nie im Einsatz gesehen.

Das alles beunruhigt mich.

»Bewaffnete Militärfahrzeuge, Panzer, wo ist da der Unterschied? Man muß ihnen nur aus dem Weg gehen«, schreie ich, um das nun ungeheuerliche Getöse zu übertönen.

Doch Paul hört nicht zu. Er starrt die jungen Soldaten an, deren Oberkörper und Gewehre aus den Luken der Panzer herausragen, die wie bewaffnete Schildkröten wirken. Die Soldaten starren ihn, uns beide und alle anderen ebenfalls an. Sie haben die Augen weit aufgerissen, lassen ihre Blicke wandern, beobachten Menschenmengen, die nun plötzlich aus den Gebäuden, U-Bahn-Stationen, Nebenstraßen, Autos, Bussen und Geschäften strömen. Einer der Soldaten ruft etwas auf russisch, das ich nicht verstehe, doch seinen Gesten zufolge muß es wohl heißen: »Geht aus dem Weg.«

Jetzt tauchen größere Panzer auf, Kettenfahrzeuge mit riesigen Kanonenrohren. Sie ruckeln ins Stadtzentrum, speien schwarzen Rauch und lassen hinter sich zermalmte Brocken Straßenbelag zurück.

Paul holt seine Videokamera hervor und schaltet sie mit zittrigen Händen ein. »*Das* sind richtige Panzer«, sagt er und hält sich die Kamera vors Auge. »T72er. Das war's. Das ist das Ende von Glasnost.«

Die Fahrzeuge bewegen sich jetzt alle schnell vorwärts, sammeln sich und fahren direkt auf uns zu. Es kommt mir vor, als könne sich mein Körper zwischen Lähmung und Flucht nicht entscheiden, doch dann gelingt es mir, eine Kamera aus meiner Tasche zu holen und Weitwinkelaufnahmen zu machen. Weil auch meine Hände unkontrolliert zittern, stelle ich die Belichtung auf 1/150 s ein.

Der Maneschnaja-Platz ist, wie die meisten öffentlichen Plätze in Moskau, irrsinnig groß und läßt den unaufhörlichen Strom vorbeifahrender Autos normalerweise klein erscheinen. Doch jetzt, während sich der Platz mit Horden wütender Russen füllt und sich die Panzer kraftstrotzend bis in die Mitte vordrängen, wirkt der Platz zum ersten Mal richtig proportioniert, so als sei er von jeher als Schauplatz eines Staatsstreichs und nicht für den Kreisverkehr gedacht gewesen.

Der Lärm all dieser neben uns tosenden, ratternden Motoren ist überwältigend – und es klingt wie ein zu laut aufgedrehter Actionfilm in Dolby-Surround. Unterlegt wird das Ganze von dem Geschrei der rasch größer werdenden, ungeheuer wütenden und etwas verwirrten Menschenmenge, die nun näher kommt und die Panzer umzingelt. Fäuste werden in die Luft gereckt. Mutige *babuschkas*, von denen viele alt genug sind, um die Revolution von 1917 miterlebt zu haben, werfen sich vor die Metallmonster, ermahnen die Soldaten mütterlich streng mit dem Zeigefinger und rufen: »Jungs! Jungs! Wir sind doch alle auf derselben Seite. Was macht ihr denn? Fahrt zurück in eure Kaserne!« oder: »Von wem habt ihr eure Befehle? Wo ist Gorbatschow?« oder auch einfach:

»Ihr solltet euch was schämen!« Eine winzige alte Frau steht neben einem Panzer und schwingt vor dessen Kommandanten drohend einen alten Regenschirm, so daß die schlaffe Haut unter ihrem Arm heftig wackelt. »Was wollt ihr denn machen, mich etwa erschießen?« fragt sie halb im Scherz. Jugendliche, erwachsene Männer und Frauen weinen, schreien, rennen oder rufen oder tun alles gleichzeitig.

Ich fotografiere wie eine Verrückte, verbrate in weniger als zwei Minuten einen ganzen Film, doch als ich endlich mein Auge vom Sucher nehme, merke ich, daß ich Paul verloren habe. »Paul! Pascha!« schreie ich, doch meine Stimme ist bei dem Geräuschpegel kaum zu hören. Ich springe hoch und versuche über die Köpfe der Menge hinwegzuspähen. Es nützt nichts. Ich habe ihn verloren. Panik überkommt mich, mein Brustkorb zieht sich wie eine Aderpresse um mein Herz zusammen. Bitte, Paul, mach keine Dummheiten.

Mittlerweile ist der riesige Platz bis zum Bersten mit Menschen und Metall gefüllt. Die Panzer sind umzingelt und können sich in keine Richtung mehr bewegen, es sei denn, die Soldaten haben vor, die Menschen zu überfahren, was zu diesem Zeitpunkt durchaus denkbar ist. Wütend jagen sie die Motoren hoch, machen hin und wieder einen kurzen Satz nach vorne, so daß die Menge aus vollem Halse schreit: »Stop! Ihr bringt uns noch um!« Da ich so klein bin, kann ich momentan nichts anderes sehen als Gliedmaßen, Münder, Wolken und dann noch die Räder eines einzelnen Panzers hinter einem Meer von Jeansjacken. Von Platzangst ergriffen, suche ich mit den Augen den Rand des Platzes nach einem Laternenpfahl, einem Pfosten oder irgendwas ab, das aus der Menge ragt, damit ich vielleicht hinaufklettern und einen ungehinderten Blick, eine bessere Perspektive für ein Foto, mehr Luft erhaschen kann. Vielleicht sogar Paul entdecke.

Doch der Maneschnaja-Platz ist so offen und weitläufig, und ich stecke so weit in der Mitte fest, daß es für mich nur eine Möglichkeit gibt. Ich atme einmal tief durch und zwänge mich durch das Meer von Menschen bis zum nächsten Panzer.

Ich spüre das vibrierende Metall unter meinen Händen, als ich versuche, mich hinaufzuziehen, doch ist es zu hoch. Ich finde keinen richtigen Halt. Gerade will ich aufgeben, als eine Babuschka neben mir die Kamera um meinen Hals entdeckt und ihr klar wird, was ich vorhabe. »Helft ihr hinauf!« ruft sie mit lauter, herrischer Stimme. »Jemand soll ihr hinaufhelfen!« Plötzlich hieven mich tausend Arme gleichzeitig vom Boden in die Höhe. »Gut, gut«, sagt die alte Frau, die ihre Rolle als Regisseurin sichtlich genießt. »Vorsichtig, tut ihr nicht weh.« Als ich schließlich auf dem Panzer stehe, sehe ich auf die Frau hinab und bemerke, daß sie weint. »Na los, junge Frau, fotografieren Sie! Fotografieren Sie!« fleht sie mich an, während die Tränen in den tiefen Furchen ihres faltigen Gesichts versickern.

»Gut, okay!« sage ich und halte die Kamera vors Auge, denn ich weiß, daß dies unter den gegebenen Umständen so ziemlich das einzige ist, was ich zu bieten habe. Andere Demonstranten machen es mir nach, und schon sind die Panzer von krabbelnden Körpern bedeckt. Wie eine Leiche von Maden.

Plötzlich macht der Panzer einen Satz nach vorne und wirft mich fast ab. Ich halte mich an einem Griff in der Nähe der Luke fest, gehe etwas in die Knie, um das Gleichgewicht zu halten, und versuche, mit einer Hand zu fotografieren. Leider kann ich so nicht scharf stellen, also entscheide ich mich für eine längere Belichtungszeit, schließe meine Blende und bete. In meinem Sucher sind Dutzende Panzer und Tausende winziger Köpfe, die aus der Ferne zu einem pointillistischen Bild des Lebens werden. Klick. So sieht Geschichte also aus. So schwillt die Welle an. Normalerweise treffe ich – wie auch der Rest der Presse – ein, wenn der Schaum schon wieder zurückweicht.

Euphorie hat mich ergriffen, ich drücke auf den Auslöser und spanne den Film mit einer raschen Bewegung des Daumens, als meine Kamera mich plötzlich angreift. Mir genau auf die Nase schlägt. Eine Sekunde lang bin ich verwirrt – lebt meine Nikon? –, doch dann fühle ich den festen Griff einer Hand um meinen Oberarm, die mich heftig schüttelt. Ich sehe mich um. Die Hand gehört einem rot angelaufenen Panzerkommandanten. Er hat den Kopf aus der Luke des Panzers gesteckt, sein Mund steht verblüfft und ungläubig offen. Mit vor Wut hervortretenden Augen fängt er an, mich auf russisch zu beschimpfen. *»Dewuschka!«* – »Junge Frau!« ruft er mit zornerfüllter Machostimme. *»Schto ty blet sdes sidisch?«* – »Was zum Henker treibst du da?«

Hoppla.

»Fotograferowatsch«, sage ich mit meinen immer noch wackeligen Kenntnissen der russischen Grammatik. *»Ja malenki. Ja nitschego ne uvidet«*, was zwar soviel bedeutet wie »Fotos machen. Ich klein. Ich nichts sehen«, ihm aber hoffentlich deutlich macht, daß ich sein schickes bewaffnetes Militärfahrzeug nur als Hocker benutzen wollte.

»Fotograferowatsch?« schreit er außer sich vor Wut. *»Fotograferowatsch?!* RUNTER VON MEINEM PANZER, VERDAMMTE SCHEISSE!«

Jetzt schüttelt er mich, versucht, mich vom Panzer zu stoßen. Die Menge protestiert lauthals, die Männer drohen damit, den Soldaten umzubringen, und die Frauen bitten ihn eindringlich, höflich zu bleiben und sich nicht so gehenzulassen. Ich schreie – jetzt auf englisch, weil er mir weh tut und ich nicht mehr richtig denken kann – Dinge wie »Laß mich los!«, »Laß mich in Ruhe!« und »Hör auf, aua!«

Währenddessen klettern hinter mir, ohne daß ich es sehe, ein Fotograf der Associated Press und ein Kamerateam von CNN auf den Panzer. Sie halten unseren lächerlichen Streit fest.

CNN wird den Ausschnitt später an diesem Tag senden, *USA Today* wird uns groß auf der Titelseite bringen, und Hunderte anderer Zeitungen und Zeitschriften weltweit (*The New York Times* und *Paris Match* eingeschlossen) werden das Foto von dem Panzerfahrer, der mich mit vor Wut zusammengebissenen Zähnen am Arm packt, und meinem ungläubigen

Gesicht veröffentlichen. Die Bildunterschriften sind teilweise irreführend – »Eine Frau klettert auf der Moskauer Gorki-Straße auf einen Panzer, um mit seinem Fahrer zu diskutieren« –, teilweise schlichtweg falsch – »Eine Russin verteidigt ihre Stadt gegen die einrückenden Panzer«. Der Journalistin einer deutschen Zeitschrift wird es sogar gelingen, mich eine Woche später ausfindig zu machen, um mich zu fragen, ob sie einen Fotografen und eine Maskenbildnerin vorbeischicken kann, um ein Foto von mir, der Heldin des Putsches, zu machen. (»Genauso wie bei diesem Typ auf dem Tiananmen!« wird sie sagen.)

»Einen Augenblick mal!« werde ich allen zuschreien, die sich die Mühe machen zuzuhören. »Es war nicht so, wie ihr denkt … Ich hab nur versucht, einen besseren Überblick zu bekommen …« Doch niemand will die Wahrheit hören, wenn die erfundene Geschichte so viel besser ist.

Die nächsten zweiundsiebzig Stunden des Staatsstreichs verschwimmen zu einem einzigen Rauschen. Ich renne hauptsächlich zwischen dem Flughafen Scheremetjewo, wo ich meine Filme bereitwilligen Passagieren mitgebe, und dem *Beli Dom*, dem »Weißen Haus«, hin und her, dem Sitz des russischen Parlaments und dem Ausgangspunkt aller gegen den Putsch gerichteten Aktivitäten. Die stämmigen Taxifahrer, die mich zwischen diesen beiden Orten hin- und herfahren, verfluchen die Anführer des Putsches und betiteln sie mit Ausdrücken wie geldgierige, hohlköpfige, korrupte Judenschweine. Dann lassen sie mich, wie üblich, zwanzig Dollar mehr berappen, als der Zähler in Rubel anzeigt.

In dieser Zeit verkriecht sich Jelzin im Weißen Haus und feilt mit seinen Kumpanen an einer Strategie, während draußen die sowjetischen Bürger eifrig Barrikaden gegen die Panzer errichten, indem sie alte Bettgestelle, Stahlträger, Stacheldraht und so ziemlich alles, was sie auftreiben können, aufeinanderwerfen. Auch wenn im Fernsehen statt der Nachrichten nun *Schwanensee* gezeigt wird, versteht doch jeder, was hier eigentlich vor sich geht: daß sich eine Gruppe von kommunistischen Hardlinern entschlossen hat, Gorbatschow zu stürzen und der neu entstehenden Freiheit des Landes ein Ende zu setzen. Wenige Stunden nach Beginn des Staatsstreiches laufe ich unserer Freundin Katja über den Weg, der Filmemacherin, die nur eine Woche zuvor bei unserem Abendessen so pessimistische Voraussagen gemacht hat. Ich treffe sie auf dem Platz vor dem Weißen Haus, wo sie kopfschüttelnd und mit ihrer Mutter an der Hand herumirrt. Als wir uns unterhalten, versucht sie die Situation herunterzuspielen, lächelt mir schelmisch zu und sagt: »Tja, ist nur eine Frage der Zeit, bis sie wieder anfangen, uns alle ins Arbeitslager zu verfrachten«, doch ich sehe es an ihren verkrampften Fingern, daß sie ihren Scherz eigentlich selbst nicht sehr lustig findet.

Jenen ersten Nachmittag verbringe ich damit, den Bau der Barrikaden zu fotografieren. Vier Männer hieven eine Betonbarriere hoch. Zwei Mädchen schleppen eine alte Leiter herbei. Ein Junge wirft sein Rad auf den Haufen. Die ganze Szenerie erinnert mich an alte sowjetische Propagandafilme, nur daß hier keine glücklichen Russen in Overalls den Acker in perfekter kollektiver Harmonie bestellen, sondern glückliche Russen in Levi's vom Schwarzmarkt zu sehen sind, die im Kollektiv eine grotesk wirkende Mauer gegen den Kommunismus errichten. »Höher, höher«, ruft ein Mann, »wir müssen sie noch höher machen.«

»Dima, hol mal die Parkbank da ...«

»Ljoscha, Schura, wir brauchen welche von diesen Metallabsperrungen von der Polizei ...«

»Hier, nehmt meinen Laster. Der hält einen Panzer schon auf, und der Karren funktioniert sowieso nicht mehr ...«

Ich habe noch nie so viele Russen gesehen, die so gut miteinander auskommen.

Schon bald treffen die Trolleybusse ein, deren Fahrer ihre blau-weißen Vehikel mitten auf der Straße abstellen, während die größer werdende Menge ihnen johlend zujubelt. Eine fest-

liche, fast hoffnungsvolle Stimmung hat alle ergriffen. »Ich will auch mithelfen«, sagt einer.

»Wo soll ich den Wagen abstellen?« fragt ein anderer.

Die Taxifahrer entschließen sich, ihre Solidarität zu zeigen, indem sie feierlich ihre Taxameter auf einen großen Haufen auf dem Bürgersteig werfen. Eine ziemlich schwache Geste – die russischen Taxifahrer benutzen ihre Zähler ohnehin nie, und ein Haufen von kleinen Metallkästen würde auch keinen Panzer aufhalten –, aber es ist wohl die gute Absicht, die zählt.

Ich fotografiere den Haufen mit den Taxametern und frage mich gerade, ob die Leute bei Contact oder *Newsweek* überhaupt eine Ahnung haben werden, was sie da sehen, wenn sie meinen Film entwickeln, als ich meinen Namen höre. »Deborah! Deb!« Ich schaue mich um, kann aber nicht ausmachen, aus welcher Richtung die Stimme kommt. »Hier oben! Hier drüben! Guck nach oben!« schreit jemand. Ich sehe nach oben, und dort auf einer Barrikade aus Parkbänken, Betonklötzen, Holzbrettern und einem alten Trolleybus sehe ich meinen Mitbewohner Andy.

Er sitzt auf dem Bus und baumelt mit den Beinen. Die Arme hat er um die anderen Demonstranten geschlungen, zumindest um die attraktiven weiblichen Demonstranten, und in einer Hand hält er eine halbleere Wodkaflasche. Er nimmt einen großen Schluck und lächelt so glücklich, wie ich ihn noch nie gesehen habe. »Die haben meinen Vater nach Sibirien geschickt«, ruft er mit vor Stolz bebender Stimme, »aber mich kriegen die mit Sicherheit nicht!« Er wiederholt das ganze für seine neuen Freunde auf russisch, und die brechen in trotziges Gejohle aus.

»Andy« rufe ich zurück, »was zum Teufel machst du da oben? Das ist nicht deine Revolution. Du kommst aus New Jersey.«

»Na und?« meint er, nimmt noch einen Schluck Wodka und wischt sich mit dem Ärmel über den Mund, »ich bleibe. Die können versuchen, mich zu überfahren, aber ich bleibe!« Den Heldenmut hat er sich eindeutig bei John Wayne abgeguckt, und seine auf der Barrikade sitzenden Mitstreiter johlen nun noch lauter. Er reicht seine Flasche an alle weiter. Ich sage ihm, daß er vorsichtig sein soll, doch ich verstehe auch, daß Andy zum ersten Mal seit seiner Ankunft in Moskau etwas gefunden hat, an das er glauben kann.

»Hast du Paul gesehen?« frage ich. Hat er nicht. Es sind Stunden vergangen, seit wir uns in dem Chaos auf den Maneschnaja-Platz verloren haben, und ich würde nur zu gern hinüber ins Büro der ABC rennen, wo ich ihn vielleicht treffen würde. Doch auf der Straße geht das Gerücht um, die Anführer des Putsches hätten eine Pressekonferenz einberufen, und die *Newsweek*, in deren Büro ich mich gemeldet habe, hat mich dorthin geschickt, also verabschiede ich mich von Andy und laufe weiter zur Pressekonferenz. Außerdem mache ich mir zu diesem Zeitpunkt keine Sorgen um die Sicherheit von Paul oder sonst jemandem. Seit jenen ersten furchteinflößenden Stunden, als die Panzer ins Zentrum von Moskau rollten, hat sich die Atmosphäre gewandelt: Die Präsenz der Armee in den Straßen wirkt jetzt nicht mehr bedrohlich, sondern hat fast etwas Freundliches. Irgendwie fühle ich mich sogar sicherer als sonst, nachdem die Soldaten und Panzer nun auf jeder bedeutenden Moskauer Verkehrsader Stellung bezogen haben, so als würde es sich ein Polizist bei all der Artillerie und den Waffen gut überlegen, bevor er uns Ausländer anhält und uns unter dem Vorwand eines Verstoßes gegen die Verkehrsregeln das Geld aus der Tasche zieht.

Als ich bei der Pressekonferenz eintreffe, schwirrt es dort von Kameras und Kabeln, Stativen und Lampen. Es ist schon so spät am Tag, daß all die üblichen Verdächtigen, zumindest diejenigen aus den europäischen Städten mit gültigen sowjetischen Pressevisen, Zeit hatten, in die verschiedenen Flugzeuge zu springen und nach Moskau zu kommen. Von den etwa zweihundert hier versammelten Journalisten kenne ich mindestens die Hälfte. Ich begrüße einige Kollegen, die gerade aus Paris eingetroffen sind. Die meisten empfangen mich mit einem Kuß auf jede Wange und unterschiedlichen Versionen von: *»Kannst du dir das verdammt noch mal vorstellen?«*

Die Anführer des Staatsstreiches betreten den Raum, angeführt von Gennadij Janajew. Die anderen – Jasow, Pugo, Krjutschkow und Pawlow (ironischerweise alle von Gorbatschow ernannt) – nehmen zusammen mit ihm auf dem Podium Platz. Kein einziger von ihnen lächelt. Sie scheinen sogar alle Angst zu haben, so wie Verbrecher, die in der Schußlinie stehen. »Gorbatschow ist krank«, sagt Janajew, dessen Hände heftig zittern. Der Reporter neben mir schüttelt den Kopf und gibt ein leises »Ja, klar doch« von sich. Als später angedeutet wird, Gorbatschow könne vielleicht wieder die Macht übernehmen, falls es ihm je wieder besser gehen sollte, muß sich mein Nebenmann die Hand vor den Mund halten, um nicht lauthals zu lachen.

»Das war's«, flüstert er mir zu. »Die sind verloren.«

Nach der Pressekonferenz kann ich endlich zum Büro der ABC rennen, um nach Paul zu suchen. Als ich eintreffe, wird er gerade von *Nightline* als Zeuge des nachmittäglichen Chaos interviewt. Er sieht mich, lächelt, winkt mir kurz schüchtern zu und gibt mir lautlos mit einem Hinweis auf seine Uhr zu verstehen, daß es noch zehn Minuten dauern wird. Das Büro ist überfüllt mit Leuten und Aufnahmegeräten, also mache ich es mir auf dem Boden bequem und fange an, meine Bildunterschriften zu verfassen, während ich darauf warte, daß Pauls Interview zu Ende ist. »Wie schreibt man ›Janajew‹?« frage ich einen Produzenten.

Ohne von seinem Schneidetisch aufzusehen, wo er gerade hektisch Ausschnitte von der Pressekonferenz bearbeitet, lacht er und sagt: »Weiß ich nicht genau, versuch's mal mit E-R-L-E-D-I-G-T.«

Als das Interview beendet ist, tritt Paul von hinten heran und küßt mich in den Nacken. »Ich habe gehört, daß du auf einen Panzer geklettert bist«, sagt er. »Du bist wirklich die kleine Revolutionärin meiner Träume.«

Ich werde rot. »Klein ja. Revolutionärin nicht«, erwidere ich. »Außerdem war das kein Panzer. Das war ein A.P.C.«

Paul sieht gen Himmel und faltet die Hände wie zum Gebet. »Danke, Gott. Sie ist wirklich vollkommen.«

Am dritten Tag des Staatsstreichs wird die Menge vor dem Weißen Haus – trotz des Nieselregens – immer noch größer. Die Barrikaden sind zu einer gigantischen *tussowka* geworden, wo sich die jungen Leute zu glücklichen, durchnäßten Gruppen zusammenfinden, trinken und sich Gesellschaft leisten, herumhängen und flirten, alles zur Verteidigung der Demokratie. Diese fröhliche Zusammenkunft wird umringt von Soldaten und Panzern der Tamanskaja-Division, von denen sich alle bereits in der ersten Nacht entschieden haben, sich auf Jelzins Seite zu stellen und das Parlament zu verteidigen. Um der fotogenen Wirkung willen haben sie ihre Panzer mit unterstützenden Parolen und mit russischen Flaggen bedeckt und die Läufe ihrer Kalaschnikows mit roten Nelken zugestopft.

Mütter kommen jetzt mit ihren kleinen Kindern zu den Barrikaden, jedoch weniger, um das Weiße Haus zu beschützen, als um sie dort spielen zu lassen. Die Kinder klettern auf die Barrikaden und springen auf der anderen Seite wieder hinunter. Sie kraxeln auf die Panzer und baumeln kopfüber an den Kanonenläufen. Ich fotografiere sie, versuche vergeblich, das perfekte Kind-auf-Panzer-Bild aufzunehmen, als ein Fotojournalist, den ich kenne – ein ungehobelter Kerl mit schwabbelndem Bauch –, zu mir herüberkommt. »Vergeude deinen Film nicht«, sagt er, während er nur für den Fall eines Falles selbst ein paar Aufnahmen macht. »Diese Bilder kommen doch allen aus den Ohren raus.«

Ich ignoriere ihn und fotografiere weiter. »Da irrst du dich aber gewaltig«, sage ich. Ich gehe auf die andere Seite, wo das Kind jetzt den Kopf durch die Luke steckt. Es ist frustrierend. Egal, wo ich stehe, es ergibt kein ordentliches Bild. Dann springt der Junge herunter, und ich habe die Gelegenheit verpaßt. Aufgebracht blicke ich meinem Kollegen direkt in die Augen. »Die Unschuld trifft auf das Böse, das kann man gar nicht oft genug fotografieren«, sage ich. »Es ist die Essenz aller Dinge.«

»Oh, entschuldige bitte«, sagt der Fotograf. Er holt eine Zigarette heraus, nimmt einen Zug und schnippt die Asche auf meinen Schuh. »Hat man dir das auf deiner tollen Universität beigebracht?« Zwischen seinem Hemd und der Jeans lugt behaartes Fett hervor.

»Nein«, antworte ich und gehe langsam rückwärts. »Das habe ich mir selbst beigebracht.«

Ich schlendere davon, bahne mir im Zickzackkurs den Weg zwischen den Panzern hindurch und bleibe stehen, wenn sich die Gelegenheit für ein Foto bietet. Ich entdecke eine Babuschka mit einer Plastiktüte, und sogleich läuft mir das Wasser im Mund zusammen. Die Babuschkas, die nicht gern tatenlos zusehen, verbringen ihre Zeit damit, mit alten Plastiktüten voller Sandwiches, Brote und Flaschen mit *sok* von Panzer zu Panzer zu gehen, um die abtrünnigen Soldaten zu verpflegen. »Was haben Sie heute für mich?« fragt einer der Soldaten, als sich die alte Frau mit ihrer Tüte voller Köstlichkeiten nähert.

»Etwas Käse, etwas Schweineschmalz, Schinken war heute nicht aufzutreiben«, sagt sie fast beschämt und entschuldigend.

»Machen Sie sich keine Sorgen«, meint der Soldat. Er beißt in ein Sandwich, wischt sich mit dem Handrücken über den Mund und lächelt. »Sobald wir Janajew und die anderen Schweine losgeworden sind, wird es in den Geschäften jede Menge Schinken geben.« Er zwinkert ihr zu. Die Babuschka kichert neckisch und reicht ihm noch ein Sandwich.

Seit dem Abend vor dem Staatsstreich habe ich nichts Richtiges mehr gegessen. Ich versuche, dem Drang zu widerstehen, doch den Anblick all der Sandwiches halte ich nicht länger aus. Ich gehe zu der Babuschka und bitte sie um eines. »Natürlich«, sagt sie, gibt mir ein Käsesandwich und steckt mir noch zwei weitere in die Taschen. »Du wächst doch noch, mein Kind. Du mußt essen, um groß und stark zu werden.«

Fast hätte ich ihr erklärt, daß ich fünfundzwanzig bin, daß ich vor ... ach, wahrscheinlich neun Jahren aufgehört habe zu wachsen und daß ich bezweifle, daß mich ihre Käsesandwiches auch nur einen Zentimeter größer machen werden, doch statt dessen lächle ich sie nur an und bedanke mich. Ich beiße ins Sandwich, reiße heißhungrig einen riesigen Bissen heraus und spüle das Ganze mit einem Schluck *sok* hinunter. Dann gebe ich ihr die üblichen drei Küsse auf die Wangen. »Vielen Dank noch mal«, sage ich und ringe nach Atem. »Ich hatte so großen Hunger.«

Während der vernieselte Tag in einen verregneten Abend übergeht, wird die Stimmung rund ums Weiße Haus unruhiger. Gerüchte über geplante nächtliche Angriffe kursieren von Barrikade zu Barrikade. Einige behaupten sogar, daß die Speznas-Truppen gerufen wurden, um Jelzin zu erledigen. Einer von Pauls Moskauer Fahrern aus der Zeit, als er mit Serge arbeitete, ist ein ehemaliger Speznas-Soldat. Der stämmige, lustige Veteran des Afghanistan-Krieges hat uns oft mit Geschichten unterhalten, denen zufolge er im Herzen des Hindukusch von einem Hubschrauber hinter den feindlichen Linien abgesetzt wurde. Dort exekutierte er dann afghanische Soldaten mit bloßen Händen. »Ihr kennt das Gefühl der Macht nicht«, sagte er gern mit versonnenem, geistesabwesendem Blick, »wenn ihr noch nie gespürt habt, wie das Genick eines anderen Menschen in euren Händen bricht.«

Ich schlendere ums Weiße Haus herum und fotografiere eigentlich nicht viel. Es ist zu dunkel, nichts passiert, und außerdem will ich sparsam mit dem schwächer werdenden Quantum-Akku des Blitzgeräts umgehen, falls die Speznas-Sondertruppen tatsächlich noch einen Angriff starten sollten. Normalerweise habe ich für den Notfall immer ein paar AA-Batterien bei mir, doch in letzter Zeit habe ich an den Verkaufsständen keine mehr gefunden.

Irgendwann vor Mitternacht laufe ich Paul über den Weg, der in der Nähe der Barrikaden herumschlendert. Er sieht erschöpft aus. Er erzählt mir, daß er die vergangenen vierundzwanzig Stunden damit verbracht hat, mit einem Haufen Kollegen von der ABC im Weißen Haus herumzurennen und zu versuchen, Ted Koppel ein Interview mit Jelzin zu verschaffen. Ted, so berichtet er, habe im Flur vor dem Büro des russischen Politikers pflichtschuldig auf dem Boden gewartet und sich irgendwann, als er müde wurde, die Schuhe ausgezogen und zu einem Schläfchen hingelegt. Paul umarmt mich und legt den Kopf auf meine Schulter. »Kümmere dich nicht um mich«, sagt er leise. »Ich mach mein Nickerchen einfach hier.«

»Armer Junge«, sage ich. »Vielleicht sollten wir einfach nach Hause gehen. Ich bin auch fix und fertig.« Seit den ersten Stunden des Staatsstreiches habe ich nur vier Stunden geschlafen, und zwar, wie ein Baby zusammengekauert, auf dem Boden eines Schneideraums der ABC, während ich meinen Akku auflud.

Paul hebt den Kopf. »Ja«, sagt er, »ich kann kaum noch stehen.«

Im feinen Nieselregen machen wir uns auf den Weg nach Hause, durch die Menge und zwischen den Tamanskaja-Panzern hindurch, über Barrikaden und um die abgestellten Busse herum, die den Weg zwischen dem Weißen Haus und der Ringstraße versperren. Ich kann nicht genau sagen, warum, aber heute nacht herrscht irgendwie eine andere Atmosphäre als in den zwei Nächten zuvor. Sie ist angespannter. Die Demonstranten werden immer erregter, haben sich eingehakt, um eine riesige Menschenkette quer über den Kutusowski Prospekt zu bilden. Sie schunkeln hin und her, rufen antikommunistische Slogans und singen alte bolschewistische Revolutionslieder, ohne sich an dem Widerspruch zu stören.

Paul und ich sehen uns an, seufzen und holen dann unsere Ausrüstung heraus. »Das war's dann wohl mit unserem Schlaf«, sagt er.

Ich mache ein paar Bilder von der Menschenkette, mein Blitz leuchtet hier und da auf, doch dann merke ich, daß mein Akku – genau wie ich – wirklich am Ende ist. Wenn er frisch aufgeladen ist, leuchten alle grünen Diodenpunkte auf. Jetzt ist nur noch ein Punkt zu sehen, der letzte aufrechte Soldat, was bedeutet, daß ich ohnehin bald nichts mehr für die Ewigkeit festhalten kann, selbst wenn heute nacht noch etwas passieren sollte.

»Vergiß es«, sage ich zu Paul und zeige auf den leeren Akku. »Es nützt nichts. Ich kann nicht mal mehr fotografieren. Laß uns einfach nach Hause gehen.«

Es ist nach Mitternacht, als wir uns im stärker werdenden Regen mit eingezogenem Kopf auf den Heimweg machen. Ich lehne meinen Kopf in die Grube zwischen Pauls Brustkorb und Schlüsselbein und erlaube mir – nur für einen Moment –, die Augen zu schließen.

Und dann, gerade als sich meine Muskeln entspannen wollen, gerade als ich den herrlichen Schlaf praktisch schmecken kann, kommt ein Mann aus dem Nichts auf uns zugelaufen. Er keucht, sein Gesicht glänzt vor Regen, Schweiß und Angst.

»Ihr zwei da, mit den Kameras! Kommt mit! Lauft! Auf der Ringstraße sind Panzer.« Er redet so schnell, daß ich ihn kaum verstehe. Das einzige Wort des Schwalls aus seinem Mund, das ich heraushören kann, ist *streljajut* – »sie schießen«. Paul spurtet los. Ich folge ihm; der plötzliche Adrenalinschub läßt mich den ruhigen Moment und die bleierne Müdigkeit sofort vergessen.

Als wir die Überführung über der Ringstraße erreichen, sehen und hören wir sie gleichzeitig. Eine Panzerkolonne biegt direkt unter uns von der Ringstraße ab, da ihr der Weg durch eine solide Barrikade aus dicht nebeneinander abgestellten Bussen versperrt wird. »Laß uns erst mal hier oben bleiben!« rufe ich Paul zu, einerseits aus Angst, andererseits weil ich keine Ahnung habe, was da vor sich geht, und auch damit er mich trotz des mittlerweile vertrauten Lärms von Metallketten auf der Straße hören kann. Auf beiden Seiten der Mauern der Überführung bildet sich eine Menschenmenge. Jemand schreit: *»Faschisty!«* – »Faschisten!« –, »Geht dahin, wo ihr hergekommen seid!«

Es ist dunkel, bis auf das Licht der Straßenlaternen und ihre Spiegelungen in den Pfützen. Verdammt, denke ich mit einem Blick auf den Blitz, fluche lautstark und schlage den Akku vor Wut gegen die Mauer der Überführung. Das ist das ungeschriebene Gesetz des Fotojournalismus: Genau dann, wenn man sie braucht, sind alle verfügbaren Akkus leer. *Scheiße!* Ich hab nur noch Saft für zwei, höchstens drei oder vier Bilder.

Also fange ich mit Motiven an, die ich ohne Blitz fotografieren kann, zum Beispiel eine komprimierte Totale. Ich hole mein 180-mm-Objektiv heraus, schraube es auf meine Nikon und lege die Kamera auf die Mauer der Überführung. Ich öffne die Blende so weit wie nur möglich und mache zur Sicherheit mit unterschiedlichen Belichtungszeiten – 1 Sekunde, 1,5 Sekunden, 2 Sekunden, 2,5 Sekunden usw. – zehn Fotos von den Panzern, die sich der Barrikade aus Trolleybussen nähern, und hoffe, daß die Fotos durch die von den Panzern erzeugten Vibrationen und meine zitternden Finger nicht verwackeln.

Zwei Schüsse ertönen, und wir ducken uns. Paul kauert neben mir, hält seine Videokamera in der Hand und murmelt leise vor sich hin: »O mein Gott, o mein Gott.«

Etwa eine Minute später stehen wir auf, um die Lage zu sondieren. Hunderte von schreienden, wütenden Zuschauern haben sich nun um die Panzer versammelt, und ihr Geschrei wird immer lauter. Paul und ich scheinen die einzigen Journalisten in der Gegend zu sein; alle anderen warten offenbar pflichtgemäß am Weißen Haus auf den angeblichen Angriff der Speznas. Doch dann entdecke ich einen einzelnen Reporter, der sich hektisch Notizen macht. »Komm mit!« rufe ich Paul zu, und wir rennen hinüber, um ihn zu fragen, was los ist.

Er schaut mit weit aufgerissenen und ängstlichen Augen von seinem Notizblock auf. »Verdammt, wenn ich das wüßte!« zischt er, während sein Stift nun hilflos in der Luft hängt.

Plötzlich – so als wolle er unsere Frage beantworten – bewegt sich der erste Panzer in der Kolonne vorwärts und kracht mit aller Kraft in die Seite eines Busses. Die Menge schreit auf.

»Komm«, sagt Paul und ergreift meine Hand, »auf geht's.«

Ich zögere. Eigentlich dürfte ich nicht hier sein. Das habe ich Gad versprochen. Und mir. Ich liebe Paul. Mein Blitz funktioniert nicht einmal. Doch der Augenblick vergeht. Gib einer kürzlich entgifteten Heroinsüchtigen mit den besten Absichten eine mit Stoff gefüllte Spritze, nur eine, den alten Zeiten zuliebe – rate mal, was sie damit anstellt.

Wir sprinten los, außen an der Mauer der Überführung entlang, bis wir die Barrikade erreichen. Wir zwängen uns zwischen den Bussen hindurch und betreten das abgeriegelte Gebiet. Plötzlich stehen wir auf der Ringstraße. Eingeschlossen. Auf zwei Seiten umgeben von den Mauern der Überführung, auf der dritten von der Busbarrikade, und wohin wir auch schauen, sehen wir lauernde, dröhnende und schwarzen Rauch speiende Panzer. Ein paar Demonstranten sind zusammen mit uns mittendrin, schreien die Soldaten an und rennen auf dem glänzend nassen Pflaster hin und her.

Der erste Panzer versucht noch einmal, sich seinen Weg durch die Barrikade zu bahnen, indem er zurücksetzt und dann vorprescht. »Paß auf!« rufe ich Paul zu, der die Kamera nicht mehr von seinem Auge nimmt, und er springt gerade noch rechtzeitig zur Seite. Ein anderer Mann hat weniger Glück. Wir hören Schreie und Flüche, und dann rennen fünf panische Männer mit einem blutenden *towarischtsch* auf den Armen aus dem Wirrwarr heraus. »Platz da, Platz da! Aus dem Weg, verdammt noch mal! Er ist verletzt!« schreien sie. Ich mache ein paar Bilder davon, doch der Blitz funktioniert nur einmal.

Was gäbe ich in diesem Moment für eine neue Schachtel mit AA-Batterien. Und für eine Gehirnoperation.

»Mach Fotos, Mädchen, na los, nimm das auf!« rufen die Zuschauer mir zu, und ich zeige auf den Blitz und schreie zurück: »Der funktioniert nicht!« »Doch, tut er!« schreien sie, und ich rufe: »Nein, tut er nicht!«, und dann nennt mich jemand Idiot, und ich gebe den Versuch auf, die Launen meines Akkus zu erklären. Statt dessen bete ich lieber darum, daß der Blitz sich wieder auflädt. Mein Gebet wird erhört, doch während er sich auflädt, höre ich noch ein paar Schüsse, und ich denke nur noch: O mein Gott, was mache ich hier überhaupt? Fotos schießen? Das ist Irrsinn! Wo ist Paul? Da ist er ja. Behalt ihn im Auge. Paß auf ihn auf. Warum bin ich bloß hier? Na, komm schon, du verdammter Blitz. Funktionier endlich! Warum mache ich das? Wozu? Es ist ohnehin zu

dunkel. Was ist das für ein Leben? Ich kann nicht scharf stellen. Ich kann nicht scharf stellen. ES IST ZU DUNKEL, VERDAMMT NOCH MAL. UND ICH KANN NICHT SCHARF STELLEN! »Aaaaah!!!!« schreie ich, gequält von dem schlechten Gewissen der Süchtigen, während ich den Kopf in den Händen vergrabe, versuche, nichts mehr zu denken, und noch immer darauf warte, daß die letzte Diode wieder aufleuchtet.

Das Geräusch von rhythmisch auf Metall schlagendem Metall untermalt das chaotische Geschrei der Menge, bis sich der erste Panzer schließlich den Weg freirammt und eine riesige Lücke schafft, wo vorher der Bus gestanden hat. Es tauchen noch mehr Demonstranten auf, kommen aus dem Nichts herbeigerannt und versuchen, die Lücke wieder zu schließen, indem sie den Bus hin und her schaukeln und hoffen, ihn wieder an seinen Platz zurückzuschieben. »Seid ihr verrückt?« ruft jemand, »ihr könnt doch keinen Bus bewegen, verdammt noch mal!«

»Scheiß drauf!« schreit jemand anders. »Laß es sie doch zumindest versuchen!«

Ein paar Zivilisten sind nun auf den zweiten Panzer geklettert und versuchen, ihn davon abzuhalten, durch das neu geschaffene Loch in der Barrikade zu fahren. Andere werfen große Holzstöcke und Metallstücke unter die Raupen, um ihn aufzuhalten, doch die Stöcke zerbrechen wie Streichhölzer, und die Metallstücke reagieren wie Teig unter einem Nudelholz. Die Männer, die auf den Panzer geklettert sind, fluchen und schreien und versuchen, die Luke zu öffnen. Plötzlich macht der Panzer einen Satz rückwärts, und einer der Männer wird zu Boden geworfen. Bevor er aufstehen kann, wird er überrollt, wird mühelos unter den Raupen des Panzers zerquetscht. Alle, die dies beobachten, fangen an zu schreien, auch ich. Wir sind hilflos, dem kollektiven Entsetzen ausgeliefert. »Ihr bringt ihn um! Ihr bringt ihn um!« schreit die Menge klagend, doch als der Panzer den Körper hinter sich läßt, ist der Mann bereits tot.

Eine Herde von Körpern, Leuchten und Blitzgeräten umkreist den blutigen Leichnam wenige Meter von mir entfernt, und ich weiß, daß auch ich mich zu den blinzelnden Geiern gesellen sollte, doch kann ich meine Füße nicht bewegen. Nicht, daß ich plötzlich die Erleuchtung hätte. Die Sache mit dem Parasitendasein habe ich vor langer Zeit durchschaut, doch das hat mich nicht von der Arbeit abgehalten. Ich habe einfach nur eine Heidenangst und kann kaum noch klar denken. Diese Angst hätte ich besser auch in Israel und Afghanistan gehabt, aber da war ich noch ein naiver Grünschnabel. So eine Angst hätte ich haben müssen, bevor ich in meinem Hotelzimmer in Zürich mit dem Messer angegriffen wurde, aber ich hielt mich ja für vollkommen unbesiegbar. So hätte ich mich fühlen müssen, als ich mutterseelenallein im Dschungel von Simbabwe abgesetzt wurde, wenn ich den Dschungel und meine eigene Machtlosigkeit verstanden hätte.

Es ist wie eine Art Schwindelgefühl – dieses unangenehme, hohle, atemberaubende Gefühl, das dich überkommt, wenn du unbekümmert ein Drahtseil überquert hast, dann hinunterschaust und plötzlich merkst, daß es gar kein Netz gibt;

das Gefühl, wenn dir das Ausmaß dessen, was du verlieren kannst, endlich – *endlich* – bewußt wird.

Ein Mann drängt sich bis zum Leichnam vor und beugt sich schluchzend hinunter, um den zerquetschten Körper aufzuheben. Er nimmt ihn in die Arme und wiegt ihn hin und her. Ist er ein Fremder? Ein Bruder? Ein Freund? Spielt es eine Rolle? Seine Kleidung saugt das Blut des Toten auf, und er weint, schreit, schaukelt vor und zurück, zittert und beschimpft wüst die Soldaten. »Ihr habt ihn umgebracht! Ihr habt ihn umgebracht, ihr Scheißkerle!« wehklagt er.

Der Panzer fährt rasch rückwärts an der Mauer entlang, kratzt keine drei Meter entfernt von mir, die ich den Rücken an die Mauer drücke, funkensprühend über den Beton.

Jetzt rasen die Zuschauer, mittlerweile weit über tausend Menschen, vor Wut. Von ihrem halbwegs sicheren Aussichtspunkt hinter einer Mauer der Überführung rufen nun einige: »Mörder! Faschisten!«, und dann stimmen sie alle mit wütend erhobenen Fäusten in das rhythmische Geschrei ein: *»Fa-schi-sty, fa-schi-sty, fa-schi-sty* ...«, und mit jeder donnernden Silbe kämpfen sie gegen die Angst vor ihrer eigenen Schwäche und Sterblichkeit an.

Dann wirft jemand einen Molotow-Cocktail über die Mauer, der auf dem Boden explodiert. Noch ein Cocktail wird geworfen, und dieser trifft den Panzer. Sekunden später springt der Panzer – dieser solide Klotz aus Metall, dieser zentnerschwere Koloß – einen halben Meter in die Luft und geht in Flammen auf.

»Heilige Scheiße!« höre ich Paul über das Echo der Explosion hinweg noch rufen, doch in den Sekunden, die auf den Knall folgen, werden wir von Menschen, Feuer, Höllenlärm und Dunkelheit getrennt. Panik überkommt mich, ich rufe seinen Namen, doch er ist wieder einmal verschwunden.

»O Gott, o Gott«, schreie ich. »NEEIIN!«

Die Besatzung des brennenden Panzers rettet sich nach draußen, erregt und verängstigt ballern die Soldaten nun mit ihren Kalaschnikows in die Menge. Ra-ta-ta-ta-ta-ta-ta! Ra-ta-

ta-ta-ta-ta-ta! Die Kugeln prasseln in alle Richtungen. Hinter mir ist die Mauer zwischen Überführung und Straße, doch sie ist zu hoch und ich bin zu klein, um sie zu erklimmen; ich sitze fest, schreie, werfe mich zu Boden, falle in eine Pfütze neben der Mauer, lande mit der Wange in dem ölverschmutzten Wasser, halte schützend die Arme über den Kopf. »Paul«, schreie ich. »O Gott, PAAA-SCHAAAA!!!!« Dann erstickt meine Stimme in Schluchzern, und mein Zittern läßt in der Pfütze winzige Wellen entstehen. Ich starre sie an, denn nur ein Narr würde jetzt den Kopf heben, und während der Regen auf meinen Nacken prasselt, die Kugeln die Luft durchsieben, das Wasser meine Knie durchweicht und sich weiter kleine Wellen bilden, denke ich: *So also sieht Angst aus.*

Die Maschinengewehre rattern wütend weiter, übertönen knatternd die Stimme des rasenden Panzerkommandanten, der schreiend russische Wörter von sich gibt, die ich nicht – oder nicht mehr – verstehe. »Paul!« rufe ich noch einmal und hebe dabei nur eine Sekunde lang den Kopf, um den Laut auszustoßen, und genau in dem Moment sehe ich nur wenige Meter von mir entfernt einen Mann zu Boden fallen. Blut spritzt aus seinem Kopf auf das Pflaster. Es vermischt sich mit dem Regen und rinnt langsam über das leicht abfallende Pflaster bis zu der Stelle, an der ich wie betäubt liege.

Ich öffne den Mund, will schreien, bringe jedoch nur ein Geräusch hervor, das ich noch nie zuvor gehört habe. Es ist ein kehliges, schrilles Stöhnen, das eher von einem quietschenden Reifen als von einem Menschen stammen könnte, und es kommt von einem Ort in meinem Körper, den ich nie wieder spüren möchte.

Irgendwie finde ich den Mut, auf dem Bauch vorwärts zu robben und mich den Bussen auf Ellbogen und Knien zu nähern, doch die brennen inzwischen lichterloh, so daß an ihnen kein Weg mehr vorbeiführt. Wenn ich doch nur über die Mauer hinter mir käme, dann wäre ich in Sicherheit.

Ich werde die Leute anflehen.

Immer noch geduckt, das Gewehrfeuer im Rücken, strecke

ich flehentlich die Hände in die Höhe. Ich fange an zu schreien. *»Poschalujsta! Poschalujsta!«* – »Bitte! Bitte!« rufe ich den Menschen hinter der Mauer zu, und innerhalb weniger Sekunden werde ich hinübergehoben, wobei ich mir das Knie und die eine Seite des Gesichtes aufschabe.

Wie betäubt wandere ich anschließend in einem merkwürdig ruhigen, psychotischen Trancezustand ziellos durch die Menge auf der anderen Seite der Mauer; meine Haare fallen aus dem Zopf, meine Kleidung ist voller Regen, Schlamm und Blut, dem Blut eines unglücklichen Fremden. Als sich die verbliebenen Panzer schließlich zurückziehen und die Demonstranten freudig den Panzer besetzen, den sie in Flammen gesetzt haben, schieße ich ein Foto von einem begeisterten Mann vor den brennenden Bussen, der seine Hände wie ein Quarterback nach einem Touchdown siegreich in die Höhe streckt. Dies ist das Foto, das *Newsweek* in der nächsten Ausgabe auf einer Doppelseite veröffentlichen wird, zusammen mit drei anderen Bildern von mir. Ich trete beinahe auf einen anderen Mann, in dem ich denjenigen zu erkennen glaube, der von der Kugel getroffen wurde und zu Boden ging, aber ich bin mir nicht sicher. Es war dahinten so dunkel, und er liegt nun auf der anderen Seite der Mauer. Wer er auch ist, die Hälfte seiner Stirn ist weggerissen, und irgend jemand hat ihn einfach dort am Straßenrand liegen lassen. Das Hirn läuft ihm aus dem Schädel. In seiner Tasche steckt eine Schachtel Zigaretten. Die braucht er jetzt nicht mehr.

Ich hocke mich hinter den Kopf des Mannes und hole meine Kamera heraus. Ich schaue durch den Sucher, bemühe mich, halbwegs den richtigen Bildausschnitt zu wählen, aber nicht *Newsweek* zuliebe. Bilder von blutigen Köpfen mit riesigen Löchern werden in Amerika nicht veröffentlicht. Nein, dies ist eher ein Erinnerungsfoto, ein kleines Souvenir, das mich stets an die Stunde der Dunkelheit ermahnen soll.

Ich drücke auf den Auslöser. Mein Blitz funktioniert. Ich drücke noch einmal auf den Auslöser und noch einmal und warte darauf, das hohe Piepen des sich aufladenden Akkus zu hören, denn ohne Blitz werden die Bilder vollkommen unterbelichtet sein. Ich nehme das Auge vom Sucher und prüfe noch einmal den Akku. Er ist endlich leer.

Inmitten von Flammen und Chaos finden Paul und ich uns schließlich wieder, und als er mich in die Arme schließt, fange ich erneut bitterlich zu weinen an. »Du bist voller Blut«, sagt er.

»Ich weiß«, sage ich, hemmungslos schluchzend. »Ich hab dich dahinten verloren.« Sein T-Shirt wird von meinen Tränen durchnäßt.

»Nein, hast du nicht. Ich bin doch hier, oder?« Er nimmt meine Hände und legt sie auf seine Wangen, damit ich es auch wirklich glaube, und als ich nicht lache, läßt er mich noch etwas weinen und seinen Daumen zum Abwischen der Tränen benutzen. Ein paar Minuten später sagt er: »Komm, laß uns gehen«, obwohl ich am liebsten einfach dort stehen bleiben und in seinen Armen heulen und über den Sinn des Lebens grübeln würde, doch ich weiß, daß wir Pauls Filmmaterial innerhalb der nächsten Stunde zur ABC schaffen müssen, und ich muß Contact über Satellitentelefon von meinen Fotos erzählen – was zum Teufel haben wir sonst dort zu suchen gehabt, zwischen den Panzern und Kugeln? Das Ganze mußte doch einen Sinn haben.

Wir gehen schnell, beide noch halb benommen und orientierungslos, und klammern uns fest aneinander. Zuerst versuchen wir zu reden, zu begreifen, was wir da erlebt haben – »Das war ziemlich heftig, oder?« –, doch nach einer Weile geben wir uns jenem Schweigen hin, das sich einstellt, wenn Worte nicht mehr helfen können.

Es ist ein Uhr morgens, und dennoch quellen die Straßen über von Menschen, ihren Regenschirmen, ihren glimmenden Zigaretten, ihrem Zorn. Wegen des Bluts an meiner Kleidung und meiner zerschrammten Wange werden wir ständig von neugierigen Barrikadenbesetzern angehalten, die von uns wissen wollen, was wir auf der Ringstraße gesehen haben, und über unsere ungenauen Antworten enttäuscht sind. Alle wollen Zahlen. *Wie viele Tote gab es?* Wissen wir nicht. Wir haben zwei gesehen, aber es sollen noch mehr sein. *Wie viele Verletzte?* Einige. *Wie viele Panzer waren dort?* Fünf, vielleicht sechs oder sieben. *Wie viele Schüsse wurden abgegeben?* Viele.

Der Tod ist um so vieles sauberer, wenn er auf Statistiken reduziert wird. Zahlen haben etwas Verläßliches. Drei Tote, acht Tote, tausend Tote – nach solchen Fakten sehnen wir uns, nach Dingen, die wir verstehen. Im Gegensatz zu dem Bild eines einzigen Mannes, der ganz allein daliegt, während ihm das Hirn langsam aus dem Schädel sickert.

Selbst sechs Millionen ist eine vorstellbare Zahl. Sie ist gewaltig, schrecklich und grauenhaft, doch begrifflich ist sie viel leichter zu verdauen als der Gedanke an einen einzigen Menschen – jemanden wie wir –, der nackt, frierend und ganz allein dasteht und darauf wartet, daß der Gashahn aufgedreht wird.

Paul und ich erreichen schließlich das Büro der ABC. Als wir – beide außer Atem – die Tür öffnen, bietet sich uns ein Anblick, der so wenig mit dem von uns gerade überlebten Wahnsinn vereinbar ist, daß wir einfach nur stehenbleiben und in den Raum starren. Dort, mitten im Büro, sitzt Diane Sawyer auf einem metallenen Klappstuhl und hat den Kopf vornüber zwischen die Beine geworfen. Sie ist tadellos gekleidet, trägt feine Pumps und bearbeitet ihr berühmtes blondes Haar eifrig mit einer Bürste, toupiert es und kämmt es wieder glatt. Als sie schließlich mit einem Ruck den perfekt frisierten Kopf hebt, merkt sie, daß wir sie anstarren. »O Mann«, sagt sie mit ihrer weichen, tiefen Stimme, »was ist denn mit euch passiert?« Doch sie spricht dabei eigentlich nicht uns an, sondern stellt die Frage einfach in den Raum, so daß es wirkt, als erkundige sie sich aus einem verqueren Anstandsgefühl heraus und nicht, weil es sie wirklich interessiert.

Paul, der für solche Subtilitäten nicht sehr empfänglich ist (sind Männer das überhaupt jemals?), fängt an zu erzählen: »Tja, also, wir waren auf der Ringstraße ...« Doch noch bevor er ein weiteres Wort herausbringt, taucht ein Produzent auf und ruft: »Live-Mitschnitt!« Zwei Scheinwerfer leuchten auf, es wird rasch noch etwas Make-up aufgetragen, man debattiert kurz über eine abtrünnige Haarsträhne, und dann sagt Diane: »Okay, ich bin soweit.« Schnell drückt sie die Lippen noch ein letztes Mal auf ein Kosmetiktuch.

Die Dämmerung hat bereits eingesetzt, als wir endlich nach Hause kommen. Die Tür ist unverschlossen, und ein beißender Gestank von geschmolzenem Plastik – und von was noch? Metall? – strömt aus der Wohnung ins Treppenhaus. »Gott, was stinkt denn da so?« fragt Paul und sieht in dem Moment auch schon den Rauch aus der Küche kommen. Er rennt los, und ich eile ins Wohnzimmer, um nach Andy zu sehen. Er liegt nackt auf dem Ausziehsofa, schläft fest und hat den Arm um eine neue und ebenso nackte Eroberung gelegt. Leere Bierflaschen, Sektflaschen, Wodkaflaschen und eine zur Hälfte geleerte Flasche Jack Daniel's sind über das ganze Zimmer verteilt. Auf dem Couchtisch, der beiseite geschoben wurde, um Platz für das Ausziehsofa zu machen, stehen zwei Aschenbecher voller Kippen und Flaschendeckel.

»Verdammt, Andy!« schreit Paul in der Küche so wütend, wie ich ihn noch nie gesehen habe. »Debs, komm mal, ich brauch deine Hilfe. Er hat den Brenner angelassen. Der verdammte Teekessel ist geschmolzen.«

Ich renne in die Küche. Der Teekessel sieht aus wie die Uhren in Dalis Gemälden, nur noch schlimmer, denn er ist vollkommen eingeschmolzen und verklebt nun den ganzen Brenner. Paul hat eine Schüssel mit Wasser gefüllt und gießt es jetzt über den schwelenden Schlamassel. Er reicht mir die Schüssel und sagt, ich solle weiter Wasser darüberschütten. Dann geht er ins Wohnzimmer – ein Mann, der weiß, was er tut – und versucht, Andy wach zu rütteln. »Du Idiot!« ruft er mit scharfer, wütender Stimme.

Ich gieße noch etwas Wasser über den Brenner und gehe dann ins Wohnzimmer, wo ich meinen müden Körper gegen die Wand lehne und gähne. »Beruhige dich«, sage ich zu Paul. »Laß es gut sein. Wir räumen später auf.« Ich merke, daß das nackte Mädchen die Augen öffnet und sie dann ganz schnell wieder schließt, als sie mich sieht, sich zudeckt und so tut, als schliefe sie. Andy ist immer noch betrunken und kann kaum aufstehen, obwohl Paul ihm hilft. Er unternimmt einen tapferen Versuch, sich aufzusetzen, doch dann sackt er wieder zusammen, wie eine riesige Stoffpuppe, und sein Kopf fällt schwer aufs Kissen. Paul schüttelt angewidert den Kopf, murmelt noch einmal: »Idiot«, wenn auch leise, steht auf und geht zum Fenster. Er reibt sich die blutunterlaufenen Augen und starrt mit leerem Blick hinunter auf die friedvolle Straße, auf den anbrechenden neuen Tag.

»Du hättest dabei draufgehen können«, sagt er zu Andy. Zu sich. Zu niemand bestimmtem.

Mindestens vierzig Babuschkas sitzen dort entlang der Ziegelwand auf Stühlen oder Milchkisten in ihren abgetragenen Kleidern und mit geblümten Kopftüchern und sonnen sich mit geschlossenen Augen und gen Himmel gerichteten Gesichtern. Wir befinden uns im Hof des Wohnhauses in der Krasnoarmejskaja uliza, wo Paul seine Kindheit verbracht hat. Der Sommer geht zu Ende. Bald wird der erste Schnee fallen.

»Glaubst du, daß er hier noch wohnt?« frage ich Paul, während wir von Eingang zu Eingang gehen, herumschnüffeln und nach Hinweisen suchen.

»Wir sind hier in Moskau«, meint er lachend. »Da zieht man nicht um.«

Wir suchen, wenn auch halbherzig, nach Pauls Vater, den er nie kennengelernt hat, weil dessen antisemitische Mutter ihren Sohn zurück zur Armee schickte, als sie herausfand, daß er Pauls jüdische Mutter geschwängert hatte. »Warum fragst du nicht einfach eine alte Dame dort, ob sie ihn kennt?« schlage ich mit einem Blick auf die säuberlich aufgereihten, eingefallenen Babuschkas vor.

»Ja, stimmt«, sagt er und geht zur nächsten alten Dame. *»Wy snaete Pawel Sokolow?«* – »Kennen Sie Pawel Sokolow?« fragt er sie.

»Snaju«, sagt sie bejahend und schaut ihn dabei etwas verstimmt an, weil er sie bei ihrem nachmittäglichen Sonnenbad stört. *»Konetschno snaju«* – »Natürlich kenne ich ihn.«

Ich versuche, etwas von der kurzen, abgehackten Unterhaltung zu verstehen, doch es tauchen Wörter wie »Arzt«, »Bauchschmerzen« und »Termin« auf, was mich verwirrt, und dann sind sie schon bei *Danke, haben Sie seine Telefonnummer, ich werde anrufen, entschuldigen Sie die Störung, auf Wiedersehen*, und schließlich ergreift Paul meine Hand und zerrt mich fort.

»Was ist denn ... was war los? Wer war das?« frage ich völlig perplex. »Wer, die alte Frau da?« meint Paul und genießt es, mich auf die Folter zu spannen. Er sieht über die Schulter zu der alten Frau zurück und erwidert meinen Blick mit einem ironischen Grinsen. »Tja, also, das war Oma.«

»Was???!!!«

»Meine Großmutter«, sagt er, unterdrückt ein Kichern und legt den Finger auf die Lippen, damit ich nichts mehr sage. Er zerrt noch heftiger an meiner Hand und führt mich mit schnellen, entschlossenen Schritten vom Hof. Als wir uns nach zwei endlos langen Minuten weit genug von der merkwürdigen runzeligen kleinen Frau entfernt haben und sie nur noch eine merkwürdige runzelige kleine Erinnerung ist, bleibt er mitten auf dem Bürgersteig stehen und bricht in Gelächter aus. »Wir suchen uns von den fünfundvierzig dort sitzenden Babuschkas eine raus, eine vollkommen Fremde, und ausgerechnet die muß meine beschissene Babuschka sein. Die Antisemitin!« Er krümmt sich vor Lachen.

Jetzt muß auch ich lachen, während ich Paul zusehe, der sich kaum noch halten kann, keine Luft mehr bekommt und dabei noch versucht, mir alles zu erklären. Er erzählt mir, daß er dermaßen baff war, als die alte Dame ihm erzählte, Pawel Sokolow sei ihr Sohn und er sei oben in der Wohnung, die er als Büro nutze, daß er nicht wußte, was er sagen sollte. Ihm war bekannt, daß sein Vater Arzt ist, also erfand er irgendeine Geschichte mit Bauchschmerzen, sagte, daß er keine Zeit hätte, jetzt hochzugehen, und anrufen würde, um einen Termin für morgen auszumachen.

»Und, wirst du einen Termin ausmachen?« frage ich noch immer lachend. Doch dann halte ich inne, und Paul ebenfalls.

Er seufzt, holt Luft und zeigt sein gewohntes Lächeln. Er nimmt mein Gesicht in die Hände und streicht mir mit dem Finger über die Nase. Er küßt mich auf die Stirn, zärtlich, wie ein Vater. Wie ein Mann, der entschieden hat, was Familie für ihn bedeutet. »Nein«, sagt er, »werde ich nicht. Das brauche ich jetzt nicht mehr.« Er legt den Arm um mich, wir schlendern davon, und er hält sein Gesicht der Sonne entgegen. »Komm«, sagt er, »laß uns nach Hause gehen.«

Jacob

Die Sonne geht auf. Tom Brokaw schläft, seinen Sitz hat er bis zum Anschlag nach hinten gestellt. Ein Produzent und ein freiberuflicher Kameramann sitzen hinten im Bus und tauschen Kriegsgeschichten aus der westlichen Hemisphäre aus. Einige Reihen weiter vorne, den Ellbogen auf eine Kopflehne gestützt und von seinen Lakaien umgeben, steht Bryant Gumbel und läßt sich über die korrekte Methode des Knoblauchschneidens für ein Gericht mit schwarzer Pasta aus, das er kürzlich entdeckt hat. Und ich, ich sitze gegenüber von Tom, blicke starr aus dem Fenster auf barfüßige dominikanische Kinder und baufällige Hütten und versuche, mich nicht zu übergeben.

»Diese Voodoo-Typen hatten wahnsinnige Macheten dabei, und wir haben gemeint: ›Bis bald also ...‹«

»Man muß die Knoblauchzehen in hauchdünne Scheiben schneiden und darf sie auf keinen Fall zerdrücken. Dann sautiert man die Tomaten ...«

Ich weiß nicht, ob es an dem Gerede über die Macheten, an Bryants Knoblauch, an der holperigen Busfahrt, dem Hühnchen gestern abend auf dem Flug hierher oder an allem zusammen liegt, aber die Galle steigt mir die Speiseröhre hoch, und ich weiß, daß Mr. Brokaw und seine schicke Sportjacke mit meinem Erbrochenen besudelt sein werden, wenn dieser Bus nicht bald anhält.

Es ist Mitte September, im Jahr 1994. Paul und ich hatten gerade unseren ersten Hochzeitstag (die Hochzeit war eine

wunderbare Feier mit hübschen Blumen, toller Tanzmusik, vielen Freunden, witzigen Trinksprüchen, jeder Menge Tränen und einem unverschämt teuren weißen Seidenkleid, das nun für die Ewigkeit in meinem Schrank verstaut ist). Wir leben in New York City, auf der Upper West Side, wohin wir Anfang 1992 gezogen sind, nachdem wir unser Leben im Exil und das verschneite Moskau hinter uns gelassen hatten.

Ich arbeite jetzt beim Fernsehen, und zwar für die Sendung *Dateline NBC*. Als ich in die Staaten zurückkam, versuchte ich, mit dem Fotojournalismus weiterzumachen, reiste sogar nach New Hampshire, um die Vorwahlen zu fotografieren, doch mit dem Herzen war ich nicht mehr dabei. Alles, was mit dem Fotografieren zusammenhing, fand ich immer noch herrlich – Straßen-Shootings, Bilder von meinen Freunden machen, Stunden in der Dunkelkammer verbringen –, doch alles, was mit dem Journalismus zusammenhing und letztendlich das Geld in die Kasse brachte, reizte mich nicht mehr: die politischen Treffen mit ihren *grip and grins*, die gelegentlichen Aufträge für Porträts von *Newsweek*, die täglichen Bemühungen, visuell reizvolle, marktfähige Storys aufzutreiben, die weder etwas mit Gefahr, Waffen, Gewalt, Krieg oder Drogen zu tun hatten noch eine längere Trennung von Paul nach sich zogen.

Als Paul dann beschloß, auf die Filmhochschule zu gehen, und mir somit die Aufgabe zufiel, den Lebensunterhalt für uns zu verdienen, verkaufte ich meine zerschrammten Nikons (nur die Leica nicht, die niemals) feierlich an ein Geschäft für Gebrauchtkameras und nahm eine, wie ich fand, sehr sichere und beeindruckend klingende Stellung bei der ABC-Nachrichtensendung *Day One* als »Senior Production Associate« an. Dadurch bekam ich dann die Stelle als Mitwirkende Produzentin bei *Dateline*. Die wiederum ironischerweise dazu geführt hat, daß ich jetzt mit diesem Bus quer durch die Dominikanische Republik zur haitianischen Grenze fahre, wo ein bewaffneter Konflikt auszubrechen droht.

Präsident Clinton hat gerade verkündet, daß er 15 000 amerikanische Soldaten nach Haiti schicken will, um die Ordnung wiederherzustellen, was im Grunde genommen bedeutet, daß er sich endlich entschlossen hat, Raoul Cedras zu vertreiben und den Weg für die Rückkehr von Jean Bertrand Aristide zu ebnen. Und es bedeutet auch, daß in Port-au-Prince keine zivilen Flugzeuge landen dürfen. Also haben ein paar Leute von den verschiedenen Nachrichtensendungen der NBC (*Today, Nightly News, Dateline*) in Santo Domingo diesen Bus gechartert, wo wir alle mit dem Flugzeug eingetroffen waren – einige gestern spätabends, andere, wie ich, heute in den frühen Morgenstunden. Als ich zusammen mit den anderen noch vor der Dämmerung in den Bus stieg, kam ich mir vor wie ein Kind, das auf einen Schulausflug geschickt wird, nur daß wir statt der Mortadella-Sandwiches, Chips und lauwarmen Milchtüten unsere eigens gelieferten Lunchpakete mit Gourmet-Hühnchensalat, einzeln verpackten Brownies und großen, gekühlten Evian-Flaschen mit auf den Weg bekamen.

»Wenn Tom und Bryant nicht dabeiwären, hätten wir das alles nie gekriegt«, flüstert mir eine Kollegin zu. Sie heißt – so verrückt es auch klingt – Pascale. *Plus ça change, plus c'est la même chose.*

Pascale hat recht, was das Lunchpaket angeht, doch mich beeindruckt eigentlich mehr die Tatsache, daß wir in einem gecharterten Bus zu einem Aufstand fahren. »Hier, du kannst meines haben«, sage ich und gebe ihr mein Essen. »Mir ist einfach zu schlecht.«

Um mir die Zeit zu vertreiben und mich von meinem rumorenden Magen abzulenken, blättere ich den schwarzen Hefter durch, den man mir in die Hand gedrückt hat, als ich hastig das Büro von *Dateline* verließ. In dem Hefter befinden sich aktuelle Telexe und Zeitungsausschnitte über die momentane Situation, zusammengestellt von irgendeinem armen, überqualifizierten Handlanger mit Abschluß von einer Elite-Universität. Das Ganze ist ordentlich sortiert. Mit Textmarkern bearbeitet. Mit gelben Trennblättern und akribisch beschrifteten Etiketten unterteilt: »CLINTON: Stellungnahme 1.9.94«, »CEDRAS: Antwort«, »ARISTIDE: Artikel *New York Times*«, »POLITISCHER ÜBERBLICK: *Time Magazine*«. Während ich den Hefter flüchtig durchblättere, ohne wirklich auf den Sinn der Wörter zu achten, wandern meine Gedanken zurück zu dem zerknitterten Haufen zerrissener, mit Espresso bekleckerter Zeitungsausschnitte über den afghanischen Krieg, die ich mir in die Kameratasche schob, bevor ich das Flugzeug nach Peshawar bestieg, um mich mit dem Namensvetter von Pascale, diesem Schuft, zu treffen. Die Erinnerung an jene unangenehme Reise entlockt mir jetzt ein Lächeln.

Wie Afghanistan, so gehört auch Haiti zu den Ländern, bei denen ich nie so richtig verstanden und verfolgt habe, was für politische Umwälzungen und Grausamkeiten dort stattfanden. Eigentlich sitze ich nur deshalb in diesem Bus, weil ich fließend Französisch spreche, und nicht etwa, weil ich spezielle Kenntnisse über die Duvaliers oder die traurige Geschichte der Insel hätte. Und weil mein Chef Neal Shapiro, Produktionsleiter von *Dateline* und ein grundanständiger Mann, weder aus noch ein wußte und mich so höflich bat. Außerdem wußte ich, daß Pascale mitfahren würde, und sie ist nicht nur eine angenehme Begleitung, sondern auch zur

Hälfte Haitianerin. Im übrigen bin ich eine der wenigen Journalisten im Team, die tatsächlich Kriegserfahrung haben.

Weil der typischen Nachrichtensendung eine äußerst hierarchische Struktur zugrunde liegt, fangen die meisten Fernsehjournalisten ihre Karriere mit Tätigkeiten an, die man eigentlich nicht dem Journalismus zurechnen würde. Statt dessen nehmen die meisten direkt nach dem College Jobs an, die solch unterschiedliche Bezeichnungen wie »Desk Assistant« oder »Produktionsassistent« tragen, doch letztlich alle nur darin bestehen, daß man fotokopiert und Kaffee holt, Flüge und Hotels bucht und als Sandsack und Sündenbock dient, wenn eine Story nicht rechtzeitig fertig wird. Als ich bei ABC anfing, war ich schockiert, welche Plackerei von mir erwartet wurde.

Die vier Jahre, die ich als professionelle Fotojournalistin gearbeitet hatte, zählten hier nichts. Schlimmer noch: Da es in der Welt des Fernsehjournalismus einzig darum geht, seine Zeit abzuleisten, wurden jene vier Jahre, die ich nicht damit verbracht hatte, Kaffee zu holen, Bänder einzulegen und Kopien zu machen, als vergeudet angesehen.

Ich hatte so hohe Erwartungen an meine neue Stelle geknüpft. Ich bekam ein Gehalt, eine Schreibtischecke mit Aktenschränken, ein Namensschild und eine seriöse Ansage auf der Voice-Mail, bei der mein Name in einem Atemzug mit den ABC News genannt wurde. Dazu erhielt ich die Möglichkeit, guten Journalismus zu machen, mit einem feudalen Sicherheitsnetz aus Geld, Mitarbeitern und neuester Ausrüstung. Und außerdem durfte ich gemeinsam mit Barbara Walters im Aufzug fahren. Doch die meiste Zeit über fand ich es grauenhaft. Sogar die Drehs waren eher langweilig. Wegen der Beleuchtung und der Ausrüstung brauchte man für jedes Interview zwei Stunden Vorbereitung. Meist ging es darum, den Experten für Bahnsicherheit oder die Expertin für chinesische Diplomatie darum zu bitten, er oder sie solle so tun, als wären sie an ihrem Computer beschäftigt oder würden anmutig und ohne in die Kamera zu sehen einen malerischen Weg auf dem Collegecampus entlangschlendern, während sich dein Kameramann beschwert, du würdest die Vorschriften der Gewerkschaft verletzen, wenn er nicht endlich Mittagspause machen könnte. *Ja, ja, wir machen gleich nach dieser Aufnahme Mittagspause. Okay, Miss Expertin, ich weiß, daß Sie gleich Unterricht geben müssen, aber könnten Sie bitte noch einmal zurück zu dem Backsteingebäude gehen und auf uns zukommen? Und könnten Sie dieses Mal Ihren linken Arm etwas energischer hin und her schwingen?*

Der Gerechtigkeit halber muß gesagt werden, daß einiges an dem Job gar nicht so schlecht war. Mit faulen Produzenten zu arbeiten bedeutete, daß ich eigene Storys produzieren konnte. Ich habe Al Gore kennengelernt. Bin nach China gereist. Konnte eng mit John Hockenberry zusammenarbeiten, einem intelligenten Korrespondenten – normalerweise ein Widerspruch in sich – und alten Freund von mir aus den Tagen, als wir über die Intifada berichteten. Die Arbeit im Schneideraum machte mir unwahrscheinlich viel Spaß, und eine Geschichte über ein Zugunglück, für deren Schnitt ich zum größten Teil verantwortlich war, gewann einen Emmy. Doch diese Glanzlichter waren selten.

Mir fehlte die Fotografie. Mir fehlte die unmittelbare Befriedigung angesichts einer gelungenen Aufnahme. Mir fehlten meine Jeans und das Privileg, nicht jeden Tag Erwachsenenkleidung tragen zu müssen. Mir fehlten meine Freiheit, die Dunkelkammer, das Adrenalin und das Abenteuer. Mir fehlte die Möglichkeit, die Welt in einem perfekt komponierten Bild zu katalogisieren, zu komprimieren und zu interpretieren.

Was mir nicht fehlte, war die Gefahr. Oder die Ungewißheit. Oder der regelmäßig auftretende Geldmangel. Als Senior Production Associate erhielt ich ein bescheidenes, aber regelmäßiges Einkommen. Es reichte für unsere kleine Zweizimmerwohnung, für die Gebühren von Pauls Filmschulkursen an der Universität von New York und für ein relativ sicheres, konventionelles, normales Leben zu zweit. Und nach allem, was wir erlebt hatten, war uns nichts wichtiger, als sicher, konventionell und normal zu leben.

Was im ganzen gesehen für mich der eigentliche Grund war, nach Haiti zu gehen. *Dateline* hatte mich Anfang 1994 abgeworben. Ich sollte Storys für sie produzieren – jedoch mit einem Vorbehalt: Ich würde als jemand eingestellt werden, den das Management von *Dateline* gern jovial – und hinter vorgehaltener Hand – als *cusper* bezeichnet, als Mitwirkende Produzentin mit eigenen Produktionen. Die Welt des *cusper* ist ein nebulöses Niemandsland, in dem ich zwar selten die Bänder von anderen einlegen oder jemandem Kaffee holen muß, jedoch so bezahlt werde, als täte ich es. Eine Welt, in der ich für die Produktion meiner eigenen Beiträge verantwortlich bin, jedoch selten in den Genuß eines Assistenten komme. In der ich Interviewpartnern, wie Kongreßabgeordneten, Vorstandsvorsitzenden, Collegeprofessoren und Stars, meine Visitenkarte überreiche, nur damit sie stutzen, skeptisch auf die Karte sehen und fragen: »Tja, wenn Sie die Mitwirkende Produzentin sind, wer produziert denn dann den Beitrag?« Eine Welt, in der machohafte Kameramänner – solche, die prahlerisch über ihren Einsatz im Golfkrieg berichten, auch wenn die einzigen Konflikte, die sie dort je erlebten, die Streitereien um die besten Positionen bei den Hotel-Pressekonferenzen in Dahran waren – mich mit geheucheltem Respekt fragen, welche Einstellungen ich brauche, und dann das genaue Gegenteil filmen. Eine Welt, in der eine Korrespondentin, für die ich gelegentlich Beiträge produziere, in einem Tonfall mit mir spricht, den sie normalerweise Kindern, ihrer Haushälterin und Menschen mit Down-Syndrom vorbehält, weil sie annimmt, daß ich keine Ahnung habe und darum unwichtige Fragen für sie formuliere, ihr ein schlechtes Skript schreibe und/oder sie fett aussehen lasse.

Als Neal mich also bat, nach Haiti zu fahren, wußte ich, daß ich mit einer Zusage die Art von bedingungsloser Loyalität an den Tag legen würde, die zu einer schnellen Beförderung beiträgt. Und da ich kein nobleres Berufsziel habe, ist das genau das, was ich anstrebe.

Im zarten Alter von achtundzwanzig Jahren bin ich zu einer

bekennenden Pragmatikerin geworden. Einfach ausgedrückt: Paul und ich wollen Kinder haben. Wir wollen so dringend Kinder haben, daß wir in letzter Zeit über nichts anderes mehr reden können. Wir lieben uns. Die abenteuerliche Zeit, in der wir die Welt sehen wollten, haben wir hinter uns. Wir haben den Tod aus der Nähe (vielleicht aus zu großer Nähe) gesehen, und wir sind uns beide unserer eigenen Sterblichkeit bewußt (vielleicht zu bewußt). Wir sind bereit zu geben, etwas von unserem Egoismus aufzugeben. Wir sind neugierig, wie unsere Babys wohl aussehen werden. Wir sind ruhiger geworden – bleiben oft zu Hause, machen es uns gemütlich. Wir glauben, gute Eltern sein zu können, und wir wollen jung genug sein, um bewußt zu erleben, wie unsere Kinder aufwachsen, heiraten und selbst Kinder bekommen. Dann ist da die Sache mit dem Holocaust. Wenn zwei Menschen jüdischen Glaubens heiraten – so meinen wir –, haben sie die moralische Verpflichtung, die Welt mit weiteren Juden zu bevölkern. Zu alldem kommt hinzu, daß Paul außer seinem Zwillingsbruder keine Familie hat und daß ich angefangen habe, beim Anblick von herumtobenden Kindern und kitschigen Werbespots zu heulen. Na ja, es ist eben Zeit dafür. Die biologische Uhr tickt.

Aber für ein Baby, das wissen wir, braucht man mehr als nur die Bereitschaft, Eltern werden zu wollen, und das Gelöbnis ewiger Treue. Für ein Baby braucht man Geld. Und Zeit. Und da wird die Angelegenheit schwierig für uns. Paul muß in seinem Beruf erst noch Fuß fassen – er arbeitet jetzt an einem Dokumentarfilm für ABC und verdient sehr wenig –, auch ich bin hoffnungslos unterbezahlt. Wenn ich nur diesen albernen Titel »Produzentin« bekäme, würde sich mein Jahresgehalt um ein Drittel erhöhen. Wichtiger noch: Ich habe gehört, daß ABC bei der Sendung 20/20 nun Produzenten im Jobsharing arbeiten läßt. Wenn ich NBC dazu bringen könnte, mir das gleiche anzubieten (also ein Drittel mehr Gehalt für den Produzententitel, abzüglich eines Drittels des Gehalts für ein oder zwei freie Tage), dann hätte ich genug Zeit *und* Geld, um einem oder zwei kleinen Würmchen Haus, Kleidung, Bildung und Nahrung zu bieten.

Klar, bei dieser instabilen Situation nach Haiti zu fahren ist vielleicht eine merkwürdige Art, dieses Ziel zu erreichen, doch es hat durchaus seine Logik: nach Haiti fahren, befördert werden, ein Baby bekommen, Teilzeit arbeiten, somit ein perfektes Gleichgewicht zwischen Arbeit und Familie schaffen, und alle sind glücklich. So einfach ist das. Außerdem bin ich jetzt beim Fernsehen. Man erwartet nicht von mir, daß ich loslaufe und Gewalt und Blutvergießen aus nächster Nähe festhalte. Selbst im schlimmsten Fall werde ich höchstwahrscheinlich Interviews arrangieren, Skripte schreiben und in einem Übertragungswagen Bänder einspeisen, während die Kameramänner dort draußen ihre kleinen Machoärsche riskieren.

Aber man weiß ja nie. Viele seltsame Dinge sind geschehen, seit Paul und ich Moskau verlassen haben – obwohl wir uns bemüht haben, ein »normales« Leben zu führen. In Paris gerieten das Treppenhaus und das Erdgeschoß des schmalen, fünfstöckigen Wohnhauses, in dem wir wohnten, mitten in der Nacht in Brand, so daß wir im obersten Stock unserem Schicksal überlassen und einer fast tödlichen Menge von Rauch ausgesetzt waren, während uns die Feuerwehrleute unten auf der Straße zuriefen, wir sollten zu schreien aufhören, die Fenster schließen und Ruhe bewahren.

Dann kam das Drama mit Dima und Anton. Nachdem wir es Anfang 1992 endlich nach New York geschafft hatten, standen plötzlich Dima und Anton bei uns vor der Tür, zwei bullige, stiernackige russische Schauspieler, die ich in Moskau im Auftrag von *L'Express* porträtiert hatte, und baten uns, ihnen bei der Suche nach Jobs in einem Fitneßstudio behilflich zu sein. Als die beiden uns damals in Moskau höflich gebeten hatten, ihnen bei der Beschaffung von Touristenvisa für die USA zu helfen, war uns nicht bewußt gewesen, daß der Regisseur des Films, Pavel Lungin, seine Schauspieler oft danach aussuchte, wie nah ihr wahres Leben ihrer Rolle kam.

Lungins Film, *Luna Park*, handelte von der russischen Mafia. Darin spielten Dima und Anton Bodybuilder und Mafiagangster, und zwar weil sie Bodybuilder und Mafiagangster waren. Und sie suchten Arbeit in einem Fitneßstudio, weil sie eine ganze Mülltüte voll illegaler Steroide in die Staaten geschmuggelt hatten, die sie mit einem ordentlichen Profit in harter Währung an die muskelsüchtigen Amerikaner zu verkaufen hofften. Leider nahm Anton auch selbst etwas von dem Zeugs, was ihn so aggressiv machte, daß er Dima irgendwann unter die Strandpromenade in Brighton Beach zerrte und ihm acht Messerstiche ins Herz verpaßte.

Dima überlebte den Angriff, wenn auch nur knapp, und gab der Polizei in den kurzen Momenten, in denen er das Bewußtsein erlangte, unsere Namen und Telefonnummern an als diejenigen seiner einzigen Kontaktpersonen in Amerika. So verbrachten wir die nächsten zwei Tage entweder auf dem Polizeirevier in Brighton Beach, um Fragen zu beantworten, oder mit Bomberjacken in Spanish Harlem, um den Polizisten bei der Suche nach Anton zu helfen, oder wir hielten uns im Krankenhaus auf, wo Dima sich zwar erholte, sein Zustand aber noch immer kritisch war. Im Rückblick gesehen, hat die New Yorker Polizei unsere Kooperationsbereitschaft bis aufs letzte ausgenutzt. Sie schickten Paul als unbewaffneten Köder die Treppe hinauf zu Antons Pensionszimmer, während sie selbst in sicherem Abstand und mit gezogenen Waffen folgten. Dann verhafteten die Bullen Anton in Pauls Anwesenheit, damit er auch kapierte, daß Paul ihn verraten hatte. Dabei überließen sie es Paul, den Dolmetscher zu spielen und Anton über seine Rechte aufzuklären, weil der einzige Polizist in dem russischen Viertel Brighton Beach, der angeblich fließend Russisch sprach, über »*Kak was sowut?*« – »Wie heißen Sie?« nicht hinauskam.

Anton wurde schließlich wegen schwerer Körperverletzung zu sieben Jahren Gefängnis verurteilt. Einige Monate nach seiner Inhaftierung begann er, uns aus einem Gefängnis im Norden des Staats New York Drohbriefe zu schicken, in denen er sich selbst mit zig Sturmgewehren abbildete, gekleidet wie Arnold Schwarzenegger in *Terminator*, und das Ganze mit Sprechblasen versah, in denen stand: »Ich komme wieder.« Die Polizei versicherte uns, daß Anton nach seiner Freilassung nach Rußland ausgewiesen würde, doch sie konnte uns nicht versprechen, daß er nach seiner Ankunft dort nicht einfach gleich wieder ins nächste Flugzeug nach New York steigen und Rache nehmen würde.

Dann war da noch Serge, Pauls ehemaliger Geschäftspartner aus der Zeit seiner Rußlandgeschäfte in Paris. Philippe, der andere Partner von Paul, war vor kurzem nach New York gekommen, um sich einmal ungestört mit uns zu unterhalten. Er erzählte uns, er sei sich jetzt relativ sicher, daß Serge schon während der Zeit, als die drei zusammenarbeiteten, heimlich mit ukrainischen Waffen gedealt hätte und dabei wahrscheinlich vielen Leuten auf den Schlips getreten sei, mit denen nicht zu spaßen war. Es gab Gerüchte, denen zufolge man ein Kopfgeld auf Serge ausgesetzt hatte. Philippe riet uns eindringlich, wegen der früheren Geschäftsverbindung auf der Hut zu sein. Nach diesem Treffen mit Philippe gerieten wir jedesmal in Panik, wenn wir auf den Straßen von New York Russisch hörten.

Und tatsächlich sollte Serge ein Jahr später durch die Kugel eines Attentäters getötet werden, die durch die Glastür seiner neuen Wohnung in der Avenue Foch in Paris schlug. Der Mord sollte das erste nachgewiesene Attentat der russischen Mafia auf französischem Boden sein.

Im Winter nach unserer Heirat schickte mich die ABC nach Moskau. Ich sollte dort an ein paar Beiträgen mitarbeiten, unter anderem über einen seit kurzem populären judenhassenden Faschisten namens Wladimir Schirinowski. Der Assistent unseres Teams, der kurioserweise zusammen mit Paul in den Kindergarten gegangen war, erklärte sich einverstanden, in der kurzen Zeit, die mir vor meinem Rückflug nach New York blieb, Pauls leiblichen Vater Pawel ausfindig zu machen. Nun, da Paul und ich offiziell verheiratet waren und Kinder haben wollten, hatte ich ein besonderes Interesse daran, den Stammbaum der Familie zu erkunden. Doch der eigentliche Grund war, daß Paul, als er mir an dem Tag meiner Abreise nach Moskau ins Taxi half, plötzlich gesagt hatte: »Finde meinen Dad!«

Obwohl Paul den Zettel mit der Telefonnummer seines Vaters verloren hatte, war Pawel Senior nicht schwer ausfindig zu machen. Rußland war vielleicht kein kommunistisches Land mehr, doch in Moskau waren die Wohnungen noch immer so knapp, daß die meisten Leute blieben, wo sie waren. Ich ging einfach zu dem Gebäudekomplex in der Krasnoarmejskaja uliza, wo wir 1991 seine antisemitische Großmutter angetroffen hatten, und hörte mich um. »Ich war erst fünfundzwanzig. Noch ein Junge. So dumm. Wir machen alle Fehler«, jammerte der arme, überrumpelte Mann mit feuchten Augen, als er mit mir an seinem Küchentisch saß, an einer Zigarette nuckelte und noch ein Glas Wodka hinunterkippte. Er versprach, seinem Sohn zu schreiben, das Unerklärliche so gut wie möglich zu erklären. Mein Assistent machte ein paar Erinnerungsfotos von uns beiden für Paul. Dann fuhr ich zum Scheremetjewo-Flughafen und kehrte nie wieder zurück.

All diese merkwürdigen Dinge waren passiert. Vorfälle, die die Sehnsucht nach einem normalen Leben größer werden lassen. Und wenn ich auch nicht genau weiß, was ein »normales« Leben ist, so habe ich doch eine Vorstellung davon, wie es nicht aussieht. Es ist kein mit Nahtoderfahrungen gespicktes Leben. Kein Leben, in dem Gangster, die genau wissen, wo du wohnst, sich abstechen und dir dann aus dem Gefängnis Drohbriefe schreiben. Kein Leben, in dem dein ehemaliger Kollege von der Mafia ermordet wird. Und kein Leben, in dem Väter sich aus dem Staub machen und sich nicht liebevoll um ihre Kinder kümmern.

Schließlich erreicht der Bus die haitianische Grenze, ein staubiger Landstrich in der Pampa, der durch einen einfachen Drahtzaun abgetrennt ist und von bewaffneter Grenzpolizei bewacht wird. Heute herrscht reges Leben am Zaun, da jede Menge eifrige, fluchende Journalisten versuchen, heimlich, durch Bestechung oder mit Gewalt daran vorbeizukommen. Jack, der Leiter des Teams der *Today Show*, der für uns den Reiseführer spielt, rennt mit unseren Ausweisen, dem Papierkram und der Passagierliste zu dem Beamten, der am ehesten so aussieht, als wäre er verantwortlich. Pascale erklärt sich bereit, ihn zu begleiten und zu dolmetschen. »Mist. Was heißt ›Passagierliste‹ auf französisch? Und ›B.A.T. phone‹?« fragt sie mich.

Ich weiß noch nicht mal, was ein *B.A.T. phone* überhaupt ist, geschweige denn, wie man das auf französisch nennt, und außerdem wird mir immer schlechter. »*Le téléphone B.A.T.?*« antworte ich. »Keine Ahnung. Improvisier einfach.« Dann steige ich aus dem Bus, mit der Hand auf dem Magen. Ich schaffe es knapp zwanzig Meter weit, dann muß ich mich übergeben. Ich bin wirklich krank, da besteht kein Zweifel. Aber andererseits mache ich mir auch keine allzu großen Sorgen. Seit ich in Afghanistan die Ruhr hatte, ist mein Magen nicht mehr der alte. Das ist besonders auf Reisen zu merken.

Wenn es doch nur das morgendliche Erbrechen wäre. Paul und ich haben uns in den vergangenen sechs Monaten verstärkt bemüht, schwanger zu werden, doch kurz vor meiner Abreise habe ich noch einen von diesen Schwangerschaftstests gemacht, und wieder einmal tauchte die magische rote Linie nicht auf. Das bedeutet, ich müßte jeden Augenblick meine Periode bekommen, die nun seit fünf Tagen überfällig ist. Und das wiederum würde bedeuten, daß die Geschichte sich tatsächlich ständig wiederholt und ich hier mitten in der Pampa anfange zu bluten.

Ich wische mir gerade mit einem Taschentuch den Mund ab, als ich eine feste Hand auf meiner Schulter spüre. »Kommen Sie mit, junge Frau. Sie sind verhaftet.« Die Hand und die Stimme mit dem deutschen Akzent, die mir von hinten ins linke Ohr flüstert, lassen mich zusammenschrecken. Ich schreie sogar auf und mache einen Satz zur Seite, doch als ich mich umdrehe, sehe ich einen alten Freund von mir, Klaus, einen Kollegen aus meiner Moskauer Zeit. Er trägt die übliche Einheitstracht: Fotografenweste, zwei Canon EOS, die jetzt für alle Fotojournalisten unerläßliche Kamera. Dreckige Klamotten. Ein wohlwollendes, durchtriebenes Lächeln.

»Klaus, verdammt noch mal! Du hast mich tierisch erschreckt.« Mein Herz rast mit doppelter Geschwindigkeit in meiner Brust.

Klaus krümmt sich vor Lachen. »Ich weiß, ich weiß«, meint er und ringt nach Luft. »Ich hab dich da stehen sehen und konnte einfach nicht anders. Was ist denn, ist dir übel? Was machst du hier? Wo sind deine Kameras?«

Ich atme tief durch und beruhige mich allmählich wieder. »Mir geht's gut, arbeiten, und ich hab sie verkauft«, antworte ich. Um meinen Hals, wo früher die Kameras hingen, baumelt nun an einer langen Silberkette einer von diesen schicken, eingeschweißten Presseausweisen, wie sie die Fernsehproduzenten gern sammeln, damit sie sie in ihren Büros mit Reißzwecken an ihre Schwarzen Bretter hängen und allen zeigen können, wie toll sie sind. Mit einem fragenden, fast enttäuschten Gesichtsausdruck greift Klaus danach. »Oh, ›NBC News in Haiti‹«, liest er vor. »So hübsche Farben. Wie beeindruckend.«

»Das ist noch gar nichts. Warte mal, bis du erst unseren Bus mit Klimaanlage gesehen hast.«

Klaus lacht. »Du bist also auf die andere Seite gewechselt«, meint er mit einem Grinsen. »Spesen, Fahrer, gefönte Korrespondenten ...«

Klaus und ich bringen uns gegenseitig auf den neuesten Stand. Ich berichte ihm von meiner Rückkehr in die Staaten, davon, wie ich in mich ging und beschloß, den Fotojournalismus aufzugeben, und von meiner Sehnsucht nach einem einfachen, gewöhnlichen Leben. Er nickt und gibt jede Menge »Mhms« von sich, so als verstünde er mich genau, doch ich erkenne an seinem Blick, daß er glaubt, ich wäre verrückt geworden. »Tja, aber dann begrüß wenigstens all deine alten

Kumpel. Wir haben dich in Bosnien vermißt«, sagt Klaus und führt mich zu einem schattigen Fleck, wo all die bekannten Nachrichtenjunkies mit ihren Kameras in Grüppchen herumstehen, ihre Ausrüstung vergleichen, herumprahlen und rauchen.

»Ja, da scheint ordentlich was los gewesen zu sein«, sage ich.

Als die anderen Fotografen mich näher kommen sehen, halten sie die Luft an. Als wäre ich gestorben. Als kehrte ich als Geist zurück.

Dann kommen sie, einer nach dem anderen, langsam auf mich zu, umarmen mich und begrüßen mich auf eine aufrichtige und sehr herzliche Art. Viel herzlicher eigentlich als damals, als wir alle noch zusammen arbeiteten.

»Salut!«

»Mensch, wie geht's dir?«

»Comment ça va?«

»Hast dich überhaupt nicht verändert.«

Nun ist Xavier an der Reihe. *»C'est pas vrai!«* – »Das kann doch nicht wahr sein!« sagt er, umarmt mich und küßt mich auf beide Wangen. Xavier ist einer der wenigen Gamma-Fotografen, die ich während meiner Zeit dort wirklich mochte. Aber schließlich kam er aus Vietnam und ich aus Amerika, und das verband uns als Leidensgenossen mehr als alles andere in einem Land wie Frankreich, wo Fremdenfeindlichkeit ebenso verbreitet ist wie *foie gras*. Außerdem ist Xavier einer der letzten Menschen, die Gad lebend gesehen haben. Nachdem er die Schüsse gehört hatte, mit denen Gad getötet wurde, versteckte sich Xavier zusammen mit einem Reporter von *Village Voice* in einem Graben. Schließlich wurden sie verhaftet und von irakischen Soldaten verhört.

Doch Xavier spricht nicht gern darüber.

»C'est vrai«, antworte ich mit einem Lächeln. »Wie geht's dir?«

»Gut, gut«, sagt er, holt eine Schachtel Marlboro heraus und bietet mir eine an.

»Nein, danke«, antworte ich. »Ich hab aufgehört.« Ein unangenehmes Schweigen entsteht. Xaviers Körpersprache verrät, daß allein der Satz »Ich hab aufgehört« eine kaum zu überwindende Mauer zwischen uns errichtet hat. Ich habe gern geraucht, ebenso wie ich gern an völlig verrückten Orten Fotos gemacht habe, aber beides ist nicht mehr drin, wenn ich wirklich ein Baby haben will.

»Du hast aufgehört, aha«, sagt er. »Was treibst du denn überhaupt hier? Wir haben gehört, daß du die Fotografie auch an den Nagel gehängt hast. Ein Kind bekommen hast. Und zurück nach Amerika gegangen bist, um Windeln zu wechseln.«

Einige aus der reinen Männergruppe kichern, scharren mit dem Fuß im Staub und sehen zu Boden. Ich merke, daß ich knallrot werde. Meine ehemaligen Kollegen, von denen ich einige für meine Freunde gehalten habe, machen sich unverkennbar über mich lustig.

»Da habt ihr falsch gehört«, sage ich. Mich ärgert die Wertung, die sich darin verbirgt. Unabhängig von der Tatsache, daß ich zurück in die USA gegangen bin und dort eine gänzlich neue berufliche Laufbahn eingeschlagen habe, was wäre denn dabei, wenn ich statt dessen zurückgegangen wäre, um ein paar Kinder zu bekommen? Wäre das denn so schlimm? Ich sehe doch, was der Fotojournalismus aus meiner Freundin gemacht hat, eine der wenigen älteren Frauen, die ich kenne, die beruflich noch ständig unterwegs sind. Ich weiß, welch hohen Preis sie bezahlt hat, weil ich mit am Tisch saß, als sie bei ihrem Essen anläßlich ihres vierzigsten Geburtstags mit Tränen in den Augen verkündete, daß sie zwar Dutzende von bedeutenden Ausstellungen und Preisen habe, aber keine Kinder.

Ich sehe doch die alleinstehenden Frauen mittleren Alters, die in meinem Beruf arbeiten, oft verbittert und traurig, die spät genug geboren wurden, um die ersten Früchte des Feminismus zu ernten, jedoch nicht spät genug, um die Vorstellung über Bord werfen zu können, wie ein Mann sein zu müssen, um Erfolg zu haben. In den Büros dieser Frauen drängen sich die Emmys, doch zu Hause haben sie nichts als ihre eigenen Besitztümer und Erinnerungen.

Ich sehe doch die eine erfolgreiche Produzentin vor mir, der es tatsächlich gelungen ist, zwischen den Emmys ein paar Kinder in die Welt zu setzen. Ich sehe doch, wie sie sich rühmt, nur wenige Tage nach der Geburt ihres ersten Kindes wieder zur Arbeit gegangen zu sein, und wie sie damit angibt, über einen Krieg berichtet zu haben, als sie mit ihrem dritten Kind im neunten Monat schwanger war. Ich will niemandes Entscheidung kritisieren, schon gar nicht die solcher Vorreiterinnen, aber keine dieser beiden Varianten erscheint mir besonders klug. Ja, ich weiß, daß Männer wenige Tage nach der Geburt ihrer Kinder wieder arbeiten, aber Männer haben auch keine Brüste, aus denen Milch kommt, oder Wochenbettprobleme wie eine aus der Scheide hängende Gebärmutter. Und ja, männliche Journalisten berichten unabhängig von der Reife ihrer Föten über Kriege, aber die Männer müssen den Fötus ja auch nicht im Bauch herumtragen und ihn vor umherschwirrenden Kugeln schützen.

Für mich liegt das alles auf der Hand, doch weiß ich auch, daß es nur meine persönliche Meinung ist, die auf meinem wenig wissenschaftlichen Instinkt basiert. Ich vertrete darüber hinaus die Meinung – eine im übrigen merkwürdig unpopuläre –, daß Journalisten mit Kindern, egal, ob Mann oder Frau, keine Kriegsberichterstattung machen sollten. Aber ich denke eben auch, daß sie nicht Fallschirm springen, Heroin spritzen oder unangeschnallt Auto fahren sollten. Oder auf Berge klettern, von denen sie herunterfallen könnten. Wenn ein Elternteil unter solchen Umständen stirbt, kann es sein, daß das Kind für immer geschädigt ist, daß es wütend wird und Dinge tut, die es lieber unterlassen sollte. Wie zum Beispiel, mit einem Telefonhörer auf den Kopf der Geliebten einzudreschen.

Die versammelten Fotografen lachen immer noch über Xaviers Windel-Witz, und mein erster Impuls ist, feige zu antworten: »Windeln? Ich? Ja, klar«, nur um mich einzufügen, ihnen den Wind aus den Segeln zu nehmen. Doch in einem plötzlichen Moment der Klarheit ignoriere ich statt dessen die Männer und ihr dreckiges Lachen und blicke Xavier direkt in die Augen. »Ich bin noch nicht Mutter«, sage ich. »Aber wenn alles so kommt, wie ich es mir wünsche, dann werde ich es bald sein. Und dann werde ich mir wohl überlegen müssen, welche Art von Arbeit ich noch machen kann.«

Die Fotografen hören auf zu lachen. Einige gucken sogar betreten aus der Wäsche, doch die unsichtbare Mauer zwischen uns ist jetzt unüberwindbar, und ich stehe ganz allein auf der anderen Seite. Ich gehöre eindeutig nicht mehr dazu. Aber ich lege auf die Mitgliedschaft in diesem Club plötzlich auch gar keinen Wert mehr.

Wie oft habe ich meinen Körper verflucht? Wie oft habe ich darüber nachgegrübelt, wieviel einfacher mein Leben doch gewesen wäre, wenn ich einfach mit einem Y-Chromosom anstelle des zweiten X-Chromosoms zur Welt gekommen wäre? Wie oft habe ich meinen Körper für all die Probleme verdammt, die ich dadurch bekam, daß er blutete, tätliche Angriffe provozierte und mich zu einer leichten Beute machte für Männer, die einfach ihrem inneren Drang folgten? Wie oft habe ich mir gewünscht, mein Körper wäre nicht so kurvenreich? Oder so klein und schwach und zur Selbstverteidigung so unbrauchbar?

Wie undankbar ich doch war. Welch einzigartiges Geschenk es doch ist, einen Körper zu haben, der zukünftiges Leben gebären kann. Welches Glück, den tiefen, wilden, überwältigenden Drang zu verspüren, nicht nur zu lieben und mich fortzupflanzen, sondern auch ein anderes Wesen zu nähren.

Was will ich überhaupt hier?

Ein unangenehmes Schweigen breitet sich aus. Ich breche es mit einem »Tja, also, ich sollte wohl mal besser zu meinem Bus zurückgehen«, und dann posieren wir noch Arm in Arm für ein paar Fotos, so als hätten wir uns nur wiedergesehen, um ein paar Schnappschüsse zu machen.

Eine Stunde später ist es allen Fotojournalisten gelungen, die Grenze zu passieren. (Wie immer.) Doch die einzigen guten Aufnahmen, die bei dieser Reise gemacht werden, stammen von einem Magnum-Fotografen namens Alex Webb, der für seine verblüffenden, farbenprächtigen, halb abstrakten Bilder von Haiti berühmt ist. Die Fotos, die er auf dieser Reise für das *New York Times Magazine* macht, sind jedoch eher ein gesellschaftskritischer Kommentar als Kunst, und ihre beißende Respektlosigkeit wird einen heftigen, ja giftigen Streit unter den Fotojournalisten auslösen – besonders unter jenen, die nicht in der Lage sind, einen Witz auf ihre Kosten zu verkraften. Mein persönliches Lieblingsfoto zeigt die in Port-au-Prince landenden amerikanischen Truppen. Es ist eine dieser Aufnahmen, die den Vorhang beiseite reißen und die Scheinwerfer, die Drähte und die Bühnenarbeiter zeigen. Auf dem Bild ist ein riesiger Schwarm von Fotojournalisten zu sehen – von denen einer gerade seine Hose verliert –, die gegen den Wind und den Staub ankämpfen, der von den landenden Hubschraubern aufgewirbelt wird, und sich mit schußbereiten Kameras um die besten Positionen streiten. Vor ihnen liegen unzählige Soldaten auf dem Bauch, ebenfalls bewaffnet und schußbereit. Jedoch lange nicht so überzeugend wie die Fotografen.

Für uns Fernsehleute, die wir hoffen, auch ein bißchen nettes patriotisches Theater filmen zu können, gestaltet sich die Einreise nach Haiti jedoch problematischer. Ich sehe an Pascales betretenem Gesicht, daß ihre und Jacks Bemühungen, uns mit den vielen Tonnen Ausrüstung über die Grenze zu bekommen, gescheitert sind. Jack verkündet, daß einigen von unserer Gruppe die Einreise nach Haiti gestattet wird. Die anderen, deren Namensliste zu spät gefaxt wurde und noch nicht eingetroffen ist, müssen mit dem Bus nach Santo Domingo zurück. Mein Name steht auf dieser Liste.

Das spielt am nächsten Tag jedoch keine Rolle mehr, denn Jimmy Carter schließt ein Friedensabkommen mit Cedras, womit er mich zwar von der Angst, getötet zu werden, befreit, jedoch die Story auch für all diejenigen zunichte macht, die mit einem Objektiv statt eines Stifts über das Geschehen berichten wollten. Ich übergebe mich noch einmal, steige in den Bus und fasse den Entschluß, das nächste Flugzeug nach New York zu nehmen, auch wenn es mit unseren Papieren noch klappt – Karriere und Beförderung können mir gestohlen bleiben. Mein Körper gibt mir unmißverständlich zu verstehen: Sieh zu, daß du ins Bett kommst.

Der Bus rollt langsam los, fährt zurück in die Richtung, aus der wir gekommen sind, fort von der haitianischen Grenze. Pascale, die sich auf ihren ersten bewaffneten Konflikt gefreut hatte, starrt verdrossen aus dem Fenster. »Nimm's nicht so tragisch«, sage ich zu ihr. Ich weiß, wie sie sich fühlt. Ich kann mich noch genau daran erinnern, wie mir zumute war, als ich von ihrem Namensvetter in Peshawar zurückgelassen wurde. Als ich unbedingt einen Krieg sehen wollte. Irgendeinen Krieg. Als ich diese Droge inhalieren, sie durch meine Adern fließen lassen und mir die Augen für die Realität öffnen lassen wollte. Aber jetzt, sechs Jahre später, kann ich meine Freude bei dem Gedanken, in meine gemütliche Wohnung in Manhattan zurückzukehren, kaum verhehlen.

»Vielleicht kommst du ja morgen über die Grenze«, sage ich zu Pascale. »Oder übermorgen. Und wenn nicht – Kriege gibt es immer wieder.«

»Wenn uns die Ergebnisse aus dem Labor vorliegen, können wir sagen, ob es wieder Amöben sind, doch bevor ich ihnen irgendein starkes Medikament verschreibe: Besteht die Möglichkeit, daß Sie schwanger sind?«

Drei Tage nach meiner Rückkehr von der haitianischen Grenze sitze ich in der Praxis einer Gastroenterologin in der Upper East Side. Meine Magenbeschwerden sind schlimmer geworden. Seit Tagen kann ich nichts mehr bei mir behalten und habe auch noch Durchfall, was mich so sehr geschwächt hat, daß Paul mich im wahrsten Sinne des Wortes ins Taxi setzen mußte. »Ich verstehe nicht, wie du es in diesem Zustand geschafft hast, aus Afghanistan herauszukommen«, sagte er, als ich auf der Rückbank des Taxis meinen Kopf in seinen Schoß legte.

»Tja, andere Zeit, anderer Ort, anderer Körper«, antwortete ich und war plötzlich dankbar, daß ich in einem Auto die Wange auf den Oberschenkel meines Mannes legen konnte, anstatt bei Eiseskälte ganz allein auf einem Esel zu reiten.

Ich erzähle der Ärztin, daß wir vergeblich versucht haben, ein Kind zu zeugen. Daß ich noch an diesem Morgen zu Hause einen Schwangerschaftstest gemacht habe, da meine Periode jetzt seit über einer Woche überfällig ist, das Ergebnis aber wieder negativ war.

»Aha, na ja, ich vertrau diesen Dingern nie, besonders wenn Sie erst eine Woche überfällig sind.« Sie läßt noch einen Bluttest machen und ruft mich am nächsten Tag zu Hause an, wo ich noch immer im Bett liege, um mir zu sagen, daß ich einen bösen Magen-Darm-Katarrh habe, ich aber keine Medikamente dagegen einnehmen könne, weil ich in der sechsten Schwangerschaftswoche sei.

»Wie bitte?!«

»Sie sind schwanger«, sagt sie. »Herzlichen Glückwunsch.«

Ich weine sehr lange. Dann rufe ich Paul bei der Arbeit an, und er weint ebenfalls. Anschließend weine ich wieder und schleppe meinen speienden, schwachen und von Durchfall geplagten Körper zu Barnes & Noble und kaufe mir das Buch *Ein Baby kommt*. So wie es wohl jede Frau in anderen Umständen macht.

Auf dem Weg von der Buchhandlung nach Hause kommt mir ein merkwürdiger Gedanke. Oder vielleicht ist er angesichts des erbsengroßen Wunders, das in mir wächst, auch gar nicht so merkwürdig. An diesem herrlichen, kühlen Herbsttag, an dem leuchtendgelbes Laub in winzigen Wirbelstürmen über den Bürgersteig fegt, gehe ich den Broadway entlang und denke: Vielleicht gibt es tatsächlich einen Gott. Vielleicht war die Übelkeit auf dem Weg nach Haiti ein gezielter Hinweis von meinem ungeborenen Kind, ein zarter Wink von einer höheren Macht, die mir sagen wollte: Geh nach Hause. Vielleicht gibt es überall um uns herum Zeichen – das verpaßte Flugzeug, das abstürzt, die sich öffnende Tulpe, der Mord an einem lieben Freund im Irak und der hilfreiche Mensch, der dich bewußtlos auf dem Harvard Square liegen sieht und dich in Sicherheit bringt –, und wir sind einfach nur alle zu blind, zu stolz und zu dumm, um sie zu erkennen.

Nun habe ich die Existenz eines Gottes schon so lange angezweifelt, nämlich seit jenem Tag, an dem ich das mit Auschwitz schlucken und verdauen mußte.

Aber wer bin ich, daß ich behaupten kann, Gott existiere nicht? Selbst Albert Einstein, das Genie des quantitativ Meßbaren, konnte nicht am Atheismus festhalten. Je näher er der Antwort auf die Frage nach dem Wie des Universums kam, um so mehr drängte sich ihm wohl das Warum auf.

Als ich in diesem Jahr über Thanksgiving zu Hause in Potomac bin, entschließe ich mich, zum zehnjährigen Treffen meiner High-School-Klasse zu gehen. Ich bin jetzt im vierten Monat, man sieht kaum etwas, doch nun kann ich endlich allen die Neuigkeit erzählen.

Ich laufe Ellen über den Weg, der Freundin, mit der ich in der zweiten Klasse die fünfzig Stellen nach dem Komma von Pi auswendig gelernt habe, damals, als wir über die Flure und durch die Blütenblätter unserer blumenförmigen Grundschule schlenderten – zappelig, wissensdurstig und zu Tode gelangweilt. Sie ist Ärztin, erzählt sie mir, und mit ihrem Leben zufrieden.

»Ich auch«, sage ich, und nachdem ich ihr eine kurze Zusammenfassung (Beruf, Heirat, Schwangerschaft) gegeben habe, halte ich plötzlich inne und frage mit einem schelmischen Lächeln: »Und, Ellen, kannst du sie noch? Weißt du sie noch auswendig?« Ich fange an: »Drei komma eins, vier, eins, fünf, neun ...«

Ellen lacht. »Zwei, sechs, fünf – drei, fünf, acht – neun, sieben, neun ...« Sie verzieht das Gesicht. »An den Rest erinnere ich mich nicht mehr.«

Ich denke angestrengt nach. »Drei, zwei, drei, glaube ich. Drei, zwei, drei, und dann, ach, dann krieg ich alles durcheinander.«

»Tja, wir werden eben älter«, sagt sie immer noch lachend. »Nur Pi ändert sich nie. Aber du hast recht. Drei, zwei, drei stimmt auf jeden Fall.« Sie blickt auf meinen Bauch. »Bring es deinem Kind bei, dann lernst du es auch wieder.«

»In Ordnung«, sage ich. Plötzlich steigt eine Erinnerung in mir auf, ich sehe Ellen und mich auf dem Schulhof stehen. Sie trägt Zöpfe. Wir sind noch klein, höchstens sechs oder sieben Jahre, und wir halten uns an den Händen. Sie trägt eine gestreifte Bluse, rot und blau, glaube ich. Ihre Mutter ist gerade gestorben. An einem Herzinfarkt, wenn ich mich recht erinnere. Sie weint. Ich versuche, sie zu trösten, finde aber keine Worte. »Mach ich«, sage ich und umarme sie ganz fest, während mir Tränen in die Augen steigen. »Ich versprech's.«

Als ich Paul später auf einige Leute aufmerksam mache und die Band *Stairway to Heaven* spielt, kommt Gabe, meine erste große Liebe und der Vater meines nie geborenen Kindes, mit ein paar Freunden auf uns zu und schließt mich in die Arme. Es sind neun Jahre vergangen, seit wir uns das letzte Mal gesehen haben, neun Jahre, seit ich ihn auf dem College in Louisiana besucht habe, um herauszufinden, ob es mit uns noch funktionieren könnte. Wir plaudern ein wenig, ich stelle ihm und den anderen Paul vor, und dann teile ich ihm die Neuigkeit mit. »Ich bin schwanger«, sage ich.

Gabe nimmt die Nachricht lächelnd auf. Er legt seine Hand zuerst auf sein Herz und dann auf meinen Bauch. »Ach, Debs«, sagt er, »das ist wirklich großartig. Ich freue mich so für dich.«

Die Musik wird schneller, sie singen etwas von *»a bustle in your hedgerow«* – einem geschäftigen Treiben in deiner Hecke? Was zum Teufel soll das bedeuten? »Ja«, sage ich, »ich freue mich auch wirklich für mich.«

Der Anruf kommt einige Wochen später an einem kalten Dezembermorgen. Paul und ich liegen im Bett, in die warmen Decken eingekuschelt, und beobachten die Eisschollen, die den Hudson River hinuntertreiben. Um den Hörer abzunehmen, muß er die Hand von meinem nun nach sechzehn Wochen schon dickeren Bauch nehmen, den er sanft und besitzergreifend gestreichelt hat. »Spürst du schon, wie das Baby sich da drinnen bewegt?« fragt er und langt nach dem Hörer.

»Nein, noch nicht«, antworte ich. »Wer ruft denn da so früh an?«

Paul nimmt ab. Sagt »Hallo« und dann nach einer Pause »Nein!« – so leise und voller Schmerz, daß mir klar wird, daß jemand gestorben ist. Dann legt er auf, setzt sich auf die Bettkante und weint.

»Wer war das?« frage ich. Ich berühre seine Schulter, doch er weicht zurück.

»Der Bruder von Andy«, antwortet er. »Andy hat sich gestern abend umgebracht.«

Wir verbringen den Rest des Vormittages in unseren Bademänteln, gehen im Wohnzimmer auf und ab, starren ausdruckslos hinaus auf die Eisschollen und schwelgen in Erinnerungen an unseren Freund und ehemaligen Mitbewohner in Moskau – *Weißt du noch, wie er mit der blutenden Nase nach Hause kam? Weißt du noch, wie er während des Staatsstreichs an den Barrikaden mitgebaut hat? Erinnerst du dich an sein Lachen?* Vergeblich versuchen wir, nicht das Bild von dem Andy heraufzubeschwören, der in seinem Elternhaus in den Keller hinuntergeht, sich eine Waffe an die Schläfe hält und abdrückt.

In letzter Zeit hatten wir wieder Hoffnung für Andy gehabt. Er war vor kurzem aus Moskau zurückgekehrt, um sein Leben endlich in den Griff zu bekommen. Er hatte eine Arbeit bei einer Bank gefunden, einen ordentlichen Anzug-und-Krawatten-Job mitten in Manhattan. Er suchte nach einer eigenen Wohnung. Machte vage Versprechungen, was das Trinken betraf. Er wolle noch einmal von vorn anfangen, sagte er, wollte diese zweite Chance nutzen, um sich selbst zu beweisen, daß er ein fähiger, verantwortungsbewußter, vertrauenswürdiger Mann war.

Er hielt es in seinem schicken neuen Job nicht einmal einen Monat aus, bevor er sich das Hirn wegpustete.

Paul rennt im Wohnzimmer auf und ab, murmelt vor sich hin und versucht, all das zu begreifen. »Ich hab ihn letzte Woche erst gesehen ... er hat sich so komisch benommen ... hat wieder getrunken, mir gesagt, daß er mich gern hat, so seltsame Dinge geredet ...« Er hält abrupt an. »O Gott, Debs, ich glaub, er hat sich verabschiedet.« Zitternd legt er den Kopf an meine Schulter und bleibt dann lange so stehen.

Ein paar Tage später blicken wir auf der Beerdigung starr auf Andys einbalsamiertes, friedvolles Gesicht, auf die Hülle, die einst unser Freund war und die nun vollkommen regungslos in einem mit Satin ausgekleideten Sarg ruht. In dem Moment spüre ich in meinem Leib die ersten Regungen des Lebens, das mein Sohn Jacob werden wird.

Die Zeichen sind überall, man muß sie nur beachten.

Es ist Freitagnachmittag, nach fünf Uhr. Ich sitze bei *Dateline* in meiner fensterlosen Kammer, die sich Büro schimpft, und muß noch etwas fertigmachen. Ich bin mit meinem zweiten Kind, einer Tochter, im achten Monat schwanger, und ich bin müde. Meine Knöchel sind geschwollen. Jacob, mein mittlerweile neunzehn Monate alter Sohn, ist mit Dolly, unserer Babysitterin und Retterin, zu Hause. Heute morgen, als ich ihm versprach, daß ich nach der Arbeit zusammen mit ihm ein paar Kerzen anzünden würde, sah er zu mir auf, als würde er mich tatsächlich verstehen. Licht. Ruhe. Die Behaglichkeit, die durch ein altes Ritual, die Anwesenheit der Mutter entsteht. Es war eine lange Woche für uns beide, gekrönt von einer zweitägigen, erfolglosen Geschäftsreise nach Boston, und die Kerzen haben wir uns redlich verdient.

Ich schalte den Computer aus, ziehe meinen Mantel an und spüre, wie sich das imaginäre Band zwischen Jacobs pummeligem Handgelenk und meinem Brustkorb spannt. Ich bin schon fast aus der Tür, als mein Telefon klingelt. Jim, der für die Verteilung der Beiträge zuständige Produzent, ist dran. »Schlag mich nicht«, sagt er kleinlaut. »Aber ich brauche bis Dienstag einen Beitrag von dir.«

Mist. Das war's mit den Kerzen. »Worüber?« frage ich mehr als nur ein wenig ungehalten. Armer Jacob. Armes Ungeborenes. Arme Familie.

Er macht eine Pause, dann sagt er: »Frauen über eins achtzig.«

Jetzt verschlägt es mir fast die Sprache. »*Frauen über eins achtzig?!* Das ist doch nicht dein Ernst!«

»Doch, ist es.«

Aber halt, ich greife vor.

Jacob Pavlovich Kogan wurde an einem milden Frühlingstag im Mai 1995 nach achtzehn Stunden Wehen geboren. Gegen Ende der dritten Stunde der Preßwehen, als die Epiduralanästhesie ihre Wirkung verloren hatte, nichts voranzugehen schien und alles irgendwie schrecklich war, packte ich Paul am Kragen und sagte ihm, wenn er nicht die dämlichen Goldberg-Variationen aus dem CD-Spieler nehmen und stattdessen ABBAs *Greatest Hits* einlegen würde, käme das verdammte Baby nie heraus. Der winzige Jacob schaffte es schließlich, sich mitten in dem Lied *Fernando* aus dem Geburtskanal zu befreien – sehr zur Freude der Krankenschwestern, die uns davon überzeugen wollten, unseren Sohn nach dem Lied zu benennen. Als wenn eine Geburt zu schwedischer Discomusik nicht schon schlimm genug wäre.

Die Mutterschaft nahm mich voll in Anspruch. Die ersten Monate seines Lebens litt Jacob unter Reflux, was bedeutete, daß ihn im Magen und in der Speiseröhre ständig ein brennender Schmerz plagte, er unaufhörlich schrie, gezielt auf jeden Teppich und jedes Polster in unserer Wohnung erbrach, viermal pro Tag Medizin schlucken *und bei sich behalten* mußte und man ihn vierundzwanzig Stunden am Tag aufrecht zu halten hatte, selbst wenn er schlief. Was ziemlich schwierig sein kann. Aber wenn ich mit ihm im richtigen Rhythmus zu *Son of a Preacher Man* tanzte, wenn ich ihn drei Kilometer weit in dem inzwischen vollgespuckten marineblauen schwedischen Kinderwagen mit dem süßen kleinen aufgestickten Anker herumschob, ihn über die Schulter warf und eine mitreißende Version irgendeines Liedes in Moll sang – die israelische Nationalhymne funktionierte am besten – oder wenn ich ihn einfach nur ganz fest an mich drückte und flüsterte: »Ist ja gut, mein kleiner Schatz, ist ja gut«, dann hörte er auf, vergaß seine Schmerzen und lächelte. Und wenn das geschah, dann hatte ich das Gefühl, daß ich noch nie im Leben etwas so Bedeutsames getan hatte. Und daß keine Erfahrung, kein Liebhaber, kein Orgasmus, kein Sonnenuntergang, keine Story, kein Lied und auch keine Droge in meinem ganzen abenteuerlichen Leben mich mit so einem Glücksgefühl erfüllt hatte.

Ich nahm so lange wie möglich Mutterschaftsurlaub. Ich erwog, den Job ganz aufzugeben, ja machte mir sogar Gedanken über die logistischen und finanziellen Voraussetzungen für ein eigenes Geschäft mit Babyfotos – das aufzubauen ich nebenbei bereits begonnen hatte –, doch nach sechs Monaten ohne mein regelmäßiges Einkommen von der NBC näherten sich unsere Kreditkartenschulden rapide dem Bruttosozialprodukt eines kleinen Landes der Dritten Welt. Paul entdeckte in der Zwischenzeit seine Wurzeln als Computerfachmann wieder. Obwohl er gerade einen Auftrag angenommen hatte, so ein merkwürdiges neues Ding namens Web Site zu gestalten, wußten wir beide, daß wir unter keinen Umständen von seinen Honoraren allein leben konnten. Und wer wußte schon, wie sich diese ganze Internet-Geschichte entwickeln würde? Paul könnte von einer Minute auf die nächste arbeitslos sein.

Also engangierte ich Dolly und kehrte widerwillig an meinen Arbeitsplatz zurück.

Bei *Dateline* verbrachte ich die meiste Zeit damit, Jacob zu vermissen und hinter meiner verschlossenen Bürotür zu heulen. Ich mußte also einen Weg finden, Stunden und Zuständigkeiten zu reduzieren und für weniger Dollar mehr Zeit für zu Hause zu gewinnen. Dann, zwei Monate nach meiner Rückkehr in die Arbeitswelt, wurde mein damals acht Monate alter Sohn mit einer lebensgefährlichen Darmeinstülpung ins Krankenhaus eingeliefert. Der vierte Barium-Einlauf, den er ohne Beruhigungsmittel erdulden mußte, löste die Einstülpung, doch wenn Dolly mich nur ein paar Stunden später angerufen hätte, um mir zu sagen, daß die Windel meines Sohnes voller gallertartigem Blut war, hätte ich schon in einem Flugzeug gesessen, um ein Interview in Washington, D.C., zu machen, und wäre nicht dort gewesen, wo ich hingehörte: im Krankenhaus, um die winzige Hand meines Babys zu halten, seine Tränen zu trocknen und zu irgendeinem Gott, der mir gerade zuhörte, für sein Überleben zu beten.

Nach dieser Tortur fing ich ernsthaft an, die Möglichkeiten einer Teilzeitarbeit zu prüfen. Im Idealfall würde ich an drei oder vier Tagen höchstens zwei oder drei Beiträge gleichzeitig bearbeiten und nicht wie jetzt an fünf Tagen pro Woche mit fünf Beiträgen auf einmal herumjonglieren, oft auch noch nachts und am Wochenende, um überhaupt fertig zu werden. Das ständige Reisen wurde sowohl mir als auch Jacob zuviel, denn mit der Zeit fing er schon beim bloßen Anblick meines Koffers an zu weinen.

Es war ja nicht so, daß ich nicht arbeiten wollte. Mir war klar, daß ich die Arbeit brauchte, nicht nur damit wir uns finanziell über Wasser halten konnten, sondern auch damit ich nicht verrückt wurde. Bezahlte Arbeit mußte jedoch nach meinen Vorstellungen nicht unbedingt bedeuten, daß man sich von der Arbeit auffressen ließ. Instinktiv spürte ich, daß mein Sohn, sein Wohlergehen und die Zeit, die Paul und ich ihm geben konnten, solange er klein war, ebensowichtig waren, wenn nicht noch wichtiger.

Leider konnte ich ohne diesen dämlichen Produzententitel nicht viel ausrichten. Die hohen Tiere von NBC machten unmißverständlich klar, was sie von Mitwirkenden Produzentinnen hielten, die Teilzeitarbeit wollten, als sie die Anfrage meiner Kollegin abwiesen, die ein paar Wochen nach mir ihr Kind zur Welt gebracht hatte. Sie war äußerst aufgebracht darüber, daß man sie zu einer Alles-oder-nichts-Entscheidung zwang, doch sie konnte es sich leisten zu kündigen und tat es auch. Dieser Luxus war für mich nicht drin.

Da ich wußte, daß ich die Zähne zusammenbeißen und abwarten mußte, kam ich zu dem Schluß, daß ich zwar nicht um weniger Arbeitstage bitten konnte, zumindest aber fordern sollte, Beiträge zu produzieren, die ein Minimum an Reisen erforderten. Doch ich hatte nicht vorausgesehen, welche Art von Storys mir daraufhin anvertraut wurden. In schneller Abfolge produzierte ich einen sehr langweiligen Bericht über die Kreditkartenindustrie, einen Beitrag über betrügerische Tricks bei der Reinigung von Hochzeitskleidern, eine Reportage über eine Prügelei zwischen Kleinkindern in einem Sandkasten, einen Beitrag über die Methoden, schwierige Babys zu beruhigen, und einen darüber, wie man sein Kleinkind zum Schlafen bringt. Als sie versuchten, mir die Story über schlechte Esser anzudrehen, stieg ich schließlich auf die Barrikaden. »Bitte, keine Eltern-Geschichten mehr!« flehte ich sie an. Es war schon schlimm genug, daß ich mein eigenes Kind so selten sah, da mußte ich doch nicht auch noch Stunden mit den weinenden, schwierigen und von Schlafmangel gepeinigten Kindern anderer Leute verbringen.

Stimmt, ich war damals eine der wenigen produzierenden Mamas bei der Sendung, aber es fiel einfach auf, daß keiner der vielen produzierenden Papas gebeten wurde, Beiträge zu solchen Themen wie schlechte Esser zu machen. Und tatsächlich: Nachdem ich mich weigerte, wurde diese Story meiner Freundin Diana gegeben, die – wer hätte das gedacht – mit ihrem ersten Kind schwanger war.

»Ich verspreche euch auch, ich mach alles andere. Sogar Orkane«, sagte ich zu Jim, weil ich unbedingt von der Mama-Schiene loskommen wollte.

Und so gelangte ich schließlich am Tiefpunkt meiner Karriere als Journalistin an: Frauen über eins achtzig.

»Was soll denn mit diesen Frauen sein?« frage ich Jim. Ich ziehe den Mantel aus, lege ihn über die Rückenlehne meines Stuhls und gebe mich der falschen Hoffnung hin, ihn rasch wieder anziehen zu können. Ich sehe auf die Uhr und habe Jacob vor Augen. In dreißig Minuten – falls ich Paul erreichen und ihm sagen kann, daß er jetzt nach Hause fahren soll – wird mein Sohn Chicken Nuggets und Brokkoli zu Abend essen. Ohne mich. Ohne Kerzen.

»Weiß ich nicht genau«, meint er lachend. Jim hat die Gabe, alles zu einem Scherz zu machen, auch die schlechten Nachrichten. »Aber ich glaube, es geht dabei um einen Trend oder so, daß es im Moment viele große weibliche Stars gibt. Ruf bei *People* an. Die können dir mehr erzählen.« Ich versuche, noch etwas aus ihm herauszubekommen, doch Jim kann mir auch nicht mehr zu meinem Beitrag sagen, als daß das *People Magazine* die Titelgeschichte der nächsten Ausgabe diesem Thema widmen wird. Da *People* und *Dateline* seit kurzem einen Kooperationsvertrag abgeschlossen haben und bestimmte Storys gemeinsam produzieren wollen, bedeutet das, daß ich – hochschwanger, aufgedunsen und ganze eins fünfundfünfzig groß – vier Tage Zeit habe, um einen zehnminütigen Beitrag zu filmen, zu schreiben und zu schneiden, in dem all das gerühmt werden soll, was ich nicht bin und woran ich nicht glaube (von den feministischen Schuldgefühlen, mit denen ich anschließend leben muß, ganz zu schweigen). Als wenn kleine Frauen in Amerika nicht schon tausend andere Gründe hätten, sich unzulänglich zu fühlen. »Ach, und sieh zu, daß es gut wird, denn Andy wird es sich anschauen. Er will, daß diese *People*-Storys der Sendung – na, du weißt schon – etwas Würze geben.«

Andy ist Andy Lack, Vorsitzender von NBC News.

»Soll heißen, Andy will Titten und Ärsche sehen«, sage ich. Ich setze mich, suche nach Notizblock und Stift. »Große Titten und Ärsche.« Ich bin nicht naiv. Ich verstehe, daß ein Sender die Zuschauerquoten im Blickfeld hat. Je höher die Quote, um so mehr Werbeeinnahmen, und die wiederum ermöglichen es unserer Muttergesellschaft General Electric, uns die Gehälter zu zahlen, unsere Sendung weiterhin auszustrahlen und einen schönen Gewinn einzufahren.

Jim, der ewige Bürodiplomat, unterdrückt ein Kichern und sagt: »Schätzchen, das hast du gesagt, nicht ich.«

Ich schlage eine neue Seite in meinem Notizblock auf und schreibe: »Frauen über eins achtzig«. Dann unterstreiche ich es. Zweimal. Tja, denke ich, so weit ist es nun also gekommen.

Ich rufe Paul im Büro an und sage ihm, daß er nach Hause muß, um die Babysitterin abzulösen. Dann telefoniere ich mit Jacob, um seine muntere Stimme zu hören, ihm zu sagen, wie lieb ich ihn habe, und ihm die Sache mit den Kerzen zu erklären. »Tut mir leid, Jakey, wir zünden sie morgen an, in Ordnung?«

»In Ordnung«, sagt er. Dann fängt er an zu weinen.

Anschließend rufe ich eine Reporterin von *People* an, um herauszufinden, welchen Aspekt die Zeitschrift bei diesem Thema betonen wird, doch sie ist recht kurz angebunden und in Eile, so wie es eben selbst nette Menschen sind, wenn sie am Freitagabend einfach nur noch nach Hause wollen. »Da bin ich überfragt«, sagt sie. »Soweit ich weiß, ist es nur ein Vorwand, um Carolyn Bessette Kennedy auf der Titelseite zu bringen.«

Na großartig. Die pressescheue frischgebackene Mrs. JFK Junior wird sich nie auf ein Interview mit *People* oder mir einlassen. Ebensowenig wie Brooke Shields, Uma Thurman, Gina Davis, Tyra Banks oder eine andere der etwa ein Dutzend hochgewachsenen weiblichen Stars, deren PR-Agenten ich erreiche oder bei denen ich an dem Freitag abend schüchterne Nachrichten aufs Band spreche *(»Hallo, äh, ja ich rufe von* Dateline *an, und wir, äh, würden uns gern mit ihrer Klientin über das Thema ›Frauen über eins achtzig‹ unterhalten . . .).*

Die einzige berühmte Frau, die sich einverstanden erklärt, so kurzfristig mit uns ein Interview über ihre Körpergröße zu führen, ist Daisy Fuentes. Sie freue sich über die Publicity, so erzählt sie, die ihrem neuen Kalender mit den Fotos, auf denen sie halb nackt ist, zugute komme. So verbringe ich also mit meinem schwangeren Bauch, der sich unter dem Zelt wölbt, das ich zur Zeit als Kleid trage, den gesamten Montag vormittag damit, dem langbeinigen Revlon-Model und Kalender-Pin-up-Girl, der ehemaligen MTV-Sprecherin und Schauspielerin zuzuhören, während sie sich über die Qualen ausläßt, die sie in ihrer Kindheit ausstehen mußte, weil sie so schrecklich groß, dünn und schön war. Ungeachtet der immer häufiger auftretenden und unangenehmen Schwangerschaftswehen, arbeite ich dann die ganze Nacht durch am Skript.

Als ich am nächsten Tag spätabends nach Hause komme, schläft Jacob bereits. Am folgenden Morgen watschelt er in seinem Pyjama umher, schmollt und ignoriert mich. »Mommy arbeiten«, ahmt er seinen Vater nach, »Mommy nicht nach Hause kommen.«

»Erzähl ihm bloß nicht, daß Mommy eine Geschichte über große, nackte Frauen macht, damit Andy Lack seinen Marktanteil steigern kann«, sage ich zu Paul, als ich wieder zur Tür hinausrenne. »Das würde einem wohl kein Kind verzeihen.«

Am nächsten Tag dominiert die anstehende Vaterschaft von Michael Jackson die Schlagzeilen, und *People* entschließt sich, die Titelgeschichte über hochgewachsene Frauen bis auf weiteres in die Schublade zu verfrachten. Das bedeutet, daß all die Stunden, in denen ich meine eigene anstehende Mutterschaft ignoriert habe, für die Katz waren.

Einige Wochen später – ich bin jetzt in der sechsunddreißigsten Schwangerschaftswoche, gestreßt und völlig erschöpft – lege ich letzte Hand an einen ähnlich geistlosen Beitrag über Prominente an, als plötzlich die Vorwehen einsetzen. In der Story geht es um das neue Gesellschaftsspiel »Wie stelle ich in sechs oder weniger Schritten die Verbindung zu Kevin Bacon her?«, das Mr. Bacon während des Interviews ebenso peinlich zu sein schien, wie mir die Produktion dieses Beitrags war, doch während ich auf der Entbindungsstation des New York Hospitals liege, umgeben von besorgten Krankenschwestern, die hektisch herumfuhrwerken und meine Wehen aufzeichnen – der Abstand verringert sich von vier auf drei und dann auf zwei Minuten (»Na, komm schon! Wo bleibt denn die Ärztin? Wir müssen ihr Terbutalin geben, sonst bekommt sie ihr Kind noch heute abend!«) –, geht mir unweigerlich der alberne Satz durch den Kopf, den Kevin bei ausgeschalteter Kamera zu mir gesagt hat.

»Ich bin zuallererst Vater und dann erst Schauspieler«, gab er neben anderen überraschend vernünftigen Beispielen von familiärer Weisheit von sich. Während ich also beobachte, wie die schmerzhaften Wehen von dem CTG aufgezeichnet werden, der über Drähte mit meinen Bauch verbunden ist, ich mir Sorgen mache wegen der noch nicht voll ausgereiften Lunge meiner Tochter, Pauls Hand halte und versuche, nicht zu weinen, kann ich mich nur immer wieder fragen, wann ich wohl in der Lage sein werde, diesen Satz zu sagen. Wann werde ich sagen können, ich bin zuallererst Mutter und dann erst Journalistin? Falls man das überhaupt Journalismus nennen kann, was ich in letzter Zeit betrieben habe.

Endlich trifft meine Ärztin ein – in einem glitzernden schwarzen Cocktailkleid, denn der Anruf hat sie auf einer Party erreicht. Sie ist stinksauer, aber nicht weil sie ihre Party verpaßt. »Was haben die auf der Arbeit bloß mit Ihnen gemacht?« fragt sie entnervt, so als hätte sie diese Art von Komplikationen schon zu oft erlebt. »Ich kapier's einfach nicht. Warum verstehen diese Leute nicht, daß eine Frau im letzten Schwangerschaftsdrittel nicht wie ein Maulesel behandelt werden darf? Jetzt ist Schluß damit«, sagt sie. »Sie bleiben im Bett, bis das Baby so weit ist, daß es herauskommen kann.«

Starke Medikamente und möglichst viel Bettruhe sorgen dafür, daß meine Tochter noch zwei Wochen in meinem Bauch bleibt, also gerade lang genug, damit ihre Lungen nach der Geburt auch wirklich funktionstüchtig sind. Es wird mir immer klarer, daß man nicht in den Krieg ziehen muß, um das Leben eines ungeborenen Kindes zu riskieren. Eine dämliche

Story mit knappem Termin oder ein anstrengender Job mit vielen Überstunden genügt da schon.

Sasha Rachel Pavlovna Kogan kam im März 1997 drei Wochen zu früh zur Welt, winzig, aber Gott sei Dank gesund. Sie war ein einfaches Baby, mein kleines Geschenk, mit winzigen, feinen Fingern, die mich sofort an eine Zeile von E. E. Cummings erinnerten: *Niemand, nicht einmal der Regen, hat so kleine Hände*.

»Augenblick mal«, sage ich zu Paul und zeige auf den Fernsehbildschirm. »Das ist Jacques. Und das da ist der Typ von Sipa. Nicolas, glaub ich. Was zum ... sie werden ins Gefängnis geschafft!« An diesem Wochenende vor dem Labor Day 1997 bin ich noch immer wegen Sasha im Mutterschaftsurlaub. Es ist nach Mitternacht, doch Paul und ich sind noch wach, sitzen im Wohnzimmer des Hauses meiner Eltern in Bethany Beach, Delaware, und verfolgen gebannt die CNN-Nachrichten. Anscheinend ist Prinzessin Diana bei einem Autounfall ums Leben gekommen, zusammen mit ihrem Liebhaber Dodi El-Fayed, dem Sohn des Eigentümers von Harrod's, Mohammed El-Fayed. Immer wieder zeigt CNN meine ehemaligen Kollegen, die hinten in einem Polizeitransporter sitzen. Sie wurden unter dem Verdacht, den Unfall verursacht zu haben, vorläufig festgenommen.

»Verrückt«, sagt Paul.

»Armer Jacques«, meine ich.

Ich rufe Marion an, die jetzt als Fotoredakteurin bei *Paris Match* arbeitet. Für sie ist es früh am Morgen, aber sie klingt, als sei sie die ganze Nacht wach gewesen. Ich frage sie, ob sie etwas gehört hat. »Ach, Debs, es ist einfach schrecklich. Sie haben Langevin. Und all die anderen.«

Ich kenne Jacques Langevin, einen renommierten Kriegsfotografen, der vor allem für seine Bilder vom Tiananmen-Platz bekannt ist, aus der Zeit, als wir in Bukarest die Wahlen verfolgten. Er ist ein anständiger Mann, bescheiden und intelligent und mit Sicherheit keiner dieser typischen penetrant aufdringlichen Paparazzi. Ihn zu verhaften, weil er angeblich eine Bedrohung für die Menschheit darstellt, ist völlig absurd.

Ich bezweifle nicht, daß Jacques sich vor dem Ritz aufgehalten und versucht hat, ein paar Schnappschüsse von der Prinzessin zu machen. So ein Auftrag zwischendurch gehörte schon immer zu den Tätigkeiten eines Agenturfotografen, erst recht in diesen mageren Jahren, in denen die Zeitschriften immer weniger Aufträge vergeben und auf dem Markt für nicht filmische Aufnahmen vom internationalen Geschehen Flaute herrscht. Auch wenn sich der genaue Zeitpunkt nur schwer bestimmen läßt, so haben doch die Flut von Nachrichtensendungen rund um die Uhr, das Ende des Kalten Krieges und die internationale Gier nach Prominenten die berufliche Landschaft des Fotojournalisten unwiederbringlich verändert. Bevor ich mich 1992 aus dem Geschäft zurückzog, machte ich ab und zu ein Foto von einem Prominenten, um meine anderen, riskanteren Unternehmen zu finanzieren, quasi zur Überbrückung zwischen zwei Kriegen. Jetzt heißt es für die Fotojournalisten nur noch Prinzessin Di fotografieren oder sterben.

»Mach doch für *Dateline* einen Bericht über Jacques«, sagt Marion nur halb im Scherz, »um seinen Ruf zu retten.« Ich erkläre Marion, daß ich glücklicherweise noch im Mutterschaftsurlaub sei, aber wenn es ihr nichts ausmache, würde ich Neal, unserem Chefproduzenten, ihre Nummer geben, falls er sich entschließen sollte, einen Produzenten nach Paris fliegen und die Story machen zu lassen. »Kein Problem«, sagt sie, »ich helfe gern.«

Ich rufe Neal zu Hause an. Er ist nicht da, also hinterlasse ich eine Nachricht auf dem Anrufbeantworter. Ich gebe ihm Marions Nummer und nenne noch eine Menge anderer Kontaktpersonen, alles bedeutende Leute in der Pariser Szene. Dann hinterlasse ich ihm meine Nummer in Delaware für den Fall, daß er noch Fragen haben sollte. Am nächsten Morgen erhalte ich zunächst einen Anruf von Jim und dann von Heather, ebenfalls Produktionsleiterin bei *Dateline,* die mir beide unmißverständlich klarmachen, ich selbst solle den nächsten Flug nach Paris nehmen.

»Aber, aber, aber ...«, versuche ich zu sagen. Aber ihr könnt doch einfach meinen Namen benutzen. Aber ich wollte doch nur aus der Ferne behilflich sein. Aber ich will damit nichts zu tun haben. Aber ich genieße meine Zeit hier. Aber ich mache Urlaub mit meiner Familie. Aber ich habe doch noch anderthalb Monate Mutterschaftsurlaub. Aber Paul hat sich die Woche frei genommen. Aber Jacob und ich haben viel Spaß beim Bauen von Sandburgen. Aber ich muß mich um diese nervigen Bewerbungen für die Kindergärten in Manhattan kümmern. Aber – und ich weiß, daß es ketzerisch klingt – eigentlich ist mir Prinzessin Di vollkommen egal. Aber ich habe mich auf die verbleibende Woche voller Schnappschußmotive gefreut. Aber Sasha ist nur einmal in ihrem Leben so klein.

Aber ich habe kein Verlangen – nicht das geringste –, nach Paris zu fliegen.

Und dann fällt mir plötzlich das größte Aber und obendrein die perfekte Entschuldigung ein: Aber ich habe Sasha noch nicht abgestillt. Vier von ihren fünf täglichen Mahlzeiten kommen noch direkt aus meiner Brust. Sie ist sechs Monate alt, genauso alt wie ihr Bruder, als ich ihn abgestillt habe, aber das Stillen ist so herrlich – und ich weiß nicht, ob ich noch mal ein Kind bekomme, ob ich noch mal Gelegenheit haben werde, eine so enge Bindung zu spüren –, daß ich es einfach noch etwas länger genießen möchte.

Ich rufe Heather zurück und sage ihr, daß ich nicht nach Paris fliegen will. Daß ich, um genau zu sein, wegen meiner Brüste gar nicht kann. Heather ist meine Vorgesetzte, aber auch meine Freundin, und sie weiß, daß ich meinen Chef um eine Beförderung gebeten habe, damit ich anschließend vielleicht auf Teilzeitarbeit umsteigen kann. »An deiner Stelle«, sagt sie, »und du weißt, daß ich nur dein Bestes will, würde ich diesen Auftrag nicht ablehnen. Es würde sich schlecht machen, und du stehst kurz vor dieser Beförderung.«

Wie gern würde ich Heather dafür hassen, aber ich weiß, daß sie recht hat. Ich könnte mir in den Hintern treten, daß ich überhaupt zu dem dämlichen Hörer gegriffen habe. Was hab ich mir denn bloß dabei gedacht? Wenn ich der Reise nach Paris zustimme, heißt das zwar noch lange nicht, daß ich sofort befördert werde, aber wenn ich *nicht* gehe, dann heißt das mit Sicherheit, daß ich mich mindestens noch ein Jahr einschleimen muß, bevor ich die NBC zu einer Reduzierung meiner Arbeitszeit überreden kann. Und das bedeutet ein weiteres Jahr, in dem ich wesentlich weniger Zeit mit meinen Kindern verbringen kann, als sie verdienen. Paul und ich kommen zu dem Schluß, daß der langfristige Nutzen für unsere Kinder, wenn ich jetzt einwillige, das kurzfristige Leid meiner Tochter durch das plötzliche Abstillen mehr als wettmacht.

Noch am selben Tag reisen wir ab und fahren zurück nach New York. Abends steige ich mit Brüsten voller Milch und kummervollem Herzen ins Flugzeug nach Paris.

Die Reise in mein altes Jagdrevier wird beruflich ein Erfolg, persönlich und körperlich jedoch ein Alptraum. Paris strahlt wie eh und je, doch kann ich diese Schönheit nicht genießen. Ich weine viel. Irgendwie komme ich mir wie eine falsche Schlange vor, wenn ich meine ehemaligen Kollegen bitte, sich vor die Kamera zu stellen. Die Arbeit ist derart aufreibend, daß ich in keiner Nacht mehr als vier Stunden schlafe, manchmal überhaupt nicht. Meine Brüste sind zum Platzen voll, so daß ich ständig in irgendwelche *toilettes publiques* eilen muß, um mich über ein Waschbecken zu beugen und sie auszudrücken. Wenn ich dann die Muttermilch im Abfluß verschwinden sehe, habe ich meine kleine Tochter vor Augen, der sie zu Hause fehlt.

Ungefähr einen Monat später, nach meiner Rückkehr aus Paris, wird sich die sieben Monate alte Sasha bis zu der Schublade mit meiner Unterwäsche vorarbeiten und einen meiner alten BHs herausfischen. Sie wird ihn streicheln und an ihre Wange halten, dabei am Daumen lutschen, und ihn mit dem Träger um den Hals wie eine Halskette tragen. Kurz darauf wird er zu ihrer Schmusedecke werden.

Wenn das kein Zeichen ist, dann ist der Zufall wesentlich durchtriebener, als ich je gedacht hätte.

Meine Beförderung, auf die ich drei Jahre gewartet hatte und von der ich hoffte, sie würde mich in die Welt der Teilzeitarbeit und des ausgeglichenen Elterndaseins katapultieren, wurde schließlich einige Wochen nach meiner Reise nach Paris von meinem Chef in Form einer E-Mail sämtlichen Mitarbeitern verkündet. Leider ging die E-Mail genau an dem Tag heraus, an dem ich mich entschlossen hatte zu schwänzen, um mich meinem Sohn zu widmen. Der Zirkus war in der Stadt, Jacob wollte die Elefanten sehen und rosa Zuckerwatte essen, und mir fiel kein logischer Grund ein, ihm das zu verwehren. Offenbar suchte Neal mich an jenem Nachmittag überall, um mir die Neuigkeit zu überbringen und mir zu gratulieren. Ebenso wie meine Kollegen, die meine Mailbox mit ihren Nachrichten vollstopften: »Glückwunsch!!!!! Wo steckst du?« oder: »Wurde ja auch Zeit. Wo steckst du?« Am nächsten Morgen ging ich verlegen zu Neal ins Büro, entschuldigte mich dafür, daß ich im Zirkus und nicht bei der Arbeit gewesen war (»Ach, na ja, so ein großer Unterschied besteht da ohnehin nicht«, scherzte er), und dann sprudelte alles aus mir heraus, was mir auf dem Herzen gelegen hatte. Die stumpfsinnigen Beiträge. Die ungleiche Behandlung.

Erstaunlicherweise verstand er mich, obwohl er selbst keine Kinder hatte. Er versprach, die *wirklich* stumpfsinnigen Beiträge von mir fernzuhalten. Er versprach mir, sich für die Schaffung einer Teilzeit-Produzentenstelle einzusetzen. Er meinte, es hätte bei *Dateline* zwar noch nie so eine Position gegeben, aber ich könnte ja mal mit den hohen Tieren von NBC reden, um die logistischen Details auszudiskutieren – Stundenzahl, Arbeitstage, Gehalt, Aufgabenbereich usw. Er umarmte mich väterlich und sagte, er sei froh, daß ich mit meinen Problemen zu ihm gekommen sei.

Ich bekam einen Termin bei einer Direktorin von NBC. Obwohl sie selbst zwei kleine Kinder hatte, schien sie meiner Situation nicht so wohlwollend gegenüberzustehen wie Neal. Das war ein Phänomen, das ich bei anderen Müttern immer häufiger beobachtete. Welche Entscheidung sie auch für sich selbst getroffen hatten, es war die Entscheidung, die alle anderen Mütter ebenfalls zu treffen hatten. Bei dem Thema, ob man zu Hause bleiben, arbeiten oder eine Mischung aus beidem anstreben sollte, wurden Freunde zu Feinden. Oft handelte es sich um unterschwellige Anspielungen – eine Frau, Mutter von Teenagern, meinte zu mir: »Also, ich bin zu Hause geblieben, als meine Kinder klein waren, und sie haben unwahrscheinlich davon profitiert« –, aber manchmal waren sie auch sehr direkt, wie etwa, als ich kurz nach Jacobs Geburt auf einer Hochzeit mit einer Kollegin sprach. Ich erzählte ihr, daß ich schwankte, ob ich wieder arbeiten sollte oder nicht, woraufhin sie mich anfunkelte und sagte: »Das ist doch völlig krank. Du mußt doch etwas für dich tun.« Dann stapfte sie wütend davon. Selbst auf den Spielplätzen schien eine strikte Trennung zu exisitieren: Auf der einen Seite versammelten sich die arbeitenden Mütter, auf der anderen die, die zu Hause blieben, und in der Mitte, unverstanden von allen, standen die, die Teilzeit arbeiteten.

Die Direktorin und Mutter versprach mir dennoch, eine Lösung zu finden. Als ich ihr Büro verlassen wollte, nahm sie mir noch das Versprechen ab, meinen Mitarbeiterinnen nichts von unseren Verhandlungen zu erzählen, so als sei der Wunsch, Arbeit und die Erziehung von Kindern unter einen Hut zu bringen, eine Krankheit, die sich ausbreiten und das Unternehmen lahmlegen könnte. Als würde niemand meine regelmäßige Abwesenheit bemerken. Ich versprach ihr, nichts zu sagen. Dann wartete ich ab.

Ein Monat verging. Und noch einer. Anscheinend, so die Direktorin, gab es bei der Abstimmung im Vorstand Probleme. Ich hinterließ ihr Nachrichten. Dann schrieb ich nachdrücklich verfaßte Memos und verlangte, sofort mit der Teilzeitarbeit beginnen zu können. Das Abstimmungsproblem im Vorstand – was immer es auch war – wurde nicht gelöst. Meine Tochter machte ihre ersten Schritte vor den Augen der Babysitterin. Ich schrieb noch mehr Memos, hinterließ noch mehr Nachrichten. Nach sieben Monaten bürokratischen Hickhacks war meine Tochter kein Säugling mehr, kam mein Sohn ganztags in den Kindergarten, war Paul nun so gerade in der Lage, die Familie mit dem Gehalt seines neuen Internetjobs zu ernähren, so daß ich schließlich aufgab.

Es war schwer, meine Kündigung Neal zu übergeben, denn ich betrachtete ihn als meinen Freund. Er war nett zu mir gewesen, hatte so gut wie möglich versucht zu helfen, und mein Weggang schien ihn wirklich mitzunehmen. Aber bei der mir zugeordneten Vertreterin der Personalabteilung – eine mir unbekannte Frau, nur ein Rädchen im behäbigen bürokratischen Getriebe, das mich im Stich gelassen hatte – hielt ich mich nicht zurück. Bei dem offiziellen Gespräch über meine Kündigung sagte ich: »Ihr solltet euch lieber in acht nehmen.« Bei *Dateline* erreiche die Zahl der schwangeren Frauen Rekordhöhen, sagte ich zu ihr, und wenn das Unternehmen sich nicht an diese demographische Entwicklung anpasse, indem es den Frauen – und Männern! – die Möglichkeit zur Teilzeitarbeit verschaffe, wäre bald niemand mehr übrig, der die Beiträge produzierte und die ganze Maschinerie mit ihren fünf Abendsendungen pro Woche fütterte.

Heute, während ich hier sitze und schreibe – weniger als zwei Jahre nach meiner Kündigung –, sind Teilzeitposten bei *Dateline* nichts Ungewöhnliches mehr. Vielleicht mache ich mir etwas vor, aber ich halte mir gern zugute, daß meine wütende Kündigung etwas damit zu tun hatte.

In der Zwischenzeit ist meine Tochter Sasha – auch wenn sie noch beunruhigend winzig ist – zu einem lebhaften, starken, eigensinnigen, koketten, furchtlosen und teuflischen kleinen Mädchen mit Schmollmund geworden, die am liebsten die Finger in die Mäuler großer Hunde steckt. Sie weigert sich, Kleider anzuziehen, macht gern immer das Gegenteil

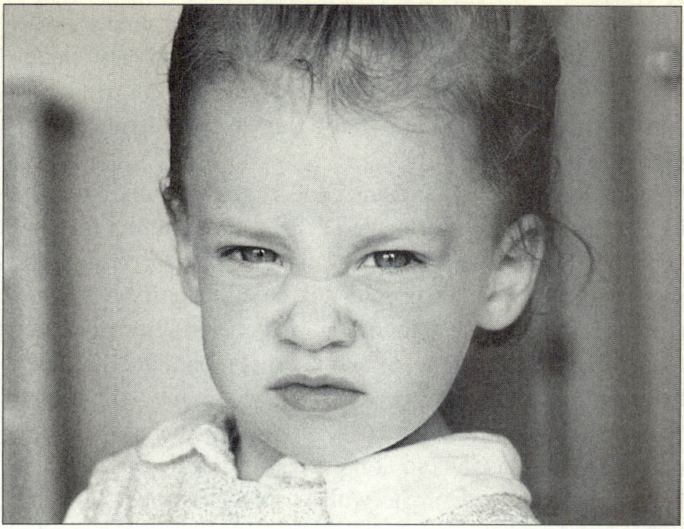

von dem, was sie soll, und wenn es jemand wagt, ihr ein Kompliment zu machen, ballt sie die Fäuste, stampft mit den Füßen auf den Boden und erwidert: »Ich bin nicht süß! Ich bin gutaussehend!« Als ich sie eines Tages von der Vorschule abholte und sie eine Krone aus Plastik trug, sagte ich ihr, sie sei eine sehr *gutaussehende* Prinzessin. Die kleine zweijährige Sasha blickte mich bereits wie ein gekränkter Teenager an. »Mommy! Ich bin keine Prinzessin«, sagte sie, stemmte die Hände in die Hüfte und reckte das Kinn in die Höhe, um ihrer Aussage Nachdruck zu verleihen. »Ich bin ein König!«

Außerdem behauptet sie, einen Penis zu haben. Es liegt mir fern, diese Seifenblase platzen zu lassen.

Während Paul davon überzeugt ist, Sasha sei eine verschrobene, fünfzigjährige *Grande Dame* im Körper eines Kleinkindes, sind meine Eltern davon überzeugt, sie sei ihre späte Rache an mir. »Warte nur, bis sie nach Afghanistan abhaut«, sagen sie. »Dann wirst du schon sehen, wie das ist.« Ich bin der Meinung, solange sie nicht mit einem Typen wie Pascal loszieht, der Kameras mitschleppt, ein Halstuch trägt und mit dem Telefonhörer auf andere eindrischt, bekommt sie dabei keine Probleme. Ich hoffe ohnehin, daß zu dem Zeitpunkt, zu dem sie wirklich dorthin reisen könnte, die Landminen längst entschärft worden sind und die Afghanen sich nicht mehr gegenseitig erschießen.

Mein Sohn dagegen hat eine Todesangst vor Hunden. Jacob ist eher eine sensible Seele, ein Dichter, ein Träumer. Im Alter von zwei Jahren warf er einen Penny in einen Brunnen und sagte versonnen: »Ich wünsche mir, einen Regenbogen zu riechen.« Er neigt zu spontanen Ausbrüchen von Zuneigung und Existenzangst und kann einfach nicht glauben, daß das Gute Seite an Seite mit dem Bösen existiert. Er hat sich in eine seiner Klassenkameradinnen verliebt, ein kleines Mädchen namens Grey, das ihm so ähnlich sieht, daß sie oft für Zwillinge gehalten werden. Sie wollen später heiraten und drei Kinder bekommen, zwei Jungs und ein Mädchen, die sie John, Steve und Natasha nennen werden. Eines Morgens wurde Jacob plötzlich klar, daß alle Menschen auf der Welt sterben müssen. Er war dreieinhalb Jahre alt und fuhr mit mir im Bus zu seiner Vorschule, und er starrte lange aus dem Fenster und weinte. Immer noch schniefend, nahm er mir schließlich das Versprechen ab, daß er und Grey genau am selben Tag sterben würden, damit sie nicht ohne den anderen leben müßten.

Die Frage drängt sich auf, warum mein Sohn weniger als vier Jahre brauchte, um eine der Wahrheiten zu erkennen, die mir erst nach mehr als zwei Jahrzehnten klar wurde. Er kann sie sicher beantworten. Das Geheimnis eines glücklichen Lebens ist die Liebe.

Wenn er alt genug ist, wenn die kleine Sasha alt genug ist, dann werde ich ihnen noch ein bißchen mehr erzählen. Einfache Wahrheiten, zum Beispiel: Der Weg ist ebenso wichtig wie das Ziel, wenn nicht noch wichtiger. Unser Herz kann erstaunlich viel ertragen. Krieg ist schlecht. Einige Dinge kann man nicht erklären. Nicht jeder kann gerettet werden. Sex kann schön oder häßlich sein, aber nie beides gleichzeitig. Durch Lesen und Reisen lernen wir mehr als in der Schule.

Mädchen sollten genauso behandelt werden wie Jungs. Es sollten nur die Menschen Kinder bekommen, die für solch eine ungeheure Verantwortung reif sind. Eltern zu werden – bewußt und aus Liebe – ist bei weitem die ergreifendste Erfahrung, die das Leben zu bieten hat.

Auf dem Gipfel des Konflikts in Serbien und im Kosovo sah Jacob, der von allem fasziniert ist, was mit Nachrichten zu tun hat, in der Sendung *60 Minutes* einen Bericht über den Krieg, der ihm sehr zu schaffen machte. Seine Zeichnungen, von denen er eine »Guernica« nannte, zeigten nun böse Kreaturen namens Milošević, brennende Häuser, tote Menschen und Waffen. Er bekam Alpträume, in denen böse Männer seine Wohnung abbrannten und er in einem Zelt leben mußte. Immer häufiger kam er zitternd und Trost suchend in unser Bett.

Eines Abends, als Paul und ich ihn zudecken, fragt er: »Warum machen böse Männer Kriege?«

Wir beide sehen uns an, vollkommen überrumpelt, so wie es Eltern oft von den nie enden wollenden Fragen ihrer Kinder sind, und suchen krampfhaft nach einer Antwort, die er verstehen würde. Wir geben ihm viele. Weil sie nicht wissen, wie sie miteinander reden können. Weil sie nach Macht oder Rache streben. Weil sie wütend sind. Weil sie keine Liebe kennen. Weil sie sich nicht verstehen. Weil sie Angst vor jedem haben, der anders ist als sie. Weil sie dumm sind. Weil sie nicht teilen können.

Jacob spürt unser Unwissen und nimmt uns keine der Antworten ab. »Aber warum müssen sie sich umbringen? Sich umzubringen ist nicht nett.«

»Du hast recht, mein Schatz«, sagt Paul. »Das ist es nicht.« Paul gibt seinem Sohn einen Kuß, sieht mich an und lächelt verschmitzt. »Liebling, ich überlaß ihn dir.« Dann sieht er wieder Jacob an und sagt: »Tut mit leid, Jakey, Mommy kennt sich mit Kriegen und bösen Männern viel besser aus als ich. Sie soll dir mal etwas von dem erzählen, was sie erlebt hat.«

»Besten Dank«, sage ich.

Ich blicke auf mein Kind hinunter, das sich in seinem neuen Cowboy-Pyjama unter die Decke gekuschelt hat und nach Seife riecht. Seine ängstlichen Augen blicken mich eindringlich an. »Mommy, was hast du erlebt?« fragt er. Er hält Rock, den rosa-grünen Elefanten, den er selbst ausgesucht hat, seinen einzigen Talisman gegen das Böse, etwas zu fest im Arm. Ich krieche unter die Decke und schiebe meinen Arm unter seinen Kopf. Ich fahre mit der Hand unter sein Pyjamaoberteil und lege sie auf seine Brust. Ich fühle das rasche, winzige, wunderbare Pochen, das mich immer wieder in Staunen versetzt und mich an Sauerstoff, Gott und die dreißig Millionen Jahre vor unserer Zeit denken läßt. Was habe ich erlebt? Ich habe nicht erwartet, so bald mit dieser Frage konfrontiert zu werden. Ich fange an, sanft Jacobs weichen, runden Bauch zu streicheln, und suche nach den richtigen Worten. »Also, Jacob, das ist so ...« Ich seufze. Hoffe, alles erklären zu können. Bin mir nicht sicher, daß mir das je gelingen wird.

Dann fange ich an zu erzählen.

Danksagung

Mehr Dankbarkeit, als sich auf so beschränktem Raum unterbringen läßt, bin ich Tad Friend schuldig – wahrhaftig ein Freund –, der dieses Buch in seinen unterschiedlichen Entwicklungsstadien liebevoll lektorierte und sich nicht über meine Unbeholfenheit lustig machte.

Dankbar bin ich auch John Burnham Schwartz und Phyllida Burlingame – die viele dieser Geschichten entweder miterlebten oder bei unzähligen Täßchen Espresso im Café de Flore umgehend erzählt bekamen –, für ihr großes Verständnis, ihre Klugheit, ihre Randbemerkungen und ihren Enthusiasmus, und ebenso David Handelman für seine professionellen chirurgischen Eingriffe, denen er mein Manuskript in letzter Minute unterzog, wenn meine Augen zu müde oder zu verweint waren, um noch klar zu sehen.

Dank auch an Jennifer Steinhauer, Robin Pogrebin, Edward Klaris, Abby Pogrebin, David Shapiro, Stephen Dubner, Ellen Binder, Larissa MacFarquhar, Rebecca Posner, Julie Dressner, Sara Mosle, Peter Gifford, Anna Forrester, Josh Berger, Brooke Williams, Betsy Cohen, Courtney Rogmans, Sandy Rubenstein, Kammi Reiss, Helen Thorpe, Kathy Ryan, Elizabeth Beier, Michael Hirschorn, George Kogan und meine Schwestern Jennifer, Julie und Laura Copaken für ihre eigenen Gedanken, ihr Interesse und/oder ihre klugen Bleistiftkorrekturen am Rand, ebenso an Richard Murphy, Lisa Schiffren, Scott Satin, Gilles Peress, Marion Mertens, Pierre Luton, Julian Borger, Doru Iordache, Mauzi Kalousek, Jim Nachtwey,

Luc Delahaye, Oliver Philipps, Alex Webb, Neal Shapiro, Pascal Saint-Louis und Jim Gerety, die meinem Gedächtnis auf die Sprünge halfen und mir beim Entwirren der Namen und Fakten behilflich waren. Evan Shapiro, gelobt sei seine kluge Seele, gebührt der Preis für den amerikanischen Buchtitel, der ihm eines Morgens einfiel, als wir unsere Kinder zur Vorschule brachten.

Wenn es in meiner Macht stünde, bekäme Courtney Hodell einen lebenslangen Vorrat an Glück und Schokoladenhasen, dafür, daß sie mir den Weg in die Arme meiner Agentin/Mutter/Heldin Jennifer Rudolph Walsh wies. Kurz gesagt, ohne Jennifer wären diese Blätter in einer Schublade verstaubt. Mollie Doyle bin ich dafür dankbar, daß sie dieses Buch kaufte, und Ann Godoff, daß sie sich hinter den Kulissen so gut darum kümmerte. Was meine Lektorin angeht, Kate Niedzwiecki, die Prosa mit derselben Leichtigkeit poliert wie andere ihre Schuhe, so bin ich ihr zu größtem Dank verpflichtet, daß sie diesem Waisenkind ein solch liebevolles, sicheres Zuhause schuf. Dafür, daß sie ihre Privatsphäre opferten, damit ich ohne zwei aktive, lautstarke Kleinkinder unter dem Tisch schreiben konnte, muß ich vor allem Maia Samuel danken, aber auch Andy Behrman, Suze Yalof und Amie Weitzman. Vielen Dank auch an die Bibliothek des Columbia Teacher's College, die New York Public Library, der Xando-Filiale in der Sechsundsiebzigsten, Ecke Broadway, dem Starbucks in der Sechsundachzigsten, Ecke Columbus, und dem Avenue Restaurant sowie all den fremden Menschen, die, wann immer ich auf die Toilette mußte, meinen Laptop im Auge behielten. Ganz besonders verpflichtet aber bin ich Dolly Bisa, der ich jene innere Ruhe zu verdanken habe, die durch die Gewißheit entstand, daß meine beiden aktiven und lautstarken Kleinkinder während meiner Abwesenheit in besten Händen waren, geliebt und rechtzeitig von der Schule abgeholt wurden. Tom Gillard liege ich voll Ehrfurcht zu Füßen, dafür, daß er mir die Liebe zur Sprache vermittelte, Christopher James für jene zu den Bildern, Marjorie und Richard Copaken für die

Liebe zum Leben und Jacob und Sasha Kogan für die Liebe zum Muttersein.

Was Paul Kogan angeht, meine Liebe, mein Retter – der Mann, der mich immer wieder drängte, diese Geschichten aufzuschreiben, der die Familie unterstützte, als ich schließlich beschloß, es zu tun, der unermüdlich jede miserable Rohfassung las und alle folgenden Wutausbrüche geduldig ertrug –, du weißt, was ich für dich empfinde. Und nun, nach diesem ausführlichen Liebesbrief, wissen es auch alle anderen.

In memoriam

William Alfred
Ovidiu Bogdan
Andy Danik
Gad Gross
Jacques Haillot
Serge Majarow

SERIE PIPER

Bettina Selby

Himalaja

Mit dem Fahrrad durch Nepal, Kaschmir und Sikkim. Aus dem Englischen von Jürg Wahlen. 298 Seiten mit 22 Farbfotos. Serie Piper

Eine Frau um die fünfzig fährt mit ihrem Fahrrad 8000 Kilometer von Karatschi Richtung Himalaja, durch Indien und Nepal bis nach Katmandu. Immerhin, wenigstens das Fahrrad ist eine Spezialanfertigung – zum Nachbauen gibt's die genauen Anweisungen. Das ist aber auch der einzige Luxus auf der fünfmonatigen Tour, die Bettina Selby mitten hineinführt in die Fremde, die sie konfrontiert mit unabwägbaren, manchmal auch gefährlichen Situationen, mit Neugier und Gastfreundschaft, mit Zudringlichkeit und Zuneigung, vor allem aber mit dem intensiven Erleben einer atemberaubenden Landschaft.

05/1062/01/L

Antje Windgassen

Alexandra David-Néel

Auf der Suche nach dem Licht. Biographischer Roman. 246 Seiten. Serie Piper

Als eine der ersten Frauen studierte Alexandra David-Néel an der Sorbonne. Als Dreiundzwanzigjährige machte sie sich 1891 das erste Mal auf in das Land ihrer Träume, nach Asien. Schließlich verbrachte sie ihr halbes Leben dort und wanderte durch Indien, Sikkim, Nepal, China und Tibet. Begegnungen mit dem Dalai Lama und mit Mahatma Gandhi machten sie weltberühmt.

»Es gab rasante Abenteuerinnen, die auf Kamelen Afrika erkundeten, in langen Röcken den Mont Blanc bezwangen und in unsicheren Flugkisten mit offenem Cockpit flogen. Eine von ihnen und die wohl berühmteste ist Alexandra David-Néel.«
Emma

05/1065/01/R

Lieve Joris

Die Tore von Damaskus

Eine arabische Reise. Aus dem Niederländischen von Barbara Heller. 301 Seiten. Serie Piper

Wie ein Roman liest sich die Geschichte der jungen syrischen Soziologin Hala, die mit ihrer Tochter Asma allein in Damaskus lebt. Zwölf Jahre zuvor hatte die Geheimpolizei bei einer Razzia Halas Wohnung gestürmt und ihren Mann Ahmed verhaftet – er war Marxist. Halas Leben wird nun bestimmt von der konservativen Familie ihres Mannes, der wechselhaften Tagespolitik und ihrem eigenen Wunsch nach einem selbständigen, unabhängigen Leben. Lieve Joris begleitet sie auf ihren Fahrten kreuz und quer durchs Land, wo sich karge Wüstenlandschaften und üppige Oasen abwechseln, modernste Großstädte und kleine Dörfer. Hinter dieser farbenprächtigen Welt verbirgt sich jedoch Halas Lebenstragödie, denn längst hat sie aufgehört, ihren Mann zu lieben. Nun aber steht eine Amnestie bevor und damit auch die Rückkehr von Ahmed …

05/1071/01/L

Lieve Joris

Die Sängerin von Sansibar

Reiseberichte aus einer magischen Welt. Aus dem Niederländischen von Maurus Pacher. 217 Seiten. Serie Piper

Lieve Joris ist eine der herausragenden Reiseschriftstellerinnen Europas. Mit ihren vielfach preisgekrönten Berichten gelingt es ihr immer wieder, Fenster in andere Welten zu öffnen, Verständnis zu wecken für Lebensformen und Kulturen, die man vor der Lektüre gar nicht kannte. Sie zeigt Innenansichten von magischen Orten wie Sansibar und sieht Kairo mit den Augen des Autors Nagib Mahfus. Mit dem Schriftsteller V. S. Naipaul reist sie durch Trinidad. Behutsam kommt die belgische Reiseschriftstellerin den Kulturen und Menschen näher, denen sie die Freiheit gibt, sich selbst darzustellen.

05/1072/01/R

SERIE PIPER

SERIE PIPER

Pam Houston

Wildnis im Herzen

Aus dem Amerikanischen von Ulrike Wasel und Klaus Timmermann. 284 Seiten. Serie Piper

Pam Houston ist süchtig nach Abenteuern. Kein Fluß ist ihr zu reißend und kein Berg zu hoch auf ihrer Suche nach den extremen Seiten des Lebens. Stets zieht es sie in die entlegensten und unberührtesten Gegenden der Erde: in die Berge Colorados, auf die Stromschnellen wilder Flüsse oder in die Einsamkeit Alaskas. Sie fühlt sich dort am wohlsten, wo nur noch Steinböcke, Bären, Kojoten und Krokodile leben. Packend, unerschrocken und voller Humor erzählt sie von der Faszination der Wildnis, die sie in ihrem Herzen trägt.

»Das Buch liefert tiefenscharfe Erkundungen einer passionierten Beobachterin. Es sind Botschaften aus dem Herzen einer romantisierten Wildnis, die sich unterm Strich als kaum verstellte Liebesgeschichten einer Erotikerin des Natürlichen offenbaren.«
Facts

05/1343/01/L

Nicolas Vanier

Die weiße Odyssee

Aus dem Französischen von Reiner Pfleiderer. 318 Seiten mit 42 Farbfotos. Serie Piper

Nicolas Vanier hat sich seinen Traum erfüllt, als erster allein mit seinen Schlittenhunden vom Pazifik bis zum Atlantik zu fahren: 8600 Kilometer quer über den Kontinent. Sein Bericht ist nicht nur ein packendes Leseabenteuer – es ist auch die Geschichte einer unerschütterlichen Freundschaft zwischen einem Menschen und seinen Hunden, die sich in der Auseinandersetzung mit einer gnadenlosen Natur bewährt.

»Von den Strapazen der Fahrt berichtet Vanier in seinem Buch, von ihrem beinahe fatalen Ausgang, aber auch von der Weite und Schönheit der Landschaft im Norden. Vanier ist mehr als ein Draufgänger, er kann blendend erzählen. Ein moderner Jack London.«
Focus

05/1409/01/R